完善国家扶贫战略和政策体系研究

主　编　范小建
副主编　王国良　郑文凯

中国财政经济出版社

图书在版编目（CIP）数据

完善国家扶贫战略和政策体系研究/范小建主编. —北京：中国财政经济出版社，2011.5

ISBN 978-7-5095-2849-5

Ⅰ.①完… Ⅱ.①范… Ⅲ.①扶贫-研究-中国 Ⅳ.①F124.7

中国版本图书馆CIP数据核字（2011）第063974号

责任编辑：童映华　　责任校对：胡永立
封面设计：郁　佳　　版式设计：董生平

中国财政经济出版社 出版

URL：http：//www.cfeph.cn

E-mail：cfeph@cfeph.cn

社址：北京市海淀区阜成路甲28号　邮政编码：100142
发行处电话：88190406　财经书店电话：64033436
北京富生印刷厂印刷　各地新华书店经销
787×960毫米　16开　28印张　436 000字
2011年7月第1版　2011年7月北京第1次印刷
印数：1-6 000　定价：40.00元
ISBN 978-7-5095-2849-5/F·2413
（图书出现印装问题，本社负责调换）
本社质量投诉电话：010-88190744

编写人员名单

主　编： 范小建

副主编： 王国良　郑文凯

编委会成员：

蒋晓华　张　磊　司树杰　徐　晖　陈久昌
吴　忠　范增玉　欧清平　海　波　刘书文
夏更生　刘福合　苏国霞　曲天军　张广平
谭卫平　刘俊文

编写人员：

樊秀琴　李　越　曾佑志　吴　敏　王大洋
张　良　王光才　吕　焱　张洪波　吴富祥
佘　平　张婉婷　刘　玫　曹洪民　王春燕
柯小华　杨　炼　武永东　张德亮　阎　岩

前 言

2009年是我国扶贫开发历史上极其重要、极具挑战和极富成效的一年。面对国际金融危机的严重冲击，在中央一系列强农惠农政策带动下，经过各方共同努力，扶贫开发取得了新的进展。自1986年以来第一次提高国家扶贫标准，对低收入人口全面实施扶贫政策。在18800个村实施整村推进，其中革命老区、人口较少民族聚居区和边境地区的贫困村（以下简称三类贫困村）9000个；稳步推进贫困地区劳动力转移培训、产业化扶贫、移民扶贫等工作；特殊类型贫困地区综合治理、汶川地震贫困村灾后恢复重建取得积极进展。组织开展了联合调研，对《中国农村扶贫开发纲要（2001—2010年）》的实施情况进行了认真总结和评估，提出了完善国家扶贫战略和政策体系的基本思路。在金融危机造成全球约1亿人返贫的情况下，我国农村贫困人口继续减少，贫困地区农民人均纯收入稳步增长。

本书主要记录2009年国务院扶贫办开展的系列工作，反映了在扶贫开发工作进入新阶段，国务院扶贫办为完善国家扶贫战略和政策体系所做的努力。其内容分为四个部分。第一部分为领导讲话，收集了国务院扶贫办领导在一些重要会议上的讲话内容。第二部分是联合调研，整理了由国务院扶贫开发领导小组成员单位参与的完善国家扶贫战略和政策体系联合调研成果。第三部分为专题调研，采录了一部分国务院扶贫办组织的专题调研成果报告。第四部分为课题报告，摘编了国务院扶贫办立项组织的课题成果报告。

本书的编撰和出版，凝聚着国务院扶贫开发领导小组成员单位、扶贫办系统和有关减贫研究机构等一大批扶贫理论和实践工作者的心血。对本书的出版提供帮助的所有单位和个人，我们在此一并表示衷心感谢。

编　者

2010年10月20日

目　录

第一部分　领导讲话

第二部分　联合调研

第三部分　专题调研

第四部分　课题调研

第一部分

领 导 讲 话

范小建在2009年全国扶贫工作会议上的讲话

（2009年12月27日）

2009年全国扶贫工作会议的主要任务是，深入贯彻落实党的十七大，十七届三中、四中全会和今年中央经济工作会议、中央农村工作会议、国务院扶贫开发领导小组全体会议精神，以科学发展观为指导，总结2009年扶贫开发工作，分析新阶段扶贫工作的形势和任务，安排部署2010年以及今后一个时期的工作。首先，我代表国务院扶贫办对参加今天会议的各省区市扶贫办、中央国家机关有关部门和新闻界的同志们表示热烈的欢迎。下面，我讲几点意见。

一、关于今年的扶贫工作

今年是实施《中国农村扶贫开发纲要（2001—2010年）》（以下简称《纲要》）的关键一年，国家实行新的扶贫标准，扶贫工作进入一个新阶段。面对国际金融危机冲击，扶贫开发难度加大。全国扶贫系统按照中央1号文件要求和领导小组第一次全体会议精神，在有关方面的大力支持下，深入调研，强化措施，突出重点，完善机制，扶贫开发工作取得了新的进展。

（一）采取有效措施，积极应对国际金融危机

根据中央精神，扶贫系统认真研究国际金融危机对贫困地区、贫困人口产生的影响，在国家实施应对危机一揽子计划的基础上，重点从增加扶贫投入、加大整村推进和劳动力转移培训支持力度、帮助返乡农民工重新

就业和自主创业、扶持扶贫龙头企业等方面提出了应对措施和建议，并建立了中央、省（区、市）和部分国家扶贫开发工作重点县（以下简称重点县）应对金融危机工作动态报告制度。今年中央财政扶贫资金投入197.3亿元，比上年增加30亿元，增幅和增量均为1998年以来的最高水平。我办与财政部联合印发了《关于当前形势下加强扶贫开发工作的意见》，与中国农业银行联合印发了《关于积极应对金融危机加大对扶贫龙头企业扶持力度的意见》，强化了应对金融危机的措施，加大了信贷扶贫投入。据不完全统计，今年共安排扶贫贴息贷款200多亿元。地方各级政府财政扶贫投入也有较大幅度增长，达到90亿元。云南省级配套资金7.36亿元，达到中央投入的40.9%，比上年增加11%。湖北地方各级财政扶贫投入3.2亿元，为历史最高水平。河南集中4亿多元财政扶贫资金，支持828个革命老区村实施整村推进，县市级扶贫投入达到3.7亿元，比上年增加60%。西藏安排2亿多元支持贫困户安居工程建设。浙江财政继续给29个欠发达县区提供小额贷款贴息资金1210万元，预计年末扶贫小额贷款余额将突破4亿元。

在重点措施方面，今年全国预计将完成18800个村整村推进，其中"三个确保"贫困村9000个。资源整合，连片开发，产业化扶贫水平有所提升，山东、江西、湖南、湖北、云南等省产业基地向规模化发展，扶贫龙头企业带动作用增强。贫困地区劳动力转移培训质量进一步提高，广西、重庆、甘肃、宁夏等省区市重点从短期培训逐步转向职业技能培训。移民扶贫扎实开展，预计完成69万贫困人口搬迁。特殊类型贫困地区综合治理、汶川地震贫困村灾后恢复重建等试点稳步推进。在460多个县的8000多个村开展贫困村互助资金试点，黑龙江、江苏、福建、安徽、陕西、四川、宁夏等省区主动扩大省级财政扶贫资金试点。彩票公益金支持革命老区整村推进试点取得积极进展，试点村在短期内面貌发生了根本变化。

（二）组织开展大型调研活动，完善国家扶贫战略和政策体系

调研活动从四个方面展开：一是领导小组联合调研。28个成员单位及住房和城乡建设部共组成5个调研组，由领导小组副组长带队，80多位同志参加，实地考察了20个省区市的72个县（其中国家重点县51

个）、151个贫困村，相关地区的党委政府和扶贫部门做了认真细致的准备，为调研工作顺利开展、取得成果奠定了基础。二是各省区市扶贫办进行自我总结。三是相关部门提供扶贫工作情况和政策建议。四是委托专家学者进行课题研究。

为了更充分、广泛地听取有关专家、各省区市和基层同志的意见，9—10月，我办分别召开了东中西部三个片区座谈会和专家组座谈会。在此基础上，经反复修改，形成了《完善国家扶贫战略和政策体系联合调研总报告》，提出了未来扶贫开发工作的总体思路和奋斗目标、方针与原则、对象与重点、内容与途径、工作任务与部门职责、政策保障、组织领导等意见和建议，并向国务院扶贫开发领导小组全体会议进行了汇报。

（三）组织开展“两项制度”有效衔接试点，对低收入人口全面实施扶贫政策

我办和民政部、财政部、统计局、残疾人联合会在11个省（区、市）的20个县，开展了农村最低生活保障制度和扶贫开发政策（以下简称“两项制度”）有效衔接试点，并联合下发了《关于做好农村最低生活保障制度和扶贫开发政策有效衔接试点工作的指导意见》。试点以中西部为主，兼顾东部；既有国家重点县，也有省重点县和非重点县；既有革命老区县，也有民族自治地方的县。试点工作的一项重要成果，就是弄清了农村贫困人口的构成，为采取更有针对性的措施提供了实证支持。20个县共有335个乡（镇）、5860个行政村开展了试点。按新的扶贫标准（1196元），识别出贫困人口141.9万人，占试点县农村人口的14.7%（试点县多为贫困程度较深的县）。其中扶贫开发对象122.4万人，占农村人口的12.7%；低保对象46.1万人，占农村人口的4.8%（未含1196元以上的低保对象）；扶贫和低保交叉对象26.6万人，分别占扶贫开发对象的21.7%、低保对象的57.7%。识别出来的低保对象均落实了低保金，扶贫开发对象有58.9万人享受了到户扶持政策，占48.1%，有部分扶贫开发对象未得到直接扶持。

参与试点的省区市和试点县对这项工作高度重视，积极探索有效方式。湖南省委书记、省长亲自听取汇报，要求把试点作为农村改革的一件大事来抓，成立了专门工作机构，分管省长亲自挂帅，省级财政还专门安排1000万元资金支持两个试点县工作。目前，湖南已在20个重点县全面推广试点工作，走在全国前列。重庆市采用多因素的贫困人口识别办法，探索两项制度衔接管理的长效机制，制定支持扶贫对象发展生产的政策，逐步落实。低收入户信息数据库建设达到较高水平。

在深入调研和广泛征求意见的基础上，我办起草了《关于对农村低收入人口全面实施扶贫政策，进一步做好扶贫工作的意见》，明确要求瞄准扶贫对象，全面实施扶贫政策，优化资金使用结构，强化工作重点，完善到户措施，创新工作机制，着力提高扶贫对象自我发展能力，提高扶贫开发水平。

（四）创新工作机制，完善工作方法

促进扶贫工作法制化。湖北根据新形势修订了《湖北省扶贫工作条例》。重庆市农村扶贫开发工作条例已经市政府常务会议通过。河南扶贫立法工作也在稳步推进。

探索扶贫标准调整机制。目前，全国已有11个省区市自定扶贫标准。今年，青海确定的扶贫标准农区1300元、牧区1500元；内蒙古农区1560元、牧区1800元。重庆市还结合统筹城乡实验区改革，在两项制度衔接试点县采用了相对贫困标准。

对重点县实施动态管理。陕西下发了《关于调整扶贫开发工作重点县的通知》，将进入“双超县”和“十强县”的靖边、府谷、安塞、黄陵等4县调整出扶贫重点县范围。

强化扶贫到户措施。广东省委、省政府通过半年的深入调研，组织实施“规划到户责任到人”工作，中央政治局委员、省委书记汪洋同志亲自主持电视电话会议进行部署，动员省内发达市县、有关部门对口帮扶贫困村。目前全省3409个贫困村已经有2139个落实了帮扶单位，占62.7%。河北省实施“细胞工程”，使产业扶贫措施真正落实到户。

改进“雨露计划”实施方式。江西把实施“雨露计划”与本省工业园区发展的需求相对接，深入推进农民工转移就业和自主创业技能培训，扶助贫困户子女接受职业技能培训，并与“两后生”助学补助制度对接，每人每年再补助1500元。海南调整优化劳动力转移培训结构，减少两、三个月的短期培训班，扩大职业教育学历班的规模。

探索移民扶贫有效途径。内蒙古鄂尔多斯市统筹城乡发展，对沙漠化区域贫困农牧民实施整体搬迁，并妥善解决进城农牧民的住房、就业、生活、医疗、养老等问题。浙江、福建等省把移民扶贫与小城镇建设、开发区建设、中心村建设、地质灾害搬迁等有机结合，提高规模化水平。两省当年均完成了7万人的搬迁任务。

整合资源加快脱贫进程。江苏把省级机关、高等院校（科研院所）、大型国有企业、苏南县（市、区）与苏北县的“五方挂钩”帮扶模式，上升为多形式、多层次的互利合作、共同发展的关系，为“五方挂钩”增添新内容、注入新活力。

强化对领导干部的目标考核。重庆市增加了扶贫工作在重点县党政领导目标考核的权重，并将扶贫工作纳入非重点县和“一圈”帮扶“两翼”区县党政领导目标考核内容。

完善扶贫资金项目管理措施。我办与财政部联合制定了《关于进一步做好贫困村互助资金试点工作的指导意见》、《贫困村互助资金试点操作指南》和《中央专项彩票公益金支持扶贫事业项目管理办法》。我办还印发了《国务院扶贫办科技扶贫综合试点项目申报指南》。

（五）探索有效途径，解决特殊贫困问题

积极组织推动汶川地震灾区贫困村恢复重建。5月下旬，我办在四川广元市召开现场会，就贫困村灾后恢复重建提出了具体要求。四川、甘肃、陕西三省工作全面展开，100个试点村重建任务完成过半，70%的贫困村（3383个）重建规划启动实施。四川阿坝州扶贫开发和综合防治大骨节病试点进展顺利。完成搬迁安置1877户，2.64万名适龄儿童寄宿制学习生活得到巩固，基本控制了新发病例。新疆阿合奇边境扶贫试点成效初显，积累了经验，创新了机制。

对集中连片贫困地区进行综合治理。广西继续推进桂西五县基础设施建设大会战，延伸实施边境3—20公里兴边富民基础设施建设大会战。甘肃出台了《关于实施特殊政策加大民族地区特困片带扶贫攻坚力度的意见》和《关于进一步加大河西特困移民扶持工作力度的意见》。宁夏充分发挥中部干旱带地区发展资金的杠杆作用，共吸引近亿元行业资金参与产业开发和农业基础设施建设。

（六）发挥行业、社会扶贫作用，构建“大扶贫”新格局

根据新阶段扶贫开发工作需要，经国务院批准，国务院扶贫开发领导小组增加民政部为副组长单位，外交部、住房和城乡建设部、国家旅游局、全国工商联为成员单位。领导小组与解放军总政治部联合下发了《关于进一步加强全军和武警部队参与扶贫开发工作的意见》，已有10个省区的同级军事机构成为省级扶贫开发领导小组成员单位。我办进一步加强与外交、教育、科技、民委、民政、国土资源、交通、水利、农业、卫生、广电、住房和城乡建设、商务、林业、旅游等部门及中央精神文明办公室、妇联、残联、农业银行、工商联、电监会、中科院、农科院等部门的合作，各部门都给予了积极的支持。目前，我们正在会同有关方面制定《中央国家机关和军队等单位定点扶贫工作制度》。积极推动企业参与扶贫工作。国际合作第一次走出国门。世界银行第五期扶贫项目准备工作迈出实质性步伐。

各地充分发挥党政机关、社会各界在扶贫工作中的作用。湖南共派出3777个驻村扶贫工作组，全年投入的资金和物资约合6亿元，超过中央财政扶贫投入总额。青海省扶贫开发局协调12个省直部门联合下发了《关于整合资金共同促进扶贫整村推进工作的通知》，并与各民主党派达成进一步加强合作的意向书。山西、湖北、河南、福建、宁夏等省区在“三支一扶”中安排专职扶贫人员和大学生村官。辽宁坚持省级领导扶贫联系点制度，组织200多个省直机关、企事业单位定点帮扶215个贫困乡镇。东部省市扶贫协作部门创新扶贫形式，丰富帮扶内容，加大帮扶力度。人民解放军和武警部队按照群众所需、部队所能的原则积极参与扶贫开发。

（七）加强自身建设，提高管理水平

经过努力，中编办同意国务院扶贫办内设机构由组改司，并增加一个司的设置。在省级机构改革中，有11个省（区、市）扶贫部门调整为省（区、市）政府直属机构，占总数的41%；河南和江西两省扶贫机构升格；重庆、新疆等扶贫办充实了内设机构和人员。今年，我办共举办贫困地区地县级党政领导和扶贫系统干部培训班9期，培训695人，其中地、

县级党政领导干部90人，中青年扶贫骨干60人。吉林、江西、云南、重庆等省市也根据本地情况，开展了多层次、多形式的培训。

经过各方面的共同努力，全国扶贫开发工作取得积极进展。今年前三季度全国重点县农民人均现金收入实际增长9.6%，高于全国农村平均水平0.4个百分点。受国际金融危机影响，今年全球贫困人口预计增加1亿。在这种情况下，我国减贫形势比较平稳。

扶贫开发取得的成就，从根本上说是党中央、国务院在危机面前果断决策，积极应对，实施积极的财政政策和适度宽松的货币政策，不断丰富和完善以扩大内需为主要内容的一揽子计划的结果。同时，也离不开方方面面的支持和贫困地区广大干部群众的努力。在这里，我代表国务院扶贫办向扶贫领导小组成员单位、参与定点扶贫的中央国家机关及军队、参与东西扶贫协作的省市、扶贫战线的广大干部一年来的辛勤工作表示诚挚的感谢。

二、关于新阶段扶贫开发形势及总体思路

今年开展的联合调研，在总结《纲要》实施经验的基础上，根据新形势、新要求，提出了完善国家扶贫战略和政策体系的建议，以及2010年以后扶贫开发工作的总体思路和基本框架。

（一）新阶段的特征和挑战

我国经济社会发展正处在新的历史起点上，新阶段扶贫开发工作背景发生巨大变化，面临着新的形势和任务。

党的十七大提出确保到2020年实现全面建成小康社会的奋斗目标，绝对贫困现象基本消除是一项重要指标。让贫困人口共享改革发展成果，赋予扶贫开发新的定位。确立统筹城乡发展的方略，贯彻“以工促农、以城带乡”的方针，使我国的扶贫事业呈现出专项计划扶贫与惠农政策扶贫、社会各界扶贫等多方力量、多种举措有机结合、互为支撑的“大扶贫”新局面。国家工业化、信息化、城镇化、市场化、国际化加快推进，既为贫困地区和贫困人口发展提供了新的机遇，也带来新的风险和挑战。

由于环境和背景的变化，新阶段扶贫工作呈现出三个明显特征：一是在扶贫对象瞄准上，过去主要瞄准绝对贫困人口，同时关注低收入人口，现在要对低收入人口全面实施扶贫政策。二是在制度安排上，过去主要是开发式扶贫，现在全面建立农村最低生活保障制度，不断完善以扶老、助残、救孤、济困为重点的社会救助体系，进入了开发扶贫和生活救助“两轮驱动”的新阶段。三是在主要任务上，过去扶贫开发的任务比较宽泛，现在行业扶贫力度不断加大，专项扶贫的重点是提高贫困人口综合素质和发展能力，更要强调进村入户。

在新形势和任务面前，必须清醒看到，我国仍处在社会主义初级阶段，经济社会发展的总体水平还不高，人均收入水平较低，制约贫困地区和贫困人口发展的深层次矛盾依然存在。

一是贫困人口在持续减少，但致贫因素较多且复杂、返贫压力增大。按照新的扶贫标准，我国农村扶贫对象 4007 万人，占农村总人口的 4.2%，绝对量依然庞大。按国际标准，贫困人口数量更多。同时返贫问题更加突出，短期贫困人口约占贫困人口比例的 2/3。

二是贫困地区农民收入增长较快，但收入差距扩大。城乡居民收入绝对差距已经超过万元。东中西部农民收入差距在扩大，各区域内部收入差距也在扩大。在贫困地区，一些县级财政收入的高增长掩盖了农民收入低增长，城镇繁荣掩盖了农村落后，少数大户富裕掩盖了多数人收入不高。相对贫困现象日益凸显。

三是贫困地区落后面貌总体改善，但发展不平衡问题十分突出。少数重点县超常规发展，但边远地区的交通、饮水、上学、就医、住房等问题依然困扰群众生活。公共服务均等化的薄弱环节基本在贫困地区。

四是部分地区已经实现整体脱贫，但是特殊类型地区和特殊群体的贫困问题仍积重难返。西部地区主要问题集中在民族地区和边境地区，中部集中在革命老区和山区。2008 年五个民族自治区和云南、贵州、青海三省的贫困人口，占全国农村贫困人口的比重为 39.6%，且呈上升趋势；贫困发生率 11.0%，比全国平均水平高 6.8 个百分点。农村残疾人贫困面比较大，实现脱贫致富受到多重制约。

五是贫困地区生态环境恶化趋势总体得到初步遏制，但生态环境保护区的农民生计问题还没有稳定解决。面对新形势、新任务，扶贫开发工作需要改善和加强。扶贫对象瞄准和标准调整机制需要完善，重点工作区域需要适当调整，资金投入和管理需要强化。开发扶贫和救助扶贫有效衔接，行业扶贫和专项扶贫有机结合，经济社会政策与人口政策相互协调，生态、资源、社会等方面补偿政策全面落实，需要各方面积极配合。总之，对于全面建设小康社会过程中的扶贫开发，对于大扶贫格局中的专项扶贫工作，还需要更深入的研究和探索。

（二）新十年扶贫开发的总体思路

改善和加强新阶段扶贫开发工作，要深入贯彻落实科学发展观，全面贯彻落实党的十七大和十七届三中、四中全会精神，将扶贫开发作为长期历史任务，纳入国民经济社会发展中长期规划。编制新十年扶贫开发纲要和“十二五”相关规划，要把握好以下总体思路和重大原则：

一是把基本消除绝对贫困现象和缓解发展差距作为奋斗目标。着力转变发展方式，促进贫困地区经济加快增长，有效提高公共服务均等化水平，明显改善集中连片和特殊类型贫困地区的发展环境和条件。努力缓解发展差距扩大的趋势，确保重点县农民人均纯收入年均增长幅度高于全国平均水平，逐步提高贫困人口健康生活水平和稳定发展能力。

二是把坚持开发式扶贫方针作为根本保证。坚持国家扶持和自力更生相结合；发挥中央和地方两个积极性；实现开发扶贫与救助扶贫有效衔接；专项扶贫和行业扶贫有机结合；资源利用和生态环境保护相互协调；扶贫开发与计划生育相互促进；坚持政府主导，扩大社会参与；继续增加财政投入，促进财政与金融资源有机结合。

三是把尽快解决扶贫对象温饱并实现脱贫致富作为首要任务。将扶贫标准以下有劳动能力的人口作为扶贫开发对象，对低收入人口全面实施扶贫政策，进一步完善国家扶贫标准调整机制，适当扩大扶贫覆盖面，巩固扶贫效果，有效遏制返贫。鼓励有条件的省区市自定扶贫标准。对少数民族、妇女、残疾人等特殊贫困群体加大扶持力度。

四是把革命老区、民族地区、边疆地区作为优先地带。在中西部地区继续确定国家扶贫开发工作重点县，并实现动态管理。实施有差别的区域扶贫政策。“十二五”期间，国家选择部分贫困程度深、有代表性的集中连片地区，制定专项规划，加强资源整合，开展扶贫攻坚；各省亦可结合本地实际，确定集中连片贫困地区开展攻坚。继续对边境地区和少数民族聚居区的贫困乡、村给予重点扶持。

五是把提高农村贫困人口自我发展能力作为工作重点。把特殊类型和集中连片贫困地区综合治理放在突出重要位置。依托扶贫规划，大力整合资源，实施整村推进、连片开发，因地制宜开展移民扶贫。支持贫困地区发展减灾避灾特色优势产业，开展劳动力技能培训，提高贫困农民收入水平和就业能力。发挥科技扶贫作用，完善信息化、社会化农村科技服务体系，加快推广农业先进实用技术。

六是把政策支持和部门协作作为重要保障。中央财政继续提升扶贫开发投入水平，增加对中西部地区公益性项目投入。地方政府也要根据财力状况逐步加大投入力度。逐步建立财政扶贫资金稳定增长机制。加大金融扶贫工作力度，深化扶贫贴息贷款管理体制改革，大力扶持和发展贫困地区微型金融机构。逐步加大中央财政对贫困地区一般性转移支付力度，探索建立有利于贫困地区发展的资源开发补偿政策。进一步明确行业部门的扶贫责任。根据扶贫开发的总体目标，分解和明确部门任务。有关部门在安排农业基本生产条件、基础设施、社会事业、产业发展、土地整治、人口发展、生态和社区环境等投资和项目时，应优先照顾贫困地区，并采取切实措施，进一步加大支持力度，促进当地经济社会加快发展。

三、关于 2010 年的扶贫工作

2010 年是我国扶贫开发承上启下的关键一年，既要确保《纲要》目标任务的实现，又要制定新十年扶贫纲要和“十二五”扶贫相关规划。中央农村工作会议已对 2010 年农村工作做出具体安排，对扶贫开发提出明确要求。国务院扶贫开发领导小组全体会议对确保完成《纲要》目标任务、谋划新十年扶贫纲要也做出了全面部署。我们要认真学习，深刻领会这两次会议的精神，特别要认真学习回良玉副总理的两次重要讲话，在具体工作中贯彻落实。

（一）组织编制2011—2020年国家扶贫开发纲要和“十二五”扶贫相关规划

在深入调研和总结的基础上，加强理论和政策研究，制定2011—2020年扶贫开发纲要，把扶贫开发纳入国民经济和社会发展规划。各省区市也要编制本地新十年扶贫纲要。新十年纲要的编制需要进一步明确扶贫工作的重点区域。

同时，要组织编制“十二五”专项扶贫规划。我办已与发改委、财政部商定，共同编制整村推进、扶贫易地搬迁两个规划，研究跨省的典型集中连片贫困地区试点规划。各省区市扶贫办要认真组织并切实抓好本省“十二五”相关规划的编制工作，同时力争与发改委、财政部门联合制定其他扶贫专项规划。“十二五”期间，每个省区市都应对1—2片贫困程度最深的集中连片地区制定综合治理规划。

（二）全力抓好专项扶贫重点措施

一是加大整村推进力度。2010年全国要完成2万个村整村推进任务，其中“三个确保”村8650个。山西、湖北、陕西、河南、贵州、河北、江西、安徽等“三个确保”任务比较重的省，要继续加大力度，采取有效措施，坚决完成“三个确保”任务。

二是继续开展贫困地区劳动力培训。2010年“雨露计划”应适当调整，重点支持“两后生”农业适用技术培训和职业技能培训。要研究提出农村贫困家庭子女接受职业、技能教育再补贴的具体办法。各省区市扶贫办也要继续推进这方面的工作，要根据贫困地区劳动力培训需求和企业用工结构，实事求是地制定培训计划，明年3月底之前，报国务院扶贫办备案。

三是大力培育和发展特色优势产业。在整村推进基础上以县为单位，资源整合，连片开发，加快县域经济发展，辐射、带动贫困农户增收。在产业选择上，要充分考虑防灾避灾因素，因地制宜发展设施农业。采取有效措施扶持贫困地区的龙头企业，发挥龙头企业带动作用。继续开展贫困村互助资金试点，解决产业化过程中贫困农户贷款难问题。发展多种形式的农民专业合作组织，促进贫困农户在产业化过程中受益。

四是积极稳妥推进移民扶贫。据我办统计，目前全国还有1000万左右贫困人口需要移民。各省区市要研究制定移民扶贫规划，千方百计整合资源，提高补助标准，使需要搬迁的扶贫对象搬得出、稳得住、逐步能致富。同时，配合住房和城乡建设部，做好农村贫困户危房改造工作。

五是加大对集中连片和特殊类型贫困地区的扶持力度。继续推进四川阿坝州扶贫开发与综合防治大骨节病、新疆阿合奇边境扶贫、贵州威宁晴隆石漠化综合治理、西藏溜索改造、云南富宁县山瑶扶贫、甘肃庆阳绒山羊产业发展等试点工作。加快汶川地震灾区贫困村恢复重建步伐。

六是继续加大东部地区扶贫工作力度。尽管东部发展较快，但也还有少量连片贫困区域，部分地区和人口的相对贫困问题还相当突出，发展差距在继续扩大。要在现有基础上，加大扶贫投入力度，提高工作水平，并继续为全国扶贫开发探索新路。

（三）进一步完善扶贫工作机制

一是扩大“两项制度”有效衔接试点。2010年力争将试点范围扩大到所有国家重点县，东部省根据实际情况自行确定。拟于明年2月上旬召开试点工作总结会，对扩大试点做出具体部署。各省区市要提前做好准备，尽快成立试点工作领导小组，明确负责这项工作的领导和处室。扶贫办要主动与有关部门协调，抓紧制定扩大试点的工作计划和具体方案。要认真研究本地情况，分析扩大试点中可能出现的困难和问题，提出应对措施。对试点工作总结会大家有什么想法和意见，可随时与我办政策法规司联系。

二是对低收入人口全面实施扶贫政策。我办正在起草《关于对农村低收入人口全面实施扶贫政策，进一步做好扶贫工作的意见》，待报经同意后，各地要全面贯彻落实。逐步提高财政扶贫资金用于支持优势特色产业发展和提高农民素质的比例，重点支持连片开发和整村推进、贫困家庭劳动力转移培训、产业化扶贫、扶贫易地搬迁、贫困村互助资金试点等项目，要安排更多资金直接扶持到贫困户。紧紧瞄准贫困人口，加大支持力度。

三是加强对贫困人口的监测。国务院扶贫开发领导小组全体会议原则同意，为更合理地确定新阶段的扶贫标准，在按现行标准开展工作的基础上进行探索，对低于农民人均纯收入 1/4 的农村人口进行监测，为完善扶贫标准调整机制提供基础和依据，并适时进行系统测算与评估。各省区市要配合做好相关工作。

（四）进一步推进社会扶贫和国际交流合作

一是制定并落实《中央国家机关和军队等单位定点扶贫工作制度》，确保定点扶贫工作的持续性。二是推动东西扶贫协作向规范化、制度化方向发展，协作双方要加大帮扶协作力度。三是大力推动企业参与扶贫工作，特别要引导民营企业发挥作用，促进贫困地区产业开发，实现互利共赢。四是建立完善军地协调机制和相关政策制度，充分发挥军队和武警部队在扶贫工作中的优势和积极作用。五是积极搭建对接平台，鼓励和支持社会团体、民间组织参与扶贫开发。六是配合我国总体外交工作，继续采取培训、交流等形式，分享国际社会减贫和社会发展的经验。做好世界银行五期项目前期工作，争取明年完成各项程序并正式启动。

四、需要特别重视的两个问题

（一）要进一步加大扶贫宣传工作力度

扶贫宣传工作是全国宣传工作的重要组成部分。现代媒体和信息技术的高度发展，使宣传工作的重要性日益突出。新闻传播的方式突破了传统的平面形式和每天发布一次的频率，以电视为代表的立体传媒和以互联网为代表的电子传媒使公众能够更迅速、更全面、更直观地获得大量信息。及时正面发布扶贫信息，帮助社会各方获得权威、准确的信息，是我们的责任。

我办对宣传工作高度重视。今年与中宣部联合下发了《关于做好 2009 年扶贫宣传报道的通知》，提出宣传工作重点和要求。就扶贫标准和西部大开发十周年扶贫成就举行了两次新闻发布会。精心组织建国 60 年宣传活动，包括筹划建国 60 年成就展扶贫部分、联合摄制《当代中国扶贫开发》纪录片和编辑扶贫画册等。委托《农民日报》每单周安排一个专版对扶贫工作进行宣传。我办主管的几家公开出版物《中国扶贫》、

《中国老区建设》、《中国财富》在扶贫宣传方面也发挥了积极的作用。

各地在加强宣传工作方面也有许多好的做法。一是抓好队伍建设。山西、青海等省扶贫办安排专门机构和人员负责宣传工作，建立省广播电视台驻扶贫办记者站。二是拓宽宣传渠道。辽宁、安徽、河南、湖北、江西等省充分利用公开刊物、扶贫网站和工作简报等平台，注重加强与各新闻媒体的沟通联系，做到“电视有影、广播有声、报刊有文”。三是开展专题宣传。西藏和新疆充分发挥扶贫宣传在维稳工作中的重要作用，展示扶贫工作成就，鼓舞教育各族群众，促进民族团结，效果很好。

今后，我们要在以下几个方面进一步加大扶贫宣传工作力度。

一是牢牢把握新闻宣传的正确导向。大力宣传中央关于扶贫开发的方针政策，充分展示扶贫开发的成就和经验，及时报道社会各界积极参与扶贫开发工作的情况，全面反映贫困地区群众坚持自力更生、艰苦奋斗的精神风貌，加强对扶贫工作先进典型的宣传。

二是充分利用不同渠道开展宣传工作。要同中央、省级、县级的主流媒体保持良好的工作关系，学会和新闻界的工作者交朋友。既要充分利用传统媒体，也要注意发挥互联网的作用。在办好各种出版刊物的同时，加强扶贫网站建设。

三是加强队伍建设。各省区市扶贫办要有一位领导专门负责宣传工作，明确承担具体工作的处室，指定具体工作人员。要为宣传工作提供必要的设备和工作经费。

四是加强沟通与联系。各省区市扶贫办要主动向我办报送信息，以便及时总结、宣传各地好的经验和做法，了解新情况，新动向。对我办主管的几个公开出版杂志，大家要给予积极支持。

（二）切实做好少数民族地区的扶贫工作

我国是一个多民族的国家，国家的富强统一是各族人民的最高利益，民族团结是国家繁荣发展的重要保证。努力实现各民族“共同团结奋斗，共同繁荣发展”，是构建社会主义民族关系的主题，是中国特色社会主义道路的组成部分，也是贯彻落实科学发展观的重要内容。

加大对民族地区支持力度，始终是扶贫开发的一个重大方针，党中央、国务院历次重要会议，关于“三农”和扶贫工作的文件，都反复强调要加大对革命老区、民族地区、边疆地区扶贫工作的支持力度。《纲要》实施以来，革命老区、民族地区、边疆地区也一直是扶贫开发的重点区域。这些年，我们在以下几个方面对民族地区给予了倾斜支持：一是在政策上给予倾斜，在投入上加大力度。2002 年到 2009 年，对内蒙古、广西、西藏、宁夏、新疆五个自治区和贵州、云南、青海少数民族人口较多省份投入中央财政扶贫资金 417.4 亿元，占全国总投入的 39.87%，同时安排专项少数民族发展资金 52 亿元。二是帮助少数民族地区制定扶贫开发规划，加大重点工作力度，在“三个确保”村中，1/3 以上为民族村，相当数量人口为少数民族贫困人口。三是加大社会扶贫力度，在东西扶贫协作、中央国家机关定点帮扶、社会各界扶贫和扶贫领域国际合作等方面，都向少数民族地区倾斜。四是开展了不同类型的试点工作，寻找解决少数民族地区贫困问题的有效途径。

民族地区的扶贫工作虽然取得了很大成绩，但仍然面临很多困难和挑战。民族地区的贫困是自然、地理、气候、民族、宗教、边境等诸多问题的集合体，既敏感又复杂。这些地区在国家安全、生态屏障、能源建设等方面具有重要战略地位，有些还处于反分裂斗争的前沿。做好民族地区扶贫开发工作，对于国家长治久安、人民安居乐业意义重大。扶贫系统要以对国家民族的高度责任感，把少数民族地区的扶贫工作放在特别重要的位置，创新思路、完善机制、加大投入、抓出成效。

少数民族地区的贫困问题具有特殊成因、特殊困难和特殊表现，要不断加大投入和工作力度，特别要提高各项措施的针对性。在实施整村推进过程中，要将危房改造、人畜饮水等基本生存需求作为重要内容。对缺少基本生存条件的地区、生态环境保护区，要稳步推进移民扶贫。要更加注重提高劳动力基本素质，实施教育扶贫，加强双语教学。提倡在地方政府、工会等帮助下，组织当地少数民族劳动力外出打工。产业化扶贫要重点扶持民族特色产业发展。引导东部企业到民族地区创业，充分发挥国家扶贫龙头企业的作用，带动人口较少民族地区发展种养业、特色农产品加工业、特色旅游业。加强产业指导，培育农民合作组织，确保贫困群众在产业发展过程中受益。将扶贫开发与生态建设结合，配合坡改梯、冷水渍害田改造、地头水柜（水窖）等微型水利项目的建设，治理水土流失。积极利用沼气、太阳能等可再生能源，减少对自然资源的破坏。积极发展草地畜牧业，实现扶贫开发与生态建设的良性循环。

随着经济活动和社会交往的扩大，劳动力流动进程的加快，目前民族问题的一个特点是不再局限于民族地区。因此，西部地区扶贫系统组织少数民族劳动力到东部地区打工，要加强与输入地政府特别是扶贫办、协作办的联系，尊重少数民族的风俗习惯、宗教信仰，体谅他们在语言交流等方面的困难，妥善安置好他们的生活，及时发现并解决矛盾隐患，避免一些具体问题被别有用心的势力所利用，酿成严重后果。

五、关于切实加强扶贫队伍建设

完成2010年扶贫工作各项任务，必须加强扶贫队伍建设。全国扶贫系统干部职工要认真贯彻党的十七届四中全会精神，结合深入学习实践科学发展观活动，把党和政府、社会各界对贫困地区、贫困群众的支持和关心转化为具体行动，坚定信心、锐意进取，扎扎实实做好各项工作。

（一）统一思想认识，务求工作实效

首先要统一认识。扶贫系统的干部要把思想认识统一到中央对明年经济工作的总体要求上来，统一到国务院扶贫开发领导小组全体会议精神上来，深刻认识做好扶贫开发工作的重大意义和现实紧迫性，准确把握工作重点，不断强化政策措施，团结一心，共同努力，务必取得新的成效。二是要执政为民。要把千方百计对低收入人口全面实施扶贫政策作为扶贫系统执政为民的出发点和落脚点。大力弘扬理论联系实际、密切联系群众、求真务实、艰苦奋斗的作风。树立正确的政绩观、利益观，努力克服形式主义、官僚主义。要通过开展广泛的调查研究，切实提高思想认识水平、政策水平和工作水平。要进一步增强群众观念，尽可能设身处地，多从贫困群众的角度考虑问题，坚持真诚倾听他们的呼声，真实反映他们的意见，真情关心他们的疾苦，真心实意地为他们解难题，办实事。要努力防止国家扶贫政策的流失，让贫困群众多得实惠。三是要增强责任意识。要以高度的责任心、扎实的作风、无私奉献的精神，恪尽职守，努力工作。要以对党和人民事业高度负责的态度，积极主动，勇挑工作重担，在问题面前不回避，压力面前不躲闪，困难面前不推托，挑战面前不畏惧，扎扎

实实地做好每一项具体工作。要在全国扶贫系统大力倡导踏实、扎实、求实、务实的良好作风。

（二）加强廉政建设，增强自律意识

要加强扶贫系统反腐倡廉建设，督促广大党员、干部特别是领导干部严格遵守廉洁自律各项规定，积极追求健康向上的生活情趣，自觉抵制拜金主义、享乐主义、极端个人主义思想的侵蚀，堂堂正正做人、清清白白做官、干干净净做事。从全国扶贫系统的情况看，廉政建设工作总体是好的，但也存在一些问题。个别干部因贪污受贿、虚报冒领违法违纪，个别地方因违规使用扶贫资金被媒体曝光，造成不良影响。搞形象工程、挤占挪用、逆向整合、侵蚀贫困群众的合法权益等问题都要引起高度关注和警觉。在某些方面，群众的反映比较集中，我们必须高度重视，认真对待，严肃查处。要切实汲取教训，引以为戒，自觉加强个人修养，提高自我约束能力。我们的权利是人民给的，是用来为人民服务的，不是给个人牟取私利的。要带着对贫困群众的感情，正确使用手中的权力，真正做到“权为民所用，情为民所系，利为民所谋”。

（三）强化业务基础，提高工作效率

扶贫开发是一项专业性、综合性很强的工作。因此，需要有一支吃苦耐劳，业务精湛，爱岗敬业的干部队伍。要加强学习，对于中央新的精神、国务院各部门的相关政策、上级机关的指示，要认真领会，吃准吃透。要努力加强各项业务基础建设，积极开展多种形式培训，不断提高干部业务素质。

长期以来，扶贫系统信息统计等基础工作比较薄弱，已成为目前一个十分突出的问题。2010 年，我们要编制新十年扶贫开发纲要，要有大量的数据统计和搜集整理工作。但是目前数据不全，情况不明，成为提高扶贫开发水平的一大难点。特别是个别地方的扶贫部门，对统计信息工作重视不够，工作拖沓，效率不高，不能及时提供扶贫工作相关数据、典型资料等，这种现象必须尽快改变。我在这里特别强调几点：第一，主要领导要高度重视，直接抓。各省区市扶贫办要明确专人负责扶贫开发统计工作，根据需要及时向上级报告情况。第二，要健全对扶贫政策措施执行情况定期检查和专项督查制度以及纪律保障机制，确保政令畅通。第三，要严格奖惩。对上级部门交办的任务，凡是能保质保量完成的，要给予奖励；对拖延不办的，要采取必要的处罚措施。可以考虑与年度的考核奖惩措施挂钩。

同志们，在《纲要》实施的最后一年，我们既要打好《纲要》的收官之战，又要布好未来十年的开篇之局。责任重大，使命光荣。让我们在以胡锦涛同志为总书记的党中央领导下，全面贯彻落实科学发展观，开拓创新，锐意进取，扎实工作，努力开创扶贫开发工作的新局面。

范小建在农村最低生活保障制度和扶贫开发政策有效衔接试点工作会议上的讲话

（2009 年 2 月 26 日）

这次试点工作会议的目的非常明确，就是以科学发展观为指导，深入贯彻落实党的十七大、十七届三中全会和国务院扶贫开发领导小组第一次全体会议的精神，贯彻落实中发［2009］1 号文件的精神，促进农村最低生活保障制度和扶贫开发政策有效衔接试点工作的顺利进行，确保取得实效。今年年初我办和民政部就开展这个试点联合下发了通知，各地扶贫部门马上积极行动起来，主动与民政部门联系，制定了试点工作方案，有些省的工作已经起步。河南和青海主动要求参与试点，江苏、湖北和重庆增加了试点县的数量。

但是，随着试点的进行，各地也反映出一些问题，主要是对于为什么要开展这项试点，试点要解决什么问题，达到什么目的，试点的关键环节和主要难点是什么等，大家在思想上还不够统一，甚至有一些模糊认识。因此，办党组决定召开这样一次会议，请相关部门介绍基本情况，交流各试点经验，对我们要下发的文件征求意见，以便进一步统一思想，提高认识，扎实推进试点工作。下面我讲三点意见：

一、搞好扶贫开发与农村低保两项制度有效衔接试点的重要意义

党的十七届三中全会通过的《中共中央关于推进农村改革发展若干重大问题的决定》明确提出了新形势下推进农村改革发展的指导思想、

目标任务和重大原则，也对新阶段扶贫开发的方针、政策、标准、重点等提出了明确要求。随着农村贫困人口大幅度减少，农村扶贫标准提高，农村最低生活保障制度的建立，我国扶贫开发工作进入了开发与救助两轮驱动的新阶段。三中全会《决定》明确要求，要实现这两项制度的有效衔接。

首先，实现两项制度的有效衔接，是确保实现十七大目标的重要举措。党的十七大明确提出了到2020年“绝对贫困现象基本消除”的奋斗目标。要确保目标的实现，必然要进一步完善现行的政策体系，对没有发展能力的贫困人口做出兜底性制度安排，通过救助维持其基本生存；对具有发展能力的贫困人口给予新的支持，通过扶持促进其脱贫致富，以形成低保维持生存、扶贫促进发展这样一个新的工作格局。这是保障实现减贫目标的重大制度安排，两项措施不但都要到位，而且要实现有效衔接，否则就会影响总体目标的实现。

第二，实现两项制度的有效衔接，是党中央、国务院的一贯要求。2007年7月《国务院关于在全国建立农村最低生活保障制度的通知》第一次提出，农村低保“要与扶贫开发、促进就业以及其他农村社会保障政策、生活性补助措施相衔接，坚持政府救济与家庭赡养扶养、社会互助、个人自立相结合，鼓励和支持有劳动能力的贫困人口生产自救，脱贫致富。”十七届三中全会《决定》进一步明确要求，“完善国家扶贫战略和政策体系，坚持开发式扶贫方针，实现农村最低生活保障制度和扶贫开发政策有效衔接。”去年11月召开的国务院扶贫开发领导小组第一次全体会议上，回良玉副总理再次强调，“低保制度是社会救助，扶贫开发是提高能力；低保制度是维持生存，扶贫开发是促进发展，二者相辅相承，相互促进，不能相互替代。扶贫部门和民政部门要把有效衔接作为贯彻落实党的十七届三中全会精神的一项重要工作，切实抓紧抓好，既要明确分工，更要加强配合与协调”。这次会议还明确要求扶贫办、民政部与相关部门配合，制定下发一个两项制度衔接的指导性文件。

第三，实现两项制度的有效衔接，是党中央、国务院交给扶贫部门的重要任务。中发［2009］1号文件明确指出，要制定农村最低生活保障制度与扶贫开发政策有效衔接的办法。今年2月4日下发的国务院办公厅关于落实中央1号文件的分工意见（国办函【2009】16号），对各部门的具体任务进行了分解，其中明确我办牵头落实的工作任务只此一项，就是制定农村最低生活保障制度与扶贫开发有效衔接的办法。这是一项硬指标，硬任务，我们责无旁贷，必须完成。

第四，实现两项制度的有效衔接，是提高行政效能和扶贫效果的有益探索，是完善国家扶贫战略和政策体系的内在要求。扶贫和低保都是针对贫困人口的政策措施，如果在工作中不能很好结合，不仅会增加基层的工作负担，还可能出现扶贫资源配置的重复或遗漏。共同识别贫困人口，分别采取有针对性的帮扶措施，不但可以减轻基层工作压力，提高政府扶贫资源的使用效能，而且对于完善国家扶贫战略和政策体系至关重要。通过两项制度衔接，完善贫困人口的识别机制，是提高扶贫工作水平的重要途径。我们现在很多面向贫困农户的政策措施难以落到实处，就是因为没有建立贫困农户的识别机制。实现两项制度有效衔接，建立识别机制，是提高扶贫工作水平，完善新阶段扶贫战略和政策体系的内在要求。

总之，这是一项大政策，是关系到今后十年乃至更长时间扶贫开发工作的基础性制度建设，是新阶段完善国家扶贫战略和政策体系的奠基之作。对此，我们一定要有清醒的认识。做好这项工作，一定要坚持试点先行。不能走过场，摆花架子；也不能搞繁琐哲学。要建立起一个科学的、经得起实践和时间检验的好制度，先行试点是一个必不可少的环节。

二、搞好试点工作的核心是完善贫困人口的识别机制

20多年的扶贫开发，始终要解决的一个问题是瞄准。为此，扶贫部门进行了长期探索。制定国家扶贫标准，划定集中连片贫困地区，确定贫困县和扶贫开发重点县，再确定贫困村。为了找到贫困人口，我们建立了农村贫困监测制度，开展了贫困人口建档立卡的工作。在实施国际项目和一些试点当中，我们还尝试了贫困人口的参与式识别办法。但是总的看，目前扶贫部门的贫困识别，比较多地采用农户家计调查的方法，既耗时费力，容易出现偏差，又不易得到基层群众的普遍认可。

不解决贫困人口的识别问题，扶贫项目和扶贫资金就不能瞄准贫困人口。我们在调查中发现，扶贫政策进村以后，往往就成为普惠性的政策，从条文上看，大家都一样。但真正执行下来，又往往是相对富裕的农户受

益，真正贫困的农户时常因为拿不出自筹或配套资金而得不到国家的政策支持。这在扶贫移民项目中最为突出。国家支持你，是因为你有穷人。我们是为穷人要的钱。但因为穷人拿不出配套资金，给穷人的政策，穷人却不能受益。当然，贫困地区基础设施和社会事业建设是普惠性的，但扶贫移民，劳动力转移培训，产业开发等措施不向贫困人口倾斜，就违背了政策的初衷。特别是在国家行业主管部门不断加大对农村基础设施和社会事业的支持力度之后，普惠式的政策力度越来越大。在这种情况下，农村扶贫工作的着眼点要更多转向提高贫困户的自我发展能力，识别和倾斜的问题就更加突出。其实，低保与扶贫资金都是高压线。因为对象很明确，所以低保的钱没人能动，也没人敢动。但扶贫的钱，因为没有建立贫困农户的识别机制，找不准工作对象，就经常与其他资金混同使用，使扶贫效果打了折扣。我们强调资源整合，但整合不能改变扶贫资金的属性。我在去年全国扶贫工作会议上说过，要准确把握财政专项扶贫资金与其他支农资金的不同。一般的支农资金只要求落实到农业和农村项目，而专项扶贫资金则要求瞄准贫困农户。如果不注意这个根本性区别，扶贫就变了“味儿”，“瞄准”就会在最后一个环节“脱靶”，就会把穷人放在“空档”上。

识别贫困户的有效方法是民主推荐。我们在过去的试点中有过这方面的尝试，农村低保制度在这方面已经形成了比较规范的操作方法，我们扶贫部门要虚心学习。要参照低保的做法，完善和改进我们的贫困人口识别机制。只有两项制度在贫困人口识别上协调起来，才能健全和完善贫困农户档案，实施分类扶持，做到应保尽保，应扶尽扶，真正实现有效衔接。

三、对搞好试点工作的几点要求

试点工作的具体操作问题，国良同志将根据会议的讨论情况在总结时部署，我在这里提几点原则性的要求。

一是进一步统一思想，提高认识，克服畏难情绪。要把思想统一到十七届三中全会《决定》、扶贫开发领导小组第一次全体会议和中央一号文件的精神上来。简单说，两项制度衔接不存在做不做的问题，而是怎么做好的问题。一项新的探索性工作，必定有难度，不能因为困难就退缩。毛主席早就说过，“什么叫工作，工作就是斗争。哪些地方有困难，有问题，需要我们去解决。我们是为着解决困难去工作去斗争的，越是困难的地方越是要去，这才是好同志。”另外，我在这里要特别强调，最近一些省区的扶贫工作机构正处在调整中，个别地方存在干部安排问题。在这种情况下，我们要以对党和人民高度负责的精神开展工作，所有试点省区市不要因此而懈怠。

二是加强合作，相互协调，发挥整体效益。此次试点是民政部和我办联合部署的，将来下发指导性文件有五个部门。在过去两年多的时间里，扶贫办和民政部、财政部、统计局通力合作，取得了很好的效果。这次中国残联又主动参与其中。各级扶贫办要主动与相关部门加强联系，做出重要决定、出台相关文件、采取具体行动措施，都要提前征求几个单位的意见，尽量做好沟通工作。只有加强合作，才能确保试点顺利进行，试点成果得到推广。

三是严谨务实，勇于创新，力争科学规范。各地经济社会发展水平不同，面临的主要矛盾和问题也会存在差异，因此我们在制定试点工作方案时，采取的是粗线条的方法，对许多问题没有做出太具体的规定。这样做的目的是为了给各地的试点提供良好环境和空间。各地要本着实事求是，一切从实际出发的原则，探索和创新工作方法。在试点的过程中，要不断总结，不断调整，对行之有效的做法进行规范，上升到基本制度。我们将不断跟踪各地试点情况，适时总结交流，相互学习促进，逐步形成能在面上推广的成果。

四是加大支持力度，积极完善政策。后续政策不足或政策不到位，是一些地方建档立卡流于形式的重要原因。建立新的识别机制之后，对于试点尤其需要给予经费上的支持，让贫困群众和基层干部看得见，摸得着。搞试点不能“空对空”。今年尚未落实和明确的扶贫项目都应该向试点县倾斜。但试点县如果只想要钱不想试点，我们也要制定相应的限制措施。

范小建在“减贫与发展高层论坛”上的主旨发言

（2009 年 10 月 17 日）

在中华人民共和国成立 60 周年之际，我们在第十七个国际消除贫困日召开本届“减贫与发展高层论坛”，具有重要意义。在此，请允许我代表主办方，对出席会议的各位嘉宾、各位朋友表示热烈的欢迎和诚挚的感谢！借此机会，我十分高兴向大家介绍中国政府在应对国际金融危机，推动扶贫开发方面的主要做法、初步成效以及今后扶贫开发的初步设想。

一、中国扶贫开发进入了新的阶段

新中国成立 60 年的历程，是中国从积贫积弱的国家发展成为总体实现小康、综合国力实现历史性跨越的历程，也是勤劳智慧的各族人民同心同德、艰苦奋斗、摆脱贫困、走向富裕的历程。特别是改革开放以来，经过体制改革推动扶贫、专项计划推动扶贫、开发与救助两轮驱动推动扶贫等不同时期的共同努力，中国的减贫事业取得了举世瞩目的成就，贫困人口大幅减少，农民收入稳步提高，基础设施显著改善，社会事业深刻变化，区域经济加快发展。

按照中国政府的扶贫标准，到 2007 年底，中国绝对贫困人口下降到了 1479 万，贫困发生率为 1.6%。2008 年，中国政府决定实行新的扶贫标准。2009 年 3 月，温家宝总理在政府工作报告中进一步明确，“今年将实行新的扶贫标准，对农村低收入人口全面实施扶贫政策。新标准提高到 1196 元，扶贫对象覆盖 4007 万人，这标志着中国扶贫开发进入一个新阶段。”

中国扶贫开发进入新阶段是以中国经济社会发展为背景的。经过三十年改革开放和高速发展，中国经济社会结构已经发生了深刻变化。2003年以来，中国逐步进入了统筹城乡发展，以工促农、以城带乡、城乡经济社会发展一体化的新阶段。

中国扶贫开发新阶段具有三个明显特征：一是在制度安排上，开发式扶贫和救助式扶贫“两轮驱动”。低保维持生存，开发促进发展；二是在扶贫对象瞄准上，过去主要瞄准绝对贫困人口，现在同时关注低收入人口，要对低收入人口全面实施扶贫政策；三是在奋斗目标上，过去重点解决温饱，现在重点是提高贫困人口综合素质和发展能力。

二、应对金融危机对贫困地区和贫困人口的不利影响

2008 年下半年以来的全球金融危机，给中国贫困地区和贫困人口的发展带来许多不利冲击和影响，扶贫开发工作也因此面临许多新的挑战。

农民外出务工机会减少，贫困人口工资性收入增幅显著回落。受国际金融危机影响，一些沿海发达地区出现了部分企业停产、半停产甚至破产的现象，导致贫困地区农民外出务工机会减少，劳务收入增幅大幅下降。2008 年全国农民人均纯收入增长 8%，扶贫重点县增长 7.6%，重点县农民人均纯收入增长速度六年来首次低于全国平均水平，主要原因是打工收入减少，反映出贫困人口收入的脆弱性。

农产品价格下滑，农民家庭经营收入增幅明显下降。由于国内国际初级农产品及其加工品市场需求萎缩，导致农产品价格大幅下滑，贫困地区农民家庭经营收入增幅明显回落。2009 年上半年，中国畜产品价格同比下降 12.7%。一些农产品出口受到影响，如畜产品出口金额同比下降 10.9%，苹果汁出口金额同比下降 55.9%。陕西的苹果、新疆的棉花、广西的食糖等西部特色农产品价格大幅下跌。受此影响，全国扶贫重点县人均家庭经营现金收入增幅比上年同期回落 14.2 个百分点，落差大于全国农村平均水平。

扶贫龙头企业生产经营出现困难，贫困地区经济结构调整步伐放缓。受市场需求下降影响，贫困地区部分龙头企业产品出现滞销，生产运营困

难，降低了对劳动力和原材料需求，产业结构与就业结构调整进程有所减缓。加上部分农业生产资料价格上涨，贫困地区优势产业生产经营效益下降，种养加、产供销一体化链条出现波动，优势产业发展受到一定影响。

为应对金融危机带来的不利影响，中国政府提出了“保增长、扩内需、调结构、惠民生”的应对方针，实施了积极的财政政策和适度宽松的货币政策，并配合运用产业政策、贸易政策、就业政策和社会政策以全面应对危机的冲击。中国政府实施的一系列应对政策，对贫困地区和贫困人口产生了广泛的积极影响。

通过扩大政府投资，促进了贫困人口就业。中国政府4万亿元经济刺激计划包括了相当部分涉及贫困地区的基础设施建设，不仅进一步改善了那里的基础设施条件，为贫困地区的发展打下了基础，而且有效地带动了一部分低技能劳动人口就业，增加了他们的收入。据调查，2009年第二季度，农村外出务工劳动力数量比一季度增长了2.6%。2009年上半年，国家扶贫重点县人均工资性收入增幅虽然同比有较大幅度下降，但仍维持了12.8%的较高增长水平，当地务工收入增幅更高，达到18.4%。中国各级政府采取积极措施创造就业机会，产生了明显效果。

通过实施适度宽松货币政策，为部分扶贫龙头企业和农户度过难关提供了帮助。如配合国家产业政策，通过贷款贴息等手段，引导信贷资金为广大中小企业和农户提供支持，有利于贫困地区的长远发展和缓解目前严峻的就业压力。

通过产业规划和专项扶贫，增加贫困人口就业机会，提高人力资本素质。国家应对金融危机“十大”产业振兴规划，明确要振兴劳动密集产业和轻工业，相关产业发展将吸纳大量劳动力；有关产业由东部向中西部转移，促进贫困地区长远发展。在稳定就业的各项政策作用下，大部分返乡农民工实现了再就业。很多就业政策措施着眼于提高农民工的综合素质，为未来的减贫工作创造了条件。全国各级扶贫开发机构加大贫困地区劳动力职业技能培训、返乡农民工创业培训力度，促进了贫困地区劳动力就业机会和发展能力的提升。

实践证明，中国政府应对金融危机一揽子政策对遏制贫困地区农民收入下滑发挥了积极作用。2003—2007年，全国农民人均纯收入平均增长7.47%，同期，592个扶贫开发重点县农民人均纯收入平均增长9.04%，高于全国1.57个百分点。由于金融危机的影响，2008年重点县农民人均收入增幅低于全国平均水平。通过国家应对金融危机政策的实施，2009年第二季度全国农民现金收入增长8.1%，重点县增长9.5%，扣除汶川地震灾后重建一次性补贴因素，重点县仍增长8.7%。重点县农民人均纯收入增幅出现了再度超过全国平均水平的可能。当然，由于经济复苏还需要一个过程，对当前出现的有利迹象，尚需谨慎对待，不可盲目乐观。

总的来看，到目前，中国农村及贫困地区就业形势趋于好转，农产品价格稳中有升，企业生产经营日渐恢复，城乡低收入困难群众的基本生活得到切实保障，减贫事业发展态势较为平稳。

三、中国扶贫开发的挑战与展望

未来一段时期，中国扶贫开发仍将面临诸多挑战。首先是贫困规模大。2008年中国政府新的扶贫标准提高到1196元，扶贫对象覆盖4007万人，贫困发生率为4.2%。其次是贫困程度深。一些特殊类型贫困地区，生存环境恶劣，基础设施落后，社会形态特殊，公共服务欠缺，贫困人口比例高达30%~40%，其中有的地方要通过易地搬迁才能解决问题。人畜混居、茅草屋、溜索等现象依然存在，地方病严重困扰，扶贫工作难度大，成本高。第三是返贫问题突出。贫困村自然灾害发生率是其他地区的5倍，异常地质和气候灾害主要影响也在贫困地区。社会性、市场性、政策性致贫因素也在增加，工程移民、生态保护和资源开发等项目，都可能产生新的贫困问题。第四是发展差距仍在扩大。2002年，全国城乡居民收入之比是3.1:1，2008年扩大到3.31:1，城乡居民收入差距首次超过1万元。第五是全球金融危机和经济衰退的不利影响还很大。国际金融危机对贫困地区、贫困人口的影响不同程度存在。部分重点县资源优势受到影响，农民工工资水平下降，贫困人口抗击冲击的能力很差。总之，传统因素和新增致贫因素交织在一起，增加了扶贫工作的不确定性。

在看到挑战的同时，我们也要看到中国扶贫开发面临难得的历史机遇。中国经济社会总体上已进入城乡统筹发展的新时期，中国政府正在科学发展观指导下，着力促进以人为本、关注民生执政理念的进一步落实，促进城乡经济社会发展一体化的新格局。这为加快农村经济社会发展、搞好扶贫开发提供了良好环境。国家为应对国际金融危机做出的一系列战略部署，重点是加快民生工程、基础设施、生态环境建设和灾后重建，着力提高居民特别是中低收入群体的收入，这是扶贫开发工作的有利条件。

总体上，中国农村的扶贫开发进入了开发扶贫和救助扶贫两轮驱动的新阶段，呈现出专项计划扶贫、惠农政策扶贫和社会各界扶贫等多方力量、多种举措有机结合、互为支撑的“大扶贫”的新局面。

目前及今后一段时期，我们将进一步推进以下重点工作：

着力完善国家扶贫开发战略和政策体系，制定新十年《中国扶贫开发纲要（2011—2020 年）》。进一步明确扶贫开发的目标、任务、重点和政策措施。

努力落实对低收入人口全面实施扶贫政策。实现农村最低生活保障制度与扶贫开发政策有效衔接，并形成制度。

继续推进农村专项扶贫与行业扶贫、区域开发、新农村建设有机结合，为统筹城乡发展，缩小城乡、区域和不同群体发展差距，构建社会主义和谐社会创造条件。

继续坚持开发式扶贫方针，扎实推进整村推进、产业化扶贫、劳动力转移培训、移民搬迁扶贫和对特殊类型贫困地区进行综合治理，努力从经济发展、人力资源开发、社会事业进步、生态环境保护等多方面促进贫困地区发展。

继续开展反贫困领域的国际交流与合作。与国际社会合作，引进、借鉴国际成功减贫经验，推动国内扶贫机制创新。围绕南南合作，充分发挥中国国际扶贫中心的平台作用，推动中国扶贫开发经验的交流与分享。

我们将同世界各国政府和人民携手共进，为联合国千年发展目标的如期实现、构建一个和谐世界而共同努力！

范小建在全国贫困村互助资金试点工作暨培训会议上的讲话

（2009 年 8 月 6 日）

自 2006 年以来，国务院扶贫办和财政部连续四年在全国开展了贫困村互助资金试点工作，总体进展顺利，特色鲜明，效果明显，得到贫困地区广大干部群众的欢迎，受到地方各级政府和有关部门（包括金融部门）的关注及肯定。同时，各地在自行安排资金扩大试点方面也表现出很高的积极性，有些省份发展很快，进展迅猛。这充分表明，互助资金这种扶贫手段具有广泛的群众基础，具有存在的客观需要，具有很大的发展空间，也表明了在扶贫方法和模式上进行创新探索的必要性和重要性。

这次会议的主要目的是，深入贯彻党的十七届三中全会和今年中央 1 号文件精神，以科学发展观为指导，认真总结和交流互助资金试点经验，探讨改进的途径与方法，进一步规范和完善互助资金运行模式和管理办法，稳步推进试点工作，确保其健康有序发展，为进一步加快贫困群众脱贫致富步伐提供更加有效的服务。

下面，我讲三点意见。

一、深刻认识开展互助资金试点的必要性和重要性

互助资金试点，是我办和财政部针对贫困地区金融发展滞后，金融产品不足，农户生产资金缺乏，制约农业、农村发展特别是贫困农户脱贫致富的突出矛盾而采用的一种特殊扶贫方式，也是创新财政扶贫资金管理使用机制的新探索。实践证明，在贫困村建立互助资金组织，适应目前贫困

地区生产力发展水平，显示出很强的生命力，是建立和完善农村金融服务体系的创新。进一步推进其健康有序发展，对于加快新时期扶贫开发进程、推进贫困地区社会主义新农村建设，如期实现基本消除绝对贫困现象和建设全面小康社会的目标，具有十分重要的意义。

（一）开展贫困村互助资金试点，是加快贫困地区发展的需要

党的十六大以来，中央支农惠农力度不断加大，各行各业更加关注贫困地区、贫困人口，一个“大扶贫”的格局已经形成，有力地推进了扶贫工作和贫困地区的发展。农村金融服务也不断深化改革，努力向“三农”倾斜，向贫困地区延伸。但是，目前农村金融服务还远远不能满足贫困地区尤其是贫困户发展生产的需求，供给与需求之间还有很大距离。

目前，我国的扶贫开发已进入新的阶段，扶贫工作的重点已由解决温饱转向提高发展能力，增加收入和实现脱贫致富。党的十七大明确提出了到2020年农民人均纯收入增长一倍和基本消除绝对贫困现象的目标。贫困地区、贫困农户加快发展，脱贫致富的要求更加迫切，对生产发展的资金需求大幅增加。国际金融危机对贫困地区的影响不断加深，相当数量的外出农民工返乡，他们当中一部分人想在农村创业和发展，但普遍缺乏启动资金。农村金融服务滞后，制约贫困地区发展的矛盾更加突出。

近年来，我们在积极改革完善信贷扶贫资金管理体制的同时，根据贫困地区发展的需要开展的互助资金试点，已经充分显示了其在一定程度上弥补商业金融缺位和不足、缓解贫困户生产资金缺乏和贷款难矛盾的作用。通过互助资金借款，门槛较低，手续简便，投向明确，许多贫困户能够通过这种形式，周转使用扶贫资金，实现扶贫到户。通过互助资金组织，贫困农户不仅借到了钱、办成了事，而且增加了收入、提高了素质，有些还实现了脱贫致富。实践表明，互助资金是一种符合广大贫困户需要，受到地方政府和贫困群众欢迎，能够切实解决群众发展的实际困难的好形式、好组织，被农民亲切地称为“自己的银行”。湖北省竹溪县中峰镇邓家坝村农民自编的“互助金，在本村；借与还，讲诚信；帮穷人，解急难；扶创业，脱贫困……”的三字经，形象生动地描述和称赞了互助资金对促进贫困地区发展的积极作用。

（二）开展贫困村互助资金试点，是完善贫困地区金融服务体系的需要

完善的农村金融服务是发展现代农村经济的重要内容。贫困地区金融资本供给不足、金融服务严重滞后，是制约其发展的一个主要原因。据统计，国家扶贫开发工作重点县（以下简称重点县）基本没有工、中、建等银行，金融机构网点平均每个乡镇不足1个；全国“零金融机构乡镇”还有2825个，80%以上集中在中西部贫困地区；农户贷款覆盖率不足10%，贫困村则不足5%。四川旺苍县35个乡镇，有11个乡镇没有金融机构网点，形成大面积金融服务盲区。目前，贫困地区金融机构网点少、从业人员少、储蓄资金大量外流、贷款资源严重不足的矛盾非常突出。同时，贫困地区现有金融产品适用性不强，部分农村金融机构服务僵化，业务操作手续繁杂，贷款门槛高，担保条件严，一般农户尤其是贫困户很难获得所需的贷款。贫困村特别是贫困户贷款难的问题，已成为制约贫困地区发展和群众脱贫致富的一个突出问题。

合理完善的农村金融服务体系，应该由政策性金融、商业性金融、合作性金融和民间借贷融资所构成，这也是国际通行的经验和做法。我国农村商业性金融比较完善，政策性金融逐步发展，合作金融基本上还是空白。农村金融机构功能不全，合作金融缺位，矛盾十分突出。为了推动农村金融体制的改革，建立和完善农村金融服务体系，2005年以来中央出台多个文件，倡导各地积极发展多种所有制、多种形式的小额信贷组织，切实改进农村金融服务。十七届三中全会《决定》和2009年1号文件又明确提出大力发展小额信贷和微型金融服务。农村特别是贫困地区金融服务的缺位和不足，既为互助资金组织的诞生提供了基础，也为其发展留下了充足的空间。从这几年各地试点情况看，互助资金已有效地弥补了正规金融机构缺位和不足，缓解了贫困村、贫困户生产资金缺乏和贷款难的矛盾，成为正规金融服务的重要补充，也成为新形势下完善扶贫开发战略和政策体系、推进扶贫开发工作的一个重要组成部分。

（三）开展贫困村互助资金试点，是提高农户组织化程度和抵御市场风险能力的需要

当前，我国农业和农村经济发展已进入加快改造传统农业、走中国特色农业现代化道路的阶段。现代农业需要农民有较高的组织化程度。经过十多年的探索和发展，在我国经济发达和较发达的农村地区，已建立和发展起近20万个农民专业技术协会或合作经济组织。而在贫困地区，专业合作组织发展缓慢，数量少、规模小，广大农户尤其是贫困户的组织化程度还很低，成为制约贫困地区和贫困户发展的一个重要因素。

互助资金这种形式探索出贫困地区提高农户组织化程度的一个有效途径。互助资金促进了村民间的沟通和互动，培养了互助合作意识；有利于生产资料、市场信息、生产技术等资源的整合与共享；不仅为提升农民组织化程度提供了条件，也为进一步开展产供销合作创造了契机。同时，在已有专业技术协会或合作经济组织的贫困地区，通过互助资金组织的建立，形成了专业技术合作与互助资金之间相互融合、相互促进的局面，提高了农户抵御市场风险的能力。安徽省霍山县有190个互助社，其中1/3以上与养牛、茶叶等专业合作社结合了起来；四川仪陇县45个互助社，有的与专业合作社建立了密切联系，有的推动组建了专业合作社。互助资金社在满足农户资金需求的同时，与专业合作社联合，推动村民联合生产、联合经营、联合购销，提高了自身的吸引力，增强了带动力，实现了专业合作组织与资金互助社的双赢。

二、充分肯定互助资金试点取得的作用与成效

据统计，截至2008年底，全国28个省（区、市）、4165个村开展了互助资金试点工作，有60多万农户加入了互助组织，其中贫困户28万；互助资金总额达到8.18亿元，其中中央和地方共投入财政扶贫资金6.3亿元，吸纳村民资金1.15亿元，撬动其他资金0.73亿元；累计向9.2万户（次）发放借款4.9亿元，累计还款2.2亿元，到期还款率98%以上。可以说，试点工作总体进展顺利，不仅缓解了贫困村生产资金缺乏问题，加快了扶贫开发进程，而且有力地推动了社会主义新农村建设。其作用和

成效主要表现在以下六个方面：

（一）有效缓解了农户发展资金短缺的困难，促进了贫困户收入的提高

截至2008年底，全国互助资金试点村累计发放借款4.9亿元，有9.2万农户（次）获得借款，借款户平均增加纯收入1000元左右。四川旺苍县试点村借款农户户均增收1290元，其中贫困户户均增收1080元。安徽霍山县参加互助资金小组的贫困农民，通过互助资金人均增收700多元。广东清远市如锡场镇禾石坑村地处山区、库区，镇上没有金融机构，虽然有发展灵芝产业的潜力，但群众因缺少资金，一直发展不起来。2008年该村建立互助资金，有37户入社农户通过互助资金支持种植灵芝，产量超过2000公斤，产值达20万元，户均单项收入达1000元以上。海南省五指山市牙南村93个贫困户共同借款13万元，连片种植毛节瓜子103亩，户均增收2000元以上。

（二）激发了农民发展生产的积极性和主动性，促进了自我发展能力的提高

互助资金的支持给农户提供了自主创业、自我发展的机会和空间，发展生产的积极性、主动性明显增强。在此过程中，互助资金实际上搭建了一个社员自我教育和相互学习的平台。互助小组相互联保，共同讨论当事人的生产项目、借还款的安排，加强了农户之间的沟通和交流，形成了“生产相互帮助、矛盾相互化解、困难相互克服”的互助合作关系。通过共同参与讨论和制定互助社章程、实施方案，“海选”管理人员、自主选择发展项目、监督借款和收益分配，一次借款、分期偿还，以及实用技术的培训和互帮传递等等，使社员真正当家作主，变被动参与为主动参与，既激发了社区内部活力，又有助于增强农民的市场意识，提高其理财能力和自我发展能力。

（三）培育了贫困户农民的诚信意识和信用意识，促进了贫困地区农村金融市场的发展

互助组织成员都是本村农户，乡里乡亲，非常珍惜彼此间的信誉，因而各试点地还款率普遍很高，平均都在98%以上。即使在发生5·12大地震之后，四川旺苍县的还款率仍为100%。宁夏9个扶贫开发重点县当中，不少贫困村曾因农户信用不足或有贷款不良记录，被金融机构列为高风险地区和不良信贷户，即使安排了财政贴息资金，金融机构也不愿放款。互助资金建立后，478个互助社按期还款率普遍接近100%，大大改善了信用环境。农户信用意识的增加，发展能力的提高，也为当地金融部门培育了潜在的客户和市场。

（四）促进了基层民主建设，提高了贫困社区持续发展的能力

互助资金管理机制内部实行民主管理，外部强化监督指导。互助资金试点在村两委领导下开展，建立社员大会决策、理事会或执行小组执行、监事会或监督小组及村民监督的良好运行监管制度，形成了用制度管权、管事、管人，建立了决策权、执行权、监督权既互相制约又互相协调的权力结构和运行机制。同时，互助资金的运作实行过程公开、结果公示，群众享有充分的知情权和监督权，激发了农户的参与意识和民主意识、监督意识，保证了资金的良性运转和持续发展。许多地方不断创新公示、公告形式，采取多种办法向群众全面公开、全程公开；有的还公布了县、乡（镇）、村的监督电话，接受群众投诉，从而保证了互助资金运转始终处于有效监督之下。在许多地方，通过互助资金组织的组建、运转，干群关系明显好转，村两委的威信和决策、管理能力得到明显提高，基层民主建设不断得到加强，党组织的凝聚力和战斗力得到有效增强。

（五）创新了财政扶贫资金的使用机制，增强了扶贫对象瞄准性

互助资金将财政扶贫资金由一次性无偿投入，变为有偿和滚动使用，放大了资金总量，提高了使用效应；同时通过吸收农户互助金和其他资金，资金总量和带动效应进一步扩大，缓解了资金供求矛盾。截止2008年底，新疆7个县、47个村建立了互助社，互助资金总额845.7万元（其中财政扶贫资金740万元，农户入社费105.7万元），累计发放借款2262万元，资金总量放大了2.67倍。在多数试点地方，互助资金短期小额、等额偿还、资金占用费率与当地农村金融利率相近等制度设计，在满足贫困社区农民基本生产需求的前提下，确保了服务对象指向贫困户，增

强了扶贫投入的针对性，提高了资金使用效果。无论在贫困户入社、组建互助小组、借款发放和后续服务等方面，都坚持贫困户优先原则，确保了项目对贫困农户的瞄准。四川224个村计算机管理信息系统的统计数据表明，借款户中绝对贫困户占26%，低收入户占49%，相对富裕户仅占25%。财政扶贫资金直接用到贫困村、落实到贫困户，使绝大多数贫困户直接受益，得到了有效扶持，体现了扶贫开发的宗旨。

（六）促进了邻里关系的改善，增进了社区和谐

互助资金社通过贫困户少缴或者缓缴互助金（赠股、配股）、优先借款、党员干部“1+1”帮扶、提供技术支持和服务等方式，使愿意加入互助组织的贫困户顺利入社，并得到贷款资金的支持，扶贫济困、互帮互助的传统美德得到发扬光大。宁夏彭阳县14个互助资金试点村的村两委干部和党员带头与经济基础薄弱的贫困户结成联保关系，带头将借款机会优先让给贫困户，保证了入社贫困户优先得到借款，优先得到支持和发展。以互助资金为基础的合作网络的存在也对农村突发性灾害的冲击起到了缓冲作用，从而营造了良好的社会风气，促进了社区和谐。

三、积极稳步推进互助资金试点的健康发展

虽然互助资金试点取得了较大成绩，创造和积累了一些可贵的经验，但在思想认识、操作运行、监督管理和风险防范等方面也存在一些问题和不足，有些地区还出现操之过急、发展过快、“一哄而起”的苗头，必须引起高度重视。各级扶贫部门，要进一步加强领导，将其作为扶贫开发重点工作来抓，高度重视、科学规划，精心组织、明确责任，认真总结、把握规律，理清思路、明确任务，规范运作、稳步推进，防范风险、健康发展。

（一）进一步理清思路，明确目标任务

互助资金试点要体现扶贫的宗旨。在对象上，要坚持瞄准目标人群，贫困户优先；在范围上，要坚持以贫困村为单位，更多关注偏远、借款需求较大的贫困村；在投入上，要坚持财政扶贫资金为主体，多方吸纳其他

资金投入；在制度设计上，要坚持有利于贫困户；在操作上，要坚持民主管理，加强监管，规范运作。

互助资金试点的总体目标：一是创新扶贫开发模式与机制，探索建立财政扶贫资金周转使用与农民自主经营相结合的有效方式；二是提高财政扶贫资金的针对性和瞄准度，有效缓解贫困村、贫困户生产发展资金短缺问题；三是提高贫困村、贫困户自我组织、自我管理和自我发展的能力，实现可持续发展。

互助资金试点的主要任务：一是以“出自政府、归于百姓”的财政扶贫资金为引导，以村民自愿交纳会员费和社会捐赠资金等为补充，在贫困村建立健全“民有、民用、民管、民享”、非营利性的互助资金组织；二是开展互助资金发放和回收，促进贫困农户发展生产，增加收入；三是以参与式理念和方式，培育新型农村互助合作组织；四是推进基层民主，促进和谐社区建设。

（二）落实指导意见，规范运行管理

针对试点工作存在的问题，在总结试点经验的基础上，为稳步推进试点工作，规范运行程序，强化监督管理，促进互助资金健康有序发展，我办和财政部反复研究草拟了《关于进一步做好贫困村互助资金试点工作的指导意见》（以下简称《指导意见》），在广泛征求意见的基础上进行了多次修改，本次会议上还要再次听取大家的意见，修改后印发执行。各地要按照《指导意见》的要求，切实加强领导，抓好贯彻落实。

第一，要制定实施细则，确保规范运行。各地要结合自身实际，制定具体的实施细则。通过实施细则，进一步细化工作步骤，明确操作规程，强化监督管理和风险防范，做到科学性、严谨性和可操作性的有机统一，确保试点工作健康有序发展。

第二，要突出工作重点，确保措施落实。要紧紧把握宣传发动、互助社组建、资金运作、财务管理、监督检查和风险监控等工作重点，研究制定切实可行的政策措施，明确分工，落实责任。通过广泛深入的宣传发动，使全体村民了解试点的目的、意义，调动贫困农户参与的积极性和主动性，发挥其主体作用。通过民主选举，选出有德、有才、有奉献精神的同志，担任互助社管理人员，建立健全组织保障体系。通过引导村民充分

讨论，民主制定运作方案和规章制度，确保农户的知情权、决策权、参与权和互助资金的规范运行。通过建立内外监督机制，强化管理，防范风险。

第三，要坚持基本原则，确保健康发展。一是要坚持在贫困村，尤其是偏远、借款需求旺盛的贫困村建立互助资金，并尽可能采取竞争方式来确定项目村，充分调动群众积极性，变上级安排项目为自愿争取项目，变“要我干”为“我要干”。几年的实践表明，互助资金是针对特定贫困区域、特定贫困群体，在特定时期采用的一种特殊扶贫方式，并不适用于所有的村。四川省旺苍县是一个试点早、操作规范，运行正常，效果明显的试点县，有许多成功经验。但在2008年开展全面推广试点中，仍有13个贫困村不愿参与试点，其原因是经过多年扶持，社会经济得到较快发展，主导产业基本形成，加之地处交通沿线，金融服务网点较多、较近，农户生产发展需要资金量大，且普遍信用等级较高，易获得银行或信用社较大额度的贷款，对互助资金小额借款不感兴趣。河南叶县是另一个开展全面推广试点的县，也有10个村主动退出试点。因此，要尽量避免长官意志，把握好贫困村的选择，这直接关系到互助资金试点的成败。

二是要坚持贫困户入社免交会员费，优先获得资金和技术支持。扶贫开发的目标是帮助贫困人口发展生产，提高自我发展能力，最终脱贫致富。互助资金主要是针对贫困人口设立的专项扶持经费，有贫困人口才有扶贫资金，有贫困户才能建立扶贫互助社。优先使入社贫困户得到扶持发展，天经地义。同时，贫困户基础差、能力弱，需要给予特殊关照和支持。因此，在互助资金运作中必须坚持贫困户优先原则。在借款限额、资金占用费等制度设计上，要充分考虑保护贫困户的利益。

三是要坚持不吸储、不出村。互助资金是非赢利的互助合作组织，按规定不得开展金融和经营活动、而吸储是一种金融行为。同时，互助资金尚处于幼苗时期，还不成熟，需要精心指导，严格管理。如跨村建立，可能产生互助社内信息不对称、管理能力和水平不足，监控难度增高，风险扩大等问题，最终会影响互助资金整体的发展。东部某省某县搞了一个“互助资金协会”，由5个行政村、14个村民小组联合组建，由于面广、户多，熟人社会的约束机制被淡化，普通会员对互助资金运行情况无从了解、无法监督，除参加选举小组长（兼任会员代表）外，中心组组长、理事会和监事会的选举、讨论确定章程等重大事项均不能参与。这显然不利于民主管理和民主监督，也不利于互助资金的正常运作和健康发展，有悖于试点的初衷。

目前，许多省在试点中都不同程度地存在分红情况，并取得了较好效果，调动了农户入社的积极性，扩大了互助资金来源，受到群众欢迎。但目前，相关方面认识尚不统一，还需进一步讨论，现阶段在制度上还是不提“分红”为宜。

（三）加强能力建设，夯实工作基础

加强能力建设，关键是要不断提高扶贫部门、财政部门（尤其是县级扶贫和财政部门）、乡镇分管干部和互助社管理人员的能力及水平。扶贫和财政部门是互助资金的指导、监督部门，乡镇分管干部是直接联系和指导贫困村开展互助资金试点的桥梁和纽带，互助社管理人员是互助资金的管理主体，他们的工作能力和业务水平，直接关系到互助资金的发展和成败。因此，要从互助资金的理念、工作重点和关键环节入手，强化培训，包括有关法律法规、宣传发动技巧、参与式理念、互助社组建、章程制定要点、资金运作、项目和财务管理、监督检查方法和风险监控等知识的培训。有条件的地方，还应开展计算机信息管理系统的知识培训，使其真正理解和掌握互助资金试点的要求和工作流程，指导监督互助资金运行，确保预期目标的实现。能力提高是一个循序渐进、不断升华的过程，需要反复多次培训，方能真正掌握有关规章制度和操作规范，确保互助社的正常运转和可持续发展。四川旺苍县 2008 年前开展试点的 10 个村，由于面小、时间长，又有世界银行技援五期项目的支持，有专家直接培训到村，培训次数多、强度大、讲解透，试点运转相对也好。当全县大面积推广时，时间短、面又大，由县扶贫办负责培训，经验、水平不足，培训次数和效果“缩水”，直接影响互助社的管理质量。这个例子进一步说明了加强并反复培训的重要性。今后，省、市（地）两级的培训工作由国务院扶贫办负责；县级培训工作主要由各省负责，乡村培训由县承担。

（四）加强内外监督，规避项目风险

一是要有风险意识。目前，许多试点地区普遍存在风险意识淡漠问

题，无论是干部还是群众普遍认为互助资金不存在风险。虽然互助资金不是金融组织，但其借款、还款本身就是一种融资活动。只要有融资活动，就一定有风险。因此，在建立互助社时一定要与群众讲清楚，在制定章程、财务管理办法和实施方案中，一定要设计风险控制机制和互助社退出机制。

二是健全完善内部监管体系。互助社要按照《指导意见》的要求，结合当地实际和试点经验，进一步规范、完善规章制度和内部监管机制，制定防范风险的有效措施和办法。建立健全互助联保、借款审批、公告公示、群众监督等制度。

三是建立健全外部监管体系。各级扶贫、财政部门要在《指导意见》的基础上，制定相应的外部监管办法，进一步建立健全监督检查机制、风险控制机制，确保试点工作健康发展。

四是探索建立外部风险资金。各地尤其是试点面较大的省（区、市），要积极探索建立以省统筹的外部风险资金，以抵御自然灾害等不可抗力因素给互助社带来的大面积损失，将风险降到最低。在这方面，四川已经迈出了可喜的一步。今年四川省扶贫办和财政厅联合印发了《四川省贫困村村级互助资金管理办法（暂行）》，明确了风险资金筹集、使用、拨付等内容。其他地方可以借鉴，并丰富发展。

（五）加强经验总结，稳步推进试点

一是要巩固规范原有试点村。从2006年开展试点以来，各地探索和创造了不少模式和经验，要认真总结。各地要根据《指导意见》，在“新人新办法，老人老办法”的原则下，不断总结、推广成功的做法，加强对已经开展互助资金试点村的指导和监管，对发现的问题要限期整改，巩固发展原有成果。对整改后仍然不符合规范运行条件的互助社，要坚决启动退出机制。一定要避免重建轻管的现象，同时也不能干预互助社的内部运行。

二是要慎重、稳妥发展新的试点村。互助资金的发展，是一个循序渐进的过程，需逐步开展，稳步推进，决不能操之过急，拔苗助长。未到瓜熟蒂落的时候，靠行政命令确定阶段性发展目标，一窝蜂上多少个村，就会由于县级扶贫、财政部门管理半径过大，超出其管理能力，出现宣传发动不到位、监督检查不及时、管理工作跟不上等问题，甚至导致试点失败。截止2008年，全国共有4165个贫困村开展了互助资金试点，其中中央安排的只有1119个，各省安排的有3046个；今年中央安排的试点为1500个村，各省安排的总数将远远高于此数。四川省确定今年自行安排500个村，陕西省确定自行开展1000个村，还有不少省都有类似的安排。各省开展互助资金试点的积极性很高，省领导高度重视，这是好事，但也明显存在发展步子较快的问题，要引起我们高度警觉。在扩大试点工作中，步子一定要稳，要坚持自愿申请、相对集中、分类指导、资源整合，发挥有限资源的积聚效应，降低运作成本，做到试点一批、巩固一批、成功一批。总之，要坚决杜绝一哄而上、遍地开花的现象。

（六）加强理论研究，探索内在规律

互助资金是项新生的事物，虽然有以往国际机构小规模的试点经验，但像我国这么大规模的推广还没有成熟的经验。同时，互助资金是否取得成功，不是两年、三年甚至四年就可以看出成效的。其是否成功的标志在于脱离外部支持（但外部监管不可缺少）的情况下是否能健康持续地发展。如何做到这点，我们并无把握，还需要大家在实践中细心地观察、研究和总结。互助资金是在“摸着石头过河”过程中不断发展的，还有许多理论或实践问题没有得到很好解决，也要求我们扶贫、财政部门同志在专家的配合下不断进行研究。总之，互助资金是在特殊情况下解决特殊问题的特殊扶贫手段，其发展方向一定要随着内外部情况的变化不断做出相应的调整。这需要我们认真探索和研究。

（七）加强组织领导，确保健康发展

一是切实加强领导。各级扶贫部门要把互助资金试点列入重要日程，主要领导要亲自过问，明确一名分管领导直接抓，指定专门处室具体负责；要研究和制定推进试点工作的政策措施和制度办法，明确责任，落实到人；要及时向当地党委、政府汇报，取得他们的领导和支持。

二是明确部门职责。扶贫办主要负责试点村的选择和组织发动，协助组建互助社和制定规章制度，开展对互助社成员和管理人员的培训，指导项目管理和资金运作，监督检查运行情况和外部监测工作。财政部门主要

负责互助资金的安排、拨付与监管，开展财务培训。

三是建立沟通协调平台。扶贫部门要主动加强与财政、民政、人行、银监、审计等部门的沟通，通报互助资金试点情况和发展中出现的困难、问题，争取他们的理解和支持，共同研讨解决的办法和措施，有条件的地方可建立联席会议制度，加强对互助资金的指导、服务和帮助，为试点工作创造一个宽松和谐的良好环境。

互助资金的宗旨在扶贫，关键在互助，方向在发展，做好这项工作意义重大。让我们按照科学发展观的要求，以党的十七届三中全会精神为指导，充分利用好这次会议成果，完善、创新试点工作机制，为提高扶贫开发水平，加快贫困地区发展做出贡献！

范小建在 2009 年度扶贫工作情况通报暨行业扶贫工作座谈会上的讲话

（2010 年 1 月 21 日）

为深入贯彻落实党的十七大、十七届三中、四中全会和今年中央经济工作会议、中央农村工作会议、国务院扶贫开发领导小组全体会议精神，进一步做好扶贫开发工作，并继续大力推进行业扶贫工作，我们决定召开这次座谈会。主要目的：一是通报 2009 年扶贫工作进展和 2010 年扶贫工作安排，介绍当前扶贫工作形势和今后一个时期扶贫工作的基本思路；二是听取大家对进一步做好行业扶贫工作的具体想法和谋划好新十年国家扶贫开发纲要、编制“十二五”扶贫开发相关规划的意见；三是感谢各单位长期以来对扶贫工作的关心和支持，特别是在行业扶贫方面对扶贫事业做出的贡献。下面，我讲三个方面的内容：

一、关于去年的工作回顾与今年的工作计划

2009 年是我国扶贫开发历史上极其重要、极具挑战和富有成效的一年，也是国家实行新的扶贫标准，扶贫工作进入新阶段的重要一年。面对国际金融危机冲击，扶贫开发难度加大。我们按照中央 1 号文件要求和领导小组第一次全体会议精神，在中央国家机关各部门，地方各级党委、政府大力支持下，深入调研，强化措施，突出重点，完善机制，扶贫开发工作取得了新的进展。

（一）采取有效措施应对国际金融危机

根据中央要求，认真研究国际金融危机对贫困地区、贫困人口产生的影响，在国家实施应对金融危机一揽子计划的基础上，重点从增加扶贫投入、加大整村推进和劳动力转移培训支持力度、帮助返乡农民工重新就业和自主创业、扶持扶贫龙头企业等方面提出了应对措施和建议，并建立了中央、省（区、市）和部分国家扶贫开发工作重点县（以下简称重点县）应对金融危机工作动态报告制度。中央财政扶贫资金投入197.3亿元，比上年增加30亿元，增幅和增量均为1998年以来的最高水平。我办与发改委联合印发了《关于进一步加快推进“三个确保”工作的通知》、与财政部联合印发了《关于当前形势下加强扶贫开发工作的意见》、与中国农业银行联合印发了《关于积极应对金融危机加大对扶贫龙头企业扶持力度的意见》，强化了应对金融危机的措施，加大了信贷扶贫投入。据不完全统计，共引导利用扶贫贴息贷款200多亿元。地方各级政府财政扶贫投入也有较大幅度增长，达到90亿元。

在重点措施方面，全年共完成18800个村整村推进，其中“三个确保”贫困村9000个。资源整合，连片开发，产业化扶贫水平有所提升，移民扶贫扎实开展，年内预计完成69万贫困人口搬迁。特殊类型贫困地区综合治理、汶川地震贫困村灾后恢复重建等试点稳步推进。在460多个县的8000多个村开展了贫困村互助资金试点。彩票公益金支持革命老区整村推进试点取得积极进展，试点村基本生产生活条件和群众精神面貌发生了显著变化。

（二）组织完善国家扶贫战略和政策体系联合调研

根据领导小组第一次全体会议决定和回良玉副总理的指示，组织开展了完善国家扶贫战略和政策体系大型调研活动。调研活动从四个方面展开，一是领导小组联合调研，28个成员单位及住房和城乡建设部共组成5个调研组，由领导小组副组长带队，80多位同志参加，实地考察了20个省区市的72个县（其中国家重点县51个）、151个贫困村。二是组织各省区市扶贫办进行自我总结。三是请相关部门提供扶贫工作情况和政策建议。四是委托专家学者进行专题研究。

为了更充分、更广泛地听取有关专家、各省区市和基层同志的意见，9—10 月，我办分别召开了东中西部三个片区座谈会和专家组座谈会。在此基础上，经反复修改，形成了《完善国家扶贫战略和政策体系联合调研总报告》，提出了未来十年扶贫开发工作的总体思路和奋斗目标、方针与原则、对象与重点、内容与途径、工作任务与部门职责、政策保障、组织领导等意见和建议，并向国务院扶贫开发领导小组全体会议进行了汇报，得到充分肯定。

（三）开展农村最低生活保障制度和扶贫开发政策有效衔接试点

我办和民政部、财政部、统计局、残联联合组织在 11 个省（区、市）的 20 个县，开展了农村最低生活保障制度和扶贫开发政策（以下简称“两项制度”）有效衔接试点，并联合下发了《关于做好农村最低生活保障制度和扶贫开发政策有效衔接试点工作的指导意见》。试点工作的一项重要成果，就是进一步弄清了农村贫困人口的构成，为采取更有针对性的措施提供了实证支持。

（四）研究制定对低收入人口全面实施扶贫政策的相关措施

实行新的扶贫标准后，扶贫对象增加到 4007 万人。我们在深入调研、广泛征求意见的基础上，起草了“关于对农村低收入人口全面实施扶贫政策，进一步做好扶贫工作的意见”，明确要求瞄准扶贫对象，全面实施扶贫政策，优化资金使用结构，强化工作重点，完善到户措施，创新工作机制，着力提高扶贫对象自我发展能力，提高扶贫开发水平。

（五）组织推动特殊片区扶贫工作

根据中央提出的“把抗震救灾同扶贫开发结合起来，增强灾区自我发展能力”和“三年任务两年完成”的要求，在上年工作基础上，我办在四川广元市召开现场会，就贫困村灾后恢复重建提出具体要求。四川、甘肃、陕西三省灾后恢复重建工作全面展开，100 个试点村重建任务完成过半，70% 的贫困村（3383 个）重建规划启动实施。四川阿坝州扶贫开发和综合防治大骨节病试点进展顺利，完成搬迁安置 1877 户，2.64 万名适龄儿童寄宿制学习生活得到巩固，基本控制了新发病例。新疆阿合奇边境扶贫试点成效初显，积累了经验，创新了机制。

（六）推动构建“大扶贫”新格局

根据新阶段扶贫开发工作需要，经国务院批准，国务院扶贫开发领导小组增加民政部为副组长单位，增加外交部、住房和城乡建设部、国家旅游局、全国工商联为成员单位。领导小组与解放军总政治部联合下发了《关于进一步加强全军和武警部队参与扶贫开发工作的意见》，已有10个省区的军事机构成为同级扶贫开发领导小组成员单位。我办进一步加强与外交、教育、科技、民委、民政、国土资源、交通、水利、农业、卫生、广电、住房和城乡建设、商务、林业、旅游等部门及中央精神文明办公室、妇联、残联、农业银行、工商联、电监会、中科院、农科院等部门的合作，各部门都给予了积极的支持。推动东西扶贫协作工作创新形式、丰富内容、加大力度。我们正在会同有关方面研究制定《中央国家机关和军队等单位定点扶贫工作制度》。积极搭建平台，推动企业参与扶贫开发工作。指导社团拓展扶贫公益事业领域，组织开展有关扶贫活动。加强对东部地区扶贫工作的指导和经验总结。进一步规范外事管理工作，制定（修订）了六项外事管理制度。配合国家总体外交工作，组织举办“10·17”国际减贫与发展论坛和中国—东盟社会发展与减贫论坛，第一次走出国门举办国际交流活动，继续采取培训、交流形式，促进减贫与发展经验分享，促进与国际多、双边机构的合作。世界银行第五期扶贫项目准备工作取得实质性进展。

经过各方面的共同努力，2009年，全国扶贫开发工作取得积极进展，前三季度全国重点县农民人均现金收入实际增长9.6%，高于全国农村平均水平0.4个百分点，全年农民人纯收入增幅有望高于全国平均水平。在国际金融危机严重冲击、全球贫困人口约增加1亿人的情况下，我国的减贫形势保持基本稳定，取得这样的成绩实属不易。从根本上说，这是党中央、国务院在危机面前果断决策，积极应对，实施积极的财政政策和适度宽松的货币政策，不断丰富和完善以扩大内需为主要内容的一揽子计划的结果。同时，各部门给予了有力支持，贫困地区广大干部群众付出了艰辛努力。在这里，我代表国务院扶贫办向在座的各部门、各位同志一年来对扶贫开发工作的关心、支持表示诚挚的感谢！

今年是《纲要》实施的最后一年，也是扶贫开发承上启下的关键一年。去年12月，回良玉副总理对做好今年的扶贫工作提出了明确要求，我们召开的全国扶贫工作会议，研究了贯彻落实的具体意见和部署。

总体思路是：认真贯彻落实党的十七大和十七届三中、四中全会、中央经济工作会议、中央农村工作会议及国务院扶贫开发领导小组全体会议精神，深入贯彻落实科学发展观，完善国家扶贫战略和政策体系，坚持开发式扶贫方针，加大扶贫投入力度，把尽快稳定解决扶贫对象温饱并实现脱贫致富作为首要任务，努力提高贫困地区和贫困人口自我发展能力，对农村低收入人口全面实施扶贫政策，确保国家重点县农民人均纯收入增长幅度高于全国平均水平，确保全面实现《纲要》提出的奋斗目标和任务。

我办将主要围绕以下几项重点开展工作：

（一）组织编制2011—2020年扶贫开发纲要和“十二五”扶贫相关规划

在已开展工作的基础上，加强理论和政策研究，制定2011—2020年扶贫开发纲要和“十二五”整村推进、扶贫易地搬迁规划以及典型集中连片贫困地区试点规划，把扶贫开发纳入国民经济和社会发展规划。指导各省区市编制本地新十年扶贫开发纲要及相关规划。

（二）全力抓好专项扶贫各项重点措施的落实

一是加大整村推进力度。完成两万个村整村推进任务，其中“三个确保”村8650个。二是继续开展贫困地区劳动力转移培训。适当调整“雨露计划”培训方式和组织形式，把重点转向支持“两后生”参加农业适用技术培训和职业技能培训。研究提出对农村贫困家庭子女接受职业、技能教育再补贴的具体办法。三是大力培育和发展特色优势产业。积极稳妥地推进连片开发、贫困村互助资金、彩票公益金支持革命老区建设等试点。在产业选择上，充分考虑防灾避灾因素，因地制宜发展设施农业。采取有效措施扶持贫困地区龙头企业发展，发挥带动作用。发展各类农民专业合作组织，促进贫困农户在产业化过程中受益。四是积极稳妥推进移民扶贫。指导各有关省（区、市）制定移民扶贫规划，千方百计整合资源，适当提高补助标准，使需要搬迁的扶贫对象搬得出、稳得住、逐步能致富。同时，配合住房和城乡建设部门，做好农村贫困户危房改造工作。五是加大对集中连片和特殊类型贫困地区的扶持力度。继续推进四川阿坝州扶贫开发与综合防治大骨节病、新疆阿合奇边境扶贫、贵州威宁晴隆石漠化综合治理、西藏溜索改造、云南富宁县山瑶扶贫、甘肃庆阳绒山羊产业等试点工作。加快汶川地震灾区贫困村恢复重建步伐。六是继续加大东部地区扶贫工作力度。指导东部6省以省为单位，分别制定省内部分连片贫困区域脱贫计划。在现有基础上，不断加大扶贫投入，提高工作水平，探索扶贫新路子。

（三）进一步完善扶贫开发工作机制

一是扩大“两项制度”有效衔接试点。将试点逐步扩大到所有国家重点县。东部省根据实际情况自行确定试点范围。二是对低收入人口全面实施扶贫政策。起草国务院扶贫开发领导小组《关于对农村低收入人口全面实施扶贫政策，进一步做好扶贫工作的意见》，并抓好贯彻落实。三是完善金融扶贫服务体系。加强调查研究，创新金融扶贫产品；深化扶贫贴息贷款管理体制改革，大力扶持和发展小额信贷扶贫；加大与进出口银行、国家开发银行和农业银行的合作力度，开辟信贷扶贫新渠道，创新金融扶贫方式。四是加强对贫困人口的监测。在按照现行标准和办法开展工作的同时，从今年起对低于全国农民人均纯收入1/4以下人口进行监测，将其结果作为完善扶贫标准调整机制的基础和依据，并适时进行系统测算与评估。

（四）积极推进社会扶贫和国际交流合作

落实《中央国家机关和军队等单位定点扶贫工作制度》，确保定点扶贫工作的持续性，提高工作水平；推动东西扶贫协作进一步加大扶持力度，努力丰富内容、创新形式、拓宽领域，提高协作水平；积极推动行业扶贫，促进政府公共投入向贫困地区倾斜；大力推动企业参与扶贫开发，充分发挥企业对贫困地区主导产业培育和贫困农户增收的带动作用，实现互利共赢；加强沟通协调，继续做好军队和武警部队参与扶贫的工作。鼓励和支持社会组织参与扶贫开发，积极探索总结和研究促进社会扶贫的体制机制；配合我国总体外交工作，继续办好“10·17”国际减贫论坛和中国—东盟社会发展与减贫论坛，采取培训、交流等形式，促进与国际社会减贫和社会发展经验的分享。加强与国际多、双边机构的联系与合作，做好世行五期项目前期工作，争取尽早完成各项程序并正式启动。

二、关于当前扶贫形势和新十年扶贫工作基本思路

到去年底，《中国农村扶贫开发纲要》已经实施整整9年了。我办曾于2005年开展过一次纲要实施情况的中期评估。去年又组织开展了“完善国家扶贫战略和政策体系”联合调研。这次调研，很有利于我们对目前扶贫开发工作形势做出正确评估和判断。

（一）纲要提出的任务能够如期完成

调研让我们对如期完成纲要确定的目标任务充满了信心，对照纲要提出的任务，我们认为东部地区绝大部分能提前完成，中西部地区大部分可以如期完成。主要表现在：

贫困状况继续缓解。农村绝对贫困人口从2000年的3209万减少到2008年的1000万左右，占农村人口比重从3.4%下降到1%。低收入人口从6210万减少到3000万左右，占农村人口比重从6.69%下降到3.2%。二者合计，新标准以下扶贫对象从9422万人减少到4007万，占农村人口的比例从10.1%下降到4.2%。国家重点县农民人均纯收入稳步提高，从2001年的1277元增加到2008年的2611元，年递增7.6%（扣除物价因素），略高于全国7.4%的平均水平。

基础设施状况明显改善。到2008年，贫困地区自然村通电、通路、通电话的比例分别达到96.8%、84.4%、87.5%，人畜饮水困难问题总体解决，饮用自来水、深水井农户比重达到了58.1%。

社会事业水平得到提升。乡乡都有卫生院，绝大多数贫困村有卫生室。九年制义务教育全面普及，到2008年，适龄儿童在校率达到97%。提前完成行政村通广播电视任务，到2010年底前，全面完成20户以上已通电自然村“村村通”广播电视；农村电影放映水平显著提高。

（二）新阶段扶贫开发工作的新特征、新挑战

进入21世纪以来，扶贫开发工作的环境和背景发生了较大变化：一是党的十七大提出确保到2020年实现全面建成小康社会的奋斗目标，绝对贫困现象基本消除是一项重要指标。让贫困人口共享改革发展成果，赋予扶贫开发新的定位。二是确立了统筹城乡发展的方略，贯彻“以工促农、以城带乡”的方针，使我国的扶贫事业呈现出专项计划扶贫与惠农政策扶贫、社会各界扶贫等多方力量、多种举措有机结合、互为支撑的“大扶贫”新局面。三是工业化、信息化、城镇化、市场化、国际化加快推进，既为贫困地区和贫困人口发展提供了新的机遇，也带来新的风险和挑战。

由于环境和背景的变化，使新阶段扶贫工作呈现出三个明显特征：一是在扶贫对象上，过去主要是绝对贫困人口，同时关注低收入人口，现在要对低收入人口全面实施扶贫政策。二是在制度安排上，过去主要是开发式扶贫，现在全面建立农村最低生活保障制度，不断完善以扶老、助残、救孤、济困为重点的社会救助体系，进入了开发扶贫和生活救助“两轮驱动”的新阶段。三是在主要任务上，过去扶贫开发的任务比较宽泛，现在行业扶贫力度不断加大，专项扶贫的重点是提高贫困人口综合素质和发展能力，更强调瞄准贫困户。

在新形势、新任务面前，我们必须清醒看到，我国仍处在社会主义初级阶段，经济社会发展的总体水平还不高，人均收入水平较低，制约贫困地区和贫困人口发展的深层次矛盾依然存在，扶贫开发仍面临着许多困难和问题：

一是贫困人口持续减少，但致贫因素较多且复杂、返贫压力增大。按照新的扶贫标准，我国农村扶贫对象4007万人，占农村总人口的4.2%，绝对量依然庞大。按国际标准，贫困人口数量更多。同时返贫问题更加突出，短期贫困人口约占贫困人口比例的2/3。

二是贫困地区农民收入增长较快，但收入差距扩大。城乡居民收入绝对差距已经超过万元。东中西部农民收入差距在扩大，各区域内部收入差距也在扩大。在贫困地区，一些县县级财政收入的高增长掩盖了农民收入低增长，城镇繁荣掩盖了农村落后，少数大户富裕掩盖了多数人收入不

高。相对贫困现象日益凸显。

三是贫困地区落后面貌总体改善，但发展不平衡问题十分突出。少数重点县超常规发展，但边远地区的交通、饮水、上学、就医、住房等问题依然困扰群众生活。公共服务均等化的薄弱环节基本在贫困地区。

四是部分地区已经实现整体脱贫，但是特殊类型地区和特殊群体的贫困问题仍积重难返。西部地区主要问题集中在民族地区和边境地区，中部集中在革命老区和山区。2008 年五个民族自治区和云南、贵州、青海三省的贫困人口，占全国农村贫困人口的比重为 39.6%，且呈上升趋势；贫困发生率 11.0%，比全国平均水平高 6.8 个百分点。农村残疾人贫困面比较大，实现脱贫致富受到多重制约。

五是贫困地区生态环境恶化趋势总体得到初步遏制，但生态环境保护区的农民生计问题还没有稳定解决。

面对新形势、新任务，扶贫开发工作需要改善和加强。扶贫对象瞄准和标准调整机制需要完善，重点工作区域需要适当调整，资金投入和管理需要强化。开发扶贫和救助扶贫有效衔接，行业扶贫和专项扶贫有机结合，经济社会政策与人口政策相互协调，生态、资源、社会等方面补偿政策全面落实，需要各方面积极配合。总之，对于全面建设小康社会过程中的扶贫开发，对于大扶贫格局中的专项扶贫工作，还需要更深入的研究和探索。

（三）新十年扶贫开发的总体思路

为了实现到 2020 年全面建设小康社会的奋斗目标，实现全面、协调、可持续的发展，必须采取更加有效的措施，促进全体人民共同参与发展过程、共同分享发展成果。扶贫开发在这个过程中承担着重要的使命。

未来十年农村扶贫开发的基本思路是：

1. 指导思想。深入贯彻落实科学发展观，将扶贫开发作为长期历史任务，纳入国民经济社会发展规划。统筹城乡发展，巩固大扶贫工作格局，完善国家扶贫战略和政策规划体系，坚持开发式扶贫方针，不断加大扶贫投入力度，对低收入人口全面实施扶贫政策。把尽快稳定解决扶贫对象温饱并实现脱贫致富作为首要任务，努力提高贫困地区和贫困人口自我发展能力，努力增加贫困人口收入。实施有差别的区域扶贫政策，下大力气解决好集中连片和特殊类型贫困地区的发展问题。继续坚持扶贫开发的成功经验和有效做法，分类指导、突出重点、加大力度、完善机制，不断提高扶贫开发水平。

2. 奋斗目标。把基本消除绝对贫困现象、促进贫困人口脱贫致富和缓解发展差距作为奋斗目标。着力转变发展方式，促进贫困地区经济加快增长，有效提高公共服务均等化水平，明显改善集中连片和特殊类型贫困地区的发展环境和条件。努力缓解发展差距扩大趋势，确保国家重点县农民人均纯收入年均增长幅度高于全国平均水平，逐步提高贫困人口健康生活水平和稳定发展能力。

3. 方针原则。继续坚持开发式扶贫方针。坚持国家扶持和自力更生相结合；发挥中央和地方两个积极性；实现开发扶贫与生活救助两轮驱动，专项扶贫和行业扶贫有机结合，政府主导和社会参与紧密配合；资源利用和生态环境保护相互协调，扶贫开发与计划生育相互促进；推动扶贫立法，规范扶贫行为。

4. 标准对象。扶贫标准要随着经济社会发展而逐步提高，将扶贫标准以下有劳动能力的人口作为扶贫开发对象，对低收入人口全面实施扶贫政策，进一步完善国家扶贫标准调整机制，适当扩大扶贫覆盖面，巩固扶贫效果，有效遏制返贫。鼓励有条件的省区市自定扶贫标准。对少数民族、妇女、残疾人等特殊贫困群体加大扶持力度。

5. 重点区域。加大对革命老区、民族地区、边疆地区和特困地区的扶持力度。在中西部地区继续确定国家扶贫开发工作重点县，并实现动态管理。实施有差别的区域扶贫政策。“十二五”期间，国家选择部分贫困程度深、有代表性的集中连片地区，制定专项规划，加强资源整合，开展扶贫攻坚；各省亦可结合本地实际，确定集中连片贫困地区开展攻坚。继续对边境地区和少数民族聚居区的贫困乡、村给予重点扶持。

6. 工作重点。把提高农村贫困人口自我发展能力作为工作重点。把特殊类型和集中连片贫困地区综合治理放在突出重要位置。依托扶贫规划，大力整合资源，实施整村推进、连片开发，因地制宜开展移民扶贫。支持贫困地区减灾避灾特色优势产业发展，开展劳动力技能培训，提高贫困农民收入水平和就业能力。发挥科技扶贫作用，完善信息化社会化农村科技服务体系，加快推广农业先进实用技术。

7. 政策支持。中央财政继续较大幅度增加扶贫开发投入。地方政府也要千方百计加大投入力度。逐步建立财政扶贫资金稳定增长机制。强化金融扶贫措施，深化扶贫贴息贷款管理体制改革，大力扶持和发展贫困地区微型金融机构。逐步加大中央财政对贫困地区一般性转移支付力度，探索建立有利于贫困地区发展的资源开发补偿政策。

8. 部门协作。进一步明确行业部门的扶贫责任。根据扶贫开发的总体目标，分解和明确部门任务。有关部门在安排农业基本生产条件、基础设施、社会事业、产业发展、土地整治、人口发展、生态和社区环境等投资和项目时，应优先照顾贫困地区，并采取切实措施，进一步加大支持力度，促进当地经济社会加快发展。

9. 社会扶贫。强化机关定点扶贫和东西扶贫协作制度，逐步走向规范化、制度化。制定优惠政策，引导企业特别是民营企业参与扶贫开发，实现互利共赢。鼓励和支持社会团体、民间组织参与扶贫开发。发挥扶贫外交的独特作用，继续“请进来，走出去”，采取培训、交流等形式，促进与国际社会减贫与发展经验的分享。

10. 组织领导。坚持“省负总责、县抓落实、规划到村、扶贫到户”的工作机制。完善对重点县主要党政领导的考核制度，增加扶贫工作考核内容，定期向上级书面报告工作。加强贫困村的基层组织建设。充分发挥各级扶贫开发领导小组的作用。各级扶贫开发机构要切实履行职责，健全规划体系；加强扶贫信息系统建设；健全机构，改善工作条件。

国务院扶贫开发领导小组全体会议已经原则同意我办对目前扶贫工作形势的判断以及有关思路和措施，并对确保完成纲要目标任务、谋划新十年扶贫纲要做出了全面部署。中央农村工作会议也对2010年农村工作做出具体安排，对扶贫开发提出明确要求。下一步，我们将在实际工作中认真贯彻落实。

三、关于行业扶贫情况和有关工作意见

今天邀请来参加座谈会的，大都是行业主管部门的同志，所以我想着重谈一下行业扶贫工作。

进入新世纪以后，党中央确立了把解决“三农问题”作为全党工作

重中之重的战略思想，出台了一系列强农惠农政策，加快了统筹城乡经济社会发展的进程。解决贫困问题的制度建设越来越完善，扶贫开发的投入力度越来越大，参与扶贫开发的主体越来越多，扶贫开发工作的领域越来越宽。因此，回良玉副总理在领导小组第一次全体会议上明确指出："目前，扶贫工作进入开发扶贫和救助扶贫两轮驱动的新阶段，呈现出专项计划扶贫、惠农政策扶贫、社会各界扶贫等多方力量、多种举措有机结合、互为支撑的'大扶贫'的新局面。"

去年，各单位按照中央1号文件提出的"充分发挥行业扶贫作用"的要求，在认真做好定点扶贫工作的同时，充分发挥部门优势，普遍加大了对贫困地区行业支持的力度，主要表现在以下几个方面：

（一）积极为制定新十年扶贫开发纲要提供政策支持

去年，我办组织开展了"完善国家扶贫战略和政策体系"联合调研，领导小组各成员单位以及住房和城乡建设部对这项工作给予了大力支持，不仅派员参加了联合调研活动，还有部分单位对照纲要确定的目标任务，组织开展了专题调研，对本部门实施纲要的情况进行了较为全面的总结，并提出了新十年本行业扶贫工作的目标以及需要进一步完善的思路、办法和相关政策，为"完善国家扶贫战略和政策体系"、制定新十年扶贫纲要和"十二五"扶贫相关规划提供了重要的政策支持。交通运输部全面总结了9年来的交通扶贫工作，截至2008年底，全国建制村通公路比例已达93%，预计到2010年，能够完成纲要所确定的"力争做到绝大多数行政村通路"的建设任务，同时，他们还提出了下一个十年农村公路建设和发展的思路。水利部提交了"我国农村饮水工作情况"，"十一五"期间将解决1.6亿农村居民饮水安全问题，2006—2008年已安排中央投资238亿元，地方配套226亿元，解决了1.0866亿人的饮水安全问题，2009年底前，将提前实现联合国千年发展目标提出的"在2015年前，使无法得到或负担不起安全饮用水的人口比例降低一半"的目标。教育部提供的材料显示，目前592个重点县已经有576个实现了"普九"目标，小学净入学率为98.59%，比2002年提高1.26个百分点。基本实现了纲要提出的"确保在贫困地区实现九年义务制教育，进一步提高适龄儿童入学率"的目标。文化部的总结显示，"十一五"期间共在592个重点县投入16.668亿元，建设乡镇综合文化站8334个。在563个重点县建有县级图书馆，579个重点县建有文化馆，计划到“十一五”末，基本实现“乡乡有综合文化站”的建设目标。广电总局在完成已通电行政村和50户以上自然村“村村通”建设的基础上，从2006年开始，整体进入推进20户以上已通电自然村“村村通”广播电视工程建设的新阶段。此外，科技部、商务部、保监会、银监会、电监会、中国人民银行等单位都给我们提供了非常宝贵的调研报告和工作情况。

（二）加大对贫困地区的行业支持力度

去年，针对全球性金融危机和经济衰退对贫困地区的负面影响，有关行业主管部门在制定扩大内需、促进经济社会发展的政策、安排资金项目时，结合部门特点和行业工作，优先研究和安排贫困地区民生工程、基础设施、生态环境建设，进一步加大对贫困地区的支持。水利部将水利基本建设的重点继续向农村、向贫困地区转移。出台了提高贫困地区中央资金补助比例、减免重点县县级以下项目资金配套等倾斜政策，进一步加大了对贫困地区的中央水利基建投资，全年累计安排592个重点县中央水利投资近140亿元，主要用于农村饮水安全、农田水利、水土保持、农村水电、灌区建设与节水改造等工程建设项目。交通运输部去年共安排农村公路建设投资592亿元，农村公路新改建里程38万公里，农村公路交通条件得到显著改善。截至2009年底，全国乡镇通达率达到99.4%，西部地区建制村通达率达到90.1%。从2009年开始，进一步提高了对中、西部“老少边穷”地区建制村通公路的补助标准，分别由原每公里10万元提高到15万元和20万元。确定了中西部14个地（市、州）作为第三批农村公路建设示范单位，将中央投资补助标准从每公里10万元提高到20万元。农业部在592个重点县共安排农机购置补贴资金21.33亿元，比上年增长了213.68%，实现了对贫困县的全覆盖；首次实现了全国小麦、玉米、棉花和东北地区（含内蒙古）大豆良种补贴全覆盖。累计安排重点县沼气工程、种养业良种工程、县级防疫体系、质检体系建设、退牧还草等各类农业基本建设投资47.13亿元。此外，还在514个重点县投入资金2.86亿元开展“阳光工程”，促进农村劳动力转移就业。住房和城乡建设部进一步加大了农村危房改造试点工作，将国家重点县全部列入了试点范围。去年共投入中央补助资金40亿元，支持79.4万农村危房户完成改造任务。商务部把搞活农村流通，拉动农村消费作为重点，采取“家电下乡”、“万村千乡市场工程”、“双百市场工程”和农产品“农超对接”等方式，加快农村市场体系建设，改善农村消费环境，提高农产品国际竞争力，努力为农民增收创造条件，为贫困地区经济发展营造良好环境。全年实现农村社会消费品零售额超过3.6万亿元，同比增长15.7%，同期增幅比城市高0.6个百分点，农村消费增幅首超城市。科技部以“扩内需，保增长，调结构，上水平”为目标，依靠科技进步促进贫困地区农民增收、农业增效、农村发展。共支持44个重点县实施科技富民强县项目，直接投入7080万元，带动省级配套支持6000多万元。在30个重点县试行科技特派员制度的基础上，与八部委联合启动科技特派员农村创业行动，在更大的范围内推行科技特派员制度，鼓励更多的科技人员带着技术、市场和先进的管理到贫困地区进行科技创业扶贫。国土资源部坚持通过投资土地开发整理参与全国扶贫开发工作，在政策和项目安排上主动向重点县倾斜，制定了《国土资源部关于全国扶贫开发工作会议精神贯彻意见》，要求：“今后几年，争取每年每县安排一个土地开发整理项目，做好土地整理规划、项目立项等相关工作”。2000—2009年共安排国家扶贫开发工作重点县土地整理开发项目700多个，投资总额100多亿元。银监会积极督促和指导银行业金融机构做好扶贫贷款和扶贫到户小额信贷发放工作，截至2009年底，全国银行业金融机构涉农贷款余额已达8.8万亿元，比年初增加2万亿元。同时专门针对偏远贫困地区印发了《中国银监会办公厅关于认真做好金融机构空白乡镇服务工作的指导意见》，明确提出力争用三年左右时间实现全国各乡镇基础性金融服务全覆盖。农业银行与我办联合下发了《关于积极应对金融危机加大对扶贫龙头企业扶持力度的意见》，截至9月末，在国家和省级重点县，累计发放扶贫贴息贷款11.36亿元，扶贫贴息贷款余额46.4亿元。

此外，许多单位还做了很多工作，因总结材料未及时送来，或因时间关系不能一一列举，不到之处请谅解。

（三）积极支持整村推进扶贫开发工作

2008年，我办与中央精神文明建设指导委员会办公室、教育部、科技部、工业和信息化部、国土资源部、交通运输部、水利部、农业部、卫生部、国家广播电影电视总局、国家林业局、国家电力监管委员会等12个单位联合印发了《关于共同促进整村推进扶贫开发工作的意见》（国开办发［2008］27号），提出要在2010年前，优先确保22个人口较少民族、重点县边境一线和革命老区的24649个贫困村完成整村推进扶贫规划。一年多来，相关单位按照文件要求，普遍在政策制定、项目资金安排等方面向重点贫困村倾斜，有力地推动了“三个确保”工作。中央精神文明办在加强农村精神文明建设方面做了大量工作。评选表彰了第二批672个全国文明村镇，深入推进文化、科技、卫生“三下乡”，举办多种形式的农村实用技术培训37万余场，培训农民8500余万人次，5.7万余支医疗队深入农村，为4440余万人提供医疗服务。继续实施电视进万家工程，向广西、西藏、青海、宁夏、新疆和新疆生产建设兵团贫困家庭赠送12万台彩色电视机。广电总局将中西部地区19个省（区、市）的“三个确保”贫困村全部纳入了广播电视“村村通”工程建设。去年，进一步加大了对青海、四川、云南、甘肃四省藏区及新疆重点县的支持力度，将工程建设资金补助标准从每村5000元提高到每村10000元。有望今年10月底前提前完成“十一五”工程建设任务。国家电监会向国家电网公司、南方电网公司及电监会各派出机构发出通知，要求尽快摸清所辖区域内无电村、无电户的情况，特别了解营业区域内“三个确保”贫困村的通电情况；在此基础上，制定消除无电村（户）尤其是“三个确保”村范围内无电村（户）的工作计划。各单位积极开展调查摸底和统计工作，形成了大量一手数据。据统计，目前全国“三个确保”贫困村中尚有未通电行政村257个，未通电户72389户。国家电网公司、南方电网公司已按要求，制定了“三个确保”贫困村通电规划，确保在2010年前彻底解决供区内“三个确保”贫困村的通电问题。国土资源部不仅在8个定点扶贫县开展了认领“三个确保”重点村工作，还专门向相关省（区、市）国土资源厅印发了《关于支持“三个确保”贫困村扶贫工作的通知》，认领了93个“三个确保”贫困村。教育部、科技部、工信部、交通运输部、农业部、水利部、卫生部、广电总局、林业局等单位都在定点扶贫县内开展了不同形式的支持“三个确保”贫困村的工作。

就进一步做好行业扶贫工作，我再谈几点意见和要求：

第一，加大行业扶贫工作力度，促进公共服务均等化。在当前大扶贫的工作格局下，做好行业扶贫工作，对于促进公共服务均等化，有效遏制城乡差距、收入差距继续扩大的趋势，维护边疆稳定，促进民族团结和社会和谐，具有特殊重要的意义。希望各单位在现有工作的基础上，进一步强化公共财政和“大扶贫”理念，强化政策措施，切实把对贫困地区的行业支持体现在年度行业工作计划的实施当中。

第二，认真开展调查研究，为制定国家新的十年扶贫开发纲要提供支持。根据国务院领导同志指示，今年我办将会同有关方面研究制定未来十年的扶贫开发纲要和“十二五”扶贫相关规划，希望各部门在认真调研、全面总结本单位行业扶贫工作的同时，提出未来十年行业扶贫工作的基本思路和工作措施，为制定未来十年国家扶贫纲要提供支持。有关部门在制定本行业“十二五”规划时，应综合考虑国家扶贫开发重点区域的建设需求，并给予倾斜支持。制定有关重要政策，要对贫困地区、贫困人口可能受到的影响进行评估。

第三，加强沟通交流，及时报送行业扶贫工作总结和计划。回良玉副总理曾专门强调：各成员单位每年年终要向扶贫开发领导小组报告工作情况及安排，包括相关政策措施的落实和机关定点扶贫工作情况。这一条已经作为一项制度规定，写进了《国务院扶贫开发领导小组工作规则》。希望各单位按要求及时报送定点扶贫和行业扶贫工作的总结和计划。一方面有利于我们全面了解情况，及时反映各单位的工作成效；另一方面，也有利于加强各单位之间的情况沟通和交流，进一步提高行业扶贫工作水平。

同志们，今年是我国扶贫开发承上启下、继往开来的关键一年。既要确保纲要目标任务的实现，又要制定新十年扶贫纲要和“十二五”扶贫相关规划。国务院扶贫办愿与大家共同努力，以党的十七大、十七届三中、四中全会精神为指导，深入贯彻落实科学发展观，进一步增强责任感、紧迫感，同心协力，确保扶贫开发各项任务的圆满完成，进一步完善国家扶贫战略和政策体系，继续推动我国扶贫开发事业再上新台阶！

王国良在彩票扶贫项目培训研讨会上的讲话

（2009 年 9 月 22 日）

利用中央专项福利彩票公益金支持贫困革命老区整村推进项目（简称彩票扶贫项目）培训研讨会即将结束。这次会议时间虽短，但在大家的共同努力下，开得很好，达到了预期目标。刚才，第一批试点 4 个省的代表就本次会议所取得的收获作了介绍，讲得很好，深受启发。总体看，这次会议取得了良好的效果，呈现出以下几个特点：

第一，内容丰富，形式多样。会议既有经验交流，又有实地考察；既有广泛深入的研讨，又有专项业务培训。内容很多，安排紧凑。

第二，重点突出，针对性强。会议全面总结了试点以来取得的成功经验和有效做法，分析了工作中存在的突出问题，提出了解决问题的方案。针对未来试点中要重点解决的目标瞄准、产业发展、能力建设、“两项制度”衔接、互助资金试点和项目实施管理等内容，进行了培训。

第三，讨论深入，理清思路。在大会经验交流、现场实地考察的基础上，各省代表深入思考、认真准备、踊跃发言，针对存在的问题和下一步工作进行了广泛而深入的研讨，不仅在技术操作层面，还在项目管理层面乃至机制、制度创新等方面，进行了卓有成效的讨论，进一步理清了工作思路。

第四，提高认识，增强信心。通过会议，大家提高了对做好彩票扶贫项目重要性的认识，学到了兄弟省县的经验和做法，解决了项目实施中存在的疑惑和难点，从而坚定了进一步做好彩票扶贫项目的信心和决心。

这次会议是在项目实施关键时刻召开的一次重要会议，是一次总结提高的会议，是一次成功的会议。目前，离第一批试点项目实施结束的时间已经不多了，但还有大量工作要做，还将遇到许多新的困难和挑战，需要我们顽强拼博，不懈努力。

下面，结合会议情况和下一步工作，我讲三点意见：

一、做好彩票扶贫项目的重要意义

党的十七大明确要求，要加大对革命老区、民族地区、边疆地区和贫困地区发展的支持力度。革命老区为新中国的成立做出了巨大的牺牲和历史性的贡献，加快老区发展，彻底解决老区人民的贫困问题，是我们党和政府义不容辞的责任。这些年来，在党和政府的殷切关怀下，老区人民发扬老区精神，老区经济社会面貌发生了很大改观，一些地区已经率先摆脱贫困、走向富裕。但还有相当多的革命老区仍处在欠发达状态，与沿海发达地区相比，与兄弟省市相比，与到2020年基本消除绝对贫困现象和同步迈入小康社会的要求相比，还有很大差距，迫切需要加大扶持，加快发展。因此，既使在2008年汶川特大地震后，在灾后恢复重建任务繁重、资金紧张的情况下，中央财政还是专项安排了利用中央专项福利彩票公益金支持贫困革命老区整村推进项目，这充分体现了党中央、国务院对革命老区的特殊关怀。

从扶贫开发工作的角度看，这项安排也有特殊重要的意义。

（一）彩票扶贫项目是加大老区整村推进投入强度的重要举措

《中国农村扶贫开发纲要（2001—2010年）》实施以来，国务院扶贫办在全国确定了15万个贫困村，在群众的参与下制定了整村推进规划，一次规划，分年实施。整村推进是改善贫困村生产生活条件、稳定增加农民收入的一项扶贫开发重要措施，也是整合资源、合力攻坚的有效平台，受到贫困群众的热烈欢迎以及各级领导和有关方面的高度肯定。

针对2007年底整村推进工作仅完成了不到50%、且平均投入不足20—30万元的情况，国务院扶贫办在2008年提出了“三个确保”的任务，即到2010年前完成重点县内革命老区、人口较少民族、边境一线尚未实施规划的24649万个贫困村的整村推进任务，其中革命老区就有

24008万个村，占“三个确保”村总数的97.4%，是整村推进工作的重中之重。为了进一步加快老区整村推进步伐，提高水平，中央决定将彩票公益金项目用于革命老区贫困村的整村推进，每村140万元，是面上“三个确保”村的3倍，加上整合资金，可达到4倍以上。这种投入强度，保证了实现改善贫困村生产生活条件、培育主导产业、增加农民收入，达到可持续发展目标的基本需要，无疑将有力地推进革命老区的建设和发展。

（二）彩票扶贫项目肩负着探索解决革命老区贫困问题有效途径的重任

2007年底，中央把指导革命老区工作的任务交给了国务院扶贫办，这是对我们扶贫系统的信任，也是一个新的挑战。对扶贫部门而言，这是一项新的工作、新的任务，没有成功的经验可以借鉴，没有现成的模式可以参照。同时，由于历史、自然、社会、市场等各种因素的影响，革命老区的贫困成因不一，制约瓶颈不同，解决问题的办法和途径也不一样，这都需要我们深入调查，认真研究，积极探索。彩票扶贫项目就承担着探索解决革命老区贫困问题有效途径的任务。通过项目实施，积累经验，找到解决不同类型贫困革命老区贫困问题的钥匙，创新扶贫开发组织方式、制度建设、实施管理、资源整合等方面的机制，形成可供学习借鉴的模式和方法。任务繁重、责任重大、使命光荣。

（三）彩票扶贫项目是将基础设施和产业发展有机结合的有效方式

扶贫开发工作进入新阶段以后，革命老区的发展必须解决两个方面的问题。一是改变基本生产生活条件，二是增加收入、改善生活。过去整村推进项目，由于资金力度不够，经常捉襟见肘，群众形象地说，有钱修路，没钱盖房；有钱打井，没钱养猪。彩票扶贫项目因为有比较大规模的投资，可以将两项任务同时承担起来，起到毕其功于一役的作用。项目将70%以上资金用于基础设施建设，解决了发展的瓶颈，改善了人居环境，提高了生活质量。同时，通过组织村民参加建设项目，直接增加了现金收入；通过扶持产业发展，建设农户持续增收的能力。

二、第一批彩票扶贫项目的成就和经验

虽然彩票扶贫项目实施时间不长，但总体进展顺利，取得了阶段性成效，创造和积累了不少可供借鉴的经验和做法。

（一）实施进度较快，规范管理机制基本形成

从各省在会议上反映的情况，项目实施进度比较理想，总体开工率达到90%，完工率达到84%，在2/3的时间内，完成了84%以上的工程进度，为如期实现项目目标、完成工程进度奠定了基础。同时，在项目实施过程中，形成了竞争选县定村、充分发动群众参与、广泛运用扶贫工作经验、能力建设先行、信息公开贯穿始终、注重资源整合、监督关口前移等一整套规范运作和严格管理的经验，为确保项目顺利和成功实施提供了保障。

（二）项目实施对项目区产生了积极作用和深远影响

项目虽然尚未实施完成，但已实施的人畜饮水、村级道路、水利设施、农田整治、文化场所、环境改善和公共服务等建设项目和蔬菜、中药材、林果、畜禽、农家乐、农副产品加工等生产发展项目，有效改善了贫困村生产生活条件，提高了农户生活质量，培育了主导产业，改变了村容村貌，增加了农民收入。在项目实施中，通过发动村民广泛参与规划编制、项目实施、物资采购和监督管理，实行民主协商、议事决策、信息公开、阳光操作等措施，搭建了交流互动的平台，形成了良好互信的关系，拉近了干部群众的距离，消除了误解，增进了感情，从而加强了基层民主建设，提高了基层组织的凝聚力和战斗力，促进了社区和谐。

（三）彩票贫项目的基本经验

第一，要集中力量打歼灭战。从彩票扶贫项目试点情况看，凡是资金整合多、投入强度大的村，就有希望实现整体提升贫困村社会经济发展水平、稳定增加农民收入、确保可持续发展的目标。因此，在整村推进中，一定要确保必要的投入强度，不能像以往那样遍地撒网、分散力量，一个

村投入20、30万，实施前后变化不大，还需重新再来一遍的状况，做到干一个村成一个村。

第二，要在整村推进基础上，有意识地适当集中，形成连片区域、整体发展。从试点情况看，虽然项目实施村都取得了明显变化，但由于布点分散，没有集中连片，难以整体规划，成片发展，形成产业规模，发挥整体效应。这个问题，要在我们下步工作中注意和改善。

上述成效和经验，外资中心夏更生同志在通报项目进展情况时已作了详细介绍，因此，我没有展开。这些成绩的取得，是中央支持的结果，是项目县党委政府高度重视的结果，是项目区广大干部群众不懈努力的结果，也凝聚着各级扶贫和财政部门干部职工的心血。在此，我代表国务院扶贫办对大家为彩票扶贫项目所做的贡献和奉献，表示崇高的敬意和衷心的感谢！

三、对第二批试点项目的安排

第二批彩票试点项目已经财政部和国务院扶贫办批准，目前进入了准备和启动阶段，需要尽快开展前期准备，谋划整体工作安排。这次会议，又专门把4个省的同志请来，听取第一批试点项目的经验，参观考察现场，目的就是学习借鉴第一批试点项目的经验，为第二批试点奠定良好的开端。因此，第二批试点要在总结第一批试点项目经验的基础上，吸纳成功的做法和有效的措施，丰富思路，开阔眼界，进一步创新机制。要清醒地看到，第二批试点不是第一批试点的简单复制，要站在新的起点上，继续探索创新，丰富完善，提升水平、发挥成效。各省要按照试点通知的要求，精心组织，周密部署，全面推动该项工作开展。尤其要注意抓好以下几项工作：

（一）竞争选县定村

要根据扶贫开发新的形势、要求和以往扶贫开发工作的实际情况，试点村的选择，要考虑适当集中连片，以未实施整村推进的“三个确保”老区村为主，实施过整村推进时间长、投入力度较低、贫困程度仍然较深的贫困村，也可参与项目村竞争。

（二）加强资金整合

要按照稳定增加农民收入，基本实现新农村建设的目标，整合其他部门的涉农资金。整合的资金不得少于100万元，并主要考虑支持产业发展项目。资金整合的力度将作为确定项目县的重要依据。

（三）做好规划编制

要按照稳定增加农民收入，基本实现新农村建设目标的要求，编制好村级规划。在此基础上，要统筹连片试点村的道路、水利、农田、主导产业建设等规划，合理布局，有效衔接，形成规模，整体提升水平和档次。

（四）统筹安排项目

项目实施期限虽然是两年，但不是每个项目活动都是两年完成，关系民生、群众迫切需要解决的问题要优先安排；项目周期短、见效快的基础设施、公共服务、环境等项目要力争在一年内完成；产业发展、互助资金等生产发展和能力建设项目要同步实施，尽早见效。

四、进一步做好彩票扶贫项目的要求

结合第一批试点项目的情况，我对明年完善第一批项目和顺利启动第二批项目提一些要求。

（一）要切实瞄准贫困人口

彩票扶贫项目中的基础设施建设、环境整治等内容是普惠制的，是项目村全体村民共享的。但是，生产发展、能力提高、互助资金等到户项目，要体现出针对贫困人口的特惠政策。要通过贫困户自愿申请、村民评议、村内公示、县乡审查批准的方式做好两项制度衔接，找准贫困人口。生产发展、能力提高项目，要向贫困户倾斜，并适当提高补助标准。互助资金项目，要免交或少交加入扶贫互助社的入社费，优先给予借款和技术服务。

（二）要加强资源整合

目前，在第一批项目中，许多县加大了资源整合的力度，做得好的，每村达到350万以上，但有的地方，基本没有整合，差距很大。在项目争取和规划编制时，项目县都做出了整合资源、配套投入的承诺，一定要兑现。近年来，中央不断加大支农惠农力度，各行各业投入也普遍向贫困地区、贫困村倾斜，为资源整合创造了有利的条件。要充分发挥“大扶贫”的作用，以彩票扶贫项目为引子，以整村推进为平台，以项目规划为基础，在县一级就要加大整合力度，将各方涉农资金整合到项目村，确保投入强度，合力攻坚。

（三）要抓好产业发展

党的十七届三中全会明确提出，要把稳定解决贫困人口温饱、脱贫致富作为首要任务，重点提高贫困人口自我发展能力。要实现这个目标，确保稳定增加贫困人口收入、实现贫困村可持续发展，仅仅改善贫困村生产生活条件、改变村容村貌远远不够，必须把产业发展和能力提高作为建设的重要内容。为此，彩票扶贫项目从规划开始到项目实施，都要将其作为一个重点。规划中没有的要完善补充，不足的要加强和到位，将整合的资源，向产业和能力提高项目投入。

（四）是要强化能力建设

能力建设是提高贫困村、贫困人口自我发展能力的关键措施和手段。在第一批试点项目中，应该说已经注意了这项工作，并提出了能力建设先行的要求。在这里我要强调的是，提高自我发展能力是一个过程，不可能做到一次培训就行，既不能一蹴而就，也不会一劳永逸，需要反复不断的培训，才能够实现提高自我发展能力的目标。加强培训不仅要体现在项目实施的每一个环节，而且要在一个环节中反复开展。外资中心和各项目县从现在开始，就要深入总结项目的成功经验，力争编制形成一套完善的项目实施管理手册和操作指南等培训教材，指导今后试点项目的开展。

（五）进一步严格项目管理

虽然各试点县根据国家印发的彩票扶贫项目管理办法制定了实施细则，在管理中也基本上做到遵照执行，但在资金拨付、工程招投标、物资采购、工程验收、档案管理等环节上仍然存在一些问题和不足。各地要对照中期检查发现的问题，及时整改，完善措施，严格管理，规范运作。同时，要及早研究，尽快制定后续管理的措施和办法，部署相关工作，确保项目长期发挥效益。

五、加强对彩票扶贫项目的组织领导

（一）切实加强领导，明确责任

项目实施区的各级扶贫部门要高度重视彩票扶贫项目，将其纳入重要议事日程，主要领导要亲自抓，要明确一名主管领导直接抓，要指定相关处室和人员具体负责，细化任务，明确责任，落实到人。要抽调精兵强将，组成专门班子，保证必要的工作经费。

（二）深入调查研究，探索内在规律

从现在开始，就要深入调查，认真研究项目的成功经验和内在规律。彩票扶贫项目是一个新生事物，能否取得成功，不是一批、两批试点，也不是一年、两年实践就可以看出成效、找出发展规律的。其成功与否，关键是项目实施完成后能否达到整体提升项目区内社会经济发展水平，实现可持续发展目标。如何做到这一点，我们还不是了然于胸，还没有掌握其内在规律，还需要我们在实践中细心地观察、研究和总结。目前，我们还处于“摸着石头过河”的阶段，还有许多问题不清晰，还有许多困难和挑战没有得到很好解决，需要我们不断实践，深入调研和总结，不断探索发展模式，积累成功经验。

（三）强化宣传报道，展示项目成果

彩票公益金源自于公众，用之于扶贫，社会关注度很高，实施效果好

坏，直接关系到彩票公益金能否用于扶贫工作、能否增加投入量、能否扩大实施规模。加强宣传力度，报道实施效果，十分必要。要通过报刊、专题纪录片、电视、内部简报等多种形式，及时反映项目实施的进展情况、取得的经验和成效。各级扶贫部门要将宣传工作作为一项重要措施，认真抓好。

（四）建立沟通平台，加强部门合作

扶贫和财政部门是项目实施的主体，相互之间要密切配合，紧密合作，同时，要主动加强与农业、水利、交通、教育、卫生、商务等相关部门的沟通协调，主动通报项目实施情况，争取他们的理解和支持，共同研讨存在的问题，解决的办法和措施。有条件的地方可建立联席会议制度，加强对项目的指导、服务和帮助，为试点工作创造一个宽松和谐的良好环境。

（五）注意资料收集，完善档案管理

资料收集、档案管理是开展试点工作、发挥示范作用的基础，是全面系统反映项目成效的载体，是研究总结项目经验、探索内在发展规律的依据。然而，这项工作是我们扶贫系统普遍存在的薄弱环节，在我们试点项目中也同样不同程度地存在。项目县扶贫部门要予以高度重视，加强原始资料的收集、档案资料的整理和归档工作，要全面掌握项目村实施前的基础情况和数据，项目实施过程，项目实施后面貌变化和项目成效。既要有文字资料，也要有影像资料；既要反映村容村貌的变化，也要反映村民精神面貌的变化。要做到分门别类、分档保存，科学管理。

同志们，让我大家以这次会议为契机，以党的十七大和十七届三中全会精神为指导，深入贯彻落实科学发展观，按照项目的总体部署和要求，扎实工作，奋力开拓，不断创新，取得彩票扶贫项目试点工作的胜利，为扶贫开发事业和老区建设做出新的更大的贡献。

最后，我代表国务院扶贫办对山西省长治市平顺县党委政府和扶贫及相关部门为这次会议作出的精心安排、周到服务、热情接待表示衷心感谢！

王国良在中国农村微型金融扶贫模式培训与研讨会上的讲话

（2010年1月16日）

在全国上下按照科学发展观要求，深入贯彻党的十七届三中全会和2009年中央1号文件精神、深化农村改革的关键时刻，在新农村建设深入推进、广大农民群众对金融服务需求不断增强、完善农村金融制度要求日益迫切的重要时期，在全球性金融危机对我国农业和农村影响逐渐加大，大批农民工提前返乡的严峻形势下，财政部、全国妇联和国务院扶贫办联合召开这次农村微型金融扶贫模式培训与研讨会，很有意义。这次会议的主要目的是，深入贯彻党的十七届三中全会、中央农村工作会议和全国扶贫工作会议精神，总结、交流目前各地农村金融服务的模式及做法，探讨改进和完善贫困地区农村微型金融服务的途径与方法，为进一步加快贫困群众脱贫致富步伐提供更加有效的金融服务。

两天来，与会代表深入总结交流了各地小额信贷、互助资金等微型金融扶贫模式的做法和经验，分析研究了金融危机对我国农村金融及经济发展的影响及应对措施，探讨了农村微型金融扶贫模式的规范运行、风险控制、可持续发展等问题。会议时间虽短，但主题鲜明，内容丰富，理论联系实际，开得很成功，大家普遍反映收获很大。一是提高了认识，统一了思想，对目前国际金融危机带来的影响有了比较深入的认识，对国家农村金融政策有了更加准确的理解，对当前农村微型金融发展状况有了较为全面的了解；二是交流了经验，畅谈了体会，进一步开阔了视野，拓宽了思路；三是坚定了信心，强化了责任，工作在第一线的同志都表示要深入学习领会这次会议精神，积极推进农村金融扶贫工作健康有序发展。

刚才，财政部和全国妇联的领导同志作了重要讲话。下面，我再讲三个方面的意见，供大家参考。

一、充分认识新形势下推进农村微型金融扶贫工作的重要性、迫切性

农村微型金融，是指为解决农村金融发展滞后、广大农民特别是贫困农户难以获得金融服务问题而兴起的新的金融形式，其服务对象包括规模种养户、个体工商户、小型加工运销户、各类微小型企业、乡村经纪人和一般农户，主要侧重于为贫困户提供贷款和其他基本的金融服务。我们认为，现行农村微型金融模式大体可以包括以非政府组织为主的小额信贷、小额贷款、村镇银行、贫困村互助资金等形式。其中，贫困村互助资金是以互助合作为主、带有一定金融行为的新型互助合作组织，是微型金融的一种特殊类型。实践经验表明，推进农村微型金融扶贫工作的健康有序发展，对于加快新时期扶贫开发进程、推进贫困地区社会主义新农村建设，如期实现建设全面小康社会的目标具有十分重要的意义。

（一）这是加快贫困地区发展的需要

党的十一届三中全会以来，我国农村改革深入推进，极大地解放和发展了农村生产力，显著改善了广大农民的物质文化生活。农村金融服务也有了长足发展，为农业生产和农村经济发展做出了积极贡献。但是，我们也要清醒地看到，农村金融还不能很好地满足“三农”发展对金融多层次、多元化的需求，目前的农村金融服务供给与需求之间还有很大距离。过去十多年间，商业银行为了降低投资风险、提高经营效益，逐步退出农村领域，农村经营网点不断减少。与此同时，信用社在农村的代办站由于风险频发也被统一裁撤。据统计，截至2007年末，我国有2868个乡（镇）没有任何金融机构，约占全国乡（镇）总数的7%。农民、特别是贫困农户贷款难的问题成为制约农业、农村发展和群众脱贫致富的一个突出问题。

当前，我国农业和农村经济发展总体上进入以工促农、以城带乡的发展阶段，进入加快改造传统农业、走中国特色农业现代化道路的关键时

刻，进入着力破除城乡二元结构、形成城乡经济社会发展一体化新格局的重要时期，扶贫开发的重点也由解决贫困人口温饱转向增加贫困人口收入、提高发展能力、实现脱贫致富。农村、特别是贫困地区对金融服务的需求大幅增加。尤其是去年下半年以来，受国际金融危机影响，相当数量的外出农民工提前返回家乡，他们中的一部分人懂管理、有技术、也看准了一些新的项目，想在农村创业和发展，但普遍缺乏启动资金。农村金融发展滞后，已成为贫困地区发展的重要制约因素。

近年来，我们在积极改革完善信贷扶贫资金管理体制的同时，根据贫困地区发展的需要，探索并开展了多种模式的农村微型金融扶贫试点工作。这些微型金融活动门槛较低、手续简便、投向明确，使大多数贫困户更好地享受到了扶贫资源，真正实现了扶贫到户。部分群众不仅借到了钱，而且办成了事，增加了收入，提高了素质，有些还实现了脱贫致富。实践证明，推进农村微型金融扶贫工作，符合广大贫困群众需要，受到地方政府和贫困群众欢迎，能够切实解决群众发展中的实际困难，在加快扶贫开发、推动农村发展中可以发挥重要作用。

（二）这是完善贫困地区金融服务体系的需要

农村金融是现代农村经济的核心，农业现代化与农村经济社会的发展需要强有力的金融服务与支持。目前，我国金融资源配置很不平衡，与城市相比，农村金融机构网点、从业人员和信贷资源严重不足，农民特别是偏远贫困地区的群众享受到的金融服务十分有限。更令人担忧的是，农民储蓄资金大量外流，无法适应城乡统筹发展的要求，不能满足贫困地区扶贫开发、现代农业发展和新农村建设的需要。据有关部门调查测算，到2020年，新农村建设新增资金需求总量为15万亿元人民币左右，除财政资金、社会资金和农民自身积累外，还需要大量的信贷资金投入。由于商业银行在县域经济中吸收的存款大部分用于城市、企业和大中型项目，农村信用社的资金也有相当部分游离农村。西部贫困地区农村资金的流出更为严重。

从国际经验看，合理完善的农村金融服务体系应该由政策性金融、商业性金融、合作性金融和民间融资所构成，其中，在欠发达地区以合作金融为主的微型金融和民间借贷发挥着更为重要的作用。为了合理配置金融资源，引导资金流向农村和贫困地区，2005 年以来的几个中央 1 号文件，都倡导各地积极开展多种所有制、多种形式的小额信贷组织，切实改进农村金融服务。十七届三中全会《决定》和 2009 年中央 1 号文件又明确提出大力发展小额信贷和微型金融服务。从这几年各地各方面开展的小额贷款、村镇银行、贫困村互助资金等试点情况看，这些微型金融服务有效地弥补了正规金融机构农村服务的“缺位”，较好地解决了那些既无抵押又无担保的小型企业、一般农户和贫困农户贷款难的问题，成为正规金融服务的重要补充。因此，大力推进农村微型金融发展，建立现代农村金融制度、完善农村金融服务体系的迫切需要，是新形势下推进扶贫开发、推动农村改革发展的一个重要组成部分。党的十七届三中全会作出要“加强监管，大力发展小额信贷，鼓励发展适合农村特点和需要的各种微型金融服务”的决定，完全符合农村特别是贫困地区的发展实际。

（三）这是创新和完善扶贫开发机制的需要

专项资金投入不足，特别是信贷资金作用发挥不充分，是目前影响扶贫开发进度和成效的一个重要原因。近年来，农村微型金融服务的兴起和发展，为扶贫开发和贫困地区的发展注入了新的生机和活力。一方面，微型金融机构把民间零散资金和社会其他资金聚合起来，优先扶持贫困户发展生产，进一步加大了扶贫投入，完善了扶贫投入机制。另一方面，贫困村互助资金作为特殊类型的微型金融，实行财政扶贫资金一次性投入，通过成立资金互助合作组织，按照“封闭管理、有借有还、互助互济、周转使用”的原则管理和使用，创新了财政扶贫资金使用方式，实现了财政扶贫资金的滚动发展和长效作用，变无偿补助投入为有偿使用投入，变扶贫部门主导选择项目为农户自主决策选择项目，从根本上确立了贫困户在扶贫工作中的主体地位，变“要我干”为“我要干”，丰富了扶贫工作方式，增强了扶贫投入的造血功能，放大了财政扶贫资金的使用效益。同时，微型金融服务特别是在小额信贷实施中，政府投入一定的财政扶贫资金进行贴息，引导和撬动数十倍的信贷资金投向贫困户和贫困地区涉农企业，既发挥了财政资金“四两拨千斤”的效果，又为扶贫开发引入了市场化理念，增强了贫困群众“有借有还、有偿使用”的市场意识及信用意识。另外，各种类型的微型金融活动都强调突出农民的主体地位，尊重农民的自主权，实行自主选择和实施项目，进行自我监督和管理，提高了贫困人口自我发展能力和民主管理能力。

二、客观认识农村微型金融扶贫模式的现状、发展前景及面临的主要困难

我国小型企业和农户数量庞大，贫困人口规模也很大，这为农村微型金融的发展提供了广阔的空间。当前，农村微型金融在迅速发展的同时，也面临一些困难和挑战，必须客观认识、正确把握。

（一）农村微型金融的特点

传统的正规金融在解决农村金融市场的信息不对称和特质性风险及成本方面困难重重，而微型金融在应对这些问题方面显示出独特的优势和特点。一是规模较小。这些金融组织和资金规模都不大，易于管理。二是扎根基层。这些金融组织在较小的区域内服务，服务对象是当地的小型企业和个体农户，主要是满足当地经济发展的实际需要。三是方便快捷。这些金融组织的从业人员多为本乡本土人员，相互知根知底，借款用途和还款能力也都了然于胸，不需要太多的信用调查，简化了不必要的流程，省却了高昂的后台处理成本。四是风险较低。这些金融组织借贷额度小，资金运作不仅有制度章程的规范约束，而且有来自农村熟人社会的道德约束，双重约束大大降低了金融风险。微型金融的以上特点，较好地适应了以家庭承包经营为主的农村基本经营制度，符合农户千差万别的实际情况，其灵活多样的服务形式可以更好地满足农户多元化的需求，显示出强大的活力，具有广阔的发展前景。

十多年来，各地各有关方面积极探索实践，不断推动促进我国农村微型金融服务的发展。目前，开展微型金融服务的机构较多、形式多样，有农村信用社、村镇银行、小额贷款公司、农村资金互助社、贫困村互助资金组织等。从组织结构上看，大体可以分为三种类型：一是正规金融机构兴办的；二是包括扶贫系统在内的有关政府部门，在开展各项试点工作中形成的；三是非政府组织、社会团体或农民自己组建的。各种组织开展的微型金融活动，除具有一般的共性特点之外，还有自身的特点和优势，同

时也各有缺陷和不足。在这里，我着重谈谈扶贫、财政和妇联等部门开展的小额信贷和互助资金两种模式。

小额信贷的历史源远流长。1976 年以来，孟加拉国尤努斯教授创办的乡村银行（Grameen Bank）项目取得的巨大成功，使小额信贷获得全国瞩目，现在逐渐形成一种产业，引起许多跨国金融集团、世界财务机构、非政府组织的投资兴趣，正经历着一个正规化、商业化的过程。我国的小额信贷自 20 世纪 90 年代中期开始试点，逐步完善，形成了具有中国特色的模式。它有五个方面的特点：一是坚持扶贫到户，以贫困农户为主体，直接把扶贫贴息贷款送到农民手中；二是强调政府部门、金融机构的协作与配合，实行“双线管理”或“三线运行”；三是坚持整贷零还、五户联保、中心会议“三大运行机制”；四是强调妇女为主，有些项目只针对妇女设定，为妇女提供贷款，提高了妇女的地位和参与能力；五是注重发挥政府部门的职能作用，为贷款农户提供生产技术、产品信息等服务，不仅使农户贷到款，还帮助农户用好钱，提高了贷款使用效益和还款率。作为我国信贷扶贫的一种主要形式，小额信贷在促进贫困地区产业结构调整、加快群众脱贫致富中发挥了重要作用。目前，全国每年投放到户的扶贫贴息贷款 80 亿元左右，受益贫困户 170 多万户。

贫困村互助资金是近年来扶贫和财政部门为创新财政扶贫资金使用管理机制，更好地解决贫困户“贷款难”的问题而进行的一种尝试。它是以财政扶贫资金为引导，以村民自愿缴纳一定数额的互助金为依托，以其他资金为补充，按照“民有、民用、民管、民享、周转使用”的原则，在特定区域内建立的生产发展资金。其主要特点：一是对象瞄准突出扶贫性。互助资金设在贫困村，服务对象主要是贫困户，集中体现为两个“大”，就是资金总量中无偿投入的财政扶贫资金所占比例大，组织成员中贫困人口所占比例大。二是成员之间强调互助性。农户通过交纳一定的互助资金，形成以资金周转使用为纽带的互助合作关系。三是资金投向具有特定性。资金使用有严格限制，原则上只能用于发展生产性项目。贫困村发展互助资金从 2006 年开始试点，目前全国已在 28 个省（区、市）的 4122 个贫困村建立了互助资金组织，资金总规模达 6.6 亿元（其中财政扶贫资金 4.3 亿元，农户配套资金 1 亿元，其他资金 1.3 亿元），累计向 8.6 万人次发放借款 3.1 亿元，深受基层和广大农民的信赖和欢迎，在有些地方被称之为“农民自己的银行”。

（二）农村微型金融的活力

在多年的发展实践中，农村微型金融对农民脱贫致富和农村繁荣发展产生了积极的影响和作用。一是探索了农村金融服务新路子，缓解了农户“贷款难”问题。微型金融服务立足农村，手续简单，借款快捷，周转迅速，弥补了农业银行和农村信用社等正规金融机构的服务缺陷，不仅迎合了广大农民对金融服务的期盼，解决了贫困户借不到款的问题，而且对于规范民间借贷行为，扼制民间高利贷发生具有重要作用。二是促进了农村产业发展，增加了农民收入。不论是小额信贷还是贫困村互助资金，都把发展产业作为扶持的一个前提和重点，群众借款主要投向了具有区域特色的种植、养殖及小型加工业，促进了农民增收。如陕西淳化县的五个互助资金试点村，通过扶持都成了当地有名的“一村一品”的示范村。四川旺苍县试点村的农户在得到互助资金扶持后户均增收1290元，其中贫困户户均增收1080元。三是培养了群众自我发展能力，提高了农村组织化程度。通过提供生产资金，实际上赋予群众自主创业、自我发展的机会，也促进了农民群众发展经济和理财能力的提高。农户借款互相帮助、彼此联保、共同商讨解决困难，不仅提高了生产的组织化程度，而且提高了参与市场竞争和规避市场风险的能力。四是增强了群众的信用意识，促进了农村和谐社会建设。受乡里乡亲的监督和“好借好还、再借不难”乡规民约的影响，借款群众不敢也不愿失信于人。同时，微型金融使群众之间建立了互助合作关系，相互提供担保，相互传递信息，增强了沟通和理解，融洽了邻里关系，形成了互助互济、团结共进的良好社会氛围。

（三）农村微型金融面临的主要困难和挑战

作为新生事物，小额信贷、互助资金等农村微型金融扶贫模式还需要在实践中进一步规范和完善，也面临一些困难和问题：一是思想认识需要继续提高。既需要深化对其在农村改革发展中重要性的认识，更需要深刻认识和准确把握其自身的发展规律，这是农村微型金融健康发展的重要前提。二是运作管理需要进一步规范。一些地方管理机构还不够健全，财务制度还不够完善，指导监管力度还需加强。三是风险问题需要高度重视。

一些微型金融组织内部权、责、利界定不清晰，从管理层到从业人员和服务对象都缺乏风险防范意识。四是可持续发展问题需要深入研究。微型金融机构不能吸收存款，运作中需要一定的投入，如何调动外部资金注入的积极性、降低运作成本、合理控制借款利率，以及提高从业人员的素质，这些问题都是保证其持续健康发展的关键，需要认真研究和解决。

三、积极稳妥推进农村微型金融扶贫工作的健康有序发展

多年来，全国扶贫系统一直关注和支持农村微型金融发展，并结合实际进行了积极的探索。随着农业和农村经济的深入发展，扶贫开发工作正在从集中力量解决温饱逐步转入努力促进发展、实现脱贫致富的新阶段。金融与扶贫开发的关系更加密切，金融在促进群众脱贫致富中的作用更加突出，贫困群众对金融服务的需求更加迫切。为此，我们要深入贯彻党的十七届三中全会和刚刚闭幕的中央农村工作会议、全国扶贫工作会议精神，进一步提高认识，解放思想，在认真总结经验的基础上，大胆探索创新，努力推进农村微型金融扶贫工作健康有序发展。

一是要继续深化认识。当前，扶贫开发任务依然繁重，致贫因素更加复杂，扶贫开发使命十分艰巨，扶贫工作面临不少新的挑战。十七届三中全会《决定》对新阶段扶贫开发和农村金融特别是微型金融服务提出了新的要求。扶贫系统的同志要把思想认识和具体行动统一到三中全会的精神上来，进一步增强工作的责任感和紧迫感，充分认识微型金融扶贫模式是落实开发式扶贫方针，提高扶贫工作水平的重要举措。我们也希望继续得到社会各方面力量的关心和支持，协同有关部门、单位，共同推进各种农村微型金融扶贫工作，努力促进贫困地区农村又好又快发展。

二是要不断总结完善。目前各地的多种微型金融扶贫模式仍处于初级发展阶段，需要在实践中不断探索、总结和完善。各级扶贫部门要深入工作第一线，积极开展调查研究，认真倾听农民的呼声和反映，注重发现、研究和解决好出现的新情况、新问题。要建立完善小额信贷扶贫管理办法和符合市场规律的运行机制。根据小额信贷资金的用途及项目周期，分类调整制定信贷扶贫资金的贴息年限，着力解决贴息期限与农业生产周期、项目周期不匹配的问题。要尽快研究出台全国性贫困村互助资金管理办法

或指导意见，明确互助资金的性质、定位、基本原则和发展方向，为其健康和稳步发展打好制度基础。要强化风险意识，保持适度规模扩大扶贫互助资金试点，今年要将工作重点放在进一步规范、完善和加强管理上，健全风险防范机制，认真吸取历史的经验教训，防止出现大的波动。

三是要努力开拓创新。要鼓励探索多种形式的农村微型金融扶贫模式，努力为贫困人口提供贷款和其他基本的金融服务。不争论哪一种模式的性质，也不争论哪一种模式的好与差，只要对贫困群众发展生产、增加收入有利，有助于他们脱贫致富，就应该鼓励、支持。扶贫部门要积极支持和配合有关方面推进农村金融服务创新工作。在创新微型金融管理技术上，加大从业人员培训力度，满足贫困地区和贫困群众贷款审查简便、审批迅速的要求。在创新农村金融产品上，适应土地承包经营权流转和新农村建设的需要，为农业发展适度规模经营和农村基础设施建设提供配套金融服务。在创新金融服务渠道上，把大银行的规模优势、专业优势与微型金融的灵活性和地缘优势有机结合起来，延伸农村金融服务触角。在创新金融服务组织形式上，经过试点，逐步扩大农村微型金融资金规模，引导和规范民间借贷健康发展。

四是要加强部门协作。现阶段，既不可能靠市场机制解决农村资金外流，也不可能靠商业银行履行社会责任解决农村信贷投入不足，因此，发挥国家政策的激励和引导作用就显得格外重要。推进农村微型金融扶贫工作发展，需要各相关部门的分工协作，发挥优势，加强指导，强化监管。扶贫部门要切实加强与财政、税收、金融、银监等部门的沟通衔接，努力争取政策支持，综合运用货币政策和财税杠杆工具，引导各类金融机构延伸和发展对农村的金融服务，改善农村金融资源配置，逐步建立市场主导与政府扶持相结合、财税政策与金融政策相结合的长效支农机制，为农村微型金融扶贫的健康有序发展提供良好政策环境。

五是要抓住工作重点。在推进农村微型金融扶贫工作发展的过程中，必须注意把握和解决好以下几个关键环节。一是资金来源问题。特别是贫困村互助资金，要在国家财政扶贫资金投入的同时，适应贫困村、贫困户发展的需要，有条件的地方要加大地方财政配套投入力度，引导社会力量注入捐赠资金，逐步壮大互助资金规模。二是对象瞄准问题。小额信贷和互助资金等金融组织的基本对象是农民群众，特别是贫困农户，根本目标是为贫困群体发展提供金融服务。在实践中，一定要努力将投放的重点瞄准真正的贫困村和贫困户，真正解决他们的困难。要充分发挥群众的主体作用，尊重群众的知情权、管理权和监督权，应该由群众干的事情就放手让群众去干，群众能干的事要鼓励并给予大力支持。三是制度设计问题。微型金融扶贫模式的制度设计要遵循简单、易行、低成本和可持续的原则。四是贷款担保问题。要支持各类信用担保机构开展符合农村特点的担保业务，配合商业性担保机构开展农村担保业务，探索发展动产抵押、仓单质押以及林权等权益质押担保机制。五是监督管理问题。要加强对小额信贷和互助资金组织的管理者和从业人员的培训工作，使他们的素质与正常开展微型金融活动的需要相适应。加强指导和监督，建立健全相应的规章制度和运行机制，确保借贷资金安全运行，高效使用。

同志们，推进农村微型金融扶贫模式的规范有序发展，任务繁重，意义重大。让我们以党的十七届三中全会精神为动力，全面贯彻落实科学发展观，充分利用好这次研讨会成果，加强协作配合，积极开拓创新，不断完善贫困地区农村微型金融服务工作，加快贫困群众脱贫致富步伐，进一步提升扶贫开发工作水平，为确保全体人民共享改革发展成果而努力奋斗！

郑文凯在全国定点扶贫工作培训班上的讲话

（2009年1月14日）

这次全国定点扶贫工作培训班，邀请了各部门、各单位从事定点扶贫工作的同志们参加，就是要认真学习和贯彻落实党的十七届三中全会、中央经济工作会议、中央农村工作会议、国务院扶贫开发领导小组第一次全体会议和全国扶贫工作会议精神，以科学发展观为指导，总结交流党的十六大以来定点扶贫工作的成绩和经验，进一步推动2009年和今后一个时期的定点扶贫工作再上新台阶。

下面，我结合当前全国扶贫开发工作的总体形势和任务，以及我办的中心工作，就进一步做好定点扶贫工作，介绍一些情况和看法，供大家参考。

一、扶贫开发工作面临的新形势新任务

党的十六大以来，在党中央、国务院及各级党委政府的正确领导下，在有关部门和社会各界大力支持下，经过贫困地区广大干部群众不懈努力，《中国农村扶贫开发纲要（2001—2010年）》（以下简称《纲要》）实施进展顺利。

五年多来，扶贫开发取得显著成效。一是贫困人口减少速度逐步加快。2002—2007年，全国农村绝对贫困人口从2820万减少到1479万；低收入人口从5825万减少到2841万。低收入以下人口年均减少860万人，扭转了《纲要》实施前两年贫困人口减少速度放缓的局面。二是贫困地

区基础设施和社会服务继续改善。国家扶贫开发工作重点县（以下简称重点县）自然村通公路、通电、通电话、通广播电视的比例，行政村有卫生室和合格卫生员的比例，均有较大幅度提高。三是贫困地区农民收入明显增加。重点县农民人均纯收入从1305元增加到2278元，连续五年实际增幅在6%以上，并高于全国平均水平。四是贫困地区整体经济水平有新的提高。重点县产业结构、就业结构得到调整，部分重点县实现了跨越式发展。

扶贫开发取得的成就，有力推动了贫困地区的经济发展和社会进步，对于促进政治稳定、民族团结、边疆巩固、社会和谐发挥了重要作用。我国减贫事业取得的成绩，也加快了全球反贫困进程，提升了中国的国际地位和影响力，成为我国人权保障事业发展的一个重要标志。

在多年来的扶贫开发中，中央国家机关等单位定点扶贫工作为促进贫困地区经济社会发展、群众脱贫致富做出了重要的贡献，有力地推动了我国扶贫开发的总体进程。

借此机会，我代表国务院扶贫办，对中直机关、中央国家机关、民主党派、群众团体、企事业单位和人民军队等单位长期以来对扶贫开发工作的关心、支持和无私奉献，表示衷心的感谢和崇高的敬意！

在看到扶贫开发工作取得令人鼓舞的成就的同时，我们也必须清醒认识到扶贫工作的长期性和艰巨性。

（一）扶贫开发任务更加繁重

一是农村扶贫对象规模依然较大。按国家扶贫标准，到2007年底，农村低收入线（1067元）以下扶贫对象还有4320万，占农村人口4.6%。如果参考每人每天1美元标准，按2005年购买力平价计算，贫困人口数量大约在1亿左右。二是特殊类型地区贫困程度深。这些地区大部分是革命老区、民族地区和边疆地区，生存环境恶劣，基础设施落后，社会形态特殊，公共服务欠缺，贫困人口比例超过40%，其中有的只有通过易地搬迁才能解决温饱。人畜混居、茅草屋、溜索等现象依然存在，地方病严重困扰，扶贫工作难度大、成本高。

（二）致贫因素更加复杂

在贫困人口数量减少的同时，返贫问题比较突出。自然灾害频繁依然是农村致贫返贫的主要因素之一，贫困地区自然灾害发生率是其他地区的5倍。2008年的雨雪冰冻灾害和汶川地震主要影响中西部贫困地区，造成大量返贫，有的地方多年积累的扶贫成果毁于一旦，恢复重建任务异常艰巨。因病致贫仍然突出。市场变化和食品安全因素带来的风险，危及贫困地区特色产业。社会性和某些体制性、机制性致贫因素也在增加，工程移民、建设用地、生态保护和资源开发等项目，都可能产生新的贫困群体。当前国际金融危机、经济增速放缓，贫困地区农民工返乡，农产品价格下降。传统因素和新增致贫因素交织在一起，增加了扶贫工作的不确定性。

（三）扶贫开发使命更加艰巨

党的十七大提出，到2020年基本消除绝对贫困现象，提高农村贫困地区和贫困人口自我发展能力，并逐步缩小发展差距。当前，城乡之间、区域之间、不同社会群体之间发展差距扩大趋势尚未得到有效控制。2002年，全国城乡居民收入之比是3.1：1，2007年扩大到3.33：1。按农村居民收入五等分情况看，2002年最高收入家庭的人均纯收入是最低收入家庭的6.9倍，2007年扩大到7.3倍。重点县农民年人均纯收入仅为全国农民的一半左右，低收入标准仅为全国农民人均纯收入的1/4。贫困地区内部的发展差距更为突出。在一些乡村，也存在着少数人群畸高的收入掩盖了多数人贫困的现象。

党的十七届三中全会通过的《关于推进农村改革发展若干重大问题的决定》（以下简称《决定》），对新时期农村改革发展作出了全面部署，对做好新阶段扶贫开发提出了新的明确要求。去年12月，国务院扶贫开发领导小组召开了第一次全体会议，回良玉副总理作了重要讲话，进一步部署了今后12年扶贫开发的目标任务，对扶贫系统全面贯彻落实三中全会精神提出了明确要求。

深入学习贯彻好中央关于新阶段扶贫开发的部署要求，我觉得应重点把握好这“四个新”。

一是新目标。主要体现在两大方面：一方面工作重点要实现新的转变。《决定》明确指出，“把尽快稳定解决扶贫对象温饱并实现脱贫致富作为新阶段扶贫开发的首要任务。重点提高农村贫困人口自我发展能力。”《中国农村扶贫开发纲要（2001—2010年）》中，对2001—2010年扶贫开发总的奋斗目标是这样表述的：“尽快解决极少数贫困人口温饱问题，进一步改善贫困地区的基本生产生活条件，巩固温饱成果，提高贫困人口的生活质量和综合素质，加强贫困乡村的基础设施建设，改善生态环境，逐步改变贫困地区社会、经济、文化的落后状态，为达到小康水平创造条件”。我们要从历史的发展的角度深刻领会《决定》这一阐述的新内涵。特别是要领会关于扶贫开发首要任务、工作重点的阐述。另一方面，《决定》确立了到2020年农民人均纯收入翻一番的目标，国务院扶贫开发领导小组第一次全体会议明确，今后12年贫困地区农民人均纯收入增长幅度要高于全国平均水平。这也是实现全面建设小康社会的重要保证。

二是新标准。党的十七大明确提出，要“逐步提高扶贫标准”。提高扶贫标准问题一直为社会各界所关注。《决定》对这个问题给予了明确的回答，提出“实行新的扶贫标准，对农村低收入人口全面实施扶贫政策”。按照新标准，就意味着扶贫政策要对农村低收入人口实施全覆盖，2007年的低收入标准是1067元。这个标准是要根据年度物价指数不断地做出调整的。这是扶贫开发一个重大变化。我们不要简单地看作是扶贫标准的变化。这两句话的阐述，实际上揭示了新阶段扶贫开发工作重点的转变、工作对象的扩大、工作要求的提高。

三是新战略。《决定》明确提出，要完善国家扶贫战略和政策体系。回良玉副总理在扶贫开发领导小组第一次全体会议上强调，“要把研究完善国家扶贫战略和政策体系作为当务之急。”完善国家扶贫战略和政策体系，就是要继续坚持并不断强化行之有效的政策措施，及时调整并不断完善不适应的政策措施，并与时俱进地出台新的政策措施。提出完善“国家扶贫战略”这一概念，意义非同寻常。《决定》指出，“搞好新阶段扶贫开发，对确保全体人民共享改革发展成果具有重大意义”。我觉得，这一论述，有助于我们理解国家扶贫战略的深刻内涵。新阶段扶贫开发不仅要根本上消除绝对贫困现象，还必须解决好相对贫困问题。这与坚持改革开放、推动科学发展、构建和谐社会等总目标、总任务是有机联系的整体，我们理解、把握和研究国家扶贫战略要站在这个高度。

新阶段扶贫开发要研究大形势、大问题。比如这次波及全球的金融危机，对贫困地区的负面影响正在凸显。最近，回良玉副总理指示，"明年全国就业形势严峻，农民工返乡多且外出就业机会难，工资水平提高难甚至下降，这给扶贫脱贫（外出一人，脱贫一家）提出了新的难题。望对此事予以重视并有应对之策。"我们正在开展调查研究，争取尽快提出应对之策。在这方面，有许多新情况新问题亟待研究。

四是新阶段。以前，我们也讲过"扶贫开发新阶段"这个概念，但可以说，十七届三中全会和领导小组第一次全体会议召开，这个概念有了更丰富明确的内涵。回良玉副总理指出：目前，扶贫工作进入开发扶贫和救助扶贫两轮驱动的新阶段，呈现出专项计划扶贫、惠农政策扶贫、社会各界扶贫等多方力量、多种举措有机结合、互为支撑的"大扶贫"的新局面。这就是当前扶贫开发工作最大的背景、最新的形势。改革开放30年来，大家感受最深刻的就是中国农村发生的巨大变化，特别是进入新世纪以后，党中央确立了把解决"三农问题"作为全党工作重中之重的战略思想，出台了一系列强农惠农政策，加快了统筹城乡经济社会发展的进程。解决贫困问题的制度建设越来越完善，扶贫开发的投入力度越来越大，参与扶贫开发的主体越来越多，扶贫开发工作的领域越来越宽，一个"大扶贫"的工作格局正在形成。大扶贫工作格局的出现，在城乡差距、收入差距比较明显拉大的情况下，具有特殊重要的意义。必须把专项扶贫与行业扶贫、社会扶贫结合起来，以专项扶贫政策为导向，进一步完善"大扶贫"的格局，促进公共服务均等化，提高贫困地区和贫困人口的发展能力，将是今后较长时期扶贫开发最重要的工作取向。我们要树立"大扶贫"的理念，在认真做好定点扶贫工作的同时，努力推动行业扶贫和社会扶贫工作。

关于当前和今后一个时期扶贫开发工作，我办在去年年底召开的全国扶贫工作会议上，明确提出了今后一个时期扶贫开发工作的总体思路、主要任务和基本方针。

总体思路是：深入贯彻落实党的十七大和十七届三中全会精神，在科学发展观指导下，完善国家扶贫战略和政策体系，坚持开发式扶贫方针，实现农村最低生活保障制度和扶贫开发政策有效衔接。按照新的扶贫标准，对农村低收入人口全面实施扶贫政策，不断加大投入力度。突出重点、创新机制，充分发挥行业扶贫作用，继续动员社会各界参与扶贫事业，积极开展反贫困领域国际交流合作。促进扶贫开发与社会主义新农村建设结合，实现贫困地区经济、社会、文化、生态协调发展，使全体人民共享改革发展成果。

主要任务是：国家扶贫开发工作重点县农民人均纯收入年均增长幅度高于全国农民人均纯收入增长的平均水平。要把尽快稳定解决扶贫对象温饱并实现脱贫致富作为新阶段扶贫开发的首要任务，重点提高贫困人口自我发展能力，同时把缩小发展差距，促进社会和谐放到更加重要的位置。优先完成“三个确保”贫困村整村推进任务。基本实现20户以上自然村通广播电视，有条件的地方通公路，自然村通电。进一步改善人畜饮水和医疗条件，全面普及九年义务教育。注重培植主导产业，不断提高贫困地区劳动力素质。要坚持开发式扶贫方针，继续发挥贫困地区广大干部群众积极性、创造性，以市场为导向，调整经济结构，开发当地资源，改善生产条件，注重防灾减灾，控制人口增长，保护生态环境。同时，加强水利、交通、能源、通讯等基础设施建设，重视科技、教育、卫生、文化事业发展，改善社区环境，提高生活质量，人与自然和谐相处。

二、认真总结定点扶贫工作的成效和宝贵经验

定点扶贫工作是党中央、国务院加快扶贫开发进程的重大战略决策。做好定点扶贫工作意义重大，既是践行党的宗旨、认真贯彻落实科学发展观、构建社会主义和谐社会的必然要求，也是加强干部队伍建设，提高干部素质，改进工作作风的重要途径，同时，还能影响和带动省、市、县各级党政机关、单位积极参与扶贫开发，对于动员鼓励全社会关注扶贫，推动“大扶贫”格局的形成具有十分重要的导向、示范和推动作用。

据我办初步统计，从2002年至2007年，参与定点扶贫的272家中央单位共向481个重点县直接投入扶贫资金（含物资折价）49.79亿元，派出扶贫挂职干部2393人次，赴定点县考察26852人次，其中部级领导1372人次；帮助引进各类资金213亿元，帮助上扶贫项目7461个，引进人才3327名，引进先进技术1275项，资助贫困学生21.8万人次，举办培训班8195期，为重点县培训干部群众98.5万余人次。

在中央国家机关等单位的带动下，各省（区、市）的定点扶贫工作也开展得有声有色。仅 2007 年，全国就有 5682 个省级单位参加了定点扶贫工作，直接帮扶了 9061 个贫困村，直接投入帮扶资金 26.34 亿元，帮助引进各类资金 26.26 亿元。帮助贫困村上项目 53728 个，帮助引进人才 2039 名，引进技术 2276 项，举办各类培训班 11092 期，培训干部群众 88.19 万人次，组织劳务输出 50.34 万人次，资助贫困学生 8.8 万人次。

各级党政机关的定点扶贫工作开展 20 多年来，探索积累了很多好的经验和做法，主要有以下四个方面：

1. 建章立制，把定点扶贫工作摆上重要议事日程。目前，参与定点扶贫的绝大多数中央单位都成立了定点扶贫工作领导小组，由部级领导亲自挂帅。同时明确办事机构，有的部门还专门成立了扶贫办。很多单位都把扶贫开发工作摆上重要议事日程，多次召开专题会议研究部署工作。

2. 高度重视，主要领导同志亲自抓。中央、国家机关各部门、各单位的主要领导同志高度重视定点扶贫工作，亲历亲为，亲赴贫困县调研考察、了解情况、访贫问苦送温暖，对本单位的定点扶贫工作进行安排部署，提出明确要求。如原国务委员兼国务院秘书长、国务院机关党组书记华建敏同志，三次赴国务院办公厅定点扶贫的河北怀安县考察调研，他强调，要以党的十七大精神为指导，把扶贫工作始终放在每一名党员干部心上，真正摆上议事日程、放在优先位置，坚持开发式扶贫方针，动员全社会力量，毫不松懈地抓紧抓好。据我办初步统计，2007 年，中央、国家机关、各民主党派和全国工商联等有关单位到重点县进行调研考察的部级领导同志就有 153 人次。

3. 充实一线，选派优秀干部到重点县扶贫挂职。选派优秀的中青年后备干部深入基层挂职扶贫，不仅是各级党政机关定点扶贫的各项措施能够落到实处，取得实效的重要组织保证，也是培养和锻炼年轻干部的一条重要途径。很多单位都克服内部工作繁忙、人员紧张的困难，多年如一日，坚持向帮扶点重点县选派优秀中青年干部挂职扶贫。如农业部 2007 年选派了 11 人组成扶贫联络组赴定点扶贫县挂职锻炼，并要求这些干部切实发挥政策宣传员、项目督导员、工作协调员、对外联络员的作用。科技部已经连续派出 22 届科技扶贫团，分别到大别山、井冈山和陕北三个革命老区的 6 个重点县挂职锻炼。据初步统计，2007 年，参与定点扶贫的中央单位派出扶贫挂职干部 299 人次，其中局级 26 名，处级 196 名，科级 77 名。这些扶贫挂职干部深入贫困地区宣传党的政策，配合当地组织实施扶贫项目，帮助解决群众的实际困难，在贫困地区树立了各级党政机关的良好形象。在去年年底以领导小组名义表彰的定点扶贫先进个人中，很大一部分是在贫困地区经历过挂职锻炼的优秀中青年干部。这项工作也得到中组部、中直机关工委、中央国家机关工委等部门的高度重视，给予了有力的指导和支持。

4. 创新方式，充分发挥部门和行业优势。参加定点扶贫的单位紧密结合部门和系统的自身优势，各展其长，各尽所能，为贫困地区解难事、办实事，受到了基层干部群众高度赞扬。如外交部定点扶持云南省金平、麻栗坡两县，一方面发动部内干部职工组织筹资活动或捐款捐物，另一方面千方百计筹集外援扶贫资金。2007 年对外工作中，他们积极筹措扶贫资金，全年共募集扶贫资金 2900 多万元。商务部常年坚持组织实施“整村推进”扶贫项目，并想办法保证“整村推进”项目的质量和效果。中国兵器集团帮扶云南红河、绿春两县，根据红河县棕榈资源丰富的特点帮助研发了一条棕丝深加工生产线，已经成为红河一个新的支柱产业。

我们认为，各部门各单位的定点扶贫工作集中体现了以下特点：

一是主动承担了更繁重的定点扶贫任务。自 2002 年六部委部署新一轮定点扶贫工作以来，由于机构改革和央企重组等原因，期间，我们又对一些单位的定点扶贫任务进行了调整。如中纪委原来的定点扶贫县在河南省，根据中纪委领导同志的指示，主动提出到西部少数民族贫困地区扶贫，2005 年正式调整到了条件极为艰苦的四川凉山州的甘洛和乐山市的马边两个彝族聚居县。他们广泛动员社会各方面的力量，不断加大对两县的扶持力度，得到了干部群众的高度评价。广电总局原来帮扶河北的涉县，2006 年下半年调整到自然条件恶劣的四川甘孜州的雅江、石渠、色达、理塘、新龙 5 个重点县。2007 年一年之中，广电总局就有 3 位部级领导同志先后亲赴甘孜州进行扶贫调研。党组书记、局长王太华同志在甘孜考察时强调，要尽所能、尽所有，尽职、尽心、尽力地做好帮扶工作。2007 年，中石油在继续帮扶新疆 6 县的基础上，增加了河南台前、范县两县作为定点扶贫县，他们定点帮扶的重点县达到了 8 个；民生银行在继续帮扶河南两县的基础上，又增加了甘肃省临洮、渭源两县作为定点扶贫县；发改委在继续帮扶广西自治区和河北省3县的基础上，又增加了吉林省的汪清县作为定点扶贫县。

二是逐步建立了更科学有力的长效工作机制。农业部、科技部、林业局、国土资源部、中国科协等一批单位，开展定点扶贫工作都达到20年以上，这些单位按照“不脱贫、不脱钩”的要求，锲而不舍，常抓不懈，帮扶力度逐年加大。农业部2007年安排帮扶8县的建设项目投资达到1.21亿元，较上年增长了21.56%；国家林业局全年安排定点扶贫16县的专项扶贫资金为2.02亿元，比2006年增加68.3%。还有很多中央企业克服种种困难，千方百计筹集扶贫资金，认真开展定点扶贫工作，切实履行企业的社会责任。北车集团通过企业捐助和个人捐助相结合的方式募集资金，规定各有关企业按照上年销售收入的万分之二上缴扶贫资金，2007年共为帮扶的两县募集帮扶资金240万元。华能集团除了为定点扶贫县投入资金400万元外，还积极支持新疆阿合奇边境扶贫试点工作项目。

三是普遍推进了行业扶贫与定点扶贫的有机结合。近年来，许多行业主管部门普遍加大了行业扶贫的工作力度。如水利部在做定点扶贫工作中，注重发挥水利扶贫的行业特点，2000年以来，水利部对定点扶贫7县累计完成各类水利水电投资22.8亿元。国土资源部在做好定点扶贫工作的同时，十分重视将国家投资土地开发整理与全国农村扶贫开发结合起来，在项目资金和立项安排上大力向重点县倾斜。2000年至2006年，在已批复预算的土地开发整理项目中共涉及国家扶贫开发工作重点县327个，项目546个，项目资金达59.1亿元。

据我办去年上半年对农业部、水利部、科技部、卫生部、商务部、国土资源部、林业局、工业和信息化部、计生委、交通部、教育部、国家民委、广电总局、国家电网公司等14家单位的统计，仅2001—2006年，这些单位向农村贫困地区的各项建设投资就达4114亿元。

国务院扶贫办和各省（区、市）扶贫办，要继续认真总结各单位的好经验，好做法，加大信息交流和宣传力度，尽心尽力、尽职尽责地做好组织、协调和服务工作。

从各单位这些年来定点扶贫工作的丰富实践和大家的体会评价中，我感到定点扶贫这种形式已经逐步成为中国特色扶贫开发事业的重要组成部分，有重大的理论和实践价值。概括起来：一是定点扶贫工作是中国特色社会主义制度优越性的有力展示和体现；二是定点扶贫工作是中央、国家机关等单位服务基层、服务群众的工作载体；三是定点扶贫工作是中央、国家机关等单位了解国情、吃透民情的重要渠道；四是定点扶贫工作是干部培养、成长锻炼的最佳平台；五是定点扶贫工作是机关转变工作作风、工作职能，树立良好形象的重要窗口；六是定点扶贫工作是中央、国家机关等单位的人才、信息、技术等资源向贫困地区输入的直达通道。

三、同心协力开创定点扶贫工作新局面

根据十七届三中全会精神、国务院扶贫开发领导小组第一次全体会议精神和全国扶贫工作会议的安排部署，在今后一个时期内，我办在定点扶贫方面主要准备做以下几项工作。

1. 以行业扶贫为龙头，努力推动整村推进扶贫开发工作。行业扶贫在统筹城乡发展的大背景下，具有特殊重要的作用。在国务院扶贫开发领导小组第一次全体会议上，回良玉副总理强调指出：各有关部门要统筹考虑经济社会发展和扶贫开发工作，切实把加快贫困地区的发展放在全国经济社会发展的突出位置，把加强贫困地区的基础设施建设放在全国基础设施建设的优先位置，把促进农村贫困人口增收放在全国农民增收的优先位置。今后一个时期，我们要在认真做好定点扶贫工作的同时，大力推进行业扶贫工作。目前，在贫困地区推进行业扶贫工作有一个比较好的结合点，就是整村推进。整村推进是新阶段扶贫开发的一项重要工作，是贫困地区建设社会主义新农村的重要抓手，是动员方方面面的力量，争取多个领域、多种形式推进扶贫工作的一个大平台。为推进这项工作，去年我办明确提出了“三个确保”的工作目标，即在2010年前，确保完成以下三类近2.5万个贫困村的整村推进任务：一是人口较少民族尚未完成的贫困村209个；二是边境重点县边境一线内未完成的贫困村432个；三是国家重点县中革命老区县未完成的贫困村24008个。为实现这个目标，我们加大了部门协调的力度，与12个部门联合下发了《关于共同促进整村推进扶贫开发工作的意见》，同时，对定点扶贫单位和东部省市提出认领“三个确保”贫困村的要求。大幅度增加中央财政专项投入，并安排福利彩票公益金1.7亿元用于部分革命老区贫困村。经过努力，到2008年底，

全国又有1.7万个贫困村完成整村推进任务，是《纲要》实施以来进展最快的一年；其中“三个确保”贫困村近7000个。

在我办去年下发《关于动员对口扶贫系统支持“三个确保”工作的通知》以后，目前，已有38个单位和东部6省市认领了共计667个“三个确保”重点村，并正在展开后续工作。我们将在对口扶贫系统继续开展认领“三个确保”重点村的工作。我们恳切希望各单位尽快与所帮扶地区进行联系，结合制定年度帮扶计划工作，把认领“三个确保”贫困村的工作落到实处。

2. 以当前应对国际金融危机为切入点，积极支持贫困地区克服困难求发展。请各定点扶贫工作单位在制定扩大内需、促进经济社会发展的政策、安排资金项目时，结合部门特点和行业工作，优先研究和安排贫困地区民生工程、基础设施、生态环境建设，进一步加大对贫困地区的转移支付力度，确保资源分配向贫困地区、贫困人口倾斜。

3. 以充分调动各方面积极性为重要抓手，进一步完善和落实军队、企业、大专院校和科研院所参与定点扶贫的有效方式。党的十七届三中全会明确提出了“继续开展党政机关定点扶贫和东西扶贫协作，充分发挥企业、学校、科研院所、军队和社会各界在扶贫开发中的积极作用”的要求。在国务院扶贫开发领导小组第一次全体会议上，回良玉副总理强调指出：“坚持并不断完善党政机关、企事业单位和群团组织的定点扶贫制度，积极吸收军队、国家重点高等院校、科研院所、民营经济参与定点扶贫工作”。为深入贯彻落实上述要求，我们目前正在积极研究落实军队、企业、大专院校和科研院所参与定点扶贫的有效方式，并在此基础上，准备提出对机关定点扶贫方案进行局部调整的建议。自己认为基本原则应该是：新增加的定点扶贫单位尽量安排到西部地区、边境地区、革命老区和少数民族地区。请各单位和有关省（区、市）扶贫办对我办这项工作给予积极支持和配合。

4. 以“三基”建设为基础，加强和改进行业和定点扶贫的统计信息工作。统计信息工作包括基层情况、基本数据和基础资料，这三大方面是行业扶贫和定点扶贫的重要基础性工作。做好统计信息工作，不仅有利于我们判断形势、把握规律，还有利于及时反映工作成效，争取领导重视，争取社会各方面的支持，推动工作开展。希望大家重视做好动态情况的反映、各种资料的收集和基本数据的信息统计处理等工作，不断增强我们这方面工作的科学性、系统性，重视做好年度工作总结和统计数据的填报等具体工作。

回良玉副总理在领导小组会上专门强调：各成员单位每年年终要向扶贫开发领导小组报告工作情况及安排，包括相关政策措施的落实和机关定点扶贫工作情况。这一条已经作为一项制度规定，写进了修订后的《国务院扶贫开发领导小组工作规则》里，今后领导小组成员单位除报送定点扶贫总结外，还要报送行业扶贫的情况。对于其他单位，如果有行业扶贫的内容，也希望将其作为一项工作内容写进年终总结里。此外，在报送统计数据前要注意与所帮扶县的扶贫办进行核对，避免再出现中央各帮扶单位的数据与省里报送数据不一致的情况。今后我们除了要根据形势的发展和变化进一步丰富和完善定点扶贫、行业扶贫的统计指标体系外，还将逐步建立定点扶贫、行业扶贫统计工作的奖惩制度。希望各有关部门和单位能及时认真地报送年终总结和统计报表。

这次培训班，海南省委、省政府高度重视，省扶贫办大力支持，为培训班的顺利举办，做了大量周到细致的准备工作，在此，我代表国务院扶贫办和所有参加培训的同志，表示诚挚的感谢！

同志们，党的十七大和十七届三中全会对进一步做好新阶段扶贫开发工作提出了新的更高的目标和任务，国务院扶贫办愿与各部门一起，以党的十七大和十七届三中全会精神为指导，深入贯彻落实科学发展观，共同努力，进一步做好新阶段扶贫开发工作，为贫困地区全面建设小康社会、构建社会主义和谐社会做出新的更大的贡献！

创新思路，积极探索
扎实推进企业参与扶贫开发工作

——郑文凯在企业参与扶贫开发座谈会上的讲话

（2009年9月4日）

这次会议是范小建主任提议、以国务院扶贫办名义召开的第一次企业参与扶贫开发座谈会议。去年10月我们在陕西府谷县召开了一次企业社会责任研讨会，主要是从企业履行社会责任的角度来研究扶贫。今年上半年国务院扶贫办专门组织了一个课题组，对企业参与扶贫开发等社会扶贫的体制机制创新开展研究。前一段范小建主任在深入实际调研中提出，企业扶贫是新阶段社会扶贫工作的一种重要形式，特别是在提高贫困人口自我发展能力方面，企业扶贫有很多优势，要根据中央关于新阶段扶贫开发工作的总体部署，对企业参与扶贫开发工作进行研究，切实加以推动。

这次会议的主要目的是：以科学发展观为指导，贯彻落实党的十七届三中全会和国务院扶贫开发领导小组第一次会议精神，总结交流企业参与扶贫开发的实践经验，探索建立企业参与扶贫开发的长效机制，统一思想认识，加大工作力度，进一步发挥企业在新阶段扶贫开发中的重要作用，拓展社会扶贫工作领域。

两天来，部分省（区、市）代表、专家学者和企业家代表介绍的经验做法很有说服力和创新意义，提出的思路建议很有针对性和实践价值。特别是通过参观考察包头市和鄂尔多斯市的典型，更感到开阔了视野，增强了推动这项工作的责任感和紧迫感。大家一致认为，这次会议主题新、开法活、内容实，很受启发，很有收获。

根据各地实践和会议情况，下面，我谈三个问题，其中提出一些初步的观点和想法，供大家参考。

一、充分认识企业参与扶贫开发的重要意义

企业是最重要的市场经济主体，也是创造物质财富、推进经济发展的重要力量。改革开放以来，作为现代经济组织形式的企业数量、类型、核心竞争力，与改革开放之初相比发生了天翻地覆的变化。据有关资料，截至2009年3月，全国有各类企业970多万家，相当于改革开放初期的16倍；个体工商户近3000万户。去年世界500强企业中，中国企业有35家上榜，虽比美国（153家）、日本（64家）少一些，但已经超过英国（34家），接近德国（37家）、法国（39家）。企业为增强国家经济实力和国际市场竞争力发挥着越来越重要的作用。近些年来，许多企业也在以不同形式进入扶贫开发领域，有的已经取得可喜成效，各地在动员和组织企业参与扶贫开发方面有许多新的探索，大家都认识到，企业参与新阶段扶贫开发是一篇具有战略意义的大文章。

首先，企业参与扶贫开发是贯彻落实中央关于新阶段扶贫开发战略部署的客观需要。党的十六大以来，随着“以工促农、以城带乡”方针和统筹城乡发展各项政策措施的全面落实，我国逐步形成了国家惠农政策扶贫、政府专项扶贫、行业扶贫和社会力量扶贫多种形式、多元主体相结合的大扶贫格局。在新的形势下，党的十七届三中全会进一步提出了“充分发挥企业、学校、科研院所、军队和社会各界在扶贫开发中的积极作用”的明确要求。在去年年底召开的国务院扶贫开发领导小组第一次全体会议上，回良玉副总理指出，要“坚持并不断完善党政机关、企事业单位和群团组织的定点扶贫制度，积极吸收军队、国家重点高等院校、科研院所、民营经济参与定点扶贫工作。”我们要充分认识到，推动推进企业参与扶贫开发对于贯彻落实中央新阶段扶贫开发战略部署具有重要意义。

企业作为现代市场主体，是经济发展的主力军，也应该成为扶贫开发的生力军。企业参与扶贫开发，有利于进一步丰富开发式扶贫的载体和形式，进一步创新扶贫开发的体制机制，有利于市场开发能力最强的主体进

入资源开发潜力最大的贫困地区，有利于使发展能力最强的组织与发展需求最迫切的贫困群体相对接，实现共同发展，互利共赢。

其次，企业参与扶贫开发是加快贫困地区发展的有效途径。企业参与扶贫开发，一是将有力地激发贫困地区的市场活力。企业不仅可以搞扶贫公益事业，还可以到贫困地区直接开发扶贫项目，不仅可以搞产业开发，而且可以开展贫困劳动力转移培训，直接吸纳贫困人口就业。企业参与扶贫开发的根本优势在于市场机制的作用，企业进入贫困地区就会逐步营造出浓厚的商品生产、市场经济氛围，这对贫困地区经济发展至关重要。现在国外一些公司开始探索建立社会企业，旨在改变以往直接的、一次性的捐赠方法，而用发展企业的方式不断增强担负社会责任的能力，值得参与扶贫开发的企业关注并加以研究。二是将有效地向贫困地区注入经济发展的持续动力。企业参与扶贫开发的最大优势是可以围绕市场做文章，帮助贫困地区开发资源、培育产业、发展经济。和一般性政府投资项目或社会扶贫项目比较，企业投入的项目往往对贫困地区经济开发、产业成长和结构调整产生直接影响，形成带动贫困人口增收与企业发展紧密相联的互动关系，其辐射范围更广泛、影响效果更持久。三是将有助于促进贫困地区发展观念的转变。企业是现代市场经济组织，企业发展走的就是规模化生产、专业化分工、工业化管理、产业化经营的路子。企业参与扶贫开发的过程，不仅会给贫困地区带来资金、技术等先进生产力，而且会催生贫困地区发育新的经济组织，使贫困人口接受市场经济理念的熏陶和先进管理知识的培训，从而有利于推动贫困地区打破传统观念束缚和封闭状态，开阔眼界，提高自我发展能力。

第三，应对国际金融危机和扩大内需为企业参与扶贫开发开辟了新的发展空间。为应对国际金融危机，中央采取了一系列重大政策措施，扩内需、保民生、调结构，为农业农村发展提供了有力支持，也为企业参与扶贫开发提供了难得机遇。企业参与扶贫开发，到贫困地区开辟新的发展空间，与中央扩大内需和保增长、保民生、保稳定的政策导向完全一致。不久前国务院专门制定了《关于应对国际金融危机保持西部地区经济平稳较快发展的意见》，把西部大开发置于全面实施应对国际金融危机一揽子计划中更加突出的重要位置，明确国家财政转移支付和扩大内需新增投资将继续向西部倾斜，重点投向民生工程、基础设施、生态环境和灾后重建等领域，特别是要大力支持革命老区、民族地区、边疆地区的扶贫开发。

从贫困地区看，虽然总体发展水平相对低一些，但是地域辽阔，气候条件多样，劳动力资源、自然资源、人文资源各具特色，特别是西部地区无论工业发展、产业开发还是市场需求都具有巨大潜力和广阔空间。比如一些少数民族的文化资源，从旅游开发的角度来讲，在国内甚至是在世界上都是独一无二的宝贵财富。企业要谋求发展，就应该用前瞻的战略眼光去谋划和占据这些高地，把贫困地区独有的特色资源开发出来，走“你无我有、你有我精、你精我特”的市场发展路子，为企业增添可充分发掘、可持续发展的动力。现在已经有一批企业在贫困地区开发特色资源取得了成功。比如我们这次会议召开地的鄂尔多斯和毗邻的陕北榆林等地，这些年通过资源开发已经率先发展起来，有眼光的企业家应该敏锐地抓住这个机遇。

第四，企业参与扶贫开发对于建设企业文化和打造企业品牌具有重要意义。我们中华民族自古就有扶危济困、帮穷助弱的优良传统。关注贫困群体，投身扶贫事业，是弘扬传统文化精华、践行社会主义核心价值观的具体行动，是贫困群众的热切期盼，也是广大企业和企业家推动企业文化形成和企业家精神价值实现的最好平台。许多实践证明，企业参与扶贫开发的过程，就是塑造企业良好形象、积淀企业文化底蕴、改善企业发展环境、打造企业知名品牌、奠定企业长远发展基础的过程。从这一点来说，贫困地区是一片资源丰富、营养丰厚的肥沃土壤。所以，有的企业家发自内心地说，在这个过程中企业不仅可以成为高尚的奉献者，更是长远的受益者。

二、认真总结企业参与扶贫开发的丰富实践

市场经济脱胎于农耕文明，我国的改革开放也是从农村起步的，企业与农村有着天然的联系。改革开放初期，乡镇企业异军突起，在活跃农村经济的同时，带动了一大批农民进入市场发展，率先脱贫致富，开启了农村工业化、城镇化进程。十六大以来，国家统筹城乡发展的力度越来越大，相应地进入“三农”的企业越来越多，领域越来越宽，组织化程度越来越高，对农民增收的辐射带动作用也越来越明显。据统计，全国农业

产业化经营组织已近18万个，仅国务院扶贫办认定的扶贫龙头企业，就直接带动了2170万农户，其中包括793万贫困户。在充分肯定企业扶贫贡献的同时，我们要认真总结企业参与扶贫开发的丰富经验。从实践看，目前企业参与扶贫开发主要有以下四种形式：

一是定点对口长期援助。主要是国有企业直接参与政府主导的定点扶贫工作，由一家企业对口帮扶一个或几个国家扶贫开发工作重点县。目前有156家中央国有企业定点帮扶了269个国家扶贫工作重点县。企业开展定点扶贫的具体方式包括为当地引进项目、派人员挂职、搞技术培训、帮助劳动力转移就业、提供信息支持等。2008年中央国有企业共向定点扶贫地区派出挂职扶贫干部157人，直接向贫困地区投入帮扶款物3.35亿元，其中资金3.14亿元；帮助贫困地区引进各类资金13.45亿元、项目353个，组织劳务输出3.99万人次，资助贫困学生21422人，举办各类培训班412期，共培训7万多人次。中信集团在定点扶贫云南的工作中，专门成立了中信红河产业开发有限公司，在云南红河州投资建设“中信红河百万亩石榴基地”。整个项目包括种植规模100万亩、年产300万吨的石榴种植基地，占地22万平方米的石榴交易、物流的现代化平台，年加工能力3万吨的石榴深加工生产线，引进国外先进技术为石榴及其他农产品种植及产品开发提供科技支撑的现代农业研究所，石榴文化小镇等5个子项目，目前已成为全国最大的石榴连片种植生产区，形成了比较完整的产业化链条。其一期工程可使石榴产业综合效益在现有基础上增加10亿元，并带动仓储业、运输业、包装印刷业、餐饮业和旅游业发展，对当地农民增收和发展带动效应非常可观。招商银行从1998年参加定点扶贫，已经连续11年直接对口云南省的永仁、武定县。总行领导多次深入定点扶贫县群众中访贫问苦，调查研究，明确提出招商银行要为贫困地区办实事、办好事，武定、永仁两县不脱贫，招商银行扶贫不脱钩。十多年来，他们先后派出38名干部到云南挂职扶贫，协调引进项目资金和捐赠资金5200多万元，帮助建设21个温饱示范村和希望学校，举办各种农村实用技术培训班80多期，培训农民8600多人次，银行员工还结对资助了当地8400多名贫困学生。特别是专门支持开展小额信贷扶贫试点，为当地群众解决产业发展资金不足问题，创新金融服务体制和产业发展机制探索出了一条新路。

除了中央国有企业以外，各地也组织了当地国有企业定点扶贫工作，结对帮扶当地贫困县、贫困乡镇和贫困村。近年来，国有企业参与定点扶贫工作逐步呈现出多形式、多层次、多样化的特点。

二是企业社团联手扶贫。主要是企业通过各类基金会或其他社会组织向贫困地区捐款捐物和组织支助志愿者，支持一些扶贫项目，包括援建学校、基础设施、养老院、医院，支持白内障复明手术、贫困儿童救助、贫困母亲救助、残疾人救助等。大致有三种具体形式：

第一种是企业直接把社团作为实施捐赠的平台，捐赠款物由社团具体支配。这种形式基本属于非定向捐赠，企业只负责出资，社团发挥作用的空间比较大，具体操作起来比较简便。中国企业家调查系统2006年的问卷调查结果显示，有90%的企业参与了社会捐赠。其中60.7%的大型企业、50.5%的上市公司、27.9%的国有（控股）企业、19.9%的民营企业慈善公益捐赠超过10万元。虽然很多企业捐赠没有指明具体用途，但相当部分用到了扶贫相关领域。

第二种是企业提出捐资意向，由社团按照企业意向具体组织项目实施。比如去年的汶川地震等救灾捐赠，大多采取这一类形式。这种形式基本属于定向捐赠，企业除出资以外，还参与了项目的选择，或者相对明确捐赠的用途。

第三种是企业社团共同设计项目，与社团联手组织实施。比如，去年法国达能集团向中国扶贫基金会捐赠2000万元人民币，共同设计在四川、辽宁贫困地区开展小额信贷扶贫试点，共同组建项目理事会，达能集团还专门聘请孟加拉国乡村银行专家作为项目理事，中国扶贫基金会按照理事会的要求具体组织实施。今年上半年中国邮政集团和中国扶贫基金会联合开展的“爱心包裹”活动，则是企业、社团、社会捐赠者和捐助对象共同参与，形式新，影响大，活动全程公开，效果同步显现，应该视为是企业参与扶贫形式的又一创新。

三是龙头企业带动扶贫。主要是以企业为龙头，与农户构成不同连接方式，共同发展产业，开拓市场。这也是大家比较熟悉的农业产业化经营。也可以大致分为三种形式：

1. 公司加农户。这是最早出现的龙头带动模式，但在贫困地区更为普遍，主要是因为贫困地区农民经济合作组织发育滞后，主导产业规模化、标准化程度还不高，企业与所带动贫困农户主要靠产销订单联系。这种形式虽然连接关系比较松散，但对于贫困地区的主导产业起步和发育的促进作用不可低估。企业收购信息的不断强化，有助于引导贫困农户逐步扩大生产，降低农户独立面向市场的风险和难度，也有助于产业连接方式的改进。甘肃陇西县清吉洋芋开发有限责任公司与当地农户签订洋芋收购协议，带动农户每亩土地增收200多元。湖北渝川食品有限公司在郧县发展蔬菜种植，和当地农民签订生产订单，农户第一年就人均增收260多元，企业也得到了很好的发展。

2. 公司加基地加农户。在有些产业发展较快的地方已经采取了这种形式。与上述不同的是，企业已不是简单地以收购产品面对千家万户，而是在贫困地区建立起规模化生产基地，并对基地实施相关管理和服务。企业通过基地向农户提供统一的苗、种、膜、肥和设备等生产资料，统一技术规范和生产标准，统一开展指导和培训，统一收购产品，基地带动方式大多数实行对基地产品的价格保护。这种形式有力地加快了贫困地区主导产业的形成，也促进了当地农民合作经济组织的发育，许多地方已经走上一村一品、集约经营的发展道路。四川省苍溪县是养猪大县。2005年，在生猪养殖处于低谷时，该县鸿宇冷冻食品有限公司等四个企业牵头成立“苍溪县鸿宇生猪专业合作社”，各乡镇成立村级生猪专业合作分社，建立“公司+专合组织+基地+农户”模式，实行“仔猪赊养、饲料赊销、订单包回收、二次返利”运行方式，效果很好。

3. 龙头带动股份合作。农户把土地、资源等折价入股，与企业实行股份合作，企业把农户土地集中起来，按照生产需要进行整治，或者建厂，或者建成生产基地。农户在按股份分红的同时，也可以到企业打工，得到工资性收入。青海湟中县红崖沟村与佛光工艺雕塑有限责任公司联合发展民族文化特色产业，345户村民以172.5万元国家到户扶贫资金作为农户的股权入股公司，公司负责生产经营管理和产品销售，合同期内公司每年给每户分红600元。愿意到公司打工的农户，还可得到1000—3000元的月工资收入。

目前，贫困地区农业产业化发展还相对滞后，龙头企业和农民合作经济组织数量少，规模小，发展层次低。企业参与扶贫开发以此为切入点大有可为。对于贫困地区来说，大中小龙头企业，无论采取哪种连接方式，都有很大的发展空间。

四是村企合作开展扶贫。这样的例子最早出现在韩国发起的“一企一村”运动，即一家企业与一个乡村自愿结成姊妹关系，对其进行一对一的支援，帮助农民发展经济，增加收入，相关资料对此多有介绍。2007年底国务院扶贫办与全国工商联开始在湖北、河南、云南、贵州、宁夏等8个省区开展“村企共建扶贫”试点，主要是引导民营企业与贫困村按照“优势互补、互惠互利、双向互动、共同发展”的原则，找准利益结合点，探索村企共建的具体模式。实行村企合作共建的类型主要有：

1. 以村建企，在村内直接建立企业，村成为企业创办主体。最典型的是江苏华西村，在一个村内建有多个企业，这些企业不仅直接带动了本村，还辐射带动了多村竞相发展。陕西府谷县发言提到的民营企业家高乃则的企业与当地贫困村合作，在全村分别对养殖加工区、高效农业区、绿色食品生产区、生态观光区进行总体规划，改善基础设施，按照公司模式合作发展设施农业，实际上是依托村来建立企业，就地吸纳村民就业增收，也是这方面的一个实例。

2. 以村引企，引进外来企业进村，村企互动。贵州遵义恒通实业有限公司与桐梓县娄山村结对，双方选择“乡村旅游”产业作为共建项目，既带动了当地旅游业，企业有经济收益，又帮助村里面改善了村容村貌，农户也增加了收入。湖南省工商联会员企业、湖南开源置业集团股份有限公司与湖南慈利县象鼻嘴村开展村企共建，开源集团出资，象鼻嘴村以房屋入股，共同成立农业生态股份公司，利用当地资源开展大规模养殖业和种植业，产品由开源集团按订单收购，利益分成。

3. 以企建村，企业为投资主体，既建企也建村。我们参观的东达蒙古王集团在达拉特旗风水梁地区开发建设生态移民扶贫村就是这方面的典型。在建立企业、建设新村的基础上，公司赵永亮总裁还创造了一种新的就业培训或者叫就业促进的模式，即企业在发展中定向在当地或到其他贫困地区直接招收贫困户农民，统一安置并组织培训，为他们提供发展机会。通过自愿移民建立的新村开展獭兔养殖，实行统一配种、统一防疫、统一供料、统一设施、统一收购的“五保”措施饲养獭兔，目前已有800多农户入住，户均收入可达数万元。

除了定点对口援助、企业社团联手扶贫、龙头企业带动扶贫、村企合作开展扶贫这四种形式以外，中央统战部、全国工商联组织民营企业开展的“光彩事业”也是企业参与扶贫开发比较有代表性的一种模式。“光彩事业”主要面向欠发达地区，从1994年到2006年，有2万多民营企业家加入“光彩事业”，累计投资1400多亿，帮助培训300多万人，实施项目1.5万个，吸收就业500多万人，公益性捐赠170多亿元。

从企业参与扶贫开发的领域来看，主要集中在农村产业开发、基础设施建设、农村社会事业发展和人力资源开发四个方面。产业发展是贫困地区脱贫致富的根本途径。产业开发主要是针对不同贫困地区的不同特色资源来展开，既有农业产业，也包括贫困地区的乡村旅游、民俗文化等产业。基础设施建设和社会事业发展主要是提供资金援助。在人力资源开发中，企业既可以直接吸收贫困地区劳动力转移就业，也可以帮助贫困地区培育发展致富带头人，还可以帮助培训、推广各类适用技术，实现一个人打工全家脱贫。产业开发和人力资源开发是当前企业参与扶贫开发的重点努力方向。

总的看，这些年的企业参与扶贫开发探索和创造了不少新鲜经验，不仅有力促进了扶贫开发，而且积累了不少精神财富，非常值得总结推广、发扬光大。同时我们也要看到，企业从广泛领域参与扶贫开发这项工作仍处在起步阶段，参与扶贫开发的企业数量还不多，相当多的贫困地区还没有企业进入；开发层次还不高，企业带动穷村换新貌的典型为数很少；相关支持政策措施有待完善，舆论引导和社会环境还需要进一步改善，特别是各级扶贫开发工作部门在这方面的调查研究有待深入，工作力度有待加大、相关服务有待加强。

三、扎实有效地推进企业参与扶贫开发工作

新阶段动员和组织企业参与扶贫开发，不是局限于让企业搞一般性捐赠，也不是泛泛地谈企业履行社会责任，而是在大扶贫格局下创新社会扶贫体制机制的一项重要工作。各级扶贫部门要把企业参与扶贫开发作为一项新的任务提到重要日程，作为一个重要课题抓紧进行研究，作为一件大事扎扎实实抓好。

一要解放思想，增强责任意识。做好企业参与扶贫开发工作，需要进

一步开阔视野，加强学习。要清醒认识新阶段扶贫开发工作的内外部环境和宏观形势发生的深刻变化，准确把握扶贫开发和贫困地区发展的客观需求和基本规律。特别是要注意了解、学习、研究市场经济，熟悉、掌握、利用市场运作机制，深刻认识社会主义市场经济的一般规律和基本特征，重点研究在扶贫开发工作中如何把政府主导和市场机制有机地结合起来，如何把企业发展与贫困地区开发有机地结合起来。

做好企业参与扶贫开发工作，要切实增强责任意识，创造性地开展工作。动员和组织企业参与扶贫开发，是社会扶贫领域的一项重要内容，是各级扶贫部门的一项重要职责。现在一些省的扶贫办已经设有社会扶贫处，组织引导企业参与扶贫开发应作为社会扶贫处的一项重点工作。要深入实际调查研究，尽快梳理总结企业参与扶贫开发已有的做法、经验和成功案例。要积极主动地与财政、税收、工商、金融、国资委、工商联等部门联系、协调，尽可能争取他们的理解、支持和指导。要逐步建立起部门协调机制，形成合力推进工作。要通过加大宣传、召开会议、调查研究等各种方式广泛联系各方面企业和企业家。不等不靠，广辟资源，走出去、引进来，主动联系和引进企业进入贫困地区，特别是要充分利用发达地区产业转移的难得机遇，搞好承接和对接。

二要大胆探索，创新体制机制。动员和组织企业参与扶贫开发，对扶贫部门是一项新任务，必须更加注重体制机制创新。要积极探索研究，主动提出相关的支持政策和措施建议，包括无偿捐助的税收抵扣、扶贫项目支持、企业贷款贴息、企业税费减免等优惠政策，主动和相关部门沟通协调。有条件的省（区、市）还可以建立企业参与扶贫开发试验区开展试点。有些专项扶贫项目也可以给有条件的企业承担实施。企业参与扶贫开发的基地建设、相关基础设施建设项目，要争取地方财政扶贫资金给予优先支持，同时积极推动出台新的地方性政策措施。

这些年各地经常反映缺少针对扶贫龙头企业的优惠政策，同时存在政策落实难的问题。客观地分析，重要原因之一就是我们还缺乏对企业是否真正开展了扶贫的科学界定及其扶贫成效和贡献的科学考核评价办法。现在正在开展的扶贫开发与农村低保两项制度衔接的试点，可以作为共用平台。针对特殊对象采取的优惠政策必须能够有效地防止搭便车现象，所以，我们要抓紧研究建立和完善这个机制。

三要努力工作，提供优质服务。动员和组织企业参与扶贫开发，各级扶贫部门要主动牵头，以高度负责的精神争取各级党委、政府对这项工作的支持，为企业参与扶贫开发营造良好的政策、法律和社会环境。要认真研究、切实加强对企业参与扶贫开发的工作指导，积极提供相关政策咨询，搞好信息服务，特别是要指导企业协调好与农户的利益关系，维护好、实现好、发展好贫困群众的利益和权益，帮助化解矛盾，解决实际困难。

11月中旬，国务院扶贫办、全国工商联和广西自治区政府将联合在广西南宁市组织召开全国扶贫协作优势产业推介暨招商引资洽谈会，邀请中西部21个省区市、42个县和200多家企业及中央相关部委参加，目的就是为企业到贫困地区发展、参与扶贫开发搭建一个直接见面、相互对接、洽谈合作的服务平台。国务院扶贫办外资项目管理中心在这一过程中将提供相关信息、组织安排、双方对接、协议落实等全程跟踪服务。希望各省（区、市）扶贫办积极支持配合，通过实实在在的努力把企业参与扶贫开发的工作尽快推动起来。

四要强化宣传，营造良好环境。对参与扶贫开发并做出突出贡献的企业，应当本着在政治上肯定、精神上鼓励、社会上宣传、政策上引导、经济上支持的原则，通过多种形式给予及时宣传，总结典型经验，表彰先进事迹，在全社会努力营造参与扶贫开发光荣的舆论导向和社会环境。

五要加强领导，做好基础工作。企业参与扶贫开发是一项长期任务，基础工作一开始就要做扎实。各省（区、市）要就推动企业参与新阶段扶贫开发工作制定具体计划和工作部署，逐步探索建立相关工作体系和制度。要尽快建立和完善信息统计制度，及时交流、反映各地实际工作情况，今年各省（区、市）扶贫部门的年度工作总结应当包括企业参与扶贫开发的相关情况。要研究建立企业参与扶贫开发的绩效评价和动态监测系统，对企业和企业带动的贫困地区、贫困农户相关情况进行实际评估，为研究和落实相关政策措施提供基本依据。这方面我们正在研究，也希望各地率先实践，开发相关工作数据库和软件系统。

推动企业参与扶贫开发是新阶段扶贫开发的创新性工作，是贯彻落实科学发展观的具体实践，需要各级扶贫部门以改革创新的精神努力推进。这次会议虽然是座谈会，但我们希望能够成为新阶段深入动员企业参与扶贫开发的一个新起点。根据工作进展情况，国务院扶贫办将适时考虑召开一次工作会议。

借这个机会，我代表国务院扶贫办和所有与会同志，对精心安排和辛勤服务于我们的这次会议的内蒙古自治区扶贫办和包头市委市政府、鄂尔多斯市委市政府及两市扶贫办表示衷心的感谢！

第二部分

联 合 调 研

完善国家扶贫战略和政策体系联合调研总报告

根据国务院扶贫开发领导小组第一次全体会议决定和回良玉副总理的指示，今年国务院扶贫办组织开展了完善国家扶贫战略和政策体系大型调研活动。调研活动在几个领域同时展开：国务院扶贫开发领导小组成员单位的联合调研，各省区市扶贫工作总结，相关行业部门扶贫开发工作总结，委托专家学者开展研究。目前，调研工作已基本结束，取得明显成效。领导小组28个成员单位及住房城乡建设部组成了5个调研组，由领导小组副组长带队，80多位同志参加了调研，实地考察了20个省区市的72个县（其中国家重点县51个）、151个贫困村，各组都撰写了高质量的调研报告，并召开座谈会研究了总报告提纲。各省区市扶贫办和相关部门提供了各自的工作总结和政策建议。课题组的分课题研究基本完成，正在进行汇总。为了更充分、更广泛地听取有关专家、各省区市和基层同志的意见，我们于9月分东中西部召开了三次片区座谈会，10月召开专家组座谈会。此报告是在以上工作的基础上形成的。

一、《中国农村扶贫开发纲要》实施情况评价

2001年，国务院制定并颁布了《中国农村扶贫开发纲要（2001—2010年）》（以下简称《纲要》），明确提出到2010年扶贫开发总的奋斗目标："尽快解决少数贫困人口温饱问题，进一步改善贫困地区的基本生产生活条件，巩固温饱成果，提高贫困人口的生活质量和综合素质，加强贫困乡村的基础设施建设，改善生态环境，逐步改变贫困地区经济、社会、文化的落后状况，为达到小康水平创造条件。"

《纲要》实施以来，特别是党的十六大以来，随着科学发展观的全面贯彻落实，国家实行了统筹城乡发展，以工促农、以城带乡的方针，对农村全面实施反哺政策，不断加大强农惠农政策力度，全面取消“农业四税”，实行“四项补贴”。加大农村基础设施建设力度，全面实行农村免费义务教育，普遍建立新型农村合作医疗制度，有力地促进了贫困地区基本公共服务均等化进程。全面建立农村最低生活保障制度，建立健全以城乡低保、农村五保、灾害救助、医疗救助为基础，以临时救助为补充，与住房、教育、司法等专项救助制度衔接配套的覆盖城乡的社会救助体系，不断完善以扶老、助残、救孤、济困为重点的社会救助体系，专项扶贫资金大幅度增长，实现了开发扶贫和生活救助“两轮驱动”，一个崭新的“大扶贫”格局已经形成。

扶贫开发工作顺应全国形势发展，理念不断更新，力度不断加大，手段不断丰富，成效日益显现。联合调研和各省区市自查的结果显示，《纲要》提出的奋斗目标有望如期实现，扶贫开发各项重点工作取得显著成效，中国特色扶贫开发理论得到丰富发展，我国的扶贫事业进入了一个新的阶段。

（一）《纲要》提出的任务有望如期完成

对照《纲要》提出的奋斗目标，东部绝大部分地区已经提前完成；中西部地区大部分可以如期完成。具体表现在：

贫困状况继续缓解。农村绝对贫困人口从 2000 年的 3209 万减少到 2008 年的 1004 万，占农村人口比重从 3.4% 下降到 1%。低收入人口从 6210 万减少到 3003 万，占农村人口比重从 6.69% 下降到 3.2%。二者合计，新标准以下扶贫对象从 9422 万人减少到 4007 万，占农村人口的比例从 10.1% 下降到 4.2%。国家扶贫开发工作重点县（以下简称“重点县”）农民人均纯收入稳步提高，从 2001 年的 1277 元增加到 2008 年的 2611 元，年递增 7.6%，略高于全国 7.2% 的平均水平。

基础设施状况明显改善。2002—2008 年，重点县的自然村，通路比例从 72.2% 提高到 84.4%，通电比例从 92.8% 提高到 96.8%，通电话比例从 52.4% 提高到 87.5%，饮用自来水、深水井农户比重达到了 58.1%。

社会事业水平得到提升。2002—2008 年，重点县中的行政村有幼儿园、学前班的比重从 51.3% 增至 55.2%；有卫生室的比重从 68.6% 增至 77.4%；有合格乡村医生、卫生员的比重从 70.8% 增至 77.4%；有合格接生员的比重从 66.6% 增至 73.7%。重点县农村劳动力文盲、半文盲比重由 2001 年的 16.1% 下降到 11.1%。完成了重点县已通电的 11846 个行政村和 53042 个 50 户以上自然村通广播电视建设，农村电影放映水平显著提高。

县域经济得到较快发展。2000 —2008 年，592 个重点县人均地区生产总值从 2500 元增加到 8368 元，增长了 2.35 倍，年均增长 22.2%；人均地方财政一般预算收入从 116.5 元增加到 354.3 元，增长了 2.04 倍，年均增长 24.5%。这两项指标的增幅均略高于全国 2072 个县市的平均水平。一些重点县开发能源、旅游或调整产业结构，实现了超常规发展。贫困地区农村市场建设步伐加快，初步建立了市场流通体系，缓解了贫困群众买难卖难的实际困难，提高了农村市场的消费水平。目前，有 37 个重点县的人均国内生产总值、61 个重点县的人均财政收入超过全国县市的平均水平，其中双超县有 30 个。

内部差距扩大趋势有所缓解。2001—2008 年，全国农村基尼系数从 0.3646 扩大到 0.3776，592 个重点县的基尼系数尽管各年间有波动，但总水平低于全国，从 0.3321 缩小到 0.3194，呈现了逐步缩小的趋势。重点县农民人均纯收入占全国农民人均纯收入的水平始终维持在 54% 左右，对于缓解全国农村收入差距扩大的趋势做出了贡献。

（二）扶贫开发重点工作取得显著成效

《纲要》明确了扶贫开发的基本方针和主要途径。坚持开发式扶贫方针，进一步改善贫困地区基本生产生活条件，积极推进农业产业化经营，加大科技扶贫力度，努力提高贫困地区群众科技文化素质，积极稳妥扩大贫困地区劳务输出，稳步推进自愿移民搬迁。根据《纲要》基本精神，在国家和社会各界共同帮助下，贫困地区各级干部群众奋发努力，各项重点工作全面推进。

整村推进促进了贫困地区新农村建设。针对新阶段农村贫困人口分布“大分散，小集中”的特点，《纲要》实施之初，在全国确定了 15 万个贫困村，通过群众参与，逐村制定扶贫规划，分年度组织实施。整村推进重点抓五个方面的建设，即：基础设施、社会事业、产业发展、精神文明和以班子建设为核心的村级民主制度。这些内容，有力地促进了贫困地区新农村建设。到2008年底，已有9万个村实施了整村推进规划。预计到2010年底，将有12万个贫困村实施规划，其中“三个确保”贫困村可以基本完成。

转移培训提高了贫困地区劳动力素质。2004年以来，实施以劳动力转移为主要内容的雨露计划，先后安排资金30亿元，培训贫困家庭劳动力约400万人次，其中80%以上实现转移就业。抽样调查显示，接受培训的劳动力比没有培训的就业工资可提高300～400元。

产业化扶贫带动了贫困农户增收。将产业扶贫与整村推进、连片开发、科技扶贫相结合，通过扶持设施农业、产业化基地、农民合作经济组织和扶贫龙头企业，带动贫困农户增收。（1）重点培育符合贫困地区特点的主导产业，如马铃薯、经济林果、草地畜牧业、棉花等。（2）发展设施农业，推广防灾抗灾技术，如舍饲圈养、大棚果蔬、双垄沟播地膜全覆盖技术等。（3）扶持扶贫龙头企业625家，带动400多万贫困农户脱贫致富。（4）为贫困地区农民合作组织提供技术、市场、信贷等方面的服务。

连片开发调整了贫困地区产业结构。2007年开始，为了探索财政扶贫资金与其他涉农资金整合使用的途径，开展了“县为单位、资源整合、整村推进、连片开发”试点。每个试点县投入1000万元财政扶贫资金作为引导，通过资金和政策整合、机制创新，吸引相关部门涉农资金投入产业开发及配套项目，将整村推进与连片开发相结合、扶贫开发与区域经济发展相结合，促进了贫困地区经济发展和贫困农户稳定增收。到2008年底，已经在132个县开展试点，效果显著，受到当地干部群众欢迎，得到有关部门大力支持。

移民扶贫改变了基本生存环境。《纲要》把稳步推进自愿移民搬迁作为扶贫开发的内容和途径之一。各地对居住在生存条件恶劣、自然资源贫乏地区的特困人口，大力实行了搬迁扶贫。东部各省和中西部快速工业化地区充分利用工业化、城镇化的机会，把移民扶贫与县城、中心镇、工业园区建设结合在一起，以整体搬迁为主要形式，促进农民转移就业，实现易地脱贫奔小康。中西部大部分地区则将移民扶贫与退耕还林（还草）、撤乡并镇、防灾避灾等项目相结合，不仅改善了生存条件，而且极大提高了公共服务的水平。

灾后恢复重建开创了扶贫工作新领域。2008 年汶川地震以后，受灾地区贫困面急剧扩大，贫困程度进一步加深，经济社会发展水平严重下降，资源环境更加脆弱。根据“扶贫开发与灾后恢复重建相结合”的精神，为帮助受灾贫困村迅速恢复生产生活能力，扶贫部门组织编制了 51 个极重和重灾县、4834 个贫困村的《汶川地震贫困村灾后重建总体规划》，纳入国家恢复重建总体规划和农村建设专项规划。积极争取各方支持，已进行了 3 批 100 个村的恢复重建试点，灾区 70% 的贫困村已经启动规划的实施，探索了将扶贫开发与防灾减灾、灾后恢复重建相结合的道路。

（三）中国特色扶贫开发理论进一步丰富发展

符合中国国情的扶贫开发道路是中国特色社会主义理论体系的重要组成部分。党的十六大以来，随着科学发展观的全面贯彻落实，扶贫工作与时俱进地调整思路，拓展领域，创新机制，完善手段，使中国特色扶贫开发理论内涵更加丰富。党的十七届三中全会对农村改革发展做出重大战略部署，同时也将扶贫开发工作推向一个新的阶段，对中国特色扶贫开发理论做出全面阐述。

党的十七届三中全会决定指出，“搞好新阶段扶贫开发，对全体人民共享改革发展成果具有重大意义，必须作为长期历史任务持之以恒抓紧抓好。”在党的文件中，第一次从共享改革发展成果的高度定位扶贫开发工作。扶贫开发不再仅仅是解决温饱，而是促进发展，缩小差距，构建和谐。

十七届三中全会决定，实行新的扶贫标准，对农村低收入人口全面实施扶贫政策。这是 1986 年以来第一次提高扶贫标准，并且明确了扶贫标准应随着经济发展和社会进步而逐步提高的原则。将原有的绝对贫困和低收入标准并轨，扩大了扶持面；强调全面实施扶贫政策，加大了工作力度。新标准与我国经济发展水平相适应，与联合国千年发展目标使用的标准非常接近，为我们在国际减贫领域的交流合作及人权领域的斗争创造了更有利的条件。

十七届三中全会强调，“坚持开发式扶贫方针，实现农村最低生活保障制度和扶贫开发政策有效衔接。”强调了坚持开发式扶贫方针，明确了国家扶贫战略有开发与救助两个支点，并且要求实现二者的有机结合。扶贫工作从过去主要抓救济救助，到改革开放后重点抓开发，进而实行开发与救助两轮驱动，反映了我国扶贫理论与实践的不断丰富和发展，说明我们对发展理论和扶贫模式的认识有了一个新的高度。

十七届三中全会要求，“把尽快稳定解决扶贫对象温饱并实现脱贫致富作为新阶段扶贫开发的首要任务”，“重点提高农村贫困人口自我发展能力”，调整了扶贫开发的目标任务，从解决温饱为主转向解决温饱和脱贫致富并重；从增加收入为主转向提高收入和能力建设并重；从开发自然资源为主转向自然资源开发和人力资源开发并重。

总之，党的十七届三中全会对扶贫开发工作的重要意义、基本方针、目标任务、对象标准、重点区域等方面做出了全面阐述，指明了新阶段扶贫开发事业的发展方向。

（四）扶贫开发的历史贡献

扶贫开发促进了我国贫困地区经济发展和社会进步。帮助低收入人口增加收入、脱贫致富，加快了全面建设小康社会进程；改善贫困地区基础设施和生活服务，解决了新农村建设的重点和难点问题；努力缓解发展差距扩大趋势，促进了社会和谐；减轻资源环境压力，提高了贫困地区可持续发展能力；增进不同地区、不同阶层群众相互了解和信任，促进了民族团结，边疆巩固和社会稳定；加强基层组织建设，提高了贫困群体的自我发展能力。

占世界人口1/4的中国人民自力更生解决温饱，本身就是对全球减贫事业的巨大贡献。中国率先实现千年发展目标将贫困人口减半的目标，成为全球减贫的主要贡献者，探索了独特而有效的扶贫开发道路。中国的扶贫成就和道路，得到了世界的广泛肯定和认同。

我国扶贫开发取得的伟大成就，离不开党中央、国务院的正确领导，特别是国务院扶贫开发领导小组的直接领导；离不开地方各级党委、政府的高度重视和真抓实干；离不开有关部门和社会各界的大力支持；离不开贫困地区广大干部群众的艰苦奋斗；也离不开全国扶贫战线广大干部的勤奋努力。这一切，都是未来扶贫开发工作进一步发展的根本保证。

二、扶贫开发的战略性探索

《纲要》实施以来，扶贫开发工作继续坚持“八七扶贫攻坚计划”期间形成的扶贫工作体制和主要做法。各级党委政府高度重视扶贫开发工作，将扶贫开发纳入经济社会发展总体规划，不断强化扶贫责任，加强扶贫工作机构建设。中央和地方各级财政扶贫投入逐年增加，社会各界更加关注贫困人口，采取多种形式支持贫困地区发展。贫困地区广大干部群众自力更生、艰苦奋斗，参与式扶贫方法得到普遍应用，贫困地区各类农民合作组织迅速发展。同时，顺应形势变化，积极探索全面促进减贫事业新的有效方式，强化扶贫开发各项措施，取得了重要进展，为完善国家扶贫战略和政策体系提供了新鲜经验。

（一）不断完善瞄准机制，与时俱进推进工作

一是适时提高扶贫标准，探索扶贫标准调整新机制。东部各省自定标准，不断加大投入力度。中西部的河南、海南、黑龙江、内蒙古、重庆、西藏、宁夏、青海、新疆等省区市从实际需求出发确定扶贫标准，以满足群众最基本的生活需求。重庆市作为国家城乡统筹综合示范区，将扶贫开发机制创新放在重要位置，在三个试点县试行相对扶贫标准，将最低收入6%—10%的人群作为扶贫开发对象。这些做法，都为完善扶贫标准调整机制提供了新的思路。

二是探索重点县进出机制，实现动态管理。国务院扶贫开发领导小组2003年制定的《国家扶贫开发工作重点县管理办法》明确要求，“重点县实行定期确认、适时调整制。”陕西省扶贫开发领导小组根据本省部分重点县出现超常规发展的情况，明确农民人均纯收入和人均地方财政收入均超过全省平均水平的县，地方综合考核指标在全省前十名的县调整退出重点县范围。陕西的做法对于全国重点县的调整具有重要的借鉴意义。

三是完善贫困人口建档立卡，促进扶贫与低保两项制度衔接。随着“大扶贫”格局的形成，各部门的政策要向贫困地区和贫困人口倾斜，扶贫政策措施要真正瞄准贫困人口，做到真扶贫、扶真贫，就必须做好贫困

人口的识别和管理，促进两项制度有效衔接。江苏省由扶贫办与省调查总队、省统计局联合开展了全省农村贫困人口调查，对人均收入 2500 元以下的贫困人口全部建档立卡，由省扶贫办和财政厅、民政厅、统计局、调查总队联合发文，公布了江苏农村贫困人口建档立卡的主要数据，成为各部门实施扶贫政策的依据。安徽岳西县从 2001 年开始，采取贫困监测与村民票决相结合的识别方法，有效破解了贫困人口识别难的问题。目前，在扶贫、民政、财政、统计、残联等部门指导下，两项制度衔接试点在 11 个省 20 个县展开，已经取得显著成效。

四是适应宏观形势和贫困地区发展变化，不断加强扶贫措施的针对性。随着广大农民收入水平的提高和全省贫困人口分布特点的变化，浙江省从着眼于解决普遍贫困到瞄准集中贫困区域；从瞄准贫困县，到瞄准贫困乡镇、低收入乡镇；再到瞄准贫困村和低收入农户。在不断强化瞄准的前提下，适应工业化、城镇化加速发展的宏观形势，逐年增加扶贫开发投入，实施移民扶贫工程，开展“换血式”扶贫；加强农民培训工作，满足来料加工企业对高素质劳动力的需求；积极发展特色产业，增强贫困农民的增收能力。目前，浙江的城乡居民收入差距出现逐步缩小的趋势。

（二）从贫困人口需求出发，积极拓展工作领域

一是稳步推进安居工程，提高贫困农牧民生活质量。温饱问题基本解决之后，解决“住不避风雨”的问题，已成为各地“基本消除绝对贫困现象”一个共同的选择。新疆、西藏、广西、重庆、云南、宁夏等省区市把危房改造列入急需解决的农村民生问题、改善贫困群众生产生活条件的一项重要任务，瞄准对象，整合资源，帮助贫困农牧民改善居住条件，使生活质量得到提高。

二是积极开展教育扶贫，提高贫困人口发展能力。在实施雨露计划、对贫困地区开展劳动力转移培训的同时，海南、山西、新疆、重庆、甘肃、广西等地积极探索支持贫困地区义务教育和中等职业教育，提高贫困地区后备劳动力素质的途径，阻断贫困的代际传递。

三是开展汶川地震灾区贫困村灾后恢复重建。探索扶贫开发和防灾减灾、灾后重建相结合的道路。

（三）大胆创新工作模式，解决特殊贫困问题

对于集中连片深度贫困地区，抓住主要矛盾，整合各方资源，集中力量攻坚。

一是广西东巴凤基础设施建设大会战，创造了整合资源，加大力度，以基础设施建设为突破口，带动经济社会整体发展的成功经验。

二是四川阿坝州将扶贫开发与大骨节病综合防治结合开展试点，将病区所有义务教育阶段儿童全部安排到寄宿制学校学习，控制新发病例，阻断疾病传播，最终实现标本兼治、综合防控。

三是边境地区扶贫开发试点。新疆阿合奇边境扶贫开发试点，云南莽人克木人扶贫开发试点，针对边境地区扶贫工作的特殊性，充分动员各方面资源，多方配合，统一规划，集中投放，成效十分显著。

四是贵州晴隆县开展的“石漠化贫困地区扶贫开发试点”，创造并推广了种草养畜发展经济的“晴隆模式”，为石漠化地区实现经济、社会和生态良性循环探索了道路。

五是利用彩票公益金扶贫，加大对革命老区的支持力度。2008 年开始，在财政部的支持下开展了彩票公益金支持革命老区整村推进项目试点，加大资金投入力度，项目村生产生活条件明显改善，主导产业打下基础，老区群众得到实惠，而且形成了群众广泛参与，注重能力建设，突出资源整合，操作公开透明的管理方式。

（四）统筹城乡区域发展，促进发展成果共享

东部各省从《纲要》实施以来就从统筹城乡、区域发展的思路谋划扶贫工作。浙江省充分发挥工业化、城镇化的辐射带动作用，通过区域整体经济的增长，带动贫困地区资源和要素的流动；依托县域经济的发展和中心城镇的兴起，促进移民搬迁和贫困农民转移就业；通过要素集中和人口流动，促进城镇化的发展，使贫困地区的扶贫开发和全省城镇化的推进相互促进、相得益彰。福建先后制定和出台了一系列强农惠农政策，如实施千万农民引水工程；推进万里农村道路硬化建设；加快广播电视“村村通”建设步伐；加大对贫困农户教育和医疗扶助力度；扶持和推进革命老区建设等。

中西部地区也有类似做法。内蒙古鄂尔多斯市在推进工业化、城镇化的过程中，始终坚持以工补农、以城带乡，推行以“四个一”（即一套住房、一份生活补助、一份工作、一份社保）为核心的配套政策措施，为转移安置到城镇的贫困农牧民在住房、培训、就业、生活补助、医疗、养老保险等方面提供了强有力的政策保障。西藏决定将政府投资50万元以下的建材市场全部让给当地农牧民群众，为增加群众就业，提高农牧民群众的收入，发挥了非常积极的作用。

（五）创新资金管理体制，提高扶贫工作效果

一是改革扶贫贴息贷款管理体制，强化扶贫功能。我办与财政部、人民银行、银监会等部门密切配合，全面改革扶贫贴息贷款管理体制，下放管理权限，扩大经营机构范围，调整贴息贷款政策，建立激励约束机制。

二是开展贫困村互助资金试点，探索有效到户机制。目前全国已有8009个贫困村进行试点，覆盖近百万农户，目前资金规模15亿元，其中财政扶贫资金12亿元，不仅在一定程度上缓解了贫困地区农户贷款难问题，而且提高了群众的组织程度和经营能力。安徽1340个村级互助资金，到期还款率达100%。

三是积极开展小额信贷试点，解决贫困农户贷款难问题。江苏、福建、浙江、云南等省每年安排一定规模的财政资金，对贫困地区发放小额信贷资金的金融机构给予贴息或奖励，鼓励他们支持低收入农户发展生产，增加收入。

四是培育农民合作组织，帮助贫困农户分享产业化扶贫成果。山东、广东、河南等省采取“企业+基地+贫困农户”的模式，扶持带动农户发展特色产业。西藏、青海等省区采取将扶贫资金折股到户、联户经营、合股经营以及村企共建等多种形式，探索新的合作方式。

（六）丰富社会动员方式，拓展国际合作领域

一是丰富东西扶贫协作形式，从单项支持转向优势互补、互惠互利。二是随着经济社会的进步和公益理念的普及，非政府组织在扶贫开发中发挥着越来越积极的作用。三是随着民营经济快速发展，企业家回报社会的意识逐渐增强，参与扶贫开发更加主动。

2004年上海全球扶贫大会是我国扶贫领域国际合作的新起点，从单方面引进资金和项目转向共享经验和资源。中国国际扶贫中心的建立，是这次大会的直接成果，成为我国和其他发展中国家相互学习、相互促进的平台。

三、目前扶贫开发面临的主要困难和问题

我国经济社会发展正处在新的历史起点上，扶贫开发工作面临着新的形势和任务。一方面我国仍处在社会主义初级阶段，经济社会发展的总体水平还不高，人均收入水平较低。另一方面，新的阶段性特征更加明显，城乡之间、区域之间、不同社会群体之间发展差距还相当突出，人口资源环境的矛盾尚未破解，制约贫困地区发展的深层次矛盾依然存在。对于工业化、信息化、城镇化、市场化、国际化加快推进过程中的扶贫开发工作，对于大扶贫格局中的专项扶贫计划，还需要更深入的研究和探索。

（一）缓解和消除贫困的任务仍十分艰巨

贫困现象依然严重。按照新的扶贫标准，我国农村扶贫工作对象4007万人，占农村总人口的4.2%，就绝对量而言，相当于欧洲一个中等国家的人口。一个更加突出的问题是，在绝对贫困人口逐渐减少的同时，相对贫困问题却日益突出。

特殊贫困积重难返。目前扶贫对象的分布，重点集中在一些特殊类型地区，民族自治地方所占比重大。青藏高原、西北干旱地区、沙漠化地区、岩溶地区、秦巴山区和陆路边境地区，生态条件差，生存环境恶劣，基础设施落后，社会发展滞后，公共服务欠缺，地方病严重困扰，贫困人口比例超过30%，缺乏有针对性、可持续的扶贫措施，扶贫任务艰巨，个别地方如期完成《纲要》任务难度很大。

返贫问题更加突出。新的返贫因素与传统致贫因素交织一起，增加了扶贫工作的难度。一是自然灾害风险。贫困村遭受严重自然灾害的概率是其他地方的5倍。突发性气候和地质灾害增多使贫困地区面临更大威胁。二是市场因素影响。国际金融危机对贫困地区主导产业、贫困人口非农收入造成巨大影响，农产品价格波动和食品安全事件等，都成为新的返贫因

素。三是政策性因素，一些地区资源和生态补偿政策不落实，城镇化过程中土地征用政策失当，均可能造成新的贫困。四是家庭变故，因病致贫、因学致贫仍是返贫的重要成因。五是贫困地区人口增长较快，在一定程度上抵消了扶贫开发成果。据人口计生委统计，2008 年重点县出生人口多孩人数占全国多孩出生总数的近 40%，户均人口比全国多 0.3 个。

2008 年爆发的国际金融危机，为我们分析全球化条件下宏观经济形势对贫困地区和贫困人口的影响提供了典型案例。影响的主要途径有两条：一是劳动密集型生产企业用工减少，造成贫困地区劳动力工资性收入下降。二是市场对农产品的有效需求减少，造成农产品过剩，价格下降，使农户家庭经营收入下降。而这两项正是农民收入的主要来源。2008 年全国农民人均纯收入增长 8%，而重点县只增长 7.6%，增长速度六年来首次低于全国平均水平。根据中国邮政储蓄银行提供的 12 个中西部重点县的数据，2008 年以来，重点县个人汇款流入呈明显下降趋势。这说明农民收入下降的主要原因是打工收入减少，反映了在金融危机下贫困人口收入的脆弱性。

发展差距不断扩大。城乡、区域和社会群体的发展差距都出现持续扩大的趋势。全国城乡之间收入差距 2002 年是 3.1 : 1，2008 年扩大为 3.31 : 1，收入差距首次突破 1 万元。区域收入差距也在扩大，2000 年，东部 6 省、中部 10 省和西部 12 省区市农民人均纯收入的算术平均值分别为 3291.4 元、2125.9 元和 1632.3 元，2008 年三类地区的该指标分别为 6738 元、4559.4 元和 3481.3 元，收入差距明显扩大[①]。贫困地区内部发展差距更严重，贵州城乡收入比从 2000 年的 3.7 : 1 扩大到 2008 年的 4.2 : 1。在一些工业化、城镇化进程较快的地区，往往是县级财政收入高增长掩盖了农民收入的低增长，城镇繁荣掩盖了农村的落后，少数大户的富裕掩盖了农民收入普遍不高和少数人的贫困。

不同地区贫困问题出现自己特征。西部地区突出问题集中在民族地区和边境地区。根据国家统计局贫困监测数据，2008 年五个民族自治区和

① 此处采用的是各省农民人均纯收入的算术平均值，而不是严格意义上的加权平均值，2000 年数据通过国家统计年报数据计算而来，2008 年数据通过国家统计局农村贫困监测数据计算而来。

云南、贵州、青海三省贫困人口占全国贫困人口的比重为39.6%，贫困发生率11.0%，比全国平均水平高6.8个百分点。2008年西部地区重点县低收入人口中，少数民族人口占46.2%。中部地区突出问题集中在革命老区和山区。东部地区除存在少数集中连片贫困地区，更突出的矛盾是内部发展差距不断扩大。《纲要》实施以来，除浙江外，东部5省的城乡收入差距均呈扩大趋势。

（二）扶贫工作与发展形势不完全适应

一是扶贫标准的调整机制与新阶段工作要求不相适应。目前扶贫标准调整机制忽视了收入差距，扶贫标准与全国农民人均纯收入之间的差距在逐渐拉大；扶贫对象不稳定，难以适应扶贫工作长期历史任务的要求；部分地区扶贫标准与低保标准倒挂，与低保维持生存、扶贫促进发展的工作定位不相称。

二是扶贫工作重点区域的扶持与实际贫困状况不适应。重点县发展不平衡，长期未调整，产生不公平。对集中连片深度贫困地区缺少整体扶持政策，缺少更有针对性的政策，扶持力度不够。

三是扶贫资金投入水平与贫困地区对投资的需求不适应。虽然近年来中央财政不断加大扶贫资金投入力度，但是与贫困地区各项事业发展对资金的需求还存在一定的差距。扶贫资金的投入以中央财政投入为主，地方政府的扶贫投入有待增长。部分投资项目要求地方和农户配套，使得贫困地区和贫困人口因为缺乏能力而难以受益。

四是扶贫工作手段与扶贫工作难度不适应。（1）整村推进投入水平不高，建设标准低，即使如此，也不能全部按时完成。（2）新标准出台以后，部分地方缺乏到位的措施和手段。

五是扶贫工作机构与任务的需要不适应。有些省区市对扶贫工作重视不够，扶贫工作机构弱化。

（三）相关政策有效衔接不够

目前大的政策环境存在两方面不足：一是渠道较多，整合不够；二是强调普惠，缺少倾斜。表现在扶贫工作中：

一是扶贫与低保两项制度需要进一步衔接。目前两项制度衔接正在进行试点，取得了很好的成效，但地方领导分工大多由两位领导分管，不利于衔接工作开展。在低保和扶贫标准、规模控制以及后续政策方面，还需要加强协调。

二是行业扶贫和专项扶贫需要进一步衔接。在“大扶贫”环境下，行业扶贫不断向贫困地区、贫困人口延伸，专项扶贫工作应主要瞄准贫困人口，重点提高贫困人口的自我发展能力。

三是生态、资源、社会等方面的补偿政策需要进一步完善、落实。(1) 贫困地区有很多资源富集区，当地群众很难获得资源开发的收益。(2) 生态涵养区和水源、风沙源保护地没有充分落实补偿政策。(3) 革命老区、边境地区也需要进一步加大扶持力度。

四是贫困地区经济社会政策与人口计划生育政策需要进一步协调、配合。目前农村许多惠农政策、社会政策都是直接补助到人的，非计划生育户同样享受相关政策，增加了计生政策落实的难度。

四、完善国家扶贫战略和政策体系的基本思路和建议

扶贫开发是中国特色社会主义伟大事业的重要组成部分。搞好新阶段扶贫开发，对确保全体人民共享改革发展成果具有重大意义，必须作为长期的历史任务持之以恒地抓紧抓好。在全面建设小康社会的进程中，扶贫开发承担着帮助贫困人口增加收入、脱贫致富的重大任务，承担着缓解收入差距、促进均衡发展的艰巨使命。没有贫困人口的小康，全面建成小康社会的目标就无法实现。发展经济学的一般理论和发展中国家的实践证明，在普遍贫困的状态下，经济增长对减贫的作用十分明显，但是内部差距越大，经济增长对减贫的带动作用就越小。同时，在经济进入平稳增长以后，一般增长的带动作用也会减弱。因此，在不同的发展阶段，都需要对贫困地区、贫困人口采取特殊的支持政策。2008 年国际金融危机的冲击凸显了贫困人口的脆弱和减贫工作的艰难。我们必须从战略和全局高度，充分认识扶贫开发的长期性和艰巨性，充分认识加快推进扶贫开发的重要性和紧迫性。在新的历史条件下，扶贫开发工作只能加强，不能放松；扶贫政策力度只能加大，不能削弱；贫困地区的发展步伐只能加快，不能停滞。

（一）基本思路和奋斗目标

基本思路：按照党的十七大和十七届三中、四中全会的要求，深入贯彻落实科学发展观，将扶贫工作作为长期历史任务，纳入国民经济社会发展规划。统筹城乡发展，巩固大扶贫工作格局，完善国家扶贫战略和政策规划体系，坚持开发式扶贫方针，对低收入人口全面实施扶贫政策。把尽快稳定解决扶贫对象温饱并实现脱贫致富作为首要任务，努力提高贫困地区和贫困人口自我发展能力，努力增加贫困人口收入。实施有差别的区域扶贫政策，下大力气解决好集中连片和特殊类型贫困地区的发展问题。继续坚持扶贫开发的成功经验和有效做法，分类指导、突出重点、加大力度、完善机制，不断提高扶贫开发水平。

奋斗目标：把基本消除绝对贫困现象作为首要奋斗目标，逐步提高贫困人口的健康生活水平和稳定发展能力。着力转变发展方式，不断提高贫困人口的自我发展能力，促进贫困地区经济加快增长，有效提高公共服务均等化水平，明显改善集中连片和特殊类型贫困地区的发展环境和发展条件。努力缓解发展差距扩大趋势，确保国家重点县农民人均纯收入年均增长幅度高于全国平均水平。

（二）工作方针和原则

继续坚持开发式扶贫方针，鼓励贫困地区的干部群众在国家和社会各界的必要扶持下，充分利用新农村建设和发展现代农业、工业化、城镇化提供的机会，发扬自力更生、艰苦奋斗精神，努力提高自身素质和自我发展能力，促进贫困地区科学发展。

实现救助与开发有效衔接。救助维持生存，扶贫促进发展。有关部门要加强配合，通过民主、科学、规范、公平的程序，识别贫困人口，实现动态管理，建立共用的信息平台。通过衔接，使不同困难群体得到有效扶持，让贫困人口共享改革发展成果。

实现行业扶贫和专项扶贫有机结合。行业主管部门要把加强贫困地区基础设施建设、提升贫困地区社会事业发展水平放在优先位置，努力促进公共服务均等化。专项扶贫计划要集中力量，突破重点，解决特殊贫困问题；同时要重点提高贫困人口自我发展能力和素质，促进贫困农户增加收入，实现脱贫致富。

发挥中央和地方两个积极性。要明确中央和地方的责任。中央政府要制定宏观战略方针，加强工作指导和政策协调，切实承担起组织领导全国性、跨区域、涉及重大扶贫战略工作的责任。同时，建立有效的扶贫责任考核机制。省级政府要负责组织编制本省的扶贫规划，因地制宜地确定本省的扶贫开发目标和任务，根据自身发展水平、财政能力和贫困现状，安排财政扶贫资金。县级政府要负责扶贫任务的落实，完成好中央和省级开展的相关试点工作，切实履行好县抓落实的责任。

（三）标准对象与重点区域

标准对象：将扶贫标准以下有劳动能力的人口作为扶贫开发对象。进一步完善国家扶贫标准调整机制，确保全体贫困农民分享改革发展成果。鼓励有条件的省区市自定扶贫标准。

重点区域：继续加大对革命老区、民族地区、边疆地区和贫困山区发展扶持力度，对贫困程度较深的集中连片贫困地区和特殊类型贫困地区给予重点扶持。在中西部地区继续确定国家扶贫开发工作重点县，并实现动态管理。"十二五"期间，国家选择部分贫困程度深、有代表性的跨省区集中连片地区，制定专项规划，加强资源整合，开展扶贫攻坚；各省亦可结合本地实际，确定集中连片贫困地区开展扶贫攻坚。继续对边境地区和少数民族聚居区的贫困乡、贫困村给予重点扶持。

特殊群体：将少数民族、妇女、残疾人等群体的扶贫工作作为全国扶贫开发的重点，统一规划，同步实施。

（四）内容与途径

大力推进重点贫困地区的扶贫开发工作，把特殊类型贫困地区综合治理放在突出重要位置。高度重视自然灾害频发区的贫困问题，总结推广汶川地震灾区贫困村恢复重建经验，将扶贫开发与减灾避灾、恢复重建紧密结合。把少数民族地区的扶贫工作放在特别重要的位置，创新思路、完善机制、加大投入、抓出成效，努力促进各民族"共同团结奋斗，共同繁荣发展"。

将贫困地区农业农村生产性基础设施建设、公共服务设施建设、移民扶贫、特色优势产业发展、劳动力技能培训，作为扶贫开发的基本措施，加大投入力度。丰富移民扶贫方式。在快速发展地区，移民扶贫要与工业化、城镇化结合；在地质灾害频发区，移民扶贫要与减灾避灾结合；在牧区，移民扶贫要与牧民定居结合；在一般地区，移民扶贫要与新农村建设结合。把危房改造作为扶贫开发的一项重要任务。各级扶贫部门要会同有关主管部门，参与指导农村贫困家庭收入审核、危房改造对象认定，指导危房改造村庄的扶贫工作。

培育特色优势产业，支持扶贫龙头企业和设施农业发展，千方百计提高贫困人口的收入水平。在整村推进基础上整合资源，县为单位，连片开发，加快县域经济发展，辐射、带动贫困农户增收。在产业选择上，要充分考虑防灾减灾因素，因地制宜发展设施农业。采取有效措施扶持贫困地区的龙头企业，发挥龙头企业带动作用。继续改善贫困地区基础设施和社会服务，加强贫困村民主政治建设，提高贫困人口在村级公共事务中的参与权、决策权、管理权和监督权。提升产业扶贫水平。努力提高农户组织程度，促进贫困农户在产业化过程中受益。在国家扶贫开发重点地区（县）逐步尝试建立农村种养业保险，解决因灾返贫问题。

拓宽就业渠道，积极推动贫困地区农村富余劳动力向非农产业转移。拓展雨露计划内容，在继续开展劳动力转移技能和农业实用技术培训的同时，重心要逐步转向职业技能教育和培训，特别是“两后生”培训，提高稳定就业能力，提高收入水平。

创新体制机制，转变发展方式，加快推进土地（草场）流转、林权制度和农村小型基础设施产权制度改革。

（五）工作任务和部门职责

要进一步明确行业部门的扶贫责任。根据扶贫开发的总体目标，分解和明确部门任务。有关部门在安排农业基本生产条件、基础设施、社会事业、产业发展、土地整治、人口发展、生态和社区环境等投资和项目时，应优先照顾贫困地区，并采取切实措施，进一步加大支持力度，促进当地经济社会加快发展。进一步加强农村贫困监测工作，为国家有关政策实施提供准确、可靠的依据。

（六）政策保障

加大财政资金对扶贫事业的支持力度。在建立和完善公共财政框架体系过程中，各级财政要推动加快农村基本公共服务均等化步伐，继续加大财政扶贫投入，通过财政贴息、项目补助、以奖代补等手段，引导全社会增加扶贫投入。中央财政要加大对中西部农村基本公共服务方面的转移支付和专项补贴力度，支持中西部农村社会事业特别是教育、卫生、广电、文化等事业发展。全面落实对低收入人口全面实施扶贫政策的总要求。建立中央财政扶贫资金增长机制，中央财政扶贫投入增幅不低于一般支农投入增幅。地方财政要不断优化财政支出结构，根据财力情况逐步加大扶贫投入力度，并加大整合力度，发挥整合效应。行业部门的投入应优先覆盖农村贫困地区，并在投入力度上给予倾斜，确保贫困地区的基本建设投资、民生投入高于全国平均水平，逐步缩小地区间的发展差距。

完善财政扶贫资金分配机制。中央财政扶贫资金分配总体上要向革命老区、民族地区、边疆地区、特殊类型贫困地区倾斜。在坚持“四个到省”的前提下，完善财政扶贫资金绩效考评制度，强化绩效考评结果的应用，实行绩效奖励。按照分类指导、区别对待的原则，适当调整扶贫资金分配中不同因素和权重，确保地广人稀、极度贫困的少数民族地区、特殊类型贫困地区得到应有的扶持。安排适当资金支持全国统一的试点示范项目。

明确中央财政扶贫资金的使用重点。中央财政扶贫资金要瞄准贫困村、贫困人群，重点支持优势特色产业发展、开发人力资源、移民扶贫等项目。同时，加大资源和政策整合力度，创新扶贫项目设计。

加大金融扶贫工作力度。农业发展银行、农业银行、农村信用社等金融机构，应加大对重点贫困地区、扶贫项目和龙头企业的信贷支持力度，深化扶贫贴息贷款管理体制改革，探索建立地方担保基金制度，完善农业保险体系，大力扶持和发展农村微型金融机构。总结贫困村互助资金试点经验，积极稳妥扩大试点。

建立对贫困地区、贫困人口的政策支持体系。支持革命老区发展，各级扶贫部门要切实负起老区建设的组织、协调责任。支持民族地区发展，建立有利于贫困地区和贫困人口的资源、生态、社会补偿政策。完善科技扶贫和产业扶贫，对在贫困地区工作的科技人员在评定职称等方面给予同等优先待遇。

加强机关定点扶贫和东西扶贫协作工作力度。继续坚持已有各项政策措施，并加大力度，完善机制，落实政策，规范管理。制定《中央、国家机关和军队等单位定点扶贫工作制度》。继续动员大型国有企业、部分金融企业和重点高校、军队参与定点扶贫。提倡中西部的百强市参与省内对口帮扶。

将扶贫开发工作纳入法制化轨道。制定《国家扶贫开发条例》，以立法形式明确奋斗目标、基本方针、对象与重点、内容与途径、政策保障、部门任务、社会动员、国际合作和领导责任等基本内容，提高扶贫开发的法制化管理水平。

（七）组织领导

地方各级政府要切实担负起扶贫开发领导责任。坚持“省负总责、县抓落实、规划到村、扶贫到户”的工作机制。建立对重点县主要党政领导的考核制度，增加扶贫工作考核内容，定期向上级书面报告工作。加强贫困村的基层组织建设。

切实发挥各级扶贫开发领导小组的作用。根据扶贫形势发展和扶贫任务需要，增加有关部门为扶贫开发领导小组成员单位。

各级扶贫开发工作机构要切实履行职责。(1) 健全扶贫规划体系。根据区域经济社会综合协调发展的需要，结合各地实际，从提高扶贫工作效率和效益出发，研究制定各类扶贫工作规划，包括总体规划、区域规划、专项规划等，形成重点突出、层级分明、功能完善、相互衔接的扶贫规划体系。(2) 加强扶贫信息系统建设。(3) 健全机构，改善工作条件，适应扶贫任务的需要。

完善国家扶贫战略和政策体系联合调研第一组分报告

根据回良玉副总理的指示和国务院扶贫开发领导小组的统一部署，2009年5月31日至7月5日，由范小建主任带队，国务院扶贫办、解放军总政治部、国家发改委、民政部、住房与城乡建设部、国家统计局先后有15位同志参加组成的联合调研组赴新疆、辽宁、山西、内蒙古（以下简称“四省区”），就《中国农村扶贫开发纲要（2001—2010年）》（以下简称《纲要》）实施情况及完善国家扶贫战略和政策体系进行了调研。其间，调研组听取了有关省区关于扶贫开发工作的情况介绍后，在省区人民政府、扶贫办等有关领导的陪同下，先后到新疆的和田县、墨玉县、洛浦县、莎车县、叶城县、塔什库尔干县、阿图什市、阿合奇县、乌恰县，辽宁的喀左县、阜蒙县、龙城区，山西的平顺县、宁武县、浑源县、阳高县，内蒙古的阿拉善左旗、鄂托克旗、鄂托克前旗、乌审旗、伊金霍洛旗、东胜区、达拉特旗、固阳县、阿拉善经济技术开发区、棋盘井经济技术开发区等26个县（市、区、旗）（其中国家扶贫开发工作重点县17个，以下简称“重点县”）、40个乡镇、38个村、6个移民社区，实地考察了移民扶贫、整村推进、产业化扶贫、劳动力转移培训、社会扶贫、军队扶贫、危房改造和农村低保等情况，并多次与乡村干部和群众代表进行座谈，看望慰问了部分贫困农户。现将调研情况报告如下：

一、《纲要》实施情况的基本评价

《纲要》颁布实施以来，四省区党委、政府按照党中央、国务院的要求，认真贯彻落实《纲要》的基本精神，紧紧瞄准贫困人口，积极开展整村推进、农村劳动力转移培训和产业化扶贫、移民扶贫等重点工作，农村扶贫开发工作取得显著成效。一是贫困状况继续缓解。根据国家统计局的有关数据，2000 年至 2008 年，四省区的贫困人口从 1280.1 万人减少到 269.3 万人，占农村人口的比重从 18.6% 下降到 3.8%。农村最低生活保障制度全面建立，共有农村困难群众 437.5 万人享受了低保补助。二是重点县农民人均纯收入显著增加。新疆 30 个重点县的农民人均纯收入从 1043 元增加到 2577 元，增长 1.5 倍。内蒙古鄂托克前旗 2008 年农民人均纯收入达到 7289 元，比 2000 年 2443 元净增 4846 元，增长近 2 倍。三是贫困地区的基础设施和社会服务水平进一步提高。2008 年底，重点县行政村通公路、通电、通电话、通广播电视的比例分别在 80.6%、95.3%、95.1%、96.4% 以上，行政村通邮的比例在 96.2% 以上，行政村有卫生室的比例在 66.7% 以上。四是贫困地区整体经济水平有所提高，部分重点县实现超常发展。2008 年，新疆自治区重点县人均 GDP 达到 5956 元，比 2000 年增长 205.2%，人均地方预算内财政收入 355 元，比 2000 年增长 392.1%，增幅均高于自治区平均水平。内蒙古自治区部分重点县，经济总量已进入自治区前列。

调研组认为，新世纪以来，根据《纲要》的要求，四省区党委、政府认真贯彻落实科学发展观，高度关注民生，重视扶贫开发，目标明确，重点突出，积极探索，勇于创新，措施得力，成效显著。通过各部门通力协作，军队系统积极参与，干部群众共同努力，绝对贫困人口的温饱问题基本解决，《纲要》提出的奋斗目标有望如期实现。

扶贫工作取得的成绩，不仅直接促进了四省区贫困地区经济社会的发展，改善和提高了人民的生活水平和质量，而且对于民族团结、政治稳定、边疆巩固、社会和谐都发挥了十分积极的促进作用。

二、主要经验和做法

（一）党委、政府高度重视扶贫开发工作

四省区党政领导始终按照全面贯彻落实科学发展观的要求，从全局高度来认识做好扶贫开发的重要意义，始终把扶贫开发作为加强民族团结、

维护政治稳定、实现边疆巩固、促进社会和谐的重要手段，作为社会主义新农村建设和实现全面建设小康社会目标的必然要求。一是将扶贫开发作为关系全局的战略任务来抓。新世纪以来，在国务院颁布《纲要》之后，四省区党委、政府领导亲自部署扶贫开发；主要领导、分管领导经常深入贫困地区调查研究，协调解决重大问题，并多次对扶贫工作做出重要批示。山西、内蒙古、辽宁三省区还制定了农村扶贫开发规划。二是层层落实责任。内蒙古、辽宁、新疆三省区实行扶贫开发一把手负责制，层层签订责任状，将扶贫开发目标完成情况作为党政领导班子年度考核的重要内容。三是加大省级财政扶贫投入力度。四省区本级财政扶贫投入逐年增加，省级财政扶贫投入从2001年的2.98亿元，增加到2008年的6.83亿元。辽宁省在2006年就明确规定：今后每年按省财政支出增长幅度，同比例增加扶贫开发资金，列入省政府的财政预算。四是加强扶贫机构建设。在新一轮机构改革中，内蒙古和新疆自治区政府进一步加强了扶贫办的职能，将扶贫办列入政府直属正厅级机构，而且内蒙古所有的县（市、区）都有扶贫机构，这为扶贫工作的可持续发展提供了有力的组织保证。

（二）四省区都有一些战略性的部署和安排

第一，坚持城乡统筹，和谐发展。内蒙古自治区党委、政府在推进工业化、城镇化的过程中，始终坚持以工补农，以城带乡，和谐发展，在充分照顾贫困农牧民利益、关心贫困农牧民生计问题上下了很大的功夫。特别是鄂尔多斯市推行的以“四个一”（即一套住房、一份生活补助、一份工作、一份社保）为核心的配套政策措施，为转移贫困农牧民在住房、培训、就业、生活补助、医疗、养老保险等方面，提供了强有力的政策保障。

第二，“五个全覆盖”。山西省在全面加强对农村各项反哺政策和建立农村最低生活保障制度的同时，为尽快改变贫困地区的生产生活条件，决定从今年起，用两年时间实现“五个全覆盖”，即：全省具备条件的行政村实现通水泥（油）路全覆盖，中小学校舍安全改造全覆盖，县乡村三级卫生服务体系特别是村级卫生室全覆盖，村通广播电视全覆盖，农村安全饮用水全覆盖。“覆盖”的重点是贫困地区，受益的主体是广大贫困群众。

第三，教育扶贫工程。新疆自治区和山西省实施的教育扶贫工程，不仅有效提高了人口素质，而且是阻断穷根、增加发展机会、实现脱贫致富的一项根本性措施。新疆自治区的边境重点县在全面实行九年制义务教育、落实“两免一补”政策的过程中，大力开展教育扶贫，加快建设寄宿制学校，努力扩大“双语”教学的规模。山西省从2009年开始，计划使用扶贫助学专项资金，对考入大中专学校及高中的贫困学生进行帮扶。初步确定对重点县农村因家庭经济困难上不起学的贫困大学生每人每年提供5000元资助；对贫困中职、技校生，每人每年提供2000元学费，资助两年；对考入高中的贫困学生每人提供800元学费资助。

第四，集中力量打攻坚战。一是组织党政机关和企事业单位力量解决特殊类型地区的贫困问题。2006年至2008年，内蒙古自治区组织137个区直机关和企事业单位，定点帮扶兴安盟四个旗县的137个贫困嘎查村。三年共投入帮扶资金4.84亿元，农牧民人均纯收入增加了882元，取得了显著成效。二是“两区”开发战略。2006年7月，山西省委、政府出台了《关于加快晋西北、太行山革命老区开发的决定》，启动实施了“两区”开发战略。列入“两区”开发范围的有59个老区县市（包括35个重点县）。省政府每年筹集资金9亿元，扶持各类产业开发项目402个。到2008年底，这些项目已全部开工建设，其中有319个投产，占项目总数的79.4%。三是实施突破辽西北战略。辽宁省为了加快辽西北贫困地区的发展，专门制定了十个方面的政策措施。即税收增量返还政策、转移支付补助政策、新增建设用地土地有偿使用费免缴政策、专项资金减免配套和周转金缓还政策、县区财政综合绩效评价奖励政策向贫困地区倾斜、县（市）招商引资大项目奖励政策重点向贫困地区倾斜、实行行政事业性收费优惠政策、实施促进社会事业发展的扶持政策、建立健全激励发展的考评机制等。

第五，抗震安居工程。新疆地震多发，经常给各族群众带来重大人员、财产损失，是返贫致贫的重要成因之一。为此，自治区从2004年起，以抗震安居工程为抓手，以防灾避灾为目的，整合各方面资源，用五年时间解决了189万户、836万人口的抗震安居住房，其中贫困户74.2万户。这不仅实现了抗震安居的目的，而且也使广大农牧民的居住质量得到了进一步改善。

第六，自主制定对贫困人口的扶持标准。为了使更多穷人享受改革开放和经济发展的成果，内蒙古自治区和辽宁省从本地区的实际情况出发，自主制定了扶贫标准。内蒙古自治区今年的扶贫标准为，农区人均纯收入1560元，牧区人均纯收入1800元。这个标准大体上相当于农牧区人均收入的1/3。辽宁省2001年自定的扶贫标准为1200元，2007年又提高到1500元。

（三）扶贫开发中的一些好做法

1. 移民扶贫。一是整合部门资金力度大。调研组实地考察的四省区扶贫移民新区，均以扶贫资金为引子，调动各项支农资源，实现了资金效益的最大化。内蒙古阿拉善左旗巴彦霍德扶贫移民新区截至2008年共整合各部门投资2亿元，其中扶贫资金仅1500万元，转移安置重点生态区和沙漠腹地农牧民1016人，大多数是贫困人口。二是移民扶贫与退牧还草、养老保险政策相结合。内蒙古阿拉善左旗在财政资金相对不足的情况下，根据牧民自己的选择，凡男满55周岁、女满50周岁的牧户，搬迁到小城镇居住的，通过饲料粮补贴纳入社会保障体系，享受养老保险金政策，解决了退牧户的后顾之忧。

2. 整村推进、连片开发。整村推进最突出的是内蒙古。2001年，自治区确定了5000个重点嘎查村，采取财政扶贫、以工代赈、少数民族、生态建设、水利建设、农业开发、地方财政配套和社会捐助等资金“多家抬”的方式，分期分批整村推进，其中每个村安排的财政扶贫资金约30万元，到2007年底，全部得到扶持并通过验收。2008年，自治区又本着巩固提高的原则，确定对1000个重点嘎查村进行扶持，每村投入扶贫资金100万元。连片开发最突出的是新疆自治区。洛浦县恰尔巴格乡巴米村扶贫出资950万元，整合交通、水利、林业等各方面资金7120万元，按照“统一规划、集中投放、渠道不乱、任务不变、各尽其力、各记其功”的原则进行连片开发，使项目区发生了巨大变化。

3. 产业化扶贫。一是设施农业。在贫困地区发展设施农业，就相当于建设基本农田。贫困户只要一户发展一亩大棚，年收入就能达到4万~5万元。到2008年，辽宁省财政共安排10亿元专项资金发展设施农业，设施农业面积发展到640万亩，占耕地面积的10.7%，为全国各省最高。

二是农牧民合作经济组织。在贫困地区，采取股份合作方式发展合作经济组织，是扶贫到户的重要手段，是贫困户实现长期增收的有效方式。调研组考察的鄂托克前旗蒙可农牧业服务专业合作社，在牛羊胚胎移植、配种技术等方面具有较高的水平，拥有的设备也是先进的。合作社在没有直接使用扶贫资金的情况下，免费为贫困户提供配种、羔羊托管育肥等服务。三是扶贫龙头企业。在贫困地区，扶贫龙头企业为贫困农户增收发挥了重要作用。东达蒙古王集团以强烈的社会责任感，帮扶建设白泥井镇风水梁扶贫移民新村。企业免费为移民户提供住房、獭兔养殖设施，农户只花钱购买种兔和兔笼，企业提供系列化综合服务，农户长期稳定增收。

4. 扶贫工作的组织化。贫困地区、贫困人口需要组织化，需要有先进生产力的直接参与和引导。新疆自治区乌恰县委、县政府从 2006 年开始，已连续三年动员机关干部、入党积极分子、科级后备干部共 13000 人次，每年分六批，按军事化管理，实行连、排、班建制，与农牧民同吃、同住、同劳动、同学习，引导农牧民参加草料基地的建设。围绕生态移民项目区的建设内容，贫困农牧民只管打工、挣钱、学习，逐步提高自身发展能力。

三、存在的主要困难和问题

（一）贫困人口规模大，解决温饱水平低

到 2008 年，按照四省区贫困户建卡情况，贫困人口还有 890.4 万人，占农牧业人口总数的 12.6%。部分地方农村低保还没有实现应保尽保。基本解决贫困人口的温饱问题，水平还很低。同时，牧区和人口较少民族地区增收渠道狭窄，基础设施较差，公共服务滞后，生产成本和生活费用高，贫困问题更为突出。

（二）城乡收入差距逐渐拉大

发展很不平衡，有的地方差距还在进一步扩大。山西省城乡收入比从 2000 年的 2.48：1 扩大到 2008 年的 3.2：1，而同期全国是从 2.79：1 扩大到 3.31：1，差距扩大的速度明显快于全国。辽宁省阜蒙县紫都台乡宝

和堂村全村442户人家，低保户有59户，40岁以上的光棍有43人。由于生活困难和巨大的城乡差距，有37户媳妇离家出走。

（三）金融危机对贫困地区有不同程度的影响

影响主要表现在农民工就业困难，部分农产品价格下降，龙头企业产品积压，融资困难，收入减少等。内蒙古32家国家扶贫龙头企业2009年第一季度产品库存增长了13%，销售收入下降76%，其中出口销售收入下降了65%。鄂托克前旗今年上半年羊绒价格每公斤45元，羊毛价格每公斤5元，分别比去年同期低了15元和3元。固阳县金山镇反映，今年上半年农民打工收入大约下降70%。这些都已对今年农牧民收入的增长构成了较大负面影响。

（四）牧区的生态补偿问题

内蒙古通过几年退牧还草工程的实施，草场得到休养生息，林木覆盖率明显提高，牧区的生态环境有了很大改善。随着退牧还草补偿政策相继到期，牧民生计和生态环境保护面临新的困难。特别是在阿拉善盟，退牧还草和公益林保护都与养老保险挂钩，而公益林保护政策是长期的，退牧还草则马上要到期，政策难以延续，矛盾很突出。

（五）扶贫移民的遗留问题

在很多地方，扶贫移民不可能全部搬出，尤其是有些真正困难的农户搬不出来。调研组在巴彦霍德新区李红家访问时了解到，她家共有7口人，只有3口人搬迁，还有4个老人留在原居住地。

（六）新标准出台以后，各地缺乏相应的政策措施

一是缺乏扶贫对象的识别机制。今年新标准提高到1196元，扶贫对象覆盖4007万人，但各地没有有效的识别方法找到扶贫对象。二是对低收入人口全面实施扶贫政策，缺乏到位的措施和手段。三是农村低保和扶贫开发两项制度缺乏有效衔接，特别是在政策的衔接上研究不够。四是缺乏考核监测机制。新标准出台以后，目标任务发生变化，各地没有及时建立相应考核监测机制。

同时，部分地方对搞好扶贫开发工作的重要性认识不够，有的甚至有松懈现象。

四、完善国家扶贫战略和政策体系的建议

（一）完善扶贫标准的调整机制

将贫困标准与扶贫标准分开，扶贫标准不再与食物篮子和物价挂钩。从明年开始，将全国农民人均纯收入的1/4作为扶贫标准，据此测算，全国的扶贫对象规模约为4000万人，占农村人口的5%。

（二）调整国家扶贫开发工作重点县

经过多年扶持，部分重点县的经济社会发生巨大变化。内蒙古有的重点县财政收入已超过百亿元，而一些非重点县却很困难，享受不了国家扶贫政策。因此，应根据新的形势，调整国家扶贫开发工作重点县。

（三）瞄准扶贫对象，努力向贫困户倾斜

实行新的扶贫标准，最关键的，是要对低收入人口全面实施扶贫政策。扶贫工作的着眼点在于，要努力把现有各项扶贫政策和措施真正、全面用于贫困人口，使扶贫标准以下的全部贫困人口真正受益。要坚持区域性措施与到户措施相结合，防止区域政策代替到户政策、普惠政策代替特惠政策。在识别贫困户的基础上，专项扶贫资金要努力向贫困户倾斜，防止一些真正的贫困农户往往因为配不起套，也就得不到国家的政策扶持，导致扶贫政策的流失。

（四）处理好专项扶贫和行业扶贫的关系

随着经济不断发展，国力不断增强，行业扶贫的力度越来越大。在这种情况下，专项扶贫资金要尽量集中用于提高发展能力，包括发展特色产业、设施农业、劳动力转移培训等等，行业扶贫资金重点用于基础设施和社会事业。

（五）实行农村低保与扶贫开发两项制度的有效衔接

实现农村最低生活保障制度和扶贫开发政策有效衔接是十七届三中全会决定和2009年中央一号文件提出的重要任务。现在，扶贫工作已经进入开发式扶贫与救助式扶贫两轮驱动的新阶段。低保维持生存，扶贫促进发展，两项工作紧密结合，相辅相成，不可相互替代，也不能搞两张皮。今后，在识别方法、认定程序、支持措施、管理制度等方面都要衔接。两项制度的衔接，首先要解决贫困识别的问题，找准工作对象，并在此基础上，建立一个稳定的工作机制和一个通用的工作平台或信息系统，建立起合理的规模控制，并进一步与各项扶贫政策相衔接，明确相应的支持政策。

（六）充分发挥信贷扶贫资金的作用

贫困地区、贫困农民对贷款的需求比较普遍。积极发展微型金融是形势发展的需要。扶贫互助资金的试点，是一种有益的尝试。可允许各地以财政扶贫资金为担保，调动更多的信贷资金。在培训、扶贫项目、产业发展等方面进行大胆探索。

（七）继续开展机关定点帮扶、东西扶贫协作、社会扶贫

要充分发挥党政机关和东部省市在扶贫开发中的积极作用。东部省市要按照小平同志关于“两个大局”的要求，进一步加大对西部贫困地区扶贫协作的力度，重点是要加大资金项目、人才培养和培训转移西部地区劳动力的力度。加大对中央国家机关定点扶贫、东西扶贫协作的督促考核力度。省级人民政府也要动员省级机关定点帮扶，鼓励区域内经济较发达地区开展扶贫协作。

继续发挥民主党派和工商联、群众团体、大专院校、科研院所、人民解放军和武警部队等社会各界在扶贫开发中的重要作用。积极引导非政府组织参与和执行政府扶贫开发项目。企业可以通过捐赠资金，与非政府组织合作，共同参与扶贫开发。捐赠资金可以按照国家有关规定在税前列支，计入成本。

（八）建立和完善扶贫开发机制

主要是建立和完善扶贫资金增长机制、扶贫资金的分配机制、财政扶贫资金到户机制、农户参与机制、扶贫工作的考核机制。

完善国家扶贫战略和政策体系联合调研第二组分报告

根据完善国家扶贫战略和政策体系有关工作部署，国家发展改革委会同国家民委、水利部、交通部、人力资源社会保障部和共青团中央、国务院扶贫办等部门组成第二调研组，由国家发展改革委副主任杜鹰同志和地区司有关负责同志带队，分别前往甘肃、西藏、福建、河南四省（区）21县42村进行实地调研。调研组通过召开座谈会、实地考察、走访贫困农户等方式，听取了四省有关政府部门、基层干部和贫困农民对扶贫开发工作的意见和请求，深入了解四省区扶贫开发取得的主要成就，以及目前面临的主要困难和问题。在调研组起草完成的四省区调研分报告基础上，形成本报告。

一、总体印象

《中国农村扶贫开发纲要（2001—2010年）》（以下简称《纲要》）颁布实施9年多来，在国民经济快速发展和国家综合实力不断增强的有力推动下，在各级政府多年扶持和贫困地区广大干部群众的共同努力下，贫困地区面貌出现可喜变化。特别是党的十六大以来，在科学发展观的指导下，中央实施了一系列有利于贫困地区和贫困人口发展的宏观政策和发展战略，各项强农惠农政策力度不断加大，贫困地区发展环境逐步得到改善，农村基本公共服务能力不断增强，农村人均纯收入稳步提高，贫困人口持续减少，东中西部贫困地区开始呈现出不同发展阶段的特征。从调研情况看，东部贫困地区和绝大多数中部贫困地区，已经或在较短的时间内可实现基本解决温饱的目标，包括西部地区在内部分资源富集的扶贫重点县，依托优势资源开发，实现了县域经济的快速发展，并具备了较强的自我发展能力。在此期间，党中央、国务院还先后颁布实施了一系列促进中部地区、新疆、宁夏、青海以及海峡西岸经济区等地区加快发展的政策文件和配套措施，落后地区经济社会出现了进一步加快发展的态势，扶贫开发形势发生了许多新的积极变化，也为扶贫开发工作向纵深推进营造了良好的政策环境。

但是，调研中也明显感觉到，虽然《纲要》实施即将到期，而我国部分贫困地区特别是西部贫困地区，致贫因素错综复杂，发展环境和发展基础依然薄弱，城乡区域发展不平衡、不协调的问题有所加剧，贫困地区内部不同群体之间的收入差距问题开始凸现。从宏观层面看，一是边境民族聚居区、高海拔地区、荒漠化严重地区和深山石山区等特殊类型和集中连片贫困地区，区域性贫困问题依然十分突出，特殊的自然地理和人文环境、落后的发展方式以及教育、医疗卫生、社会保障等公共服务的短缺或不足等，仍是导致这些地区贫困量大面广程度深的长期性因素，部分地区如期实现全面建设小康社会目标的难度较大，形势不容乐观。二是初步解决温饱的人口，经济基础尚不稳定，承受环境变故的能力尤其脆弱，因病、因灾返贫的现象十分突出，稳定解决温饱的压力很大。三是由于受维护国家生态、粮食安全等重大战略的需要和政策影响，重要生态功能区和粮食主产区的产业发展受到严重约束，面临着脱贫和致富的双重压力。西部广大重要生态功能区不仅多属于生态环境敏感脆弱地区，同时也是贫困人口相对集中的地区，转变发展方式和脱贫致富工作任重道远。中部粮食主产区人口稠密、资源匮乏、产业结构单一，在绝对贫困现象得到有效缓解后，致富的途径和办法不多，对以简单劳动为主的劳务输出的依赖性高。四是受农业弱势地位和国民收入分配格局不合理的影响，贫困地区在经济社会发展中始终处于不利地位。传统农业经济比较效益低，现代农业发展缓慢，工业化和城镇化进程滞后，且对贫困农村的直接带动作用有限，农村富余劳动力和扶贫移民人口向非农产业转移的途径相对狭窄，增收渠道不多，城乡区域发展差距扩大的趋势在短期内难以得到有效扼制。因此，未来十年，贫困地区扶贫开发工作仍将面临许多新问题和新挑战，如期实现全面建设小康社会的目标繁重艰巨。

当前，随着农村低保制度的普遍建立和对低收入人口实施全面扶贫的政策，我国扶贫开发已进入到一个重要的战略调整期和转型期。根据党中央、国务院的要求，结合扶贫开发工作面临的新形势和新问题，进一步总结经验，在下个十年，及时调整国家扶贫战略和政策体系，因地制宜地制定和实施有差别的区域扶贫标准和扶贫政策，更好地发挥扶贫政策的区域调节功能，促进贫困地区加快发展，显得极为重要和紧迫。

二、主要成就

从对四省调研的情况看，《纲要》颁布实施9年来，扶贫开发工作取得显著成效，主要表现在以下几个方面：

（一）贫困地区发展明显加快

西藏自治区按照农牧民人均纯收入1300元的标准，全区重点扶持乡（镇）由2001年的393个下降到2005年的20个，重点扶持人口由148万人减少到37.3万人。农牧民人均纯收入由2001年的1404元增加到2008年的3176元，比全国重点县同期人均纯收入增幅高21个百分点。甘肃省农村贫困人口从2000年底的756万人减少到2008年底的442万人，贫困发生率从37.2%下降到21.3%，扶贫重点县农民人均纯收入从2001年的1076元提高到2008年的2057元。2001—2008年，河南省共有617万农村贫困人口实现脱贫，扶贫重点县农民人均纯收入从2000年的1748元增长到2008年的3970元，年均增长速度10.9%，高于同期全省平均增长速度。2008年，福建省20个经济欠发达县的地区生产总值达到876亿元，比2001年增加400亿元，年均递增达到12.9%，农民人均纯收入达到5400元，比2002年增加了2384元，年均增长9.2%，均高于全省同期农民人均纯收入增长速度。

（二）贫困地区发展条件有所改善

2000年以来，西藏基础设施建设和社会事业快速发展，至2008年，农村能获得安全卫生饮水人口达78%，建制村通电率近60%，乡村两级通路率分别为95%和76%，通邮、通电话、通广播电视率分别为75%、87%和89%。农牧民群众全都参加了以免费医疗为基础的新型农村合作医疗，乡村卫生院（室）建设基本实现全覆盖，以大骨节病为主的地方病得到控制，受大骨节病严重影响的1644户、万余人搬离了原住地。全区普及九年义务教育人口覆盖率达93%，适龄儿童入学率达到98.5%。甘肃省坚持把改善农业基础条件放在扶贫开发工作的首位来抓，通过建设基本农田、新修农村道路、架设农电线路以及新建和维修各类小型水利工程等措施，贫困地区生产生活条件得到明显改善。福建省农村社会经济的快速发展和扶贫政策的实施，使农村贫困群体收入水平不断提高，农业生产条件稳步改善。通过实施通路、通水、通电、通广播电视信号、通讯工程，全省基本实现了所有行政村通乡镇所在地公路的硬化，电、通讯、广播电视信号实现了村村通，农村安全饮用水普及率达79.3%，贫困人口人均居住面积达到25平方米。

（三）贫困人口综合素质得到提升

四省区通过推广农村九年义务教育，加强对农村贫困劳动力的培训和转移就业，农村贫困人口综合素质得到明显提升，通过外出就业和发展经营活动实现脱贫致富的能力逐步增强。“十五”期间，西藏自治区每年安排500万元专项培训资金，累计举办各类培训班704期，培训人员4.3万人次。全区约有1万人通过扶贫培训实现了转移就业。甘肃省按照“扶贫先扶智”的工作思路，把科技扶贫作为智力开发、提升素质、增强贫困户“造血”功能的根本性措施，加强职业技能教育，不断提高贫困农民增收能力。2008年，河南省完成劳动力技能培训101万人，转移就业人数96万人。福建省农村贫困劳动力初中文化程度占45%，比2001年上升了3.6个百分点；2001—2008年，在扶贫开发工作重点村累计培训农村劳动力16万人次，其中经培训后输出的劳动力达到6万人以上。

（四）对口帮扶成效明显

在党中央、国务院高度重视和关心下，全国对口支援西藏工作成就显著，特别是2001年中央第四次西藏工作座谈会以来，全国共有17个省市、60多个中央和国家机关部委、17户中央企业承担了援助西藏任务，有力地推进了西藏经济发展和社会进步，进一步改善了城乡面貌和各族群众的生产生活条件。同时，从2001年开始，西藏在区内也相应建立了省级领导干部对口联系制度，动员区中直单位参与到定点扶贫工作中。“十五”期间，全区中直83个定点扶贫单位先后派出干部468名，投入帮扶资金60731万元。甘肃省按照“大扶贫”的理念，积极推进农村帮扶工作。2000年以来，先后协调中央和省市县四级单位在全省贫困乡镇村开展农村帮扶工作，为贫困乡村和贫困群众办实事，落实各类帮扶资金，进一步推进社会主义新农村建设步伐。福建省在省内确定了113个省直单位、315个市直单位和1790个县直单位定点帮扶省市县三级扶贫开发工作重点村，从省直部门抽调党员干部，到省级重点村担任党支部第一书记，驻村帮助解决问题，理清发展思路，落实帮扶资金和项目。同时，还确定了贫困山区和沿海地区的山海协作机制，开展一对一对口帮扶。至2008年底，全省山海协作项目共达4300个，投资超过480亿元，增加就业40多万人。

（五）整村推进实施顺利

“十一五”期间，西藏自治区安排中央财政投入40亿元，实施了200个乡（镇）整乡推进扶贫规划，完成村内道路、水利、电网、农田、草场等基础设施建设，建立健全文化医疗卫生服务室和村民活动场等；同时完成200个整乡推进乡（镇）以外其他贫困乡村的田间水利渠系、村级公路、牧区牲畜“四配套”等建设。甘肃省在生活条件差、发展能力弱的边远贫困地区实施整村推进，使当地贫困群众得到实惠和发展，村容村貌发生了明显变化。河南省有5162个贫困村完成了整村推进建设任务，累计建设搬迁新村528个，搬迁农户2.9万户，搬迁贫困人口11.7万人。福建省2002—2007年，先后实施了第一轮整村推进扶贫开发，重点帮扶1477个扶贫开发工作重点村，贫困人口人均纯收入每年增加300元左右，大大高于全省同期水平。2007年下半年，福建省开始实施第二轮整村推进，扶持省市县扶贫开发重点村2242个，到2009年上半年，仅228个省级扶贫开发重点村就筹措扶贫资金5.2亿元，有力地促进了重点村经济和社会事业的全面发展。

三、主要困难和问题

通过调研，无论是东部地区的福建、中部地区的河南还是西部地区的甘肃、西藏，在经济社会发展和扶贫工作方面还存在以下几个共性的困难和问题：

（一）贫困程度深，发展后劲不足

目前，四省区剩余贫困人口主要在边远山区、边境地区以及人口较少数民族聚居区，自然条件差，生存条件恶劣，自我发展的能力差。2008年西藏农牧民人均纯收入只有3176元，仅为全国平均水平的66.7%，2008年底还有人均纯收入低于1700元的低收入人口68万人，占全区农村人口的31%，青壮年文盲率占2.4%，全区人均受教育年限仅为6.3年。2008年，甘肃省绝对贫困人口174.2万人，占贫困人口的25.6%；低收入人口506.3万人，占74.4%，农民人均纯收入为全国平均水平的57%，排在全国的第31位，贫困发生率为21.3%，比全国平均发生率高17.1个百分点。按照人均纯收入1196元的标准，河南省还有低收入贫困人口424万人，人均纯收入1500元以下的有600余万人，其中有20多万人居住在生存条件恶劣的深山区、石山区，改变贫穷落后面貌非常困难。四省区绝大部分国家扶贫开发工作重点县财政自给率低，基本靠中央转移支付来解决地方建设和人员工资。

（二）发展不平衡，差距日益加大

城乡区域发展不平衡的问题依然突出。一方面表现为东中西三大地带发展差距和收入差距不断扩大；另一方面表现为贫困地区内部不同群体之间的收入差距也在不断扩大。2008年，西藏、甘肃、河南、福建四省区农民人均纯收入分别为3079元、2724元、4454元、6196元，收入最低的甘肃省和最高的福建省相差3472元。贫困地区内部，河南省人均纯收入排名后30名县的平均值只相当于排名前20的县的53%，且较2000年的62%又扩大了9个百分点。河南10%的低收入农户人均纯收入与10%高收入农户相比，收入差距从2000年的6.5倍扩大到2008年的8.9倍。

福建省沿海地区和山区发展不平衡性日益突出，2008年，20个经济欠发达山区县的人均GDP只有全省平均水平的45.6%，财政收入仅占财政支出的40%。山区贫困县收入水平差距较大且呈继续扩大趋势，虽然近年来贫困地区温饱线标准逐年提高，2008年已达1200元，但和全省农民人均纯收入之比，已从2002年的1∶3.22升至1∶5.16。

（三）脱贫稳定性差，返贫率高

由于低收入人口的脆弱性，已越过温饱线的贫困群众，抵御自然灾害、疾病和市场风险的能力脆弱，返贫率高。甘肃省贫困地区大多集中在青藏高原、黄土高原、秦巴山区和中部极度干旱带上，自然环境恶劣、自然灾害频繁，大多数农村十年九旱，各类灾害频发，因灾返贫现象非常突出。全省常年返贫人口在80万左右，特殊年景返贫人口达200万人以上。西藏自治区雪、旱、动物疫情等灾害频发，因灾和因动物疫病返贫已成为主要的致贫原因，2008年全区因灾返贫率达35%。河南省地处南北过渡地带，气候变化异常，洪涝灾害、暴雨、泥石流等自然灾害频繁，脱贫与因灾返贫交织，贫困人群的脆弱性明显，巩固温饱成果的任务仍很艰巨。2003年洪涝灾害使河南省贫困人口净增了211万，2007年夏季暴雨使80万人因灾返贫。由于致贫因素的复杂性，贫困人口存在大进大出的现象，实现稳定解决温饱和小康还需要艰苦奋斗。

（四）基础设施滞后，扶贫成本高

贫困地区多处偏远山区，贫困人口呈现“小集中、大分散”的特点，交通极为不便，基础设施严重不足，工程建设成本远远高于其他地区，脱贫难度越来越大，帮扶成本越来越高。2008年，西藏自治区还有5%的乡和30%的村不通公路，40%的村不通电，邮政、电话、广播电视通达率都处于较低水平，还有22%的人口没有喝上安全清洁的水，农田保灌率仅为30%。甘肃省51个贫困乡村集中的县中，至今有12.3%的行政村不通车、10.7%的行政村没有学校、40.6%的行政村没有正规卫生所，7—15岁儿童因贫失（辍）学率达7.3%，青壮年劳动力中文盲占15.6%。福建省尚有一半的行政村未实现村内道路硬化，有近1000个村未通安全卫生饮用水。国家扶贫开发工作重点县财政自给率很低，基本靠国家转移支付来解决地方建设和人员工资。

（五）扶贫投入不足，需求矛盾突出

据有关资料显示，20 世纪 80 年代每户贫困户投入 1000—2000 元可以实现脱贫，90 年代 4000—5000 元可以实现脱贫，现在要真正实现脱贫，每户投入都要万元以上。较之以往，目前同样数量的投入，远不能实现相同的扶贫目标。据甘肃省测算，按照现有贫困人口测算，2010—2020 年彻底解决贫困问题，年均需投入 44 亿元。而近 10 年来，国家投入甘肃的财政扶贫资金年均约为 6 亿元，以工代赈资金自 1997 年以来一直为 2.25 亿元，目前只能用于贫困村组修建道路、人畜饮水、农田整治、危房改造等迫切需要解决的问题。按照十年扶贫开发的规划，西藏自治区共需投入财政扶贫资金近 50 亿元，而实际投入财政扶贫资金仅 22 亿元，差距较大。国家投入河南的专项扶贫资金、以工代赈资金和少数民族发展资金，2001 年为 5.09 亿元，2008 年为 9.16 亿元，年均增长 8.75%，扣除物价因素后，增长幅度很小。由于地方各级财力比较薄弱，贫困地区经济发展水平低，财政困难，群众自筹能力有限，导致扶贫开发投入主要依靠上级财政投入的现状没有明显改变。

四、几点建议

完善扶贫战略和政策体系的基本思路是，要从战略和全局的高度充分认识扶贫开发对我国建设社会主义新农村，实现区域协调发展，逐步缩小差距，如期实现全面建设小康社会目标的重要性和紧迫性，将扶贫开发作为一项长期的战略任务抓紧抓好。继续坚持开发式扶贫方针，以不断改善贫困地区发展环境、提高贫困人口自身发展能力为中心，把基本消除绝对贫困现象作为首要目标，巩固温饱成果，促进低收入人口增收致富。调整转变扶贫工作方式方法，把扶贫工作与区域经济发展、产业发展和社会进步更加紧密地结合起来。实施有差别的区域扶贫标准和扶贫政策措施，将中西部特殊类型和集中连片贫困地区作为新阶段扶贫开发的重点区域，开展扶贫攻坚。完善扶贫标准和国家扶贫重点县动态调整机制。具体政策建议包括以下几个方面：

（一）开展特殊类型和集中连片地区扶贫攻关

特殊类型和集中连片贫困地区，既是未来十年我国农村扶贫开发工作的难点地区，也是实现基本消除绝对贫困现象的关键地区。以贫困地区自然地理属性、经济发展水平和财力差异为基础，综合考虑革命老区、少数民族地区和边境地区等人文属性，根据地域分布相连、贫困类型相似、致贫因素相近的原则，划定特殊类型和集中连片贫困地区，按照跨越式发展的要求，制定专项规划，加大扶持力度，开展扶贫攻坚。“十二五”期间，国家选择部分贫困程度深的跨省级典型集中连片贫困地区进行试点，开展扶贫攻坚。中西部地区省份也要结合本省实际，确定集中连片贫困地区开展扶贫攻坚。进一步做好西藏、四省藏区和新疆南疆等特殊类型贫困地区的扶贫开发工作。

（二）制定和实施有差别的区域扶贫政策措施

按照因地制宜、因地施策的原则，制定和实施针对性更强的扶持政策措施。西部贫困地区要以基本消除绝对贫困现象和巩固温饱成果为重点，继续实施中央财政扶贫资金对西部贫困地区和贫困人口倾斜的政策。对西部重点生态功能区，建立以国家补偿为主的生态补偿机制，着力促进基本公共服务均等化和民生改善。东中部贫困地区要以尽快消除绝对贫困现象和促进低收入人口增收致富为重点，结合土地流转和产权制度改革，大力培育发展特色优势产业和龙头企业，紧紧抓住东部产业转移以及工业化和城镇化加速推进的有利时机，促进农村富余劳动力和贫困人口向非农产业转移。特殊类型和集中连片贫困地区要以实现跨越式发展为重点，采取逐步提高中央投资比例，降低地方配套资金比例，取消公益性项目州县资金配套等特殊政策措施，加大支持力度，力争在较短的时间内，消除制约这些地区脱贫致富最突出、最紧迫的问题。根据地区建设成本差异，进一步提高对高海拔地区、边远山区基础设施建设补助标准和易地搬迁扶贫标准。加强农村金融和扶贫信贷工作，调整农村小额信贷和扶贫贴息贷款分配机制，探索多渠道筹资建立公益性担保基金的制度，对信贷环境和市场意识相对较好、特色产业发展具有潜力或初具规模的东中部贫困地区，扩大信贷规模，促进其扩大生产，加快致富步伐。

（三）加强扶贫规划编制和实施

抓紧研究制定新十年农村扶贫开发纲要，按照统筹规划、加强衔接，突出重点，区别对待，加大投入，跨越发展，整合资源，创新模式，公开透明，加强监管等原则，制定“十二五”有关专项扶贫规划，使其成为贯彻落实新扶贫开发纲要的重要抓手和支撑。重点是特殊类型和集中连片贫困地区建设规划、易地搬迁扶贫规划和整村推进规划等。其中，特殊类型和集中连片地区扶贫建设规划要按照有限资源解决有限目标的原则和跨越式发展要求，在与国家有关专项规划做好衔接协调的基础上，整合现有中央扶贫资金，采取设立专项的办法，用3—5年时间，集中解决对于制约区域内贫困人口脱贫致富带有全局性和突出性的问题，使局部发展环境得到显著改善。易地搬迁扶贫规划要坚持以贫困搬迁为重点，统筹兼顾重要生态功能区、地质灾害多发区和地方病高发区的人口搬迁问题，着力加强后续产业培育发展和移民技能培训，切实解决好贫困人口搬得出、稳得住、逐步能致富的问题。创新易地搬迁模式，制定不同的搬迁补助标准，整合有关支农投入，提高搬迁扶持效果。

（四）建立扶贫资金稳定增长机制

进一步调整国民收入分配格局，建立与国民经济和财政收入增长相适应的扶贫资金稳定增长机制。地方各级政府特别是省级政府，要充分发挥扶贫开发第一责任主体的作用，逐步加大对本省贫困地区的扶贫投入力度，建立与国家扶贫开发投入增长相匹配的增长机制。

（五）突出扶贫开发重点领域和投入重点

根据多年实践，农村生产性基础设施建设、公共服务设施建设、易地搬迁、特色优势产业发展和劳动力技能培训，是行之有效的扶贫方式和扶贫手段，应作为基本措施，确保稳定持续推进，在此基础上，不断探索创新扶贫组织方式和开发模式。整村推进工作要坚持统筹规划、突出重点、区别对待、因地施策的原则，结合新农村新社区建设，以改善发展环境、增强发展能力为重点，以实际脱贫效果为准绳，避免在标准和进度上强行划一。进一步加大与国务院各职能部门的统筹协调力度，充分发挥专业部门和专项规划在新农村建设中的积极作用。

（六）加强对口帮扶工作

进一步发挥对口帮扶的作用，将干部援助、专业人才援助和经济援助有机结合起来，制定经济对口帮扶专项规划，建立对口支持资金增长机制。除中央已明确的由发达省市、中央国家机关和企事业单位对口帮扶的地区外，各省（区、市）均应建立健全对口帮扶本省（区、市）贫困地区的机制，加大扶持力度。进一步明确国有大中型企业和行业扶贫责任。鼓励社会各界捐资捐助，多种形式开展帮扶活动。研究制定有利于引导社会资本特别是个体和民营企业投入扶贫开发的政策、机制。

（七）完善扶贫开发工作机制

一是本着积极稳妥的原则，抓紧完善国家扶贫开发工作重点县退进机制和具体办法，尽快完成调整工作，与新十年扶贫开发纲要和“十二五”扶贫规划同步实施；二是切实做好扶贫开发与农村最低生活保障两项制度的有机衔接，探索建立科学、合理和操作性强的低保人口界定办法，实行动态管理，切实做到对农村低保人口实行应保尽保，稳步扩大两项制度衔接试点范围；三是进一步完善扶贫资金管理办法，提高资金使用效益；四是加快推进土地（草场）流转和农村小型基础设施产权制度改革，促进农业集约化规模化经营，促进发展方式的转变；五是建立扶贫开发纲要和扶贫专项规划中期评估和调整机制；六是建立健全扶贫开发效果评价制度。

完善国家扶贫战略和政策体系
联合调研第三组分报告

为贯彻落实十七届三中全会和国务院扶贫开发领导小组第一次全体会议的精神，研究进一步完善国家扶贫开发战略和政策体系，按照回良玉副总理的批示，财政部会同卫生部、教育部、文化部、国务院扶贫办、国家广播电视总局、全国总工会先后赴浙江、湖北、重庆和四川四省市进行了联合调研。调研组通过召开座谈会、实地考察、走访贫困户等多种方式，深入了解了四省市贯彻落实《中国农村扶贫开发纲要（2001—2010 年）》（以下简称《纲要》）的有关情况，当前的扶贫开发形势及存在的主要困难和问题，广泛听取了地方政府、基层干部以及贫困农民对《纲要》的评价意见，对完善国家扶贫开发战略和政策体系的政策建议。

从调研的情况看来，四省市认真贯彻落实《纲要》部署的各项重点工作，扶贫开发事业取得重大进展。浙江省因时因势调整扶贫战略，因地制宜创新政策措施；湖北省扶贫重点工作开展得有声有色；重庆市积极探索产业扶贫、移民扶贫和劳务输出等多种扶贫模式；四川省扎实开展创新扶贫政策机制的试点，有力推动了革命老区和少数民族地区扶贫开发工作。调研组的同志一致认为，四省市各级党委、政府领导对扶贫事业高度重视，基层扶贫干部的工作热情很高，贫困农民对党的扶贫事业十分拥护，发展生产、脱贫致富的信心很足，扶贫开发取得了显著的成效，各项工作局面喜人。同时，通过调研也了解到，当前的扶贫开发形势依然严峻，消贫减困的任务依然繁重，新一轮扶贫开发战略需要尽快明晰，有关政策措施需要进一步完善。

一、扶贫开发取得的成效

《纲要》实施以来，四省市不断加大扶贫开发力度，贫困地区经济快速发展，基础设施和生活条件得到较大改善，贫困人口规模逐年下降，生活水平进一步提高，取得了显著成效。

（一）贫困群众脱贫致富成效显著

各地贯彻落实《纲要》取得的成效，突出表现之一就是贫困人口的脱贫致富。例如，四川省在《纲要》实施期间，共解决了130万绝对贫困人口的温饱问题，改善了492万低收入贫困人口的生活状况，绝对贫困人口和低收入贫困人口分别下降了42%与67%，36个扶贫开发重点县的农民人均纯收入由2000年的1474元增加到2008年的3215元，增长了1.18倍；湖北省2001年以来，共有410万贫困人口解决温饱实现脱贫，年均减少贫困人口51.25万，29个扶贫开发重点县农民人均纯收入由2001年的1548元增加到2008年的2749元，年均增长8.6%；期间，重庆市农村绝对贫困人口数由140万减少到48万，低收入人口数由273万减少到94万，贫困发生率由17%下降到了6%，扶贫开发重点县的农民人均纯收入由1397元增加到3261元，年均增长11.2%，增幅高于该市农民人均纯收入的平均水平。另外，浙江省通过30年的扶贫开发，更是从一个贫困发生率高于全国平均水平的省份转变为提前实现由小康向温饱跨越的地区。

（二）贫困地区生产生活条件不断改善

《纲要》实施期间，四省市扎实推进基础设施建设等扶贫开发重点工作，有力地改善了贫困地区的基本生产生活条件。如，湖北省重点解决了1000多个村的行路难，125.4万人、78.44万头牲畜的饮水困难，3.2万贫困农户的用电困难等问题，扶持52万农户兴建了沼气池，使贫困农民的路、水、电、能源等基础设施有了明显改观；重庆市建成了辐射贫困地区的“四小时重庆”公路交通骨干网，重点县通公路、通电、通电话和通广播电视的行政村比例分别达到90.3%、99.5%、97.9%和94.6%；

四川省帮助61万多农户实施改房、改厕、改圈、改厨、建设院坝和沼气池；浙江省通过开展“百家规划建筑设计单位下农村、千名规划建筑设计人员进农户”活动，帮助欠发达地区的21个乡镇300多个村庄完成了规划编制。

（三）贫困农村社会事业明显进步

从四省市调研情况看，教育、医疗卫生、科技文化等行业部门认真贯彻落实《纲要》要求，不断加大对贫困地区的扶持力度，推动了贫困地区社会事业的快速发展，消除了一些重要的致贫因素。在教育方面，农村免费义务教育的实施，减轻了农村贫困家庭的教育支出压力，农村儿童辍学率进一步降低；新建和改建了大批中小学校舍，提高师资力量和办学质量，贫困地区学生的受教育环境有了很大改善。如，重庆市率先在全国实行了贫困户子女接受职业教育免交学费、补贴生活费的政策，帮助贫困学生完成学业，收到了良好的效果；浙江省完善教师支教制度，开展“百人千场”送教下乡活动，省里组织170位名师赴欠发达地区送教299场次，培训农村教师1.3万余人次。在医疗方面，贫困地区医疗条件的逐步改善，新型农村合作医疗制度的逐步健全，农村医疗救助政策的逐步实施，使贫困农民的医疗保障水平有了一定程度提高，因病致贫的现象得到了初步缓解。如，湖北省在《纲要》实施期间，新建和改造乡村卫生院（所）857个，90%以上的群众参加了新型农村合作医疗，就医难问题有所缓解；四川省全面推进阿坝州扶贫开发和综合防治大骨节病试点，对现症病人实施免费治疗政策，已经成为当地的一项“民生工程”、“德政工程”。在广播文化方面，广播电视村村通工程、文化下乡活动的实施，畅通了贫困地区的信息渠道，丰富了贫困群众的文化生活。

（四）发展优势特色产业增收明显

四省市以培育贫困地区和贫困群众的自我发展能力为重点，积极支持发展优势特色产业。目前，一些扶贫产业已经初具规模，对贫困群众脱贫致富的带动能力不断增强。如，重庆市按照“一乡一业，一村一品、一户一特”的基本思路，几乎每个区县都培育出了一两个能够带动一二十万贫困农户增收的特色产业。据介绍，2008年奉节县的脐橙种植规模达到20万亩，带动5万户果农每年户均实现收入4000多元；石柱县种植辣椒25.1万亩，其中种植辣椒的1.4万贫困户人均实现收入1239元，相对粮食生产人均增收364元。浙江省按照“移民搬迁、强化培训转移就业一部分，发展特色产业、拓宽增收渠道扶持一部分”的思路，积极发展名茶名果、高山蔬菜、食草畜禽等特色农业产业。2003—2007年，浙江省28个省级重点扶持县共发展蔬菜、茶叶、果园基地190多万亩，食用菌年产量超过60万吨，带动120万农户增收，形成了一批特色农产品品牌。湖北省罗田县充分发挥地理特点和传统优势，发展了92万亩板栗，年产达7000万斤，产值达5亿多元，占到该县农业总产值的40%。板栗产业目前成为该县2.7万贫困户、近10万贫困人口的主要收入来源。四川省则以扶贫新村建设为抓手，帮助贫困村发展致富产业，该省南充市嘉陵区木老乡何家村发展以优质水果、蔬菜为主的富民产业，每亩地的年均收入近万元。

（五）扶贫开发成效巩固了基层阵地建设

从四省市调研的情况看，扶贫开发与党的基层组织建设相辅相成、相互促进，取得了良好的效果。调研组在四省市走访考察的几个村庄，老百姓的生活虽然并不富裕，但村庄还是平静祥和，贫困群众有较强的脱贫致富愿望，对基层党组织热情拥护，干群关系十分融洽。调研组所到之处，坡上坡下、房前屋后，村民们都自发聚在一起，以淳朴而热烈的礼仪欢迎调研组的到来。在四川省南部县四龙乡龛院寺村，调研组专程探望了87岁的老党员朱明良，他的老伴已经过世，子女全都外出打工，老人家不仅坚持种庄稼，还多次带领村民修补村道。他讲，“党的政策硬是好哟，现在国家不但不要农民交粮完税，还对农民实施各种惠农政策，我们村目前虽然还困难，但日子一天天会好起来的!”调研组在龛院寺村与基层干部、村民们座谈时，村主任在汇报过程中激动得几度哽咽。一位姓董的村民代表向调研组表示，“天气炎热，你们来搞扶贫工作，值得我们感谢，感谢共产党！感谢你们各位！”基层扶贫干部的工作热情和贫困群众自力更生的精神让调研组的同志们为之动容。

二、各地的经验做法

四省市在贯彻落实《纲要》过程中，始终坚持改革创新的精神，因地制宜地制定扶贫开发规划，不断创新扶贫开发机制，探索出了不少值得借鉴的经验做法。

（一）与时俱进推进工作，适时调整扶贫战略

随着社会经济的不断发展，扶贫开发面临的形势也在不断发生变化。浙江省能够利用30年左右的时间，从一个贫困发生率高于全国平均水平的省份转变为提前实现由温饱向小康跨越的地区，就是因为始终根据经济社会发展的不同阶段，适时地调整和完善扶贫开发战略，科学规划不同阶段的扶贫开发目标，并将不断提高的农民收入水平和不断变化的贫困人口分布特点作为扶贫开发战略调整的出发点和立足点，其调整的主要内容就是扶贫开发的工作平台和瞄准对象。这一做法值得中西部贫困地区学习借鉴。四川省紧紧围绕着贫困群众的现实需求，不断调整和完善扶贫开发规划。2001年起，该省重点实施了新村、移民、教育、卫生和牧区“五项扶贫工程”。随着扶贫工作的不断推进，2005年，将“五项扶贫工程”调整为新村、劳务、产业、移民、村道和社会“六项扶贫工程”，2006年进一步调整为新村、劳务、产业、村道、沼气扶贫工程。浙江、四川两省正是根据扶贫开发形势的变化，与时俱进地采取应对措施，对扶贫开发战略进行了科学调整，才使得扶贫开发工作始终朝着《纲要》确定的目标扎实推进。

（二）注重区域整体经济发展的减贫效果，充分发挥辐射带动作用

中国30年的扶贫开发实践表明，通过改革开放促进区域整体经济的发展是消减贫困的最重要原因之一。从调研的情况看，四省市也越来越重视将扶贫开发措施融入到经济社会发展的整体战略中。如，浙江省充分发挥工业化、城镇化的辐射带动作用。通过区域整体经济的增长，带动贫困地区资源和要素的流动；依托县域经济的发展和中心城镇的兴起，促进移民搬迁和贫困农民转移就业；通过要素集中和人口流动，促进城镇化的发

展，使贫困地区的扶贫开发和全省城镇化的推进相互促进、相得益彰。四川省也积极依托沿海发达地区经济的发展，加大贫困地区劳务输出力度，利用城市建设和工业发展对劳动力的需求，促进贫困劳动力有效转移，增加贫困人口收入。

重庆市作为全国统筹城乡综合配套改革试验区，具有大城市和大农村并存的结构特征。在扶贫开发方面，该市着眼于加强贫困地区和主城区的经济联系和沟通，帮助贫困地区、贫困群众开辟城市的产品市场。包括利用每年的农展会，组织贫困地区农产品到主城区展销，支持贫困地区的专业合作组织和龙头企业到城市建立农副产品配送中心。在区域经济发展的带动下，目前该市涪陵的榨菜、奉节的脐橙等特色产品都已具有了自己的品牌，涪陵山垦蔬菜协会在主城的配送中心每年销售南瓜达 8 万吨以上。该市通过将贫困群众的家庭生产和整个城乡消费市场联系起来，进一步挖掘出了农业产业的增收潜力。

（三）围绕要素资源充分利用，因地制宜实施扶贫政策

从四省市调研的情况来看，凡是扶贫开发取得突出成效的地方，大都是充分发挥了当地的资源优势，实现贫困地区要素资源的充分利用。如，重庆市的大部分贫困人口分布在人均资源禀赋严重不足的渝东南、渝东北山区，属于典型的“一方水土难以养活一方人”。该市紧紧围绕缓解资源承载压力这一中心，谋划资源优化配置和充分利用，引导贫困地区劳务输出，将劳务经济发展为该市贫困地区的“第一经济”。通过实施移民搬迁工程，解决居住在深山区、石山区、高寒山区等生存空间狭小、环境恶劣地区贫困农户的发展问题。如对巫山县庙堂乡实施了整乡搬迁工作，让留守的 100 多户群众分享原来 2000 多人共用的资源，使他们的生活状况发生了根本改观。20 世纪 90 年代后期起，浙江省开始实施搬迁下乡、异地致富的“换血式”扶贫，将贫困人口从交通闭塞、生产生活条件恶劣的高远山区、地质灾害危险区和重点水库库区搬迁到就业岗位充足、交通条件便利、教育、医疗卫生等配套设施较好的中心镇。

浙江和重庆的经验表明，要促进贫困地区资源的有效利用，提高扶贫开发措施的有效性，必须充分考虑制约贫困地区发展的主要因素，选择经济的、有针对性的帮扶措施，充分考虑当地的资源条件和传统优势，选择

有效的帮扶手段。

（四）提升贫困劳动力自我发展能力，促进稳定脱贫致富

提高贫困劳动力素质是拓宽贫困劳动力就业渠道，提高贫困农民脱贫致富能力的重要途径，而加强贫困劳动力培训是提高贫困劳动力素质的重要抓手。四省市在改善贫困家庭儿童教育条件和教育质量的同时，着力实施贫困劳动力培训，提高贫困劳动力的就业技能。如，湖北省按照“对中高考落榜贫困生主要以中长期培训为主，存量贫困劳动力主要以短期培训为主”的思路，从2006年起共培训转移17.5万贫困劳动力，带动了约70万人增收脱贫，起到了“就业一人，脱贫一家；转移一人，带动一片”的良好效果。

浙江省依托本省快速发展的经济和不断扩大的就业市场，按照“政府主导、市场运作、部门协作、企业参与”的方式，积极开展农民素质培训。2003—2007年，浙江省28个省级重点扶持县（区）累计培训农民209万人次，转移就业85万人。2008年，浙江省通过实施“千万农村劳动力素质培训工程”、职业教育“六项行动计划”等培训项目，在欠发达地区培训农村劳动力40万人次，转移就业15万人，其中培训低收入农户10万人，转移就业4万人。通过实施农民培训，浙江省走出了一条“培训农民、提高农民、转移农民、富裕农民”的素质扶贫新道路。

（五）整合各种资源，拓宽扶贫开发投入渠道

从调研情况看，部分省市按照“整合资金办大事”的原则和思路，积极引导各种资源和行业部门的投资向农村贫困地区倾斜，取得了显著成果。如，重庆市实施了“一圈两翼”对口帮扶战略，要求经济较为发达的“一圈”区县每年按本级财政一般预算收入的1%支援“两翼”贫困区县发展，并在年度考核时与对口帮扶的区县捆绑考核。2009年，该市通过这一对口帮扶方式向重点县投入的帮扶资金总量预计将达到2.5亿元。在发挥行业部门的扶贫作用方面，重庆市委、市政府分解落实各个成员单位的扶贫任务和责任，并纳入部门年度考核。此外，重庆市还于1996年率先组建了社会扶贫集团，该市武隆县开设了“扶贫爱心网”，利用网络平台募集社会资金。

湖北省积极争取各种社会资源的支持，大力支持贫困地区的发展。如2001年以来，湖北省向定点扶贫的15个中直单位争取直接帮扶资金2亿多元，通过这些单位间接引资2.7亿元。期间，该省组织动员102个省直单位帮扶29个扶贫开发工作重点县，向贫困县直接投入帮扶资金1.6亿元，帮助引进资金3.9亿元。在充分利用社会帮扶的同时，湖北贫困群众发挥老区人民自力更生的优良传统，英山县群众就提出了“先动手、后伸手、不放手”的脱贫致富口号。

（六）积极创新扶贫开发机制，提高扶贫资金使用效益

从调研情况看，四省市积极落实近年来中央开展的有关创新财政扶贫资金使用管理机制的各项试点，如四川省的互助资金试点项目受到贫困群众的高度评价，重庆市的连片开发试点项目成效显著。与此同时，四省市还积极开展各种自主创新，探索出了一些有价值的做法。如，浙江省着眼于解决低收入农户发展生产资金不足的难题，于2008年全面启动了扶贫小额信贷，省财政为29个省级重点扶持县（区）每县安排100万元的担保资金；开展林权抵押贷款，2008年该省农户通过林权抵押获得贷款5亿元；在70个低收入农户集中村开展了互助资金试点。四川省南部县建立了严格的目标考核制，根据下达的扶贫项目计划，制定考核验收细则，量化考评；明确扶贫责任，要求乡镇党政“一把手”每年向县委、县政府递交扶贫工作履职承诺书。在资金监管方面，南部县在村一级对扶贫资金实行下派村支部书记、乡驻村干部、原村支部书记和群众代表四方签字支付制度；在县级管理层次上实行县级主管部门、乡镇、村三方签字和台账管理制。

三、扶贫开发的形势依然严峻

通过调研，我们既看到了贫困地区经济社会发展取得的巨大成就，同时也深深地感受到，扶贫开发的任务仍然十分艰巨，还需要进行长期的努力。

（一）消贫解困的任务仍很艰巨

调研组深入贫困村、走访农户的过程中了解到，中西部贫困地区的农村贫困程度还相当深，贫困人口数量依然庞大，且与其他地区、其他人群的差距越拉越大，帮助这部分群众脱贫致富的难度还很大。如，湖北省目前还有建档立卡的农村贫困人口522.7万，且该省29个扶贫开发工作重点县的农民人均纯收入与全省平均水平的差距从2001年的847元扩大到2008年的1809.7元；四川省目前有农村贫困人口253.1万，该省181个县（市、区）中160个有扶贫开发任务；重庆市建档立卡的贫困人口还有142万，其中13万户、47.4万人居住在生存环境十分恶劣的地区。另外，贫困地区频繁发生的各种自然灾害，使得大量人口因灾返贫，如2008年的汶川大地震就造成四川省58万农民返贫。受去年下半年以来的国际金融危机的影响，返乡的贫困农民增多，也给促进贫困人口增收带来了更大的压力，如2008年扶贫开发重点县农户家庭每百元经营费用支出产生的纯收入由上年的161元下降为150元，投资收益率下降。

（二）贫困地区基础设施仍然十分薄弱

尽管近年来各级政府不断加大对贫困地区基础设施的投入力度，使贫困地区的基础设施状况有了较大的改观，但由于这些地区的历史欠账多，地方财力不足，吸引社会投资的能力有限，基础设施的整体建设水平仍然比较落后。如，重庆市的18个国家扶贫开发工作重点县中，还有687个行政村不通公路，292万人面临饮水困难，1028个村无卫生室。四川省还有72.3万贫困人口居住在茅草房内，全省藏区的32个县中，有2164个行政村未通公路，204个乡（镇）435个行政村15万多贫困农牧民出行相当困难，渡江过河全靠溜索。

实地调研过程中，调研组考察了四川省南部县的四龙乡。该乡距县城40多公里、距南充市70多公里，与外界联系仅有一条坑洼不平、崎岖狭窄的村道。据该乡党委书记杜秋介绍，“多年来，全乡43口堰塘年久失修，形同虚设，无法抗旱保收；乡卫生院设备、房屋破旧，全乡14个村只有1个建了卫生室。”村民反映，“道路不通、饮水困难、上学困难”是导致该村贫困的主要原因。调研组的同志们都认为，实现党的十七大提出的“到2020年基本消除绝对贫困现象”的目标，任务还相当艰巨。

（三）地区发展差距不断增大

扶贫开发形势的严峻性还表现在不断扩大的地区发展差距上。从地区城镇化进程来看，2000年东部6省、中部10省和西部12省的城镇化水平分别为46.1%、32.1%和28.7%，而2007年这三个地区的城镇化水平分别为54.8%、41.5%和37.0%[①]。从收入水平来看，2000年东部6省、中部10省和西部12省各省农民人均纯收入的算术平均值分别为3291.4元、2125.9元和1632.3元，2008年三类地区的该指标分别为6738元、4559.4元和3481.3元，收入差距明显加大[②]。从此次调研的四省市来看，2000年东部浙江、中部湖北和西部重庆、四川的农民人均纯收入分别为4253.7元、2268.6元、1892.4元和1903.6元，而2008年四省市的农民人均纯收入分别为9257.9元、4656.4元、4126.2元和4121.2元[③]，三类地区的收入差距要远远大于2000年时的水平。

（四）致贫因素错综复杂

扶贫开发形势严峻的另一个表现就是致贫因素错综复杂，既有资源禀赋条件差，交通、水利等基础设施落后等发展环境方面的原因，也有教育、医疗支出繁重等经济原因，还有自然灾害、市场风险等偶发因素。在四省市调研中，基层群众反映强烈的主要是因学致贫和因病致贫。教育方面，虽然国家已经实行了免费义务教育，但高中教育和高等教育的支出压力仍然很大，高中生一年的各种费用在8000元左右，大学生一年的费用在1.2万元以上，在贫困地区往往是培养一名大学生，就多一户贫困户；医疗卫生方面，虽然目前建立了新型农村合作医疗，但部分贫困农民因小病治疗费用达不到起付线不能报销，大病难以承担个人负担部分放弃治疗，只能继续“小病拖、大病扛”。此外，自然灾害对生产生活的影响，

---

① 数据根据国家统计年报数据计算。

② 此处采用的是各省农民人均纯收入的算术平均值，而不是严格意义上的加权平均值，2000年数据通过国家统计年报数据计算而来，2008年数据通过国家统计局农村贫困监测数据计算而来。

③ 2000年数据来源于国家统计年报，2008年数据来源于国家统计局农村贫困监测。

市场波动对农民收入的影响，也成为一些农村家庭致贫的主要原因。

在四川省南部县四龙乡龛院寺村调研时，调研组专程探望了75岁高龄的王妈妈，她因病长年卧床不起，日常生活全靠身体严重残疾的女儿打理，一家住在半边坍塌的危房里，仅靠政府每月40元的低保金维持生计。该村贫困户朱纯忠有两个儿子，一个在攀枝花上大学，每年花销1万多元，一个高中辍学在外打工，因缺少技术，收入微薄，难有积蓄。像这样的农户家庭，仅仅依靠单一的扶持政策和帮扶手段是难以帮助其实现脱贫致富的。调研组深深感到，致贫因素的错综复杂对扶贫开发政策的有效性、针对性、协调性提出了更高的要求。

（五）集中连片贫困地区、革命老区贫困问题比较突出

从调研情况看来，中西部三省市的贫困人口主要以集中连片分布为主，如湖北省89.5%的贫困人口集中在边远高寒的深山区、干旱缺水的石山区、资源匮乏的水库移民区和血吸虫等地方病高发区；重庆市的贫困人口主要分布在渝东南、渝东北的武陵山区、三峡库区；四川省的贫困人口则主要分布在四川盆地周围的山区，多为革命老区和少数民族地区。如甘孜、阿坝、凉山三州地区是少数民族聚居区，其所辖的48个县（市）中有19个扶贫开发工作重点县，但其他29个非重点县无论是贫困的广度还是深度，都与重点县没有明显差别，属于典型的集中连片贫困地区。其中甘孜州所辖18个县中仅有1个县的恩格尔系数在59%以下，石渠县甚至高达93%。另外，中部地区比照适用西部大开发政策的湖南省湘西土家族苗族自治州、湖北省恩施土家族苗族自治州、吉林省延边朝鲜族自治州2008年分别有贫困人口54万、43.9万和5.5万，分别占到所在省贫困人口的31.6%、28.9%和11.5%，属于全国典型的集中连片贫困地区。点状分布的贫困户在致贫原因上个体的特点更为明显，而集中连片贫困地区的出现则往往面临共同的致贫原因，制约这些地区发展的因素可能更为顽固，巩固扶贫开发成果的难度更大。由于这些地区整体经济发展水平比较落后，市场发育程度比较低，广大群众增收致富的机会更少，因此要实现集中连片贫困地区的脱贫致富难度更大。

另外，革命老区的贫困问题也比较突出，如湖北省是革命老区比较集中的省份，老区人口和国土面积占湖北总数的80%以上。革命老区大多

处于偏远地区，交通不便、资源贫乏，经济社会发展水平比较低，贫困程度比较深。如何加快革命老区的发展，让为中国革命做出过重要贡献的老区人民尽快充分分享改革发展的成果，也是下阶段扶贫开发工作需要解决的重大难题。

（六）扶贫体制机制有待完善

从投入机制方面来看，扶贫开发作为一项系统工程，不仅需要专项财政扶贫资金投入，更需要扶贫办发挥组织协调作用，需要各个行业部门切实承担起相应的扶贫责任。但在调研中，地方的同志反映，在现有的体制机制下，行业部门对扶贫开发工作的重视程度有待进一步提高，投入不足问题也比较突出，专项财政扶贫资金几乎涉及了贫困地区、贫困人口的所有事业，“小马拉大车”的无奈导致资金分散使用。如，四川省介绍，在实施新村建设工程中，对每个贫困村的投入大概为50万元，基层干部和贫困群众普遍反映投入不足。从我们实地调研情况看，贫困村的贫困程度相当深，目前的投入水平确实与贫困农民的现实需求还有不小的差距。据地方的同志介绍，目前的整村推进工作总体上是低水平的，往往重视道路等基础设施建设，忽视贫困农户自我发展能力的培养，脱贫效果难以持续。

从落实责任机制方面来看，近年来我们通过实施“四到省”（责任到省、任务到省、资金到省、权力到省）的管理体制，明确了省级政府的责任，取得了显著的成效。但省、市、县三级政府之间的扶贫责任尚不十分明确，以至于许多扶贫政策难以落到实处，需要完善相关的制度设计，进一步明确各级政府之间的扶贫责任。

从工作平台来看，我们搭建的扶贫开发重点县的工作平台，在很长一段时期内对瞄准贫困区域和贫困人口，强化扶贫项目的实施产生了积极作用。但是中央确定重点县的工作机制存在的客观缺陷，使得其已经不能很好地适应扶贫开发形势的变化。首先，以行政区划确定扶贫开发重点的做法并不能确保扶贫开发工作很好地瞄准贫困区域和贫困人口。从调查了解的情况来看，各省市都存在部分贫困县因未能纳入政策扶持范围，拉开了和周边扶贫开发重点县的发展差距，贫困群众的脱贫步伐较慢。由于重点县的人口规模往往影响地方从中央政府获得的政策支持力度，在研究确定国家级重点县时，部分省市优先将辖区面积大、人口多的县申报为重点县，而部分贫困程度更深但辖区面积小、人口少的县被排斥在重点扶持范围之外。中央统一确定重点县的做法不利于落实十七届三中全会提出的“对农村低收入人口全面实施扶贫政策”的要求。第二，中央政府确定扶贫开发重点县的做法不利于根据各地贫困状况的变化实事求是地对重点县进行动态调整，形成“贫困帽子宜戴不宜摘”的现象，也影响了地方推进扶贫工作的积极性。近些年来，有关部门一直在研究建立重点县的进退机制，改变现在重点县一定几年不变的做法，但成效不大。第三，在经济较为发达的部分省市，贫困人口已经由片状分布转变为点状分布，即使在中西部连片贫困地区，反应经济社会发展程度的贫困人口分布也不一定和行政辖区严格对应，以行政区划确定扶贫开发重点的做法忽略了区域经济发展的客观规律。因此，由中央统一确定扶贫开发重点县的做法不一定符合全国所有地区扶贫工作的实际，也不利于连片贫困地区的协调发展。

综上所述，我国扶贫开发的形势仍然十分严峻，抓紧完善国家扶贫开发战略和政策体系已经成为当务之急。

四、政策建议

以这次调研为契机，结合财政扶贫多年的实践探索，我们认为，新时期完善扶贫开发战略和政策体系，总的看，要充分认识我国贫困问题的艰巨性、复杂性和长期性，始终坚持开发式扶贫的方针，不断完善扶贫开发体制和扶贫战略，研究落实各级政府和部门的扶贫责任，调动各方面的扶贫积极性；研究在发挥政府主导作用的同时，提高贫困人口自我发展的能力，激发贫困人口脱贫致富的积极性和创造性。从财政看，要继续完善财政扶贫政策框架体系，逐步加大扶贫投入，进一步提高财政扶贫政策的针对性和有效性，提高资金使用效益。

（一）完善“四到省”扶贫开发体制，以县为抓手但中央不再确定扶贫工作重点县

《规划》实施近十年，扶贫开发在“四到省”体制的基础上，通过确定扶贫工作重点县，瞄准扶贫开发的重点区域和占贫困人口70%左右的

重点人群，取得了很大的成效。同时，在国民经济整体快速发展和扶贫开发过程中，重点县的发展变化较大。部分重点县脱贫甚至进入全国百强县或省内前列，有些省的部分重点县经过多年的扶贫投入，生产生活基础条件和农民收入水平已经明显好于非扶贫重点县。因此，部分地方对调整重点县的制度设计，完善进入和退出机制的呼声较高。个别省如陕西甚至已经准备进行自我调整。新的时期，对重点县体制的适当调整不可回避。由于重点县体制的调整比较复杂，触及省、县之间的既得利益，因此，本着积极稳妥的方针，完善“扶贫工作重点县”体制，坚持以县为抓手但中央不再确定扶贫开发工作重点县，建立中央原则指导、省级自我决策的重点县进出机制。调整的基本思路，全国继续维持592个重点县总数和各省的重点县分配名额不变；国务院扶贫开发领导小组提出原则要求，省级根据贫困人口的分布特点，以3—5年为周期，自主地确定扶贫工作重点县；推动重点县进出机制制度化建设，建立重点县进出的评估制度。

同时，进一步创新“四到省”体制，稳步推进“四到县”体制。扶贫开发实行“四到省”的管理体制，明确了省级政府的责任，取得了显著的成效，但省、市、县三级政府的权责关系尚不十分明确，需要进一步完善制度设计。县级政府具有独特的优势，政府功能完善，具有组织、规划和整合资源的能力，同时贴近基层，了解贫困人口的实际需要，符合因地制宜开展扶贫开发工作的要求。可以考虑在全国范围内稳步推广“四到县”管理体制，强化以县为抓手的体制基础，进一步明确县级政府的扶贫责任，支持县级搭建整合各种资源、加快推动贫困群众增收致富的有效平台。

（二）进一步落实扶贫责任，明确各级政府和行业部门的职责

贫困地区的致贫原因是多方面的，扶贫开发的事权责任涉及各个层级的政府和部门，以专项扶贫的单薄力量难以支撑起整个扶贫开发事业的开展，不能“包打天下”。因此，要着眼于加强政策的协调配合，明确各级政府的职责；着眼于整合行业扶贫的资源，明确行业部门的扶贫责任。

中央政府要加强政策协调，切实承担起全国性的、跨区域性的、涉及重大扶贫战略的责任，同时，建立有效的扶贫责任考核机制；省级政府要负责组织编制本省的扶贫规划，因地制宜地确定本省的扶贫开发目标和任

务，切实承担起承上启下的扶贫责任；县级政府要狠抓扶贫责任的落实，完成好中央和省级开展的相关试点任务，扎扎实实地履行好扶贫责任。

新的时期，国务院扶贫开发领导小组要进一步强调各部门的扶贫责任。各部门要根据行业政策提出一定时期内明确的、量化的、可实现的扶贫目标任务和指标，使行业部门从目前的扶贫“参与者”转变为重要的“组织者”、“实施者”。同时，由国务院扶贫办牵头，建立考评制度，会同有关部门对各行业部门进行绩效考评，并建立激励和监督约束机制。

（三）继续加大财政扶贫投入，完善引导扶贫投入机制

新时期，在建立和完善公共财政框架体系过程中，各级财政要推动加快农村基本公共服务均等化步伐，继续加大财政扶贫投入，通过财政贴息、项目补助、以奖代补等手段，引导全社会增加扶贫投入。中央财政要加大对中西部农村基本公共服务方面的转移支付和专项补贴力度，支持中西部农村社会事业，特别是教育、卫生等事业发展，向贫困地区、少数民族地区、边境地区和革命老区倾斜，特别是要承担起对西部贫困地区的专项扶贫投入责任。地方财政要不断优化财政支出结构，根据财力情况逐步加大扶贫投入力度，并加大整合力度，发挥合力扶贫效应。行业部门的投入应优先覆盖农村贫困地区，并在投入力度上给予倾斜，确保贫困地区的基本建设投资、民生投入高于全国平均水平，逐步缩小地区间的发展差距。

（四）完善中央财政扶贫资金分配制度

自2001起，贯彻落实《纲要》的有关要求，中央财政扶贫资金对东部省市实行固定基数定额分配，增量向中西部地区倾斜，确保集中有限的资金支持中西部贫困地区的发展。随着中部地区贫困人口的减少、贫困程度的减轻以及中部地区经济社会的发展，新阶段的扶贫开发应该进一步集中力量支持西部贫困地区的发展。

中央财政将扶贫资金的固定基数定额分配范围由东部六省扩大到中部省份，增量资金的分配要体现“三个倾斜”：向西部省份倾斜，增量资金主要在西部省份分配，集中力量支持西部贫困地区的发展。向民族地区倾斜，除西部民族地区外，向湖南省湘西土家族苗族自治州、湖北省恩施土

家族苗族自治州、吉林省延边朝鲜族自治州等比照适用西部大开发政策的民族自治州倾斜。向中部地区的革命老区倾斜，考虑到革命老区为新中国的建立做出了重要贡献，而且中部地区大部分革命老区的经济社会发展还比较落后，贫困程度还比较深，将中部地区贫困革命老区纳入新阶段的重点扶持范围，在增量资金分配时予以适当照顾。

同时，建立绩效考评制度，强化绩效考评结果的应用。在继续实施因素法分配财政扶贫资金的同时，拿出部分财政扶贫资金实行绩效奖励，缓解因素法分配资金的负向激励。

（五）突出中央财政扶贫资金使用重点

近年来，中央财政扶贫资金主要围绕“一体两翼”扶贫战略，绝大部分用于“三个确保”整村推进，改善贫困村的生产生活条件。但实践证明，在贫困面较大和扶贫投入资源相对不足的情况下，直接瞄准到村，重心过低、战线过长，特别是集中连片贫困地区资源要素流动不畅，产业发展整体落后，单纯的瞄准一村一户实施帮扶难以取得大的实效。因此，新时期，现行“一体两翼”扶贫战略应进行适当调整，改为“以连片开发为主体，以扶持农业优势特色产业发展为龙头，以支持挖掘人力资源优势为支撑，推动贫困地区发展和贫困人口脱贫致富”的新战略。

围绕新战略，中央财政扶贫资金以集中连片贫困地区为投入重点，以县一级为主，搭建连片开发平台，整合政策和资金，制定连片开发区域的经济社会发展整体规划和专项扶贫规划，推动连片区域的经济社会整体发展，带动整体脱贫，同时创新扶贫项目设计，让贫困村、贫困人群实实在在享受到扶贫政策的扶持。

在连片开发区域的经济社会发展整体规划中，整合政策和资金，促进连片开发区域经济社会发展。要充分利用部分产业由东向西梯次转移的契机，支持贫困地区与发达地区建立经济协作关系，改善物质技术等基础设施条件，将贫困地区建设成发达地区重要产业的原料基地、初级产品加工基地，壮大贫困地区经济。要提升贫困地区基本公共服务水平，消除重大致贫因素，促进贫困村、贫困人群在区域发展的过程中共同发展。

在连片开发区域的专项扶贫规划中，以优势特色产业发展为龙头，以支持发掘人力资源优势为支撑，并因地制宜，创新财政扶贫项目设计，以资金整合为纽带，综合运用产业扶贫、移民扶贫、整村推进、互助资金、扶贫贴息等扶贫手段，实现瞄准贫困村、贫困人群的扶贫目标。

以支持贫困地区特色优势产业发展为龙头，根据贫困地区的地理优势、传统优势和资源特点，通过多种方式挖掘优势特色的增收潜力，加大贫困地区先进实用农业技术推广力度，注重提高贫困劳动力应用实用农业科技的能力，提高农业生产的效率。要培育贫困劳动力参与市场经济活动的意识，引导和帮助贫困劳动力通过农村经济合作组织平台和区域主导产业平台，把家庭生产融入到市场经济中，实现增收致富。

以支持发掘人力资源优势为支撑，从战略上重视对中西部地区人力资源的投资，提高贫困人口基本素质、自我发展、就业和脱贫能力。对贫困地区的基础教育、职业教育给予特殊的支持政策，加大对贫困地区的基础教育和职业教育的投入力度，从根本上防止贫困问题代际传递。各项培训政策向贫困人口倾斜，明确各类农民技能培训项目优先将贫困劳动力纳为培训对象。进一步研究对贫困人口特别是青壮年劳动力的人力资源投资切入点，增强农村贫困劳动力转移就业竞争力和自我发展的能力。

（六）进一步强化扶贫部门的组织协调作用，确保扶贫政策的实效

新阶段，扶贫部门要在引导有关部门加大对贫困地区的扶持力度、贯彻落实扶贫开发规划、开展重大扶贫战略问题研究等方面进一步发挥组织协调作用。一是加强政策协调工作。扶贫部门要加强调查研究，掌握扶贫开发形势、贫困特点和贫困人口面临的特殊困难，搜集各地推进扶贫开发中探索出的先进经验和做法，向行业部门提出建设性的政策建议，支持行业部门落实扶贫责任。同时，要积极引导社会力量开展定点扶贫、东西协作扶贫和社会帮扶，壮大扶贫开发力量，特别是要综合发达地区的产业类型和贫困地区的资源条件，有针对性地确定地区间对口帮扶关系，密切地区间的经济联系。二是加大对地方政府扶贫责任的考核力度。在明确扶贫开发地方政府负责制的基础上，扶贫部门要组织扶贫开发领导小组相关单位加强对各级政府的考核，包括对推进专项扶贫开发工作和整合行业部门的资源推动行业扶贫的考核，对扶贫开发项目实施质量和资金管理情况的考核，做好考评结果的应用。三是加大对行业部门扶贫责任的考核力度。要在新阶段的扶贫开发纲要中明确行业部门的扶贫责任，确定任务目标。

在扶贫战略实施的必要阶段，由国务院扶贫办组织领导小组成员单位对行业部门落实扶贫责任、完成扶贫任务的情况进行考核，督促行业部门切实落实扶贫责任。

（七）加强扶贫资金管理，提高资金使用效益

进一步强化扶贫资金的管理，通过制度设计、管理创新以及狠抓各项措施的落实来确保扶贫资金的运行安全，提高扶贫资金的使用效益。一是要抓紧修订完善《财政扶贫资金管理办法》。现行《管理办法》于2000年印发，目前扶贫开发形势发生了重大变化，扶贫思路有了重大调整，扶贫机制不断创新，原《管理办法》已经不能适应变化了的形势，需对《管理办法》进行修订。二是完善制度，进一步规范扶贫资金管理。在进一步完善招投标、采购、公告公示制度的同时，重点完善扶贫资金的绩效考评指标体系，建立健全以结果为导向的财政扶贫资金分配管理机制。三是加强扶贫资金的审计和检查工作。特别是对审计检查发现的违规违纪问题，要加大惩处力度，加强整改治理，并进行跟踪问效，以确保扶贫资金的运行安全，促进扶贫资金使用效益的提高。

完善国家扶贫战略和政策体系联合调研第四组分报告

由农业部牵头，国务院扶贫办、农业部、国土资源部、环保部、国家林业局、人口计生委、全国妇联以及全国工商联等8部门组成的第四调研组，于2007年6月4日—22日先后深入江西、广东、广西和贵州的8个县、17个乡、28个村，就《中国农村扶贫开发纲要（2001—2010年)》（以下简称《纲要》）的实施情况和完善国家扶贫战略与政策问题进行了实地调研。调研表明，8年来，我国扶贫工作快速发展、政策体系逐步完善、目标任务不断深化、体制机制日益健全，扶贫工作取得了显著的成绩。现将有关调研情况报告如下：

一、《纲要》实施的总体情况

江西、广东、广西和贵州四省区分别位于我国的中部、东部和西部，涵盖了革命老区、民族地区、边境地区、贫困山区和生态保护区等各类特殊地区。这些地区贫困人口多、贫困范围大、贫困程度深，资源性贫困、设施性贫困和综合性贫困的特点突出，扶贫工作的任务十分艰巨。进入新世纪以来，在党中央、国务院和各级党委与政府的正确领导下，在有关部门和社会各界的大力支持下，四省区广大干部群众坚持以邓小平理论和“三个代表”重要思想为指导，深入实践科学发展观，认真贯彻党的十七大、十七届三中全会精神，加快落实《纲要》规定的各项任务，紧紧围绕改善贫困人口生产生活条件、增加贫困人口收入这一首要任务，积极导入新理念，大胆开拓新思路，从思想到行动，从政策到机制，从内容到方法都进行了一系列探索和创新，实现了粮食生产基本稳定、特色农牧业快速发展、农民收入明显提高、贫困人口迅速减少，基础设施大为改善、社会事业不断进步、生态环境日益优化、发展能力不断增强的良好局面。与2000年相比，2007年四省区贫困地区农民人均纯收入的增长幅度都在30%以上，贫困人口减幅在1/3以上，有的省份减少了近60%。8年来，扶贫工作的政策和资金投入之大前所未有，广大干部群众在扶贫开发中表现出来的创造精神前所未有，扶贫工作取得的成绩前所未有。扶贫事业得到了日益广泛的关注与支持，扶贫工作取得了令人鼓舞的进展，《纲要》提出的各项任务目标正在逐步实现。

二、主要做法、经验和存在的问题

（一）主要做法与经验

各地认真落实《纲要》的各项部署，把扶贫工作作为新时期经济社会发展的首要任务来抓，作为建设社会主义和谐社会的关键环节来抓，作为全面建设小康社会的突出重点来抓，加强组织领导，完善政策措施，健全体制机制，优化政策环境，突出强化基础设施建设、优势产业扶持、生态环境保护、农民素质提高等关键环节，以“三个确保”为重点，以整村推进为手段，优先解决贫困群众生产生活条件差、就业门路窄和能力素质低的问题，不断改善贫困地区的发展条件，提高贫困人口生产增收的能力。各地的主要做法和经验是：

1. 创新工作方法，推进移民搬迁，改善贫困人口发展条件。各地根据国务院《中国农村扶贫开发纲要（2001—2010年）》中提出的“对目前极少数居住在生存条件恶劣、自然资源贫乏地区的特困人口，要结合退耕还林还草实行搬迁扶贫”的要求，根据贫困地区自然和经济条件，尊重贫困群众的迫切愿望，从降低扶贫成本和行政管理成本的实际出发，从坚持以人为本、保护生态环境、优化人口分布的需要出发，完善扶贫开发工作的思路，创新扶贫工作的方法，对深山区、水库库区、地质灾害频发区和耕地少、土壤贫瘠地区的居民实施搬迁式扶贫。比如，江西省从2003年起每年安排财政专项资金1.5亿元，对深山区、库区、地质灾害频发区的贫困群众实施移民扶贫搬迁工程。在移民扶贫工作中，江西编制了全省移民扶贫规划，坚持了“政府引导，群众自愿，以县为主，省市支持”的工作原则和“整体搬迁、群众自愿、阳光操作”的工作方针，采取了有土安置与无土安置结合，集中安置、分散安置和投亲靠友并举的方式，截至2008年底，累计搬迁安置贫困地区群众25.7万人，实现了迁移农民“整体搬得出、长期稳得住、逐步富得起”的目标。广东省从2004年起，用5年时间，扶持离村委会7公里以上、特别边远分散的766个老区村、1.4万农户、6.5万人实施移民搬迁，从根本上改善了边远分散老区农民的生产生活条件。

2. 加大资金投入，完善设施条件，稳固贫困地区发展基础。各地采取积极措施，努力完善扶贫工作的体制机制，加大扶贫工作的投入。按照统筹城乡经济社会发展的思路，逐步加大工业反哺农业、城市支持农村的力度，发挥政府在扶贫工作中的主导作用，充分调动广大群众脱贫发展的积极性，广泛吸收社会资金参与扶贫事业，加大基础设施建设的投入，改善贫困地区农业生产与公共服务的条件，增强贫困地区防灾减灾能力，促进贫困地区经济社会的快速发展。广西按照统一规划，统筹安排，渠道不变，用途不改，各负其责的原则，整合行业部门资金集中投入整村推进贫困村扶贫开发。多年来，共整合资金91亿元，先后开展了边境地区、东巴凤三县、大石山区五县、桂西五县、距边境0—20公里等连片特困区域基础设施建设大会战。东巴凤三县基础设施建设大会战从2003年开始实施，在两年的时间里，先后完成了公路总里程1000公里，改扩建校舍、卫生院等近25万平方米，实现350个行政村村村通广播电视，建设了一批水利、电力、农产品交易等设施，在较短的时间内迅速提升连片特殊区域基础设施的水平，改善了贫困人口脱贫致富的条件。江西省累计投入扶贫资金10多亿元，大力扶持基础设施建设和开展“三清三改”农村社区环境改善活动，贫困群众的生产生活条件明显改善。至2008年，全省行政村通公路比例由2000年的94.9%上升到2007年的99.2%，通电比例由2000年的97.6%上升到2007年的99.9%，通电话比例由2000年的91.2%上升到2007年的99.5%，通广播电视比例由2000年的54.4%上升到2007年的65.3%。

3. 发挥资源优势，壮大特色产业，激发区域经济增长活力。各地根据市场经济发展的总体要求和农业发展、农民增收、产业增效的现实需要，结合当地的资源特点、生产习惯和比较优势，按照“规模做大、质量提升、结构优化、效益提高”的原则，大力发展各类资源条件好、发展优势强、市场前景广、农民增收快的特色优势产业，努力将资源优势转化为经济优势和产业优势，促进当地经济的快速发展。贵州省转变发展思路，将生态建设与经济建设相结合，环境保护与资源开发相结合，探索石漠化地区产业发展的新路子，通过“石漠化贫困地区扶贫开发”试点，创造并推广了种草养畜发展经济的“晴隆模式”，2001—2008 年，累计投入中央和省级财政扶贫资金 23 亿元用于发展种养业，将原本一片贫瘠的石山区变成了满目苍翠的生态牧场，不仅改善了贫困农民的生活状况，还培植了一批万元户和 10 万元户，实现了生态效益、经济效益和社会效益的有机统一。江西、广西也分别出台了一系列政策，在贫困乡村积极发展比较优势强、增收潜力大的优质茶叶、蔬菜、水果、烟叶、中药材等特色农业产业化扶贫项目，提升贫困地区的经济发展能力。

4. 开展教育培训，提高农民素质，增强贫困人口发展能力。近年来，随着农民转移就业规模的扩大，劳务收入在农民家庭收入中的比重日益增大，发展劳务经济已经成为贫困地区经济发展的重要途径。各地根据当地资源条件、经济特点以及农民文化素质的实际，积极推进提高农民就业技能的“雨露计划”，探索各种形式的教育培训模式，有效提高农民就业的技能，拓宽农民就业渠道。江西省制定了《2005—2010 年贫困地区劳动力转移培训规划》，加强了与省内工业园区用工企业的联系，使培训内容与企业需求更加紧密，转移就业率显著提高；同时根据各地优势产业发展的需要，开展了以方便群众、满足创业技能需求为目的的“雨露计划”走进乡村活动，使“雨露计划”与整村推进和产业化扶贫相结合，为当地优势特色产业的发展输送了人才。广东省建立了 10 个省级扶贫培训基地，按照用工单位的需要，招收农村贫困家庭劳动力开展 3—6 个月的“订单式”短期技能培训。2005—2008 年，贵州省共投入财政扶贫资金 2.88 亿元，培训贫困地区农村劳动力 43.45 万人，转移就业 37 万人，转移就业率达到 85.2%，培训转移人员年人均工资收入达到 1.21 万元，年人均支持家庭的现金达到 6897 元，基本实现了转移一人脱贫一户的目的，扶贫作用较为明显。

（二）存在的困难和问题

虽然各地的扶贫工作取得了很大的成绩，但与经济社会发展的要求相比，任务依然艰巨，挑战十分严峻。总体来看，我国贫困人口数量依然较大，脱贫的基础还不稳固，区域差距、城乡差距、贫困地区内部差距不断扩大的势头仍在加剧，扶贫政策措施不配套、不完善的问题仍然突出，制约扶贫发展的关键性体制机制因素、自然条件因素和经济发展因素依然存在，这些因素的影响日益呈现出特殊性、综合性、关联性的特点。

1. 经济和政策因素对扶贫效果的影响不断加大。经济因素的影响主要表现在：第一，贫困问题受市场的影响越来越大。随着市场经济的不断推进，贫困地区和贫困人口发展的市场风险越来越大，市场与经济的波动对贫困人口的就业和产业发展的直接影响日益加深。当前国际金融危机的发展蔓延，使贫困群众脱贫致富的困难进一步加大。据调查，今年上半年，江西省一些扶贫龙头企业因市场需求不足，销售困难而导致库存过大，流动资金不足，出现经营困难。一些扶贫龙头企业订单约减少12%—20%，而出口订单减少的幅度基本大于20%，用工人数约减少7%—30%，企业工资水平约下降10%。受金融危机影响，广西贫困地区有超过40%的外出农民工被迫返乡。第二，贫困问题受发展差距的影响越来越大。区域之间、城乡之间、人际之间发展的不平衡越来越明显，相对贫困问题日益突出。收入差距无论是绝对值还是相对量都在不断扩大，东部沿海省份的区域收入差距甚至大于中西部地区。贵州省城乡居民收入比从2000年的3.7：1扩大到2008年的4.2：1，收入差距从3748.05元拉大到8961.76元；2002—2008年，50个扶贫开发工作重点县农民人均工资性收入比全省低4.1个百分点，农户人均纯收入最低与最高的差距从1511元扩大到3112元。

政策因素的影响主要表现在：第一，政策措施不配套。由于政出多门，导致各项扶贫政策措施之间有重叠、有冲突、有缺口，政策间缺乏衔接和有机关联。比如税收政策、预算审计政策与扶贫政策的冲突，投资政策与资金配套能力的矛盾，土地政策、金融政策与产业发展需要的差距，计划生育政策与低保扶助政策的不配套和环保贡献与生态补偿标准的不匹配等等。第二，政策措施不落实。突出表现在扶贫瞄准上，真正贫困的人口并没有优先享受到扶贫政策的优惠，“真扶贫”与“扶真贫”还没有真正统一起来。

2. 解决贫困问题的难度很大，任务十分艰巨。进入新世纪以来，我国贫困人口的分布从过去的“大集中、小分散”向“大分散、小集中”转变。经过多年的努力，一些条件较好的地区已经逐步摆脱了贫困，而那些尚未解决贫困问题的“小集中”区域，由于存在着比其他地区更加突出的资源环境、基础设施、人口素质以及产业基础等因素制约，要在这些地区取得同样的发展成效，需要付出比以往任何时期、比其他任何地区更大的投入，工作难度更大，工作要求更高。同时，随着我国经济的快速发展，全面建设小康社会进程的日益推进和贫困标准的提高，社会对扶贫工作的期待与要求也越来越高，扶贫工作对经济社会发展的全局性影响更加凸显，工作任务更加艰巨。

3. 政策目标的整体性和区域条件差异性的矛盾突出。目前，全国和各省制定的扶贫政策与目标更多的是体现了整体性和全局性，而针对一些特殊地区和特殊人口的特殊政策则严重不足。实际上，我国东部与西部、西南与西北、平原与山区、牧区与农区、粮食主产区与非粮食主产区等等的贫困表现不尽相同，老区、边境地区、民族地区和深山区的贫困特点各有差异，这些地区最需要解决的问题和需要的扶持政策都不相同。从国家层面来讲，制定一个统一的政策和发展目标对于推动扶贫工作的开展具有重要意义，但是，一些特殊贫困地区所面临的特殊困难和问题，必须通过特殊的政策扶持才能得到有效的解决。目前，我们的税收政策、资金配套政策、金融支持政策、环境保护政策和产业发展政策过多地强调了统一性而没有考虑特殊性，政策供给与地方的实际需求之间存在较大的矛盾。同时，对于妇女儿童和残疾人等特殊贫困群体也缺乏有针对性的扶助政策。

4. 基础薄弱与扶贫发展需要的矛盾突出。一是规划工作严重滞后。规划是引领发展的基础。目前，各地普遍存在着规划滞后或规划缺失的问题，尤其是省以下层次的总体规划和各级各类专项规划不足的问题更为突出。由于缺少具有指导性和约束性的扶贫工作规划，导致扶贫政策的延续性差，体制机制不顺，工作效率不高、工作效果不佳。二是基础设施薄弱。首先表现为道路基础设施缺口很大。虽然经过近几年的努力，大部分地区行政村以上的道路已经基本硬化，但自然村的道路通路率和硬化率仍然很低，很多地方还没有建设起基本的通行条件。其次是供水条件不足，缺水严重。不少贫困地区用水条件十分缺乏，饮水安全得不到保障，尤其是在“三天无雨则旱，一场大雨则涝”、缺土缺水、生态破坏的大石山区，居民普遍面临生活用水困难的问题，生产用水更是无法保证。农田水利设施普遍不足，农业生产的基础条件很不完备。除此之外，医疗卫生、文化娱乐等社会事业性基础设施的欠账也十分严重。三是人才缺口很大。由于教育基础设施落后、生产生活条件艰苦，贫困地区长期面临着人才培养条件缺乏，人才难以引进和长期稳住的问题，尤其是缺少具有示范带动能力的产业人才。由于农业科技推广人才严重不足、创业致富人才极其匮乏、经营管理人才无从寻觅，使得贫困地区的经济发展缺乏支撑和动力。

三、对目前我国农村贫困状况的基本估计

在各级政府和广大干部群众的艰苦努力下，四省贫困地区的经济社会面貌发生了巨大变化，贫困人口的生产能力、生活质量和生存环境都有了明显改观，扶贫事业的发展取得长足进步，扶贫工作的成效令人鼓舞。作为典型的贫困地区，四省区的贫困状况表现出各自不同的特点：随着扶贫工作的深入，江西贫困人口呈“小集中、大分散”插花式分布的格局更加明显，经济发展的难度较前更大，加快贫困地区整体经济发展，不断缩小与发达地区发展差距的任务十分繁重；作为东部发达地区，广东省贫困人口所占的比重小，但贫困地区与非贫困地区之间的发展差距在不断扩大，贫困人口与非贫困人口的收入差距也呈日益扩大的趋势，扶贫工作面临着新的挑战；广西是集“老、少、边、山、穷”为一体的贫困区域，贫困情况特殊，贫困问题复杂，综合性贫困的特点突出，解决贫困问题的难度和要求在不断提高；贵州是我国贫困人口最多的省份，贫困面大、贫困度深的问题十分突出，基础设施弱、产业发育差、资金投入少是制约其发展的重要因素，扶贫发展的任务十分艰巨。

从全国看，近10年来，在国家一系列政策措施的支持下，我国扶贫事业取得了重大进展，农村贫困状况得到了极大缓解，贫困人口大幅度下降，为全球反贫困事业做出了重要贡献。据世界银行公布的数据，过去25年，全球减贫事业成就的67%来自于中国。从总体上看，我国贫困人

口的温饱问题已经得到了解决，但由于生产生活条件尚未得到根本改善，他们的温饱还不稳定，巩固温饱成果的任务仍然艰巨；基本解决温饱的贫困人口，其温饱的标准还很低，离全面小康的生活标准还有较大的距离，从根本上改变贫困地区落后状况的任务还相当艰巨。随着经济社会的进一步发展，今后的扶贫工作在更高的要求下面临着更加严峻的挑战：一是从发展的要求看，随着经济社会的快速发展，脱贫的标准将越来越高，发展的要求将越来越综合；二是从发展的条件来看，在现有的基础上进一步改善贫困人口的状况，需要克服的困难将比过去更大，需要的投入更多；三是随着贫困人口“大分散、小集中”格局的进一步显现，扶贫瞄准的困难越来越大，创新扶贫工作组织形式、优化扶贫工作体制机制的要求日益迫切。为此，要充分认识扶贫工作的长期性、复杂性和艰巨性，继续把扶贫开发放在国民经济和社会发展的重要位置，认真抓紧抓好。

分类型看，革命老区为共和国的诞生做出了巨大的贡献，在全面建设小康社会的历史时期，在“工业反哺农业、城市支持乡村”的政策环境下，得到的关注和特殊扶持还很不够；民族地区的资源条件差，贫困程度深，扶贫工作的任务还十分艰巨，政策扶持的力度还有待加大；边境地区肩负着守土固边、展示国家形象的特殊任务，一直以来，得到的政策和资金投入都十分不足，制约了其经济社会的快速发展。

分区域看，中西部是当前我国扶贫工作的重点地区，这些区域贫困人口集中，贫困程度深，脱贫基础条件差，自我发展的能力和条件尚未形成，需要国家给予更大的扶持；东部地区的相对贫困问题十分突出，其贫困地区得到的政策和资金投入不论是绝对量还是相对量都严重不足。下力气做好东部地区的扶贫工作，不仅对促进该区域的协调发展具有重要影响，而且对推动中西部地区的脱贫发展，进而推动全国经济社会的均衡协调发展都具有十分重要的作用。

四、完善国家扶贫战略和政策体系的建议与意见

在全球经济一体化快速推进的背景下，在国内经济发展日益加速的形势下，在全面建设小康社会的总体要求下，扶贫工作面临着更高的要求，面对着更加严峻的挑战。搞好新阶段的扶贫开发工作，必须依据新形势、

新任务的要求，立足当前、着眼长远，将扶贫工作纳入国家经济发展宏观背景下考虑，纳入统筹城乡、统筹区域发展中考虑，纳入城市化、工业化进程中考虑，纳入新农村建设和发展现代农业中考虑，进一步明确国家扶贫工作的战略任务、战略目标、战略重点、战略步骤和战略措施，研究完善国家扶贫政策体系，创新扶贫工作的方式方法，对行之有效的政策措施要继续坚持并不断强化，对不适应的政策要予以及时调整和完善。

（一）总体思路

2011—2020年，我国扶贫工作要坚持以科学发展观为统领，深入贯彻落实党的十七大和十七届三中全会精神，把扶贫开发作为建设全面小康社会的不可或缺的重要手段，逐步完善贫困人口的识别和瞄准机制，坚持开发式扶贫与救助式扶贫两轮驱动，以产业发展为核心，以加强基础设施建设、提高农业综合生产能力、解决农民最迫切最现实的问题为着力点，加大资金投入，优化工作措施，努力构建广大群众积极行动、社会各界广泛参与的“大扶贫”格局，加快贫困地区经济和社会事业的发展。

（二）奋斗目标

通过实施新一轮扶贫战略，使贫困地区产业发展条件更加完备，农业综合生产能力显著提高，二、三产业健康发展，贫困县农民人均纯收入年均增长幅度高于全国农民人均纯收入增长的平均水平，努力缩小贫困地区和贫困人口的发展差距；基础设施更加完善，饮水安全，道路硬化，通讯畅通，环境优美，公共事业服务能力进一步提高，贫困人口自我发展能力显著增强，生活质量明显提高；扶贫机制更加优化，贫困发生率大为降低，到2020年基本消除绝对贫困现象，贫困地区经济、社会、文化和生态发展更加协调。

（三）战略任务和重点

根据扶贫工作在新阶段所面临的新形势、新任务和新要求，我国扶贫工作的重点应集中在以下三个方面：

1. 发展优势产业。以培育适应当地资源条件、具有较强市场竞争能力的优势特色产业为切入点，大力发展特色农业、循环农业、生态农业，推进绿色食品和有机食品生产，促进品牌农业建设。优化产业结构，转变经济增长方式，培育、壮大龙头企业，发展农业产业化经营，推进农产品加工转化。大力发展农村二、三产业，拓宽农民增收渠道，有效提高农民收入。

2. 改善基础设施。依托现有基础，突出乡村特色、地方特色和民族特色，开展各类基础设施建设，改善贫困人口的饮水、能源、道路、居住、通讯等条件；加快发展农村文化教育事业，普及和巩固农村九年义务教育；加强农村公共卫生和基本医疗服务体系建设，普及基本医疗保险，完善新型农村合作医疗制度；探索建立与扶贫政策相配套的社会保障制度。

3. 提高农民素质。以提高脱贫致富能力为核心，以培养种养加能手、能工巧匠、经营能人和技术骨干为重点，多层面、多渠道、多形式结合，提高农民的就业技能和生产能力。在全面开展以“雨露计划”为主的农民职业技能培训的基础上，进一步研究探索提高农民素质的有效方法与途径，创新形式，丰富手段，强化实践，全面提高农民的综合素质，增强其创业、就业和生产增收的能力。

（四）战略步骤与措施

1. 战略步骤。从我国贫困工作的现状和要求出发，将未来10年的扶贫工作划分为两个阶段：

第一，攻坚发展阶段（2011—2015年）。继续实施整村推进，加快脱贫步伐，基本消除绝对贫困现象，贫困人口减少40%以上。

第二，完善提高阶段（2015—2020年）。特殊贫困地区的发展问题得到有效解决，脱贫人口的发展基础更加稳固，发展条件更加优化，收入增幅高于本区域非贫困农民人均纯收入2个百分点以上。

2. 具体措施。

第一，加强组织领导。充分调动和发挥中央与地方两方面的积极性，完善扶贫工作的体制机制；进一步明确各级扶贫领导小组成员单位的责任，充分发挥各单位的作用。加强和完善各级党委和政府对扶贫工作的领导，将扶贫工作纳入各级政府的重要议事日程，优化扶贫宏观环境，明确扶贫工作责任，增加扶贫资金投入，推进扶贫重点工作，完善扶贫开发机制，健全扶贫工作机构，强化扶贫队伍建设，改善扶贫工作条件，努力构建和完善大扶贫的工作格局。

第二，健全规划体系。紧紧围绕中央“两个提高”（提高扶贫标准、提高扶贫开发工作水平）、“一个加大”（加大对革命老区、边疆地区、民族地区、贫困地区扶持力度）的要求，根据区域经济社会综合协调发展的需要，结合各地实际，从提高扶贫工作的效率和效益出发，研究制定各类扶贫工作规划，形成总体规划、区域规划、专项规划、建设规划等重点突出、层级分明、功能完善、相互衔接的扶贫规划体系。对于具有共性的相对连片贫困地区（比如粤北与西南的石漠化地区，中、西部的革命老区，西南各省的边境地区）可依据其共同特点，编制跨区域的扶贫工作规划，通过制定规划，明确扶贫工作的目标任务、工作重点、扶贫方式和政策措施。通过规划的引领，协调整合各部门的力量，集中资金、集中精力、集中时间、突出重点，加大各项投入，逐项解决贫困地区发展中存在的一些关键问题。

第三，完善扶持政策。重点完善包括扶贫人口分类和扶贫地区分类的扶贫分类政策，进一步完善财税体制和财政转移支付政策，完善项目投资和公共服务政策，使公共财政继续向贫困地区倾斜。加大贫困地区农业发展支持力度，扩大农业补贴范围，提高补贴标准，支持农业产业化发展。根据各地财力和农民实际经济状况，分类确定贫困地区资金配套标准，逐步完善资金配套政策。完善生态补偿机制，提高生态补偿标准。加大财政投入，保证贫困地区教育资源的供给，帮助贫困地区发展低收费的职业技术教育。放宽对公益性、准公益性小额贷款机构的金融准入，加快村镇银行、互助合作基金、小额贷款公司等的发展，拓宽民间资金对农村金融的准入途径。进一步强化东部地区的扶贫工作，积极弥补扶贫盲点，有效连接政策断档。对革命老区、民族地区和边疆地区实施更加有效的扶贫战略，采取配套措施进行综合治理，全面推进其跨越式发展。

第四，强化工作手段。充分发挥各行业各部门和社会各界参与扶贫的积极性，努力构建政策配套、支持有力、运行高效的大扶贫格局。继续推进开发式扶贫和救助式扶贫双轮驱动的扶贫模式，采取有效措施，加大整村推进的力度。在搞好保障性扶贫的基础上，大力推进开发式扶贫，稳妥推进移民式扶贫，加快完善政策性扶贫。实现最低生活保障制度和扶贫开发政策的有效衔接，努力完善“大扶贫”的工作格局。积极开展反贫困国际交流与合作，促进扶贫开发与新农村建设的有机结合。完善农村社会保障、医疗保障和教育保障机制，确保贫困户不会因病、因灾、因学而导致贫困。扶持发展兼具联系市场、定向培养、输出劳务等职能的职业技术教育机构，建立和完善与社会需求紧密联系的职业技能培训体制。搞好扶贫工作与资源保护、生态建设、计划生育的结合，实现资源、人口和环境的良性循环，提高贫困地区可持续发展的能力。建立健全扶贫工作的考核与激励机制，健全对妇女儿童及残疾人等特殊群体的监测评估机制，提高扶贫工作的针对性和有效性。

完善国家扶贫战略和政策体系联合调研第五组分报告

根据国务院扶贫开发领导小组的统一部署和安排，2009 年 6 月 6 日至 6 月 25 日，中国人民银行刘士余副行长、郭庆平行长助理分别带领第五联合调研组先后赴江苏、安徽和云南、青海四省，围绕“完善国家扶贫战略和政策体系”进行了实地调研。调研组认真听取了四省人民政府和有关市县扶贫机构的扶贫开发情况汇报，召开了扶贫信贷经办金融机构和调研组各成员单位对口部门参加的座谈会，走访了近 20 家农业产业化龙头企业，实地调研了 11 个贫困村，慰问了 16 户信贷扶贫农户。经联合调研组各成员单位认真讨论商议达成一致，现将调研主要情况汇报如下：

一、四省扶贫开发总体进展及实施成效

从调研情况看，四省党委和政府对辖区扶贫开发工作高度重视，因地制宜，开拓创新，积极、认真落实中央的扶贫开发方针政策，《中国农村扶贫开发纲要（2001—2010 年）》（以下简称《纲要》）贯彻实施工作取得积极成效：

一是贫困人口大幅减少，农民收入稳步提高。据报告，四省贫困总人口从 2001 年的 1415 万减少到 2008 年底的 814 万，降幅为 42.5%。四省扶贫开发工作重点县农民人均纯收入平均从 2000 年的 2126 元增加到 2008 年的 4430 元，年均增长 13.6%。

二是贫困地区基础设施明显改善。四省扶贫开发工作重点县行政村通公路、通电、通广播电视比例平均达到 98.2%、96.6%、94.9%，均有较大幅度提高。四省饮水困难总人口从 2000 年的 3160 万下降到 2008 年

的1719万，降幅达45.6%。

三是贫困地区综合经济实力明显增强。四省扶贫开发工作重点县人均国内生产总值平均由2000年的5992元上升到2008年的21020元，年均增长31.3%。四省扶贫开发工作重点县人均财政收入平均由2000年的645.85元增加到2008年的2538元，年均增长36.6%。其中安徽省有三个重点县已经跻身全省GDP十强县的行列。

四是扶贫开发重点工作扎实推进。四省累计完成整村推进规划3104个，其中人口较少民族贫困村完成80个；边境线25公里以内所含贫困村完成53个；革命老区县所含贫困村完成1940个，“三个确保”任务有望按时完成。“雨露计划”累计培训15.1万人，转移劳动力13.9万人，基本实现了“培训一人，就业一人，脱贫一家，转移一批，带动一片”的目标。移民扶贫61.54万人，极大改善了特殊类型贫困区群众生活。

二、扶贫开发的主要做法和基本经验

一是党委、政府高度重视，大力推动扶贫开发工作。四省均成立了以主要或分管领导为组长的领导小组，并根据《纲要》精神，制定了省级“纲要”，明确了扶贫开发的目标、任务和实施措施。此外，各省不断增加地方财政对扶贫开发的支持力度。2001—2008年，江苏、云南省省级财政分别累计投入配套资金20.6亿元、38.5亿元，有效加强了对扶贫开发的支持。

二是立足本省实际，因地制宜持续推进扶贫开发重点工作。云南省将整村推进作为扶贫开发的主要“抓手”和社会主义新农村建设的重要组成部分，共投入各类资金23.14亿元，完成9240个贫困自然村整村推进工作，并在全国率先实行了破烂茅草房改造工程，实现41.5万户破烂茅草房改造。青海省以特色产业为支撑，以科技创新为动力，以贫困村为基本单元，以广大贫困户为直接受益对象，实施了产业化扶贫工程。2006年至2008年，共扶持了60余个龙头企业和产业基地建设，直接和间接带动农牧户34万多户，户均增收1104元。

三是创新扶贫机制，确保扶贫政策落实到村、落实到户。江苏省探索创新了“五方挂钩”帮扶模式和“五个一”帮扶到村工作机制，充分调动各界力量参与扶贫工作。安徽省积极开展“互助资金”试点工作，累计贷出资金约6356万元，24867人次，实现互助资金组织在整村推进村的全覆盖。青海省在全国率先启动实施了“村企共建”活动，有84家企业与103个贫困村建立了共建关系，确立了“以企带村、以村促企、互利共赢”的共建机制，采取多种形式对贫困村进行帮扶。

四是完善行业扶贫体制，多方助力推动脱贫致富。人民银行、财政、扶贫办等部门，积极完善信贷扶贫体制机制，探索财政扶贫资金引导扶贫资金倍增机制、担保机制和风险补偿机制，引导金融机构积极扩大扶贫贴息贷款发放规模。2001—2008年，四省累计发放扶贫贴息贷款238.9亿元，有效带动贫困人口增收。科技部门积极实施科技扶贫工程，青海省累计投入科技扶贫专项资金2.35亿元，在15个国家扶贫开发工作重点县实施了科技扶贫项目35个，引进、示范、推广应用各类先进实用技术30多项，科技对项目区的贡献率达到40%以上。商务部门主导，供销总社积极参与，推动国家级贫困县农产品市场建设和家电下乡工程，解决农民买难卖难问题，实现流通领域助贫增收。云南省2007年安排2000万元资金，启动了乡镇农贸（集贸）市场改造建设试点工作，深受当地农民和政府欢迎。四省政府、残联高度重视残疾人扶贫工作，通过多种方式扶残致富。江苏省投入补贴资金累计664万元，建立各种形式的残疾人扶贫基地282个，直接安排和辐射带动29668名贫困残疾人脱贫致富。

三、当前推进扶贫开发面临的主要困难和问题

总体看，四省扶贫开发政策贯彻实施取得了明显成效，但扶贫开发的任务仍然艰巨，不少贫困人口生产、生活条件的改善还处在低水平，不少地方贫困地区经济的可持续发展问题仍然没有得到根本解决。概括起来，主要呈现“三大一有”的特征：

一是贫困面大，贫困程度深。按照新的扶贫标准，全国累计有贫困人口4007万人，4省累计有814万人，贫困人口规模仍然很大。二是城乡收入差距大。2002年，全国城乡居民收入之比是3.1∶1，2008年扩大到3.31∶1。云南省的比例从2002年的4.27∶1扩大到4.53∶1。三是扶贫开发难度大。扶贫工作按先易后难的原则推进，目前已经进入了攻坚阶

段。根据测算，目前剩余的贫困人口解决温饱的成本比以往要增加十几倍甚至几十倍。四是扶贫开发工作中存在一定的畏难和厌倦思想。少数政府部门和工作人员在扶贫工作进入攻坚阶段后有一定畏难情绪；年年搞扶贫，社会各界对扶贫工作有一定的厌倦情绪；贫困地区加快经济发展的迫切要求与自我发展能力不足的矛盾加剧，部分群众存在一定的不满和抱怨情绪。同时，受金融危机的影响，外部经济形势恶化导致扶贫开发龙头企业辐射能力下降，农产品价格下降影响贫困地区农牧民增收，贫困地区劳动力大量返乡，也进一步加大了扶贫工作难度，据云南省统计，2008 年 9 月—2009 年 3 月，已有 137 万农民工返乡，严重影响了部分贫困人口增收的能力。

扶贫开发难度大的原因主要有以下四个方面：一是我国仍处于社会主义初级阶段，总体底子薄、基础弱，经济发展还不平衡，在短时期内快速消减贫困人口受到多种基础条件制约。二是云贵高原、青藏高原、黄土高原、内蒙古高原和边疆地区贫困县等特殊类型贫困地区，生存环境恶劣，资源开发成本高或由于生态保护等原因无法开发，导致贫困发生率高，因灾致贫和因灾返贫现象严重。三是国家可支配资源相对有限，投入资金不能满足实际需要，要完成所有贫困村的政策推进任务难度很大，已经完成整村推进的贫困村可持续发展也遇到现实考验。四是扶贫政策机制仍存在问题。如公共扶贫政策针对贫困残疾人缺乏倾斜性和有力的硬性约束；扶贫开发工作重点县农产品市场投入不足，布局不合理，且经营设施简陋，造成贫困户“买、卖难”，影响了贫困地区产业化发展；商业银行的市场化运作原则与扶贫贷款的政策性冲突，贴息资金规模不足，缺乏有效的风险分担机制和激励约束机制，制约了扶贫信贷资金投入。

四、深入推进扶贫开发工作的思路和建议

通过认真调研四省贯彻落实《纲要》的实际工作，深入分析推进农村扶贫开发面临的新形势，调研组认为进一步完善国家扶贫开发战略体系和政策体系要明确以下内容和重点。

（一）以脱贫致富为根本，明确今后十年国家扶贫战略目标

扶贫开发工作战略目标的确定要体现连续性、前瞻性和可持续性的要求，既要与《纲要》相衔接，又要体现经济和社会发展的前进方向，还要符合贫困地区走上持续增收、自我致富道路的要求。以此为原则，建议可考虑设立以下目标：一是全面消除绝对贫困现象。努力保证国家扶贫开发重点县贫困人口收入增长水平要高于全省平均增长水平。二是适宜培训人口均有受培训机会，贫困群众参加培训人数与转移劳动力人数基本保持同步。扶贫开发重点县人均受教育年限较“十一五”期间有明显提高。三是低收入保障标准、养老保险和新型农村合作医疗保险标准隔几年根据经济发展变化适当提高。

（二）以高原边疆地区为重点，完善今后十年国家扶贫战略布局

随着我国改革开放30余年的发展，贫困地区范围明显缩小，东部和中部地区省份已经基本具备了自我解决贫困问题的能力。很多在1986年评定的东中部国家级贫困县，贫困现象已经得到根本改善。同时，我国的国情决定了扶贫资金相对有限，扶贫对象如果过于宽泛，资金就难以发挥应有作用，成了“撒胡椒面”。因此，要突出重点，精心布局，在全面落实已有扶贫政策、坚定不移地下大力气推进全国扶贫开发工作的基础上，建议扶贫开发工作重点可适当转移，可考虑在统筹安排全国扶贫工作的基础上，将未来十年扶贫开发的主战场摆在中西部的云贵高原、青藏高原、黄土高原、内蒙古高原和边疆地区的扶贫开发重点县、规划村和目标户，利用有限的国家资源投入，实现重点领域的脱贫增收，打一场国家扶贫开发的攻坚战。为此，建议研究制定针对中西部和边疆地区的《富裕文明高原边疆2011—2020国家扶贫开发战略规划》，统筹指导今后十年国家扶贫开发重点区域的工作。

（三）以四项工程为抓手，确立今后十年国家扶贫工作战略任务

为确保顺利实现扶贫开发战略目标，在整村推进、连片开发工作中，应抓好四项工程，打一场重点战役的歼灭战。一是以标准较高的水、电、路、房等基础设施建设为重点，实现具备条件的建制村安全饮水、用电、

四级公路、住房全覆盖，明显改善贫困地区人口生活生产条件；二是以标准较高的规模化产业和龙头企业为重点，通过扶持一个企业、支持一个项目，辐射和带动一片贫困农户脱贫，明显拓宽贫困人口的增收领域；三是以标准较高的教育、科技为重点，明显提高贫困地区人口的综合素质，使其成为积极主动改变贫困现状的主体；四是以标准较高的低收入保障、养老保险和新农村合作医疗保险制度为重点，明显改善贫困人口的社会保障体系，降低因灾、因病致贫发生率。

（四）以齐抓共管、因地制宜、帮扶并重、多方共建为主线，明确今后十年国家扶贫战略原则

一是要坚持党委统一领导，分级组织实施，突出工作重点，严格考核监督的扶贫工作思路。各级政府要明确职责，完善和加强“中央领导、省负总责、地市推动、县抓落实、工作到村、扶贫到户”的组织体系，全力推进扶贫开发工作。中央负责制定战略和政策，安排财政转移支付，制定帮扶规划。省级负责规划引导、政策配套、财政支持、帮扶组织。地市推动，做好政策衔接和指导工作。县级负责承上启下，按照县为单位，整合资源，整村推进，连片开发的思路，组织实施扶贫开发工作。

二是坚持统一规划，分类指导，因地制宜，加快推进扶贫开发工作进程。扶贫开发规划一定要纳入国家和地方经济社会发展规划，坚持以工促农，城乡统一发展。中央要针对东、中和高原、边疆地区不同经济条件进行分类规划、分区指导，确定扶贫开发的不同标准和要求。具体来说，对东部沿海地区要加强指导；对中部地区要以指导为主，在各省投入的基础上适当给予支持；对高原和边疆地区则要通过国家领导、中央和地方财政并举的方式，集中优势资源打赢富裕文明高原边疆地区扶贫战役，在更高层次上缩小差距、构建和谐。扶贫开发工作要以省为单位，允许各省根据实际因地制宜确定扶贫标准、贫困识别、工作机构、政策措施，因地制宜推进扶贫开发工作发展。扶贫开发进程要与国家五年规划相衔接，按照规划目标确定扶贫开发纲要的阶段性目标，分批推进，加快完成扶贫开发任务。

三是要坚持开发式扶贫与救济式扶贫并重的扶贫方式。开发式扶贫既要体现扶贫开发的政策要求，又要坚持商业化原则，主要用于解决具有基

本生产能力和一定生产资料、禀赋的贫困人口问题；救济式扶贫则以无劳动能力人群为主体，解决不具备上述条件的贫困人口问题。要通过体制机制改革，使开发式扶贫和救济式扶贫有机结合，发挥作用。

四是要坚持共助和谐，奋发图强的工作原则。国家要组织中央国家机关、东部发达省市、大专院校、军队武警和中央企业对口帮扶和支持重点省区，同时鼓励扶贫开发工作重点县组织贫困人口自力更生，奋发图强，形成政府主导、群众主体、部门联动、社会参与、综合扶贫、整体推进的扶贫开发新局面。

（五）以加大政策扶持力度为导向，进一步完善国家扶贫战略政策体系

一是加大科技扶贫投入，发挥科技致富作用。建议国家财政设立科技扶贫专项基金，用于针对贫困地区特色经济和产业发展所面临的具体技术障碍问题，支持扶贫专项科技开发，以及贫困地区劳动者上岗就业前培训，促进产业经济发展。将贫困地区特色经济和产业发展的科技问题纳入各级科技发展规划和纲要。

二是完善商务流通扶贫体系。建议国家设立市场建设专项资金，将农产品市场建设作为国家重点扶贫开发项目，给予重点支持，加快农产品市场建设。同时加强农产品市场规划，结合国家级贫困县农产品资源特色，规划建设一批专业化市场，带动地方特色产业发展。将“万村千乡”市场工程向国家级扶贫开发工作重点县延伸，确保重点县村村有标准化的“万村千乡”农家店，并适当提高交通不便贫困地区“万村千乡”农家店的补贴标准，提高连锁网络的乡村覆盖率和连锁配送率。加大家电下乡工作力度，引导家电企业生产针对贫困地区农民特点的家电产品投放农村市场。加强家电市场管理，为家电下乡创造良好的市场环境。

三是加强助残扶贫体系建设。建议把残疾人扶贫开发工作列入国家和各级政府扶贫开发和经济社会发展考核评估体系，明确具体的指标，提供切实有效的服务，弥补残疾人的自我发展能力不足。从财政扶贫资金中安排一定比例的数额，专项扶持残疾人生产性项目，真正解决生产的资金问题。

四是探索金融扶贫可持续模式，进一步发挥金融资源在国家扶贫战略中的积极作用。建议设立地方担保基金制度、抓紧完善和细化扶贫贴息贷款呆坏账冲销办法，完善农业保险体系，逐步建立起扶贫贴息贷款的风险补偿长效机制。加大对扶贫贴息贷款发放规模及贷款回收达到一定规模的金融机构的支持，在财税政策等方面给予适当优惠，进一步建立扶贫贴息贷款的激励机制。加大政策性金融服务力度，全方位、多层次地为“三农”提供政策性信贷、保险等金融支持。进一步加强涉农金融机构建设，推动农业银行三农事业部尽快发挥积极作用，大力扶持和发展农村中小金融机构，弥补贫困地区金融服务盲区。努力营造守法诚信的社会信用环境，为金融机构在贫困地区“生根开花”创造条件。

第三部分

专　题　调　研

国际金融危机对贫困地区影响及应对措施的调研报告

根据回良玉副总理的指示精神，国务院扶贫办就国际金融危机对贫困地区的影响开展了初步调研。春节前后，办党组成员分头带队赴青海、湖南、江西、河北、辽宁、内蒙古、重庆和浙江等地开展实地考察；同时要求各省区市扶贫办和我办在基层挂职锻炼同志进行专题调研并及时上报相关情况。总的看，国际金融危机对我国的影响已经逐渐传递到贫困地区，需要引起高度重视，并采取有力措施加以应对。

一、国际金融危机对贫困地区的影响

国际金融危机加剧了全球贫困状况。世界银行数据显示，2008 年全球贫困人口增加了 1.3 亿以上，2009 年预计再增加 4600 万。2008 年下半年以来，国际金融危机对我国贫困地区的影响也逐步显现。由于农民增收难度增大、不确定因素增多，贫困地区减贫速度放缓、返贫压力加大正在成为扶贫工作面临的一个突出矛盾。与其他地区相比，贫困地区存在以下四个比较突出问题：

（一）农民工提前返乡比例大

根据农业部材料，截至去年 12 月底，全国农民工提前返乡的比例为 15.3%。而许多贫困地区则大大高于这个比例。湖北省国家扶贫开发工作重点县（以下简称“重点县”）提前返乡农民工占外出务工总人数 29.2%，我办调研组实地考察的湘西州、阜新市、衡水市都在 30% 左右。春节后贫困地区仍然滞留农村的农民工明显多于 2008 年同期。据江西省 21 个重点县调查，截至2月13日，留在家乡近期难以就业的农民工占返乡农民工的比例略高于全省平均水平，未返城人员比去年同期增加了22个百分点，其中决定在家务农的占返乡农民工的10%。贫困地区农民工提前返乡并滞留农村比重大，主要原因是外出人员素质偏低。重点县提前返乡农民工中，初中以下文化程度超过半数，其中河南、吉林、重庆超过70%。各省材料均反映，提前返乡农民工中，接受过职业技能培训的不到10%。

（二）农民收入受影响大

由于收入水平低，贫困地区农民人均纯收入中，工资性收入占34.4%，略低于全国农村平均水平。但对于许多已经脱贫的农民而言，增加收入主要靠外出打工，这部分人工资收入占比很高。吉首市己略村村民石国军，全家5口人，有1.7亩水田和4亩柑橘，农业毛收入3000元，扣除1000元左右的成本，人均农业纯收入400元。过去夫妻2人在浙江打工，母亲在长沙打工，打工净收入18000元，包括农业收入在内，人均纯收入可达4000元。现在，夫妻二人已经返乡，如果其母亲也返乡，仅靠农业，人均纯收入就会下降到400元，返贫的压力显而易见。即使节后返城能够找到工作，工资降低对收入的影响也不可忽视。

（三）优势产业受冲击大

贫困地区自然条件差，培育优势主导产业经历了长时间探索。目前已经形成的主导产业，如马铃薯、棉花、柑橘、苹果等，普遍存在结构比较单一、外向依存度高的问题。今年以来，湘西、赣南等地的椪柑、脐橙市场低迷，价格下跌，农户普遍陷入增产不增收、增产反减收的困境。湘西州反映，在不计人工成本的情况下，椪柑每公斤成本约为0.7元，而目前每公斤收购价为0.4元。由于价格过低，农民不愿意出手。泸溪县和永顺县春节前已售出的椪柑只占总产量的1/3。

（四）扶贫龙头企业困难大

经济不景气使扶贫龙头企业面临多重困难，最突出的是订单减少，库存增加，流动资金严重短缺。据河北省扶贫办对20家扶贫龙头企业的直接调查，由于订单减少，开工率下降20%的占15%，下降10%以上的占

35%。几家较大的食品出口企业订单减少30%—50%不等。赤峰市赛飞亚集团主要产品是鸭肉，带动周围近3000农户养鸭，5000多人就业。目前企业为保护养殖户利益，继续按合同价收购活鸭，但是销售价格下降，每销售1吨亏损1000多元。由于市场还在继续萎缩，每天增加库存200吨，流动资金短缺，运转十分困难。湘西州老爹农业科技开发股份有限公司以猕猴桃加工为主营业务，加工规模占湘西鲜果总产量的1/5。为保护果农利益，该公司实施最低收购价，而产品销售不畅，同样面临流动资金紧张问题。

此外，由于常住人口变化等因素，贫困地区可能发生局部口粮偏紧，也需提前予以关注。与其他农村地区一样，贫困地区同样存在潜在的土地纠纷、农业生产投入下降以及社会不稳定因素增加等问题。

二、已经采取的措施和贫困地区干部群众的希望

根据中央经济工作会议、农村工作会议以及国务院扶贫开发领导小组第一次全体会议的精神，在全国扶贫工作会议期间，我办要求全国扶贫系统迅速行动起来，适应拉动内需政策，千方百计增加扶贫开发投入；利用良好金融环境，为贫困地区企业和贫困农户发展提供信贷支持；在整村推进、移民扶贫、灾后恢复重建和贫困地区基础设施建设等项目中，优先安排返乡农民工就业，等等。贫困地区各级党委、政府及扶贫部门相继出台了一些政策措施，为提前返乡农民工提供就业、培训、创业等方面的支持。目前，这些政策措施正在逐步展开。

在与基层干部群众、扶贫龙头企业特别是返乡农民工的座谈和问卷调查中，大家的普遍诉求是修路和改水，就业岗位和信息，贷款和培训。

（一）普遍希望改善农村基本生产生活条件

农民工长期在发达地区和城镇工作，家乡落后的交通、饮水条件与城市形成巨大反差，在与山区群众的座谈中，无论村干部还是返乡农民工，第一个愿望都是修通水泥路。目前“村村通”工程只能解决到建制村的道路，山区的大部分自然村还没有通路，出行和运输非常不便。同时，群众还希望解决饮水、灌溉等小型水利设施。

（二）普遍希望政府提供就业信息和短期就业岗位

贫困地区返乡农民工面临巨大生存压力，因此，对就业信息和岗位的需求高于培训，对短期培训的需求高于长期培训。各地返乡农民工希望政府提供就业信息和机会的比例高达80%以上。但过去那种引导性培训，不适合打工者的需要。

（三）普遍希望改善农村的就业和创业环境

元宵节后还在农村的人员当中，一部分已经在当地就业或创业。他们的困难是资金不足，缺乏技术。留乡务农的则希望政府给予政策支持，提供养猪、养牛、种蔬菜、种果树等农业实用技术培训。

（四）普遍希望解决农产品销售困难

农民普遍意识到必须根据市场需求调整产业结构。去年9月全国油茶产业发展现场会在长沙召开后，湘西群众就自发地要求恢复这个产业，分散柑橘产业的风险，希望政府提供种苗、资金和技术支持。在收购和销售环节，希望政府建立大型批发市场和仓库，改善流通条件。

（五）扶贫龙头企业迫切需要流动资金支持

扶贫龙头企业大部分是以农产品加工为主业的劳动密集型企业，对缓解就业压力和农产品销售难有重要作用。目前面临的最大问题是流动资金异常困难。因此，企业普遍希望国家尽快采取有效措施，帮助企业渡过难关。

三、支持贫困地区应对危机的建议

贫困地区应把自身发展作为应对危机的根本之策。扶贫开发应把千方百计增加农民收入、有效抑制返贫作为当前的首要任务。要充分利用中央扩大内需、促进经济增长政策，进一步增加扶贫开发投入；以就业为民生之本，发挥返乡农民工的生力军作用；继续调整农村产业和就业结构，强力支持优势产业和龙头企业；加快中西部地区工业化、城镇化、现代化进程。

为尽量减轻国际金融危机给贫困地区、贫困人口带来的负面影响，提出以下八条建议：

（一）加大财政扶贫资金投入力度

2009 年，国家提高了扶贫标准，对低收入人口全面实施扶贫政策，在财政减收较多的情况下，仍应努力保持 2008 年的增幅，并尽可能再增加一些，以体现对贫困地区、贫困人口的关注和支持。我们将进一步完善扶贫资金管理机制，提高资金使用效益。

（二）落实国债资金支持扶贫项目

国家发改委已明确表示，对于扶贫工作迫切需要的汶川地震灾区贫困村恢复重建、贫困户茅草房改造、贫困地区溜索改吊桥等项目，可积极协调有关部门加大支持力度。我们将积极配合发改委做好项目准备工作，争取在 2009 年国债资金中予以安排。

（三）为失业农民工创造就业机会

目前国家对贫困地区的基础设施投入都是补助性质的，要求农民无偿投工投劳。为了给农民工提供就业岗位，增加收入，建议进一步加大补贴力度，全面提高重点县通村公路的补贴标准，或由国债资金安排解决重点县内 20 户以上自然村的道路问题。可采取以工代赈方式，由国家提供建设材料，并给予最低标准工资招募农民参加建设。

（四）以就业为导向开展分类培训

培训要坚持以就业为导向，形式多样。一是扩大职业教育补助范围。国家对农村职业教育的补助不仅要覆盖学历教育，而且应包括非学历职业技工教育。二是为返乡务农者提供农业实用技术培训，加强技术指导。三是对希望继续外出就业的，根据市场需求和个人意愿，可长短结合，满足多样化需求。四是对创业人群在提供政策、资金支持的同时，还可提供互助合作、私营或合伙企业、经纪人、乡村旅游等方面知识的培训。

（五）积极提供金融支持

努力扩大扶贫贴息贷款规模。可由扶贫部门提供贴息或担保，由国有银行为微型金融机构批发资金。同时，积极稳妥地扩大互助资金和小额贷款，发挥民间金融的作用，帮助返乡创业人员解决融资难问题。

（六）大力扶持扶贫龙头企业

中国农业银行或农业发展银行可设立专项贷款，支持国家扶贫龙头企业，提高授信额度，帮助解决流动资金短缺问题。

（七）保护贫困地区特色主导产业

一是将马铃薯纳入良种补贴。二是在重点县开展发放农资券试点，支持农民购买化肥、种子、农药等农业生产资料，确保基本口粮生产。三是结合防灾减灾，用财政扶贫资金支持贫困地区设施农业和产业基地建设。

（八）加大对贫困人口的救助和扶持力度

无论是原有贫困人口还是返贫人口，符合条件的，都要纳入农村最低生活保障范围，对于其中有劳动能力的人群，实现扶贫与低保两项政策的交叉扶持。

国际金融危机对贫困地区的影响将是全面、持续的。我们将按照党中央、国务院的统一部署，落实回良玉副总理的指示精神，会同各有关部门，及时采取应对措施，尽量降低贫困地区、贫困人口受损害的程度。同时，对其长期影响和各项政策的实施效果进行跟踪，及时调整相关政策，尽力遏制返贫势头，努力实现重点县农民人均收入增幅高于全国平均水平的目标。

关于湘西民族职业学院培训学员就业跟踪情况的调查报告

为应对国际金融危机对贫困地区农民工就业的影响，帮助他们提高就业技能，实现稳定就业，我办委托“雨露计划”培训示范基地——湖南湘西民族职业学院利用春节前后一个月时间，对2004年以来该院毕业生的就业情况进行了跟踪调查。简要情况如下：

此次调查共回收有效问卷429份。其中参与1—2年中长期学历教育的167人，参与三个月左右短期培训的223人，参与引导性培训的39人。学院将他们毕业后的就业情况汇总形成了下面的表格（见表1）。

表1

就业情况 培训模式	人数	就业岗位			工资（元/月）	就业巩固率	培训费（元/人）
		体能型	技能型	管理型			
中长期	167	31%	54%	15%	1500	91%	1800
短期	223	88%	12%		1100	46%	1050
引导性	39	100%			800	16%	450

从这张表格我们可以清楚地看到，随着培训时间的延长，学员就业后的岗位、待遇和巩固率都有明显改善和提高。参加中长期学历教育的学员，从事体能型务工的占31%，从事技能型务工的占54%，从事管理型务工的占15%，工资待遇1500元/月以上，巩固率91%。参加短期培训的学员毕业后从事体能型务工的占88%，从事技能型务工的占12%，工资待遇1100元/月，巩固率46%。引导性培训39人，全部从事体能型务工，工资待遇800元/月，巩固率仅16%。

通过比较不同培训模式的效果，我们可以得出初步结论：中长期职业教育尽管培训补助要高一些，每人每年1800元左右，但是学习比较系统、正规，能熟练掌握1—2门技能，因此选择就业的面比较宽，且容易巩固，通过努力可能走上管理岗位；短期培训可以使农民工掌握一项简单的专业技能，选择就业岗位的面比较窄，巩固率不到一半，但是通过努力还是可以转入技能型岗位；而引导性培训时间太短，不可能掌握专业技能，16%的巩固率说明其效果并不十分理想。

结合我们近期调研中了解到的情况，本着就业为导向的原则，对贫困地区劳动力培训提出如下改革思路和建议：

（一）对“两后生”提供中长期职业教育

对“两后生”提供中长期职业教育有利于提高贫困地区青年劳动力基本素质，满足国家现代化、工业化过程对高素质劳动力的需求，同时缓解目前经济形势下新增劳动力加入就业竞争的压力。《国务院关于做好当前形势下就业工作的通知》明确要求，要“落实职业培训补贴政策，”“采取技工院校等中等职业院校扩招措施，”建议国家对农村职业教育的补助不仅要覆盖学历教育，而且应包括非学历职业技工教育。在国家补助的基础上，“雨露计划”将对参与正规职业教育的贫困家庭子女追加生活费补助。

（二）对希望继续外出就业的农民工提供短期培训

这部分人和“两后生”的区别在于年龄偏大，面临生存压力，因此很难长期在校学习。“雨露计划”应根据市场需求和个人意愿，实事求是地设计培训产品，主要方向就是劳动密集型工作岗位的需求。

（三）对立志务农的人员提供农业实用技术培训

这部分人一般年龄较大，文化水平较低，或者是家庭负担较重，自己身体不好。要根据各地主导产业发展和结构调整的需要，提供农业实用技术培训，加强技术指导。

（四）使用国债资金改造扶贫重点县“雨露计划”培训基地

目前贫困地区劳动力培训工作面临一个突出问题，即承担培训任务的机构场所不足、设施陈旧，专业设置、教学内容落后于快速发展的制造业和服务业的需要。建议由国家发改委在国债资金中立项，为592个国家扶贫开发工作重点县各改造一所“雨露计划”培训基地。初步匡算，每个基地改造费用在2000万左右。592个重点县需要投资120亿元。我们已经就此与发改委就业和收入分配司进行过初步沟通。

关于“晴隆模式”的调研报告

集中连片和特殊类型贫困地区是我国未来十年扶贫工作的重中之重。为进一步研究此类地区扶贫开发思路，2月2日—5日，笔者和曹洪民等同志到贵州黔西南布依族苗族自治州探索喀斯特地区种草养畜产业扶贫最典型的晴隆、普安两县进行专题调研。晴隆县是我的工作联系点，2008年11月曾调研过一次。此次调研实地看了两个养羊基地、两个养羊贫困村，走访了5个养羊户，并在村里和两县分别与群众、干部座谈。

一、“晴隆模式”的基本做法和主要成效

晴隆县从2000年以来就开始探索种草养畜产业扶贫，被誉为“晴隆模式”。这次调研我们感到“晴隆模式”最突出的是两大机制：

一是滚动发展机制。政府支持每个农户9700元项目启动资金（包括20只基础种羊、草种和圈舍、水窖建设材料及少量现金）。第二、三、四年每年的新增羊与农户按2∶8分成，农户得8成收益，第五年农户再等量退还20只基础羊只。政府收益由县草地畜牧业开发中心按4∶6分成使用，其中40%用作中心为养羊户提供技术服务等专项工作经费，60%周转支持其他农户养羊。这相当于“以羊放贷、卖羊还贷”。晴隆县自2000年以来累计投入各项资金1.219亿元，到2009年全县羊存栏发展到20余万只，累计扶持了1.1万多户，其中75%以上已经脱贫。

二是利益联结机制。农户无偿得到启动发展支持，无偿得到县草地畜牧业开发中心提供的技术指导和销售服务，项目收益稳定。中心为财政全额拨款事业单位，目前负责繁育基础种羊、向农户发放、回收和周转发放基础种羊、提供技术和销售等多方面的服务。中心收益来自与农户分成及

出栏羊购销差价，农户收益与中心效益直接挂钩。中心在每个项目村都培养发展了技术带头人或养羊协会，为其他农户提供技术指导和服务，技术带头人的补贴从中心总收益中支出。通过中心、农户、乡镇及村技术带头人或养羊协会的紧密利益联结，政府既实现了农民增收、产业发展的扶贫目标，同时也在滚雪球般地累积扶贫资源、壮大扶贫实力。

通过两大机制，“晴隆模式”取得了三大效益：

一是农户增收脱贫。在晴隆县，养羊直接辐射带动了14个乡镇86个村1.1万多户5万多人增收发展。养羊项目区农户平均收入是非项目区的3—5倍，而劳动强度却大幅度降低。

案例一：晴隆县光照镇哈马村李大笔全家4口人（妻子和两个孩子），原来一个人外出浙江打工每月收入1000元左右。2008年县草地畜牧业开发中心支援他家25只羊和6000元钱建羊圈、水窖后，他和妻子两人除了种7亩旱地玉米（共收1500斤玉米，合1000元）、3分水田水稻（共收600斤水稻，合700元）、养两头猪（自食1头，卖1头，收1000元）、1头耕牛以外，主要精力就是利用荒山荒坡养羊。2009年全家共卖50只羊收入3万元，除向中心交回6只羊外，现在还有98只羊存栏。

同村的杨珍龙（29岁）全家8口人有3人养羊，2006年从57只羊开始养起，到2009年底一共卖了700只羊，收入30多万元，仅2009年一年全家卖羊收入12.6万元。杨珍龙还是该村技术带头人，通过为村民提供养羊技术服务，还可从县草地畜牧业开发中心每月得到500元的补贴。

现在该村除了全家外出打工户以外，大部分农户都在养羊，像杨珍龙一样养得早一些的农户都在盖新房。在问到下一步的打算时，村民都说盖好新房后就想办法整修村里的路，以后生活、卖羊都方便些。

案例二：普安县罐子窑镇辣子村地处偏远，是全县最贫困的行政村。与晴隆县哈马村主要利用荒山荒坡养羊不同，该村2008年整村转业发展养羊。

陈宽德（58岁）原来是该村的困难户，全家3口人（妻子、孩子）20亩地（3.5亩耕地和16.5亩荒坡地）全部从原来种玉米改种草，2008年初从23只羊养起，当年收入1.4万元，2009年又收入1.6万元，现在还存栏37只羊。陈宽德自己给我们算了一笔账：原来种玉米每亩地收300斤，包括本钱约200元，现在种草养羊每亩可养两只羊，收入1200元，扣除人工以外的成本（养羊冬天有3个月左右要添加玉米饲料和盐，平摊下来每只羊成本不到100元）还有1000多元收入，是种玉米的5倍。陈宽德讲：现在养羊比原来种玉米轻松多了，他和老伴两人轻轻松松就应付过来了，加上孩子外出打工挣的钱和向亲戚借的两万元，2009年家里花6万元建起了120平米的新房，2010年就能把欠账全部还清。

村里的其他农户也给我们算账，人均养两只羊吃饭就没有问题，而且吃的也由过去玉米、洋芋为主变成大米饭，再养两只零花钱也够了，一般户养2—3年羊就可以盖新房，3年以上就开始存款了。

二是产业发展壮大。晴隆县目前已有两万多农村劳动力从事养羊业，另外还有136人被外县聘为养羊技术员，吃、住、穿除外，人均年纯收入在1万元以上。全县畜牧业占农业总产值的比重由2001年的31%提高到2009年的50%，羊存栏由2001年的2600只增加到现在的20.9万只。目前，由新西兰外商投资3.4亿元的肉羊生产线正在建设，建成后将辐射周边多个养羊县，在屠宰达到60万只羊时，年产值将达2.4亿元，成为县域经济的一大支柱。

三是生态环境改善。与传统种玉米比较，在石漠化地区养羊的生态效应也显现出来。据晴隆县监测，2001年至今9年来，全县因种草养畜水土流失面积减少10平方公里，25度以上坡耕地每年每亩减少泥沙流失量1.26吨，人工草场每年增加有机质2个百分点，改良草场每年增加有机质1个百分点，石漠化趋势得到遏制，生态环境明显改善。特别是农民变牧民，荒山秃岭变为遍地牧草，羊吃草、粪肥草，既保肥保土保水，又美化人居环境，明显提高了农户生活质量。

二、“晴隆模式”的推广价值与发展完善

2006年6月我办在晴隆县组织召开现场会，对“晴隆模式”给予了充分肯定，洪绂曾、任继周等国内草地畜牧业专家多次考察并高度评价“晴隆模式”。贵州省委、省政府从2007年以来下决心在全省喀斯特地区进行推广，并以财政扶贫资金和国家石漠化治理专项资金为主体，整合各

类支农项目资金，编制专项规划（《2007—2011 年及 2008—2012 年草地生态畜牧业科技扶贫项目五年发展规划》），到 2009 年底已确定 43 个县作为草地畜牧业试点县（其中国家扶贫重点县和石漠化治理试点县均占 86%）。省里从 2010 年起每年投入 4.5 亿元财政扶贫资金（占 2009 年到省中央财政扶贫资金的 37%）专项支持此事，计划到 2014 年 43 个试点县羊存栏要达到 1000 万只。按户均 20 只羊存栏和 1.4 的出栏率、每只羊 600 元的纯收入测算，仅此一项将覆盖 215 万人（占贵州农村贫困人口的 36.7%），人均增收 3907 元。如果这些目标能够实现，贵州的扶贫开发工作将有可能打一个真正的翻身仗！在此基础上从 2014 年起再用 6 年时间配套其他措施并加大工作力度，占全国农村贫困人口 14.6% 的贵州省到 2020 年实现基本消除绝对贫困现象就很有希望，这对实现全国扶贫开发总体目标将起到决定性的影响！

调研和座谈中，在充分肯定成绩和经验的同时，我们和当地干部群众也一致认为“晴隆模式”还需要进一步发展、完善。

一是要加大资金支持，扩大项目规模。贵州省农业部门核定的 2630.25 万亩耕地为基本口粮田，国土部门核定的 6757.5 万亩包括荒山荒坡，二者相差的 4000 万亩左右都可以发展草地畜牧业，大体可载畜 2000 万只羊以上，资源条件完全可以支撑养羊产业的发展。如果按户均 20 只计算，可覆盖 100 万户 430 万人，占全省农村人口 14.3%、占农村贫困人口 73.5%，扶贫潜力巨大。

从晴隆县来看，全县荒山荒坡和 25 度以上坡耕地有 110 万亩，目前发展利用 40 万亩，仅占 36.4%。按照覆盖农户测算，全县 40% 农户可发展养畜，而目前只有 16% 的农户。全县 2013 年羊存栏数要发展到 100 万只，需要在现有羊存栏数 20 万只的基础上增加 5 倍。

从黔西南州来看，全州 64 万农户有 40 万户适合发展养畜，目前仅有两万户。一般每户启动投资需 1 万元，10 年可滚动发展到 4 户，全州如果在 2020 年要覆盖其他 38 万户，需在 2011 年投入 9.5 亿元。2009 年全州各项扶贫资金投入为 2.7 亿元，资金存在很大缺口。

二是要加强配套基础设施和服务体系建设。在扩大养羊规模的同时，要同步加强草场、畜舍、越冬饲料贮藏及交通、水电等基础设施。尽管从 2001 年至今晴隆县还没有发生大规模羊群疫病，但随着养羊规模的扩大，疫病防治、良种繁育等配套技术服务体系建设也必须跟上。与扩大养羊规模同步的还要加强草场载畜量控制，科学确定草场载畜量，防止因规模扩大导致过度放牧和新的生态破坏。

三是要提高养殖户组织化程度，发掘产业附加值。从养殖来看，当地基本上是分户养殖，户均 20 只羊左右需要 1 个劳动力。群众讲如果能够联合养殖，1 个劳动力养 100 只羊没有问题，这等于每个劳动力的产出可提高 5 倍。从销售来看，当地种草养畜主要是出售活羊，处于畜产品市场链条的最低端。羊主要卖给了流动商贩或者县草地畜牧业开发中心，极少有农户组织专业合作社进行统一养殖、购销。普安县罐子窑镇辣子村每只羊从村卖到县城需要 6 元钱的运费，按户均卖羊 30 只计算，每户需要支付运费 180 元。从市场加工产业链分析，黔西南目前还没有一家投产的羊肉加工厂家，更没有在市场上形成当地羊肉品牌。在内蒙古包头市，小肥羊、小尾羊两家专营羊肉火锅的公司其年销售额都在 60 亿元以上，位居中国连锁餐饮业前三名。随着养羊规模的扩大，尽快组建养羊农户专业合作组织，同时引入加工龙头企业，打造市场品牌，延长产业链条，提高养羊综合收益也迫在眉睫。

四是要突出瞄准贫困人口，重点支持贫困户增收。“晴隆模式”起步于扶贫，其进一步发展和推广的生命力也在于贫困农户得到实惠。虽然养羊区域与贫困人口分布基本重合，但在同一区域、同一村子内，农户贫富差异仍然比较明显。晴隆县等地的“两项制度衔接”试点 2010 年才开始抓，下一步要以此为基础，在种草养羊项目中要注意优先支持贫困户发展。

三、关于“晴隆模式”引发的几点思考与建议

我们认为，“晴隆模式”为西南喀斯特地区探索出了一条切实可行的扶贫开发路子。实践告诉我们，在贫困地区没有钱并不只是贫困的原因，而是贫困的结果。贫困的原因是多方面的，但以产业开发促进能力开发是治本的办法。在实行农村低保制度以后，开发式扶贫就是要帮助贫困地区找到发展经济的路子，培育起脱贫产业。这种模式的产业扶贫实践必然推动贫困人口自我发展能力的提高，一举多得。贵州全省通过明确规划、集

中投入、连片推广“晴隆模式”的做法，对我们研究抓好新十年集中连片和特殊类型贫困地区扶贫开发也很有启发。

一是对集中连片和特殊类型贫困地区要实施分类指导。我国未来十年的扶贫工作要进一步明确把集中连片和特殊类型贫困地区作为重中之重。这些地区的扶贫开发大体可有两种途径：一类是类似晴隆县这样主要通过产业扶持加快发展，如草地畜牧业、茶叶、魔芋等具有明显扶贫属性的特色产业；另一类是类似凉山彝族“直过区”，首要的是改善基本生存条件，并辅以教育培训和产业扶持加快发展。在谋划新十年纲要时，需要对全国所有集中连片和特殊类型贫困地区进行认真分类，适合产业扶持发展为主的应该制定明确的产业发展规划，尽可能实施产业扶持；需要扶贫搬迁和农房改造为主的也应该有具体实施规划。

建议今年适时召开一次专题会议，总结交流贵州等省在集中连片和特殊类型贫困地区抓类似“晴隆模式”推广的相关经验做法。

二是建立西南喀斯特地区种草养畜扶贫产业发展专项资金。在集中连片和特殊类型贫困地区发展产业，需要集中力量加大投入。在调整到省扶贫资金存量部分投放结构的基础上，新增扶贫资金中可以设立“集中连片和特殊类型贫困地区产业发展专项资金”，集中投放、统筹使用，专门支持这些地区规划的产业发展。

贵州省在43个县推广“晴隆模式”的做法已有一定基础，建议可以此为基础先行试点，结合国家发改委等六部门在贵州、广西、云南、重庆、四川、湖南、湖北、广东8省区市实施《岩溶地区石漠化综合治理规划大纲》，设立国家岩溶特困地区扶贫产业发展专项资金，专门支持100个规划县中类似晴隆县的国家扶贫工作重点县（共60个）发展草地畜牧业。

三是要大力支持贫困村发展农民专业合作组织。除了物质条件以外，组织化程度偏低是贫困地区发展的突出制约因素。集中连片和特殊类型贫困地区扶持产业发展需要农民专业合作组织，其他面上零星插花贫困地区在基础设施得到全面改善的基础上，更要在产业发展中把提高农民组织化程度摆在优先位置。这些年组织开展的扶贫互助资金试点要紧密结合产业发展，把试点工作的着力点放在引导农民培育主导产业、提高组织化程度上。

建议在研究加大对集中连片和特殊类型贫困地区扶贫开发工作力度的同时，对面上零星插花贫困村的扶贫开发工作指导思想中，要明确提出把发展农民专业合作组织作为巩固扶贫成果并最终实现脱贫致富的重要途径。

第四部分

课　题　调　研

贫困村互助资金试点成效及政策建议

（摘要）

前　言

由国务院扶贫办规划财务司和财政部农业司共同申请，利用世界银行第五期技术援助资金，自2006年12月开始，在四川省旺苍县和河南省叶县共146个村开展了村级互助资金运作模式的研究与试点，于2009年6月30日结束。项目分为试点和推广两个阶段。试点阶段，共20个村（旺苍、叶县各10个村），每村中央投入财政扶贫资金10万元。分两批启动实施：第一批启动4个村（四川、河南各两个）；第二批启动16个村（四川、河南各8个）。主要目的是：探索在贫困村开展互助资金试点的可行性，检验专家试点方案的可操作性。推广阶段共有126个村，每村中央投入财政扶贫资金15万元，分两批启动实施：第一批启动66个村（四川36个、河南30个）；第二批启动60个村（四川30个，河南30个）。主要目的是：探索全县范围内开展互助资金须具备的条件、可能存在的问题、风险以及解决办法。

2009年2月，项目课题组对试点阶段的20个村进行了调查和评估。本报告是在此次对20个村进行深入调查研究和结合历次项目检查结果的基础上完成的。因项目推广阶段试点村的运行时间较短，对其进展情况和成效的调查将在今年晚些时间开展，并有专门报告说明。

一、互助资金试点进展情况

20个试点村共有5007个常住户，有3218户加入村级互助社，入社率64.5%，其中旺苍县入社率为75%，叶县为54%。试点分两批启动，第一次启动4个村，2007年3月组建互助社，5月开始放款；第二批16个村，2007年11月开始组建互助社，旺苍县于2008年3月开始放款，叶县于2008年5月开始放款。第一批试点村的入社率为80%，第二批为61%，其中旺苍县第一批村为87%，第二批为76%。从调查情况看，第一批试点村由于运行时间长，各方面指标好于第二批试点村。贫困户平均入社率达到71%。

总体而言，试点村互助资金运行状况良好。截至2008年12月底，共放款1539笔、268.47万元，借款余额1104笔、142万元，没有拖欠和逾期。其中旺苍县累计发放借款967笔、172.52万元，借款余额610笔、89.4万元，还款率为157%；叶县累计发放借款613笔、100.85万元，借款余额424笔、54.35万元，还款率为160%。

二、试点村互助资金效果评价

（一）对缓解贫困村、贫困户生产资金缺乏问题发挥了积极作用

第一，互助资金支持了农户的生产发展。据对试点村405个农户的抽样调查分析，66%的社员使用了互助资金（其中：旺苍县74%，叶县58%），平均借款次数1.36次，平均借款金额2457元。借款中，91%用于养殖业，种植业为5.4%。

第二，互助资金发挥的作用超过了金融机构。2007—2008年两年间，试点村样本户共借款838笔，其中互助资金借款占31%，高于金融机构8%达24个百分点。虽然从金融机构借款达85.93万元，比从互助资金借款48.57万元高，但在互助资金中，除1%用于生活消费外，其余全部用于生产和创收活动，而金融机构借款的46%、即39.57万元用于生活消费，只有46.36万元用于生产，比互助资金少1万多元。且金融机构贷款

的月利率比互助资金高 0.46 个千分点。

（二）增强了对贫困户的瞄准性

互助资金的贫困户优先原则，得到相当程度的保证。一是加入互助社的机率均等。按样本农户家庭财产[①]五组分类看，最低三个财产组农户的入社比例差距不大，平均为 72%，其中最低 20% 财产组的农户为 73%，两个高财产组为 83%。可见每个组的农户有同等机会加入互助社。

二是贫困农户使用互助资金更多。从分组数据看，最低财产组农户使用互助资金的比例最高，为 76%，其次是最高财产组，为 72%，中间农户组为 50%。最低财产组农户获得互助资金的比例为 82%，比最高财产组高 13 个百分点。旺苍县最低财产组和中等财产组农户 42%—43% 的借款来自于互助资金，比高财产组高 6—7 个百分点；低财产组 29% 的借款金额来自于互助资金，比高财产组高 19 个百分点。

（三）有力地促进了贫困和低收入农户的增收

由于使用互助资金的经济效益难以直接测量，本文使用农户的主观判断指标来衡量。

样本农户中，81% 认为通过互助资金获得了盈利，平均盈利金额 2265 元；30% 的户认为如没有互助资金就不能开展生产项目，32% 认为能够借钱开展，但规模会缩小。

从盈利情况看，最低三个财产组的盈利要高于最高的两个财产组。最低财产组中 52% 的农户认为，如果没有互助资金将不能从事生产项目，而这一比例在最高财产组中只占 20%。与此相反，只有 16% 的最低财产组农户认为，没有互助资金也能借钱从事同样规模的项目，而 54% 的高财产组农户认为可以借钱从事同样的项目。可见，互助资金对缓解贫困和低收入农户资金紧张和增收方面起到了更大的作用。

① 家庭财产包括房产、生产性固定资产和耐用消费品。

（四）取得了良好的社会效益

试点村的互助资金带来了广泛的社会效益，其作用超出了满足农户信贷资金的需求。超过80%的农户认为，互助资金促进了村民关系、干群关系、村容村貌、环境卫生的改善和互帮互助风气的形成，推动了乡风民俗的转变和文化活动的开展，提高了村民参与公益活动的积极性，增强了基层组织的凝聚力。更为值得关注的是，除了对获得帮助的评价有不同外，是否参加互助社并不影响人们对项目社会影响的评价，但是否使用了互助资金和是否参与了项目的宣传发动过程，对社会影响的评价有明显的区别。参与过宣传发动和获得互助资金的家庭，对社会影响给予更多正面的评价。可见，广泛参与对项目获得较大的社会影响具有重要作用。

三、试点项目的可持续性和外部支持费用分析

村级互助资金操作可持续性或操作的自负盈亏水平，是指互助社的收入覆盖直接的操作成本的水平。

（一）如不包括外部成本，能实现操作和经济的可持续性

互助资金在试点初期阶段，工作量大，资金占用费的收入较低，无法覆盖操作成本；在正常运转情况下，第二年后可实现操作的自负盈亏和经济的可持续性。如项目运行第一年，叶县两个试点村占用费收入只有几百元，旺苍县中河村为最高水平，也只有1591元；进入第2年，每个试点村的收入都超过了6600元。

根据河南第一批试点的西刘庄村和韩庄的数据分析，2008年全年占用费收入分别为7514元（占用费率8厘）和6821.54元（占用费率7厘）。按章程规定，西刘庄收入的60%作为管理费用，为4200元，其中2700元作为理事会成员的报酬，每人收入在550—750元之间；韩庄将收入中的3600元作为个人报酬，每人收入在680—820元之间。目前，理事会成员普遍认为，每月的工作量仅2—4天，又是在村里为村民服务，有成就感，每年能够得到800—1000元的报酬就可以了。理事

会的管理费用中，启动阶段开办成本高，在2000—5000元之间。平时的办公费用很低，每年在1000—2000元之间。所以如果国家对互助社的资金投入规模达到15万元以上，可以实现村级低水平的操作和经济的可持续。

（二）外部支持费用较高，需要政府支持

互助资金运行的外部支持主要包括县、乡、村各级为开展互助资金试点所发生的费用。总体而言，外部费用大大高于内部成本。在不包括专家费用的情况下，试点的外部费用达到648866元，平均每个村32443.3元，占互助资金总额的20%左右。

尽管试点的外部成本相当高，但大部分成本是一次性的投入，且主要发生在项目运行的初期，不是经常性成本。扣除培训、前期费用（包括设备）后，政府投入每个村级互助资金每年的经常性成本只有8488元。随着推广规模的扩大和管理走上正轨，一些成本还会下降。如监督检查花费的交通费等。

政府在开展互助资金过程中投入了较大的工作及培训经费，这些投入为贫困村能力的提高及可持续发展奠定了良好的基础，保证了财政扶贫资金的安全运行和效益发挥。因此，作为政府公共开支，这些投入的社会和经济效益是值得的。

四、村级互助社可持续发展的条件

互助资金试点的成功，既有理论基础，也得到实践证明，但成功运行也是有条件的。

（一）村级互助资金发展的基本理论

一是贫困村中的多数家庭缺乏有效的金融服务，主要依赖个人社会关系网络获得资金。对河南叶县的调查发现，除农村信用社外，包括农业银行在内的商业银行基本不向农户发放贷款，而信用社由于在争取储蓄方面与商业银行相比处于劣势，资金规模有限，其贷款条件虽然低于商业银行，但门槛仍然较高，因此大多数贫困和低收入农户难以获得贷

款。信用社认定的信用户只占到总农户的20%。80%的农户（大部分是中低收入农户）很难从任何正规金融机构获得信贷服务。农户的借贷主要依靠社会关系网络，这种网络在基本生活的支持和应急方面较为有效，但很难从这种网络中获得生产性资金。因此，贫困地区农户对生产性信贷的巨大需求，基本没有得到满足，这为互助资金建立和发展提供了前提条件。

二是在贫困村建立互助资金的边际回报率较高。经济学的基本原理告诉我们，越是稀缺的资源边际回报率越高，由于稀缺资源的瓶颈作用，其他资源（如劳动力、山区的牧草）在贫困地区没有得到充分利用，处于闲置或半闲置状态。增加稀缺资源就能增加生产，其他成本却不会大幅度提高，从而能产生很高的边际效率。这正是小额信贷在较高利率下能够扶贫的重要原因。小额度资金的高回报是互助资金在贫困村成功的基本条件。

三是贫困村广泛的社会资源有效降低了互助资金的风险。正规金融部门与农户之间存在着严重的信息不对称，在农户缺乏有效抵押品的情况下，信贷风险相当大，而且贫困农户的小额度贷款也增加了银行的交易成本。这是商业银行不愿给农户提供金融服务的根本原因。互助资金最大限度地接近了农户，大大减少了信息的不对称。熟人社会的道德约束和联保制度的安排，大大提高了互助资金的安全性。

四是农户有自我组织和管理的能力。互助资金的开展，通过互助社的平台将家庭承包分散经营条件下的小农联系到一起，充分调动了蕴含在农户中潜在的民主意识以及自我管理和自我组织能力，大大提高了农户参与村级事务决策的积极性，增强了互助合作的精神，增强了农户的主人翁意识。在实施和管理互助资金过程中，通过不同形式的培训和项目活动的开展，进一步提高了农户自我组织、自我管理的能力和水平，为互助资金成功运行奠定了基础。

五是互助资金及其实行的小额贷款方式，有自动瞄准穷人的机制。穷人在任何社会都是弱势群体，为保证优惠资源到达穷人手中，需要高昂的监督成本。互助资金和小额信贷的出现，在一定程度上改变了这种状况，主要原因是利用了其自动瞄准机制。首先，互助资金由贫困村农户自己拥有和管理，减少了漏出的可能性。其次，利用小额度、市场化的利率和分期还款等技术，一方面减少穷人使用资金的风险并提高可持续性；另一方面提高了富人使用资金的成本，从而使穷人受益的可能性大大提高。

（二）互助资金发展的内部条件

1. 合适的项目村。以信贷为基础的互助资金成功的先决条件是农户对小额度的资金有需求，且难以从其他渠道得到满足。从试点情况看，对小额资金的需求不仅受到当地农村经济发展水平和经济结构的影响，而且也与当地金融机构（特别是信用社）现有的金融服务有关。一般而言，经济发展水平较高和信用社覆盖农户比例高的村不适宜开展互助资金项目。而金融服务缺乏的贫困村，发展互助资金更为合适，应优先选择。

2. 充分的宣传发动。利用参与式工作程序和扶贫资金互助社的民主组建程序，实实在在地发动和动员群众，是村级互助资金成功启动和可持续发展的关键。通过这样的过程，广大村民或互助社社员才能够把这样的项目或组织看成是自己的，从而产生主人翁感和责任感，在自己参与、受益的同时，监督自己选出的理事会成员是否按照互助社宗旨和规章制度办事。从试点情况看，越是宣传发动做得好的村，村民和互助社成员的参与程度也越高，他们的发言权和决策权也越能得到保证。其归纳总结的五步发动程序，值得推广和借鉴。

3. 合理的管理制度。

（1）内部控制制度。互助社内部需要合理设置岗位，确保不同岗位之间责权分明、相互制约、相互监督，形成相互制衡机制。要有专门的监督人员、明确的监督机制和程序。

（2）资金管理制度。包括借款条件、审批、发放、回收、公示及报表等制度。重点是要把握好借款条件和控制借款额度，及时填制和上报各种借款和还款信息，定期公示，接受群众监督。

（3）财务管理与核算制度。包括现金管理、印鉴管理、会计档案管理和会计移交、核算制度等。财务制度既要符合国家相关规定，又要尽量简化以适应村级的管理能力和水平。

（4）风险防控制度。互助资金要坚持“不出村、不吸储、不分红”

的原则。通过入社社员缴纳一定规模互助金（一般不低于借款额的1/10）来增强所有权意识。还要提取一定比例的风险准备金，以应对借款农户（特别是贫困户）在生产、经营过程中因人力不可抗拒因素而出现的风险。同时，应建立退出机制，对未照章办事、管理混乱、运转不正常的互助社予以警告和退出。对试点规模较大的省（市），还可考虑按照互助资金总额提取一定比例的风险防范资金，以抵御自然灾害等因素形成的风险。

4. 适用的产品设计。一是小组联保。在早期发展阶段，互助小组具有重要的作用，不仅能进一步减少信息不对称，而且能充分利用农村"熟人"社会的相互制约，强化社会监督，并有利于相互帮助和形成农村新型的互助合作关系。二是小额短期。可以更好地瞄准贫困人口，满足更多中、低收入农户在生产、经营过程中对资金的临时需求。在近几年内，贫困村互助资金借款的最高限额应不宜超过5000元，借款期限不超过12个月。三是分期还款。采取整借零还的方式有利于减轻借款人一次性还款压力，加快资金的周转，提高农户当家理财的能力。四是相对较高的占用费率。要确保占用费收入能够覆盖互助社成本，合理确定占用费率下限（不低于同期农信社利率，一般应在8‰以上），才能实现操作可持续。

5. 适度的资金规模。按照目前试点村投入财政资金15万元测算，一个总户数在200户左右、入社农户达到150户左右的行政村，按照每户缴纳占用费100元左右测算，则该村的互助资金总规模为16.5万元。如果采用按月分期还款的方式，资金的使用效率一般可以放大到1.2—1.5倍左右。如果户均借款按3000元计算，则该村入社社员平均两年左右可以获得一次借款；如果按照户均借款5000元计算，则入社社员大约每3年可以获得一次借款。但对于较大的村，当入社农户达到200户或250户时，则入社农户需要3—5年才能获得一次借款。为此，建议考虑给每个村的财政资金投入规模设定一个底线，即最少15万元/村。而对于一些人口较多的行政村，可以按照每增加一个入社农户，财政资金增加投入1000元。这样就基本可以保证每个入社农户在2—3年时间内都可以获得借款机会。

（三）村级互助资金发展的外部条件

1. 地方政府的高度重视。由于村级互助资金需要做许多细致的工作，需要大量的人力和物力投入，没有地方政府的支持，仅靠扶贫主管部门是没有能力完成的。无论是旺苍县还是叶县，当地党委和政府对试点项目都高度重视，书记、县长亲自抓。在党委、政府的督促下，有关部门特别是扶贫办、财政局及各项目乡政府，都调动了大量的力量并在财力上给予了必要的保障。两个试点县的县委组织部门甚至将村级互助资金项目纳入部门和乡镇主管干部的工作政绩考核中，还在所有试点村都安排了大学生村官以加强村级管理能力。这也是村级互助资金扶贫试点项目两年来能够在两个县成功开展的重要原因。

2. 多层次和全方位的能力建设。互助资金试点，实质上是将财政扶贫资金交给贫困村村民，建立村民共同拥有、共同使用、共同管理的生产发展资金。因此要管好、用好互助资金，使之滚动发展壮大，提供全方位的培训和能力建设至关重要。能力建设的重点是使管理人员有正确的理念，掌握适当的信贷和财务管理知识和技能。试点的成功，与试点县下大力气开展的多种形式和不同阶段、不同层次、不同内容的培训工作有密切关系。尽管试点培训费用较高，但为面上互助资金的推广和运用，总结、探索了许多有益的经验，也培育和锻炼了一支有用的队伍。

3. 充足的前期经费支持。要保证互助资金项目的成功，就必须按照参与式方法充分组织、发动农户参与项目竞争、方案制定及互助资金的管理和运作，帮助互助社取得合法的地位和资格，培训理事会管理人员和开展其他形式的能力建设。这就需要一定的前期准备或启动费用，按照试点项目的测算，民政注册、信用社开户，购买保险柜、计算机等办公用品和印制入社申请、宣传资料、借款约据等，每村基本费用平均约 5000—8000 元。

4. 有效的外部监管与支持。互助资金是创新财政扶贫资金管理使用方式的一种探索，尽管由村民自主管理，但仍需要有专门的机构（特别是县、乡两级）提供外部监管和服务，及时发现运作中的问题，协助解决互助社自身难以解决的问题。尤其是当村级监督小组的工作还不能完全达到内部监督要求的时候，外部监督尤为重要。只有当内部监督逐渐发挥作用的时候，外部监督才能逐步弱化（但不能完全退出）。要保证监管和服务的有效性，需要配备经过培训的专业化的专职人员，并要保持稳定。需要专门的经费来保证机构的正常运作，通过培训和实际工作，提高监管和支持服务的能力。

五、政策建议

（一）适当控制规模，稳步推进试点

虽然在两个县20个村的试点取得了初步成功，但互助资金成功推广所需的内部和外部条件并不容易达到，需要各级政府和主管部门高度重视并付出艰苦的努力。由于村一级的宣传发动需要细致和艰苦的工作，大规模推广速度过快，很容易由于人力、物力跟不上，超出县扶贫办、财政局的管理能力，导致产生前期发动不充分、管理不到位，农户不能有效组织起来等问题，而且互助社管理能力有一个逐步培养的过程。因此，互助资金的发展需要谨慎和稳步推进，不宜大规模全面推开，一哄而上。试点县在推广阶段的急于求成，就已暴露出上述问题。

（二）明确互助资金的定位和发展方向

互助资金是“在特定阶段，针对特定地区、特定群体、特定需求所采取的特定扶持措施”，主要目的是解决当前贫困农户贷款难的问题，不能指望互助资金满足贫困村内部所有人的需求。用国家财政扶贫资金支持的互助资金，应明确定位于主要为贫困农户服务，是贫困农户脱贫的一种有效手段。

村级互助资金未来可能会有三种不同的发展方向。一是随着农村金融体制改革的不断深入和服务体系的不断完善，有可能实现逐渐满足贫困村借款需求的目标，则村级互助资金将可能在运行一段时间后退出。二是在管理良好和条件成熟的情况下，贫困村互助社逐步向金融机构靠拢，最终融合成为一种新型的农村金融机构。例如，正规金融机构可以将互助社作为合作伙伴，为其批发资金，而互助社则利用自己的信息和成本优势，运作金融机构的信贷资金，保证资金安全并获得部分利差收入。三是向农村

合作组织方向发展，与农民专业合作组织结合，甚至发展成综合性的合作社，既有经济活动，又有金融活动。但互助资金未来究竟会向哪个方向发展，需要进一步实践和探索。

（三）成立专门的互助资金管理机构

互助资金试点的成功，在很大程度上与国务院扶贫办、财政部和当地政府的大力推动分不开。如果要进一步扩大试点范围的话，在各级需要有更加稳定的管理机构，而不仅仅依靠临时性的项目办。建议在国家扶贫办成立互助资金监管中心。在试点规模较大的县，可依托扶贫部门成立县级“互助资金监管中心”，加强乡镇管理部门和理事会成员的培训，这是大规模推广的必要条件。

（四）规范操作，加强能力培训

目前全国互助资金试点的点多面广，运作模式多样，操作方法各有不同，成效差异也很大，引起了社会各界尤其是银监部门的关注。应在总结试点经验和教训的基础上，尽快出台规范的互助资金管理指导意见和指南，以指导互助资金的健康发展。同时，尽快建立统一、规范但简洁有效的统计和报表制度，并制定有效的核查机制。进一步探索信贷和财务的计算机化管理。本项目所开发的《贫困村互助资金信息管理软件》是很有效的探索，在项目及资金的管理中发挥了较好的作用，建议在结合各地实际进一步完善的基础上，在全国推广应用。

（五）根据村庄大小，有差别地提供财政扶贫资金

中国的贫困村差异很大，人口较多的大村有上千户，而一些小村只有几十户。为保证互助资金的利用效率，财政资金在每村投入额度应与村的大小相适应，按农户数量或社员人数分类设档，确定不同的投入标准。根据专家组的测算，按每户700元的额度投入财政扶贫资金作为互助资金较为合适。

（六）给予适当的经费补助

根据试点的情况看，互助资金在运行的第一年是一个过渡期，这期间

的费用较高，管理人员能力有限，与会员之间尚需培育信任感，处于谨慎放款阶段，发放的资金少，占用费收入很低，很难维持可持续性。因此，建议中央或地方政府考虑在第一年给予建立互助资金的村2000—5000元的经费补助，并配备必要的电脑、保险柜、办公用品等，以保证村级互助资金的正常运转。

（七）协调相关部门，减免注册费用

叶县、旺苍由于是国家的试点县，各部门都给予了很多支持和配合，尽管如此，其互助社在民政部门注册时，也需要缴纳几百甚至上千元的费用，其中叶县首批试点的村每村1500元，第二批试点的村每村500元，推广村300元，旺苍每村为863元。一般一个互助社注册，需要验资费600—1200元。因此，建议协调国家相关部门，免去验资程序和费用，由试点县财政或扶贫部门提供建立互助资金村的名单和其他相关手续即可准予注册。

（八）提供有针对性的农业实用技术服务

调查中发现，在试点村中，因为有互助资金的支持，农户开展种、养殖业等生产发展项目的积极性空前高涨，但接踵而至社员普遍反映的一个突出问题是无法得到及时、有效和有针对性的农业实用技术服务，社员们在这方面的需求非常强烈。旺苍和叶县项目办也曾尝试与农业等专业部门合作，开展了一些到村到户的农技服务活动，但均没有形成制度化的安排。如何建立一种长效机制，为社员提供及时和有效的农业实用技术服务，解决生产发展中的问题是下步需要继续探索和创新的。

（九）持续的关注和跟踪

最后，作为国务院扶贫办和财政部两家花费大量人力、物力和财力共同实施的这项试点工作已接近尾声，取得了一定的成效，为面上互助资金工作的开展探索了路子、提供了一些初步的借鉴和政策建议。但互助资金本身特点所致，对这个新生和特别的扶贫手段的效果及影响的考察和评价还需要更长的时间。为此，课题组建议，国务院扶贫办和财政部应采取适

当的方式，对旺苍和叶县（也是第一个全国范围内在全县贫困村全面开展互助资金的两个县）的互助资金工作予以持续的关注和跟踪，以获得更多有效的信息反馈，并在其运行过程中不断试验和验证新的方法和思路。

东部地区扶贫工作研究报告

本报告主要观点：（1）辽宁、山东、江苏、浙江、福建、广东等东部六省，总体上绝对贫困现象基本消除，进程快于中西部地区10年左右。（2）东部六省确定的扶贫标准虽然绝对数较高，但从贫困的本质意义讲，扶贫标准依然偏低，甚至还远远低于中西部地区水平。（3）东部六省虽然人均收入水平较高，但相对贫困问题比全国和中西部更为突出。（4）东部六省专项扶贫的人均投入水平与全国和中西部省份相比差距很大。（5）即使是在城乡统筹相对较好、工业化、城镇化进程相对较快的东部地区，现阶段仍然未能有效抑制和扭转区域之间、阶层之间收入差距不断扩大的趋势，从未来十年看，扶贫开发任务十分繁重，且需要审慎设定工作目标。（6）认真总结东部地区的扶贫经验，对完善国家扶贫战略和政策体系、谋划新的十年扶贫纲要，具有重要价值，国家应加强对东部地区扶贫工作的调研和指导。

东部地区的扶贫工作是全国扶贫工作的重要组成部分，但相对于中西部地区而言，东部地区的扶贫工作具有不同的特点：

一是东部地区扶贫具有自主性。国家对东部六省扶贫工作的要求与中西部地区不同。《中国农村扶贫开发纲要（2001—2010年）》确定“国家把贫困人口集中的中西部少数民族地区、革命老区、边疆地区和特困地区作为扶贫开发的重点，并在上述四类地区确定扶贫开发工作重点县。东部以及中西部其他地区的贫困乡、村，主要由地方政府负责扶持”。因此，东部六省地方政府对当地扶贫工作负有更大责任和自主性，客观上能够探索形成不同于中西部地区的工作经验。

二是东部地区扶贫具有前瞻性。《纲要》提出“沿海发达省市的各级党委和政府，也要高度重视扶贫开发工作，积极采取有效措施，帮助当地农村贫困人口增加收入，改善生活”，由于东部六省扶贫工作的目标率先超越了“温饱”的范畴，加之经济社会整体发展的超前，因此客观上能够探索形成对中西部地区而言具有前瞻性的扶贫工作经验。

三是东部地区扶贫具有紧迫性。东部六省发展水平较高，在新的历史起点上，如何继续做好本区域的扶贫开发工作，缓解本区域内的发展差距，提高较低收入人口收入和生活水准，对于促进社会和谐，进而为全国全面建设小康社会、构建社会主义和谐社会发挥应有的作用，既十分紧迫又十分必要。

对东部地区扶贫工作进行专题研究，一方面可以更好地推进东部六省的扶贫工作，另一方面可以为全国特别是中西部地区下一步扶贫工作提供借鉴，推动国家扶贫战略和政策体系的完善。

一、对东部地区贫困问题的基本判断

调研发现，尽管东部六省之间经济社会发展存在相当大的差距，但发展的基础大体一致，贫困问题的基本性质和具体表现大同小异，更多的表现为共性，有三个明显特征：

（一）绝对贫困现象基本消除，相对贫困现象十分突出

1. 绝对贫困现象基本消除，进程快于中西部地区 10 年左右。总体看，东部六省绝对贫困现象虽然仍然存在，但绝对贫困人口所占比例已经很低，总数相对稳定，且大多丧失劳动能力，不属于开发式扶贫对象。从低保政策实施情况分析，东部六省的低保政策，一是起步较早，如福建省在 2004 年就在全国率先实行了农村低保。二是标准相对较高（如表 1 所示），2008 年，最高的浙江达到 2280 元，最低的山东低保线提高到 900 元，综合低保线达到了 1054 元，接近 2007 年全国 1067 元的扶贫标准，高于当年全国绝对贫困标准。国家统计局的统计结果显示，2007 年东部六省绝对贫困人口不足 20 万人，绝对贫困人口基本做到了应保尽保，低保政策有效配合了扶贫政策。因此，东部六省总体上已经实现了十七大提出的基本消除绝对贫困现象的目标。

表 1　2008 年东部六省农村低保标准和人口数量

省份	低保标准（元）	农村低保人口（万人）	低保人口占农村总人口比例
辽宁	1234	89.6	4.2
山东	1054	188	2.7
江苏	2088	128.94	2.8
浙江	2280	59.35	1.79
福建	1200	78	2.9
广东	1200	160	3.2

从国家统计局的农村贫困监测数据分析，2000—2004 年东部地区农村的绝对贫困发生率分别为 1.3%、1.0%、1.2%、1.2%、1.0%，大致稳定在一个水平，绝对贫困人口规模呈现出刚性特征。与此相比，2000—2007 年，全国农村的绝对贫困发生率则呈逐年稳定下降趋势，分别为 3.5%、3.2%、3.0%、3.1%、2.8%、2.5%、2.3%、1.6%（见表 2）。2008 年全国农村绝对贫困发生率大体相当于 2000 年东部六省水平，以此推算，东部地区消除绝对贫困进程快于全国 8 年左右。如果单独考虑中西部地区，按照国家统计局统计数据，2007 年中西部省（区、市）绝对贫困人口有 1460 万，绝对贫困发生率为 2.2%，而东部六省绝对贫困发生率已低于 0.07%。按近十年中西部的减贫速度推算，中西部地区消除绝对贫困进程要比东部六省晚 10 年左右。

表 2　2000—2007 年东部地区农村和全国农村绝对贫困发生率对比

项别	区域	2000 年	2001 年	2002 年	2003 年	2004 年	2005 年	2006 年	2007 年
贫困发生率	全国	3.5	3.2	3.0	3.1	2.8	2.5	2.3	1.6
（%）	东部	1.3	1.0	1.2	1.2	1.0			< 0.07

2. 相对贫困问题十分突出，扶贫标准相对于当地人均收入水平依然偏低。虽然，2007 年辽宁、山东、浙江、福建、广东等 5 省的省定扶贫标准都已达到了 1500 元（浙江 2008 年又提高到 2500 元），江苏为 2500 元，均远高于 2007 年全国 1067 元的扶贫标准。但同比计算，全国 1067 元扶贫标准相当于全国农民人均纯收入 4140 元的 25.8%、相当于中西部农民人均纯收入 3524 元的 30.3%（严格讲，25.8% 无实际意义，30.3%

才具实践价值，因为我们所说的全国扶贫标准实际上是针对中西部的扶贫标准）；东部各省省定扶贫线相当于本省农民人均纯收入的比重，与中西部的30.3%相比，只有江苏（38.1%）较高，其余都低于这个比例，浙江省即使按2008年调整后的标准（30.2%）来算，仍未超过中西部2007年的水平。辽宁、福建、广东三省扶贫标准只相当于中西部比例水平的88%—90%，即三省至少要在现有标准基础上再增加200元左右，才能达到中西部的平均水平（见表3）。因此，从贫困的本质意义讲，东部扶贫标准偏低，甚至总体上还低于中西部水平。

表3 2007年东部六省扶贫标准、对应贫困人口数量及扶贫资金规模

	省扶贫标准（元）	扶贫标准占农民纯收入（%）	贫困人口数量（万人）	贫困人口占农村人口（%）	省级财政扶贫资金规模（亿元）	扶贫支出占财政支出比例（%）	贫困人口人均财政扶持资金（元）
辽宁	1500	26.9	264.7	12	2.9	0.13	109.6
山东	1500	30.1	330.1	4.69	0.55	0.24	16.7
江苏	2500	38.1	468.2	9.34	2.5	1.1	78.0
浙江	1500	18.1	46.5	4.4	2.97	0.16	638.7
福建	1500	27.4	124.4	5.18	1.87	0.98	170
广东	1500	26.7	332	6.14	0.76	0	22.89
全国	1067	25.8	4320	4.6	167.34	0.29	387.36
中西部	1067	30.3	4205	6.3			397.95

注：①江苏2008年相应的指标为2500元、34.0%、468.2万、9.34%、10亿、3.1%、213.6元（如按扣除低保人口后的实际扶持人口计算为258元）。

②浙江2008年相应的指标为2500元、30.2%、271万、8.04%、4.5亿、1.3%、166.6元（如按省扶持的29个县内的191万贫困人口计算，应为235.6元/人）。

③表中扶贫资金为专项扶贫投入，不包括其他投入。

与此同时，东部各省按其省定的扶贫标准计算的贫困发生率却很高，辽宁省农民人均纯收入在1500元以下的建档立卡贫困人口有264.7万人（不含享受农村低保的86万人口），占农村总人口的12%；山东省农民人均纯收入低于1500元的贫困人口330.1万人，占农村总人口的4.69%；江苏省农民人均纯收入低于2500元的贫困人口468.2万（含低保对象128.94万）人，占农村总人口的9.34%；浙江省农民人均纯收入低于

1500元的贫困人口46.5万，占全省农村人口的4.4%；福建省农民人均纯收入低于1500元的贫困人口124.4万，占全省农村人口的5.18%；广东农村年纯收入1500元以下的贫困人口有332万人，占全省农村人口的6.14%。2008年，浙江省农民人均纯收入低于2500元的贫困人口271万人，占农村总人口的8.04%。其中有五省高于全国4.6%的贫困发生率。如与中西部的6.3%相比，辽宁、江苏和浙江（2008年数据）三省贫困发生率仍然高出很多。虽然缺少数据，无法准确计算贫困深度指数进行比较，但从上述数据即能推算，东部六省的相对贫困问题远比全国和中西部地区突出。

3. 城镇贫困不同程度存在，但总体都已纳入了低保范围。相对于农村社会保障体系而言，东部各省城镇社会保障体系相对完善，城镇贫困虽然不同程度存在，但总体都已纳入了低保范围。山东省城镇低保任务在东部各省中相对繁重，到2007年，全省城镇职工基本养老、医疗、失业、工伤、生育保险参保人数分别达到1174.9万人、1113.5万人、814.9万人、745.1万人、563.3万人，企业离退休人员月均养老金1054元，以大病统筹为重点的城镇居民基本医疗保险在6个市试点，参保居民163.6万人。城市低保实现动态管理下的应保尽保，保障人数61万人，月保障标准为150元至310元，人均月补助105元，初步建立了低保对象基本生活消费品价格变动应急救助和动态补贴制度。浙江省城镇绝对贫困规模呈缩小态势。根据浙江城镇住户调查资料，2006年浙江城镇居民收入低于绝对贫困线（350元/月·人）的人口为22.4万人，贫困发生率为1.83%，比2005年贫困人口减少了4.6万人，贫困发生率下降了0.38个百分点。浙江省城镇低收入人口规模也呈缩小态势。根据浙江城镇住户调查资料，2006年浙江城镇居民收入低于相对贫困线（617元/月·人）的人口为103.42万人，贫困发生率为8.4%，比2005年的相对贫困人口减少了41.5万人，贫困发生率下降了3.4个百分点。2006年浙江省城镇绝对贫困深度指数为0.1533，比2005年的0.1061上升了0.0472，浙江城镇绝对贫困线以下的居民贫困程度加重，且贫困群体内的贫困程度分布不均衡。福建省截至2006年6月底，全省城市低保人数20.1万人，保障人数比上年同期减少2603人。人均月补助金额64元，其中最高的厦门市为120元，最低的漳州市为45元。

（二）贫困问题的区域性特征突出

从东部六省贫困人口分布来看，都存在十分明显的区域性特征：辽宁省的锦州、阜新、铁岭、朝阳、葫芦岛5市贫困人口有205.49万人，占全省的77.63%。其中：朝阳市57.52万人，占21.73%；阜新市48.75万人，占18.43%。全省人均收入在1800元以下的行政村有1697个。山东省从人口分布看，有75%的贫困人口集中在沿黄地区、湖区、库区和深山区。这些地区自然条件恶劣，灾害发生频繁，水资源匮乏，科技教育落后，交通、通讯等基础设施薄弱，从根本上解决这些地区的贫困问题难度很大。江苏省截止2007年底，农村贫困人口166.18万户、468.16万人，占全省乡村总人口9.34%，其中，苏南、苏中、苏北分别为18.24万人、61.19万人、388.73万人，主要集中在苏北，特别是集中在黄河故道沿线的19个经济薄弱县、1011个经济薄弱村。浙江省虽然除4个城区外，全省其他县（市、区）都有低收入农户，但更多集中在26个欠发达县（市、区）和黄岩、婺城、兰溪3县（区）中的16个欠发达乡镇。福建省农村贫困人口60%以上分布在闽西南和闽东北地区。广东省农村贫困人口绝大部分分布在山区和东西两翼。这种贫困分布的区域性特征在县级层面也非常突出，通常一个县内存在若干连片分布的贫困乡镇和村。

（三）发展差距仍在继续扩大

首先，东部多数省份省内城乡居民收入差距呈扩大趋势。2000年山东省的城乡居民收入比为2.44∶1，2007年扩大到2.86∶1，城乡居民收入差距的绝对值为9280元。2002—2006年，广东省城乡居民收入比依次为2.84∶1、2.85∶1、3.05∶1、3.12∶1和3.15∶1，福建省城乡居民收入比依次为2.60∶1、2.68∶1、2.73∶1、2.77∶1和2.84∶1。但浙江省城乡居民收入差距近年来呈缩小趋势，2006年和2007年均为2.49∶1，2008年下降到2.45∶1，全省11个城市中有8个下降到2.5∶1之内，3个下降到2∶1之内。

其次，东部各省内部不同区域间发展极不平衡。有些区域的发展日益加快，而另一些区域则基础薄弱，发展能力严重不足，贫困区域（欠发达区域）与发达区域的差距不仅没有缩小，反而还在继续拉大。辽宁省

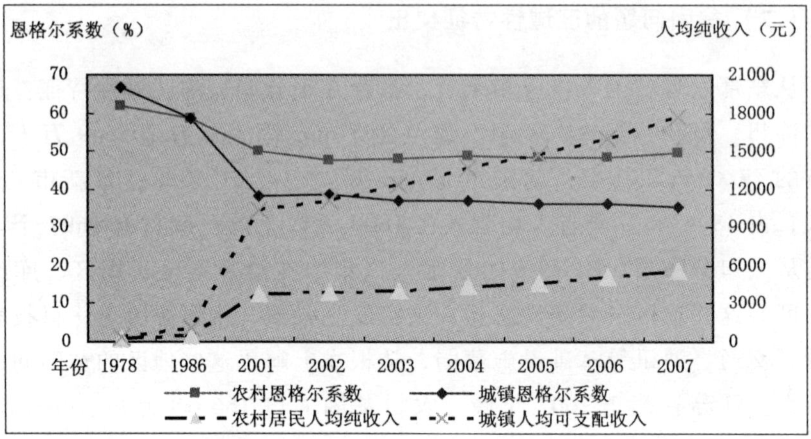

图 1　广东省城乡恩格尔系数及收入对比图

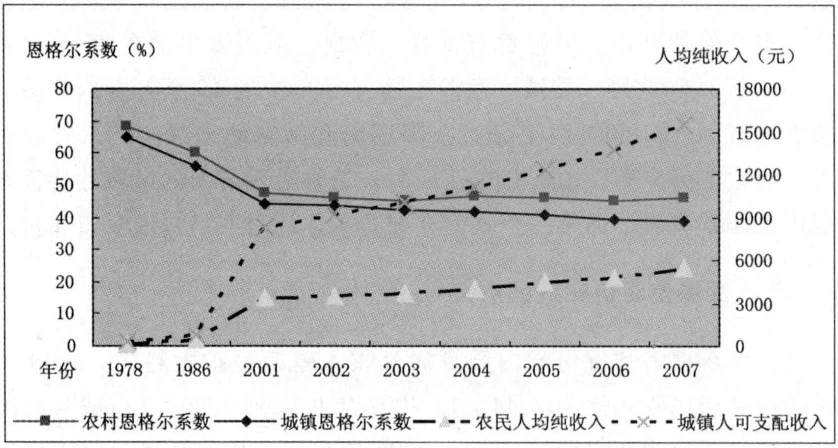

图 2　福建省城乡恩格尔系数及收入对比图

2007 年 15 个省扶贫工作重点县（市）的生产总值仅占 44 个县（市）的 16.7%；地方财政一般预算收入仅占 18.9%，比 2002 年下降了 3.3 个百分点。山东省的区域发展差距主要表现在东部 3 市（青岛、烟台、威海）与西部 3 市（菏泽、德州、聊城）之间。2000 年至 2007 年，东部 3 市与西部 3 市之间除人均 GDP 之比由 3.43∶1 缩小到 3.03∶1 外，人均地方财力之比由 3.93∶1 扩大到 4.29∶1，农民人均纯收入之比由 1.61∶1 扩大到 1.65∶1。广东省的内部差距主要表现在珠三角与东西两翼及山区之间。2006年，珠三角的GDP总量为21424.28亿元，占全省的79.6%，比2000年提高了4.4个百分点；东翼、西翼和北部山区的GDP总量分别为6.7%、7.6%和6.2%，比2000年分别下降了2.8、0.9和0.4个百分点。2000年，珠三角人均GDP是其他三个区域的2.7—3.7倍，到2006年则扩大到3.5—4.4倍。2007年，珠三角地方财政收入为1424.31亿元，东翼为68.60亿元，西翼为66.52亿元，北部山区为84.58亿元，珠三角是东翼的20.76倍、西翼的21.4倍、北部山区的16.84倍。浙江省山区市县经济总量依然偏小，与发达地区相比，区域差距仍在扩大。以衢州、丽水两市与杭州、宁波两市相比，2000—2007年，衢州、丽水两市GDP由299亿元增加到893亿元，增长199%，而杭州、宁波两市GDP由2558亿元增加到7537亿元，增长195%，虽然两者基本同步增长，但两者的差距却从2259亿元扩大到6644亿元。

再次，东部六省之间的发展差距也不容忽视。虽然都属发达省份，但各省之间的发展差距非常明显。例如，辽宁的人均GDP只有江苏的67.4%，农民人均纯收入只有浙江的67.5%，城镇居民可支配收入只有浙江的59.8%。山东的人均财政收入只有江苏的49.9%，居民人均储蓄存款余额只有广东的50.1%，农民人均纯收入只有浙江的60.3%。

表4　2007年东部六省人均GDP、财政收入、城乡居民收入比较（单位：元）

	人均GDP	人均财政收入	农民人均纯收入	城镇居民人均可支配收入	居民人均储蓄存款余额	人均社会消费品零售额
辽宁	25725.0	2571.4	5576.0	12300.0	18759.9	9376.7
山东	27723.0	1787.7	4985.0	14265.0	12211.1	9009.1
江苏	38190	3582	7357.0	18680	21931	12671
浙江	37128.0	3259.9	8265.0	20574.0	22492.5	12280.6
福建	25662.0	1954.8	5467.0	15505.0	13156.1	8902.3
广东	32713.0	2947.8	5624.0	17699.3	24355.3	11216.1
全国	18934	—	4140.4	13786	13058	6751.7

城乡之间、区域之间、阶层之间、省份之间发展差距的扩大，使得相对贫困问题日益凸显出来，这是下一阶段扶贫开发工作中值得关注的一个重点。上述情况说明，即使是在城乡统筹较好、工业化、城镇化进程较快

的东部，现阶段仍然未能有效抑制和扭转城乡之间、阶层之间居民收入差距不断扩大的趋势。从未来十年看，扶贫开发任务十分繁重，且需要审慎设定工作目标。

二、对东部地区扶贫工作的基本分析

（一）各省对扶贫工作非常重视，成效显著，经验丰富

辽宁省省委、省政府每两年召开一次全省定点扶贫工作总结表彰大会，历届省委书记、省长每次都亲自出席并讲话，亲自安排和部署扶贫工作。省几大班子主要领导，都有定点帮扶联系的贫困县，经常深入定点扶贫的县、乡、村调查研究，亲自解决各种难题。2001 年、2003 年、2008 年分别以省委办公厅、省政府办公厅名义联合印发了《辽宁省定点扶贫工作实施方案》、《省定点扶贫工作安排意见》和《关于做好新时期省定点扶贫工作的意见》，实施“1 + x”帮扶模式。领导重视对推动全省形成良好的定点扶贫工作氛围起了关键作用。进入新世纪，全省以 15 个省扶贫开发工作重点县为重点，以解决贫困人口温饱问题和增加贫困人口收入为目标，不断加大扶贫开发工作力度与投入力度，共投入扶贫资金 18.1 亿元，其中省级投入 15.6 亿元，市级投入 2.5 亿元。到 2008 年底，全省原有人均收入 1200 元以下的 2739 个贫困村已全部得到整村扶持，第一轮整村推进扶贫已告一段落，全省绝对贫困人口的温饱问题基本解决，完成了省委、省政府确定的阶段性扶贫工作目标。2007 年，15 个重点县（市）地区生产总值 686 亿元，地方财政一般预算收入 28 亿元，分别是 2002 年的 2.44 倍和 2.92 倍；农村居民人均纯收入达到 4062 元，5 年来年均增长 17.7%，增幅高于全省平均水平。

山东省从新世纪以来，采取“村为基础，整乡推进”的扶贫方式，以重点县为单位，在贫困乡村大力发展特色产业，为贫困群众稳定增收脱贫奠定了坚实的产业基础。2001—2007 年，全省共完成 361 万农村贫困人口的脱贫任务，贫困乡村的生产生活条件进一步改善，农村贫困群众的收入水平明显提高。

江苏省委把扶贫工作作为一把手工程，实行“五方挂钩”、“五个一”

帮扶机制，对省级机关的政治优势、苏南的经济优势、高等院校的技术优势、企业集团的行业优势等实行优化组合，合力支持经济薄弱地区开发建设。到2007年底，全省农村年纯收入在1500元以下的人口由2005年底的310万人减少到2007年底的201万人，1011个经济薄弱村农民人均纯收入达到2984元，增长14.2%，有48.2%的贫困农户超过省原确定的贫困标准，其中有83个村提前基本达到省提出的“八有”（有“双强班子”、有科学规划、有高效农田、有特色产业、有配套设施、有保障机制、有整洁村容、有文明村风）建设目标。在省委确定的重点调研课题中，省委书记亲自负责经济增长方式转变和扶贫工作两项课题。2008年，根据党的十七大精神，省委、省政府制定了《关于组织实施脱贫攻坚工程的意见》（苏发［2008］12号），明确提出，力争经过3至5年的努力，基本消除绝对贫困现象。根据苏北5市各县（区）的经济发展和财力状况，按照农民人均纯收入、人均村级可支配收入、劳动力转移比重、省定经济薄弱村所占比重和贫困人口比例等指标，确定把其中11个县（区）作为省脱贫攻坚重点县，省委派驻扶贫工作队实施脱贫攻坚。

浙江省2003—2007年实施了“欠发达乡镇奔小康工程”，至2007年底，361个欠发达乡镇农民人均收入达到4500元，比2002年翻了一番以上；共完成下山搬迁10.2万户、36.3万人；80%以上的欠发达乡镇农民人均收入超过了全国平均水平，“欠发达乡镇奔小康工程”各项目标任务全面完成。2008年，为了加快建设惠及全省人民的小康社会，切实提高低收入群众收入和生活水平，作出了实施“低收入农户奔小康工程”的战略决策，把2007年家庭人均纯收入低于2500元的农户作为新的扶贫对象，并组织实施产业开发帮扶、培训就业帮扶、下山搬迁帮扶、基础设施建设、社会救助覆盖、区域协作促进、金融服务支持、社会援助关爱等“八大行动”，省里以26个欠发达县（市、区）和婺城、兰溪、黄岩三区（市）中的16个乡镇为扶持范围，以5200个“低收入农户集中村”为重点扶持对象，建立健全了专项扶贫、职能扶贫、社会扶贫相结合的“大扶贫”体系。

福建省委、省政府把扶贫开发作为落实科学发展观和推进和谐社会的一项重要措施，努力构建“大扶贫”格局，从贫困农户、扶贫开发重点村、经济欠发达县三个层面，采取有针对性的措施推进扶贫开发工作。省委、省政府确定20个经济欠发达县，出台了推进山海协作的决定，建立省领导挂点、部门挂钩、20个沿海县对口帮扶20个欠发达山区县的制度，每年安排专项资金用于支持沿海企业到山区投资创业和山区经济发展园区建设。从2002年开始，全省确定了3716个省、市、县三级扶贫开发重点村，实行“部门挂钩、资金捆绑、干部驻村”三位一体的整村推进扶贫开发机制，到2008年已完成2228个整村推进任务。对贫困户，采取了搬迁扶贫、提供扶贫小额贴息贷款、开展“一户一培训，一户一就业”等措施，帮助贫困户增收致富，全省已经搬迁农户44万人。

广东省委、省政府把解决制约山区贫困地区和贫困农民发展的问题作为扶贫工作的重点，省委主要领导亲自到贫困地区调研，明确要求扶贫工作要“扶贫到户，责任到人”。到2007年底止，全省完成镇通村公路硬底化里程40000多公里。粤北山区和东西两翼地区2/3的镇通村公路实现硬底化。山区贫困地区经济发展环境得到有效改善。实施农村安居工程，切实改善贫困农户住房条件，完成了省定的15万户农村危房改造任务。实施边远分散革命老区村庄搬迁工作，完成了595个老区村11100多户6万多人的搬迁工作。认真组织开展以山、水、田、林、路综合治理为主要内容的“大禹杯”竞赛活动，受益贫困村1335多个，受益农民228万多人。全力推行农村合作医疗制度，全省有4137万农民参加了农村合作医疗，占农村人口83.3%，117个县（市、区）建立了农村合作医疗保障救助基金。解决了180万人的“饮水难”问题。全面实施农村免费义务教育。基本建立了农村低保救济制度，全省农村有133.6万人享受了低保救济。实施“企业+基地+贫困农户”的产业化扶贫战略，扶持带动贫困农户发展特色产业，培育发展了94家省级扶贫农业龙头企业，带动贫困农户15万户，户均增收1500多元，累计有4.2万户19万人因此脱贫。

（二）省际进展很不平衡，工作差别悬殊

1. 从基础设施情况看，东部六省整体都把产业发展作为扶贫工作的突破口，基础设施总体能够支撑产业发展。江苏、辽宁已大规模向设施农业方向发展，但是广东、山东贫困地区基础设施建设欠账较大，与产业发展需要还不相适应，改善贫困人口的生产生活条件仍然是一项重要而繁重的任务。2007年，广东省仍有11400多个老区自然村（占全省老区村的

22%）未通机动车路，602个老区村未通电，7600多个老区村、306万人存在饮水困难，全省80%以上的农民是初中以下文化程度，有200多万农户居住在危房和茅草（泥砖）房中。到2007年底，山东全省还有0.6%（516个）的村没有通汽车、19.2%（16512个）的村没有自来水、9.7%（202万）的农户没有参加新型农村合作医疗。

2. 从扶贫投入看，东部六省财政都安排了扶贫专项资金，如表3所示，2007年，安排最多的浙江为2.97亿元，最少的山东为0.55亿元。2008年，江苏由2.5亿元大幅度增加到10亿元，浙江增加到4.5亿元。但对应所承担的扶贫任务，东部六省人均投入水平较全国或中西部省份差距极大。2007年，中央财政对农村贫困人口投入的扶贫资金人均为387.36元，而辽宁为109.56元、山东为16.67元、福建为170.00元、广东为22.89元。即使按大幅增加投入后的江苏、浙江两省资金量计算，江苏为213.58元（按实际覆盖对象为258.00元）、浙江为166.05元（按实际覆盖对象为235.60元），也分别只有全国平均投入水平的55.1%和42.7%，最少的广东、山东只有全国平均投入水平的5.9%和4.3%。与此同时，东部省份之间扶贫投入差距也十分巨大。山东省经济总量较大，人均GDP居全国第7位，但人均财政支出只居全国第22位，农民人均纯收入居第9位，2007年扶贫支出只占财政支出的2.4‰。广东省是我国最发达的省份之一，无论是经济总量还是财政收入、支出都高居全国前列，但扶贫支出占财政支出的比重几乎接近于零。不仅投入总量低，扶贫对象单体投入水平也低，2007年山东省每个贫困村平均投入10.8万元，只占国家要求每个贫困村最低投入50万元的1/5多一点。

3. 从社会扶贫情况看，山东省扶贫办没有组织协调机关定点扶贫和对口帮扶协作的职能，具体工作由省发改委承担。部分市和重点县承担了同级机关定点扶贫的职能。民间组织和企业参与扶贫一般为一次性或临时性活动，由各级扶贫办与相关部门、单位联合组织，尚未建立常规化的长效运行机制。辽宁省的定点扶贫工作则在整个扶贫工作中处于关键性的地位。全省建立了“省级领导联系重点县、市级领导联系贫困乡、县级领导联系贫困村、各级领导帮扶贫困户”的“定县、包乡、帮村、带户”责任制。省扶贫办每年联合省直机关工委对全省社会扶贫工作情况进行考核评比，没有达到考核标准的单位实行工作目标“一票否决”制度，取消当年各种评先选优资格。江苏省更是完善“五方挂钩”帮扶机制、深化“五个一”帮扶机制、强化结对帮扶机制、建立责任落实和激励考核机制，以及在提高帮扶资金使用成效等方面不断取得新突破，增强脱贫攻坚活力。每个扶贫工作重点县都派驻省委扶贫工作队专职驻县扶贫，队长由副厅职领导担任。每个扶贫村都有驻村指导员、大学生村官、定点联系单位、对口帮扶企业。浙江省发挥社会各界的帮扶作用，建立了各级政府部门、国有企业、高等院校、科研机构、城市医院、发达县镇与欠发达县乡村的结对帮扶制度，从项目、技术、信息、人才等多方面给予帮扶。近年来，结对帮扶单位为欠发达县乡村提供的帮扶资金每年都在 1 亿元以上。实施科技特派员制度，2003—2007 年，省里向欠发达乡镇派遣科技特派员 837 名，推广农业新技术 1800 多项、农业新品种 2000 多个。实施农村工作指导员制度，省市县各级机关派出干部为全省每个行政村配备一名指导员，其中省级机关派出的 100 名指导员派到省扶持范围内的“低收入农户集中村”。福建省由省委组织部从省直机关选派干部到扶贫开发重点村担任党支部第一书记，省里每年还从 14 个部门捆绑了 4000 万元，进入扶贫专户，由扶贫部门统筹安排，专项用于省级扶贫开发重点村。至 2008 年，全省累计在经济欠发达县建设山海协作项目 4300 多个，投资超过 480 亿元，可新增产值 420 多亿元，新增税收 56 多亿元，增加劳动力就业 40 多万人。

4. 从机构设置来看，江苏、浙江、福建扶贫办与省委农办合署办公，为省委农办内设一个处，对外挂扶贫办牌子，由农办副主任分管扶贫工作；辽宁、广东扶贫办与农业厅同属一个党组，但业务、财务相对独立；山东扶贫办为省农业厅内设机构。从省以下机构情况看，山东省机构力量相对薄弱，全省 17 个市中，12 个市扶贫办有 8 个为内设机构，有 4 个与其他部门合署办公。34 个重点县、区的扶贫办，有 12 个单独设置，有 12 个为内设机构，有 10 个与其他部门合署办公。到目前仍有个别市地还没有设立扶贫机构，重点县（区）之外的县（市、区）也大都没有设立扶贫工作机构；福建省省、市、县三级机构很不一致，全省有 1 个市、29 个县单独设立扶贫办（老区扶贫办），其余与农办合署办公；广东省扶贫队伍建设与承担职能不相称，特别是各市、县扶贫办机构设置五花八门，人员编制普遍只有 3—5 人，工作经费严重不足。浙江省扶贫工作力量也很薄弱，省一级没有专门的机构和编制，市县两级从事扶贫工作专职人员也很少。

三、对东部地区扶贫工作的基本思考

这些年东部地区在推进其扶贫工作的进程中，创造和积累了不少具有前瞻性的扶贫经验。这些经验十分宝贵，无论是对指导目前中西部地区的扶贫工作，还是对完善国家扶贫战略和政策体系、谋划新的十年扶贫纲要，都具有很好的参考价值，应该进一步加以研究和提炼。

相对于广大的中西部地区而言，东部地区由于整体经济社会发展超前，无论是贫困的概念、特征，还是扶贫的方式方法，都有其特殊性。全国扶贫工作以往所开的会议、所发的文件（除一些专题性部署），虽然基本上都是面向全国的，但所讲的具体扶贫政策措施，实际上都是针对中西部的，对东部地区针对性不够强。这也是本次调研中，东部各省普遍强烈反映的一个问题。从全局考虑，要进一步加强对东部地区扶贫工作的指导，尤其是在新的十年扶贫纲要中，对东部地区要提出明确的具有可操作性的扶贫开发政策规定和措施要求。

（一）东部地区的扶贫战略应顺应工业化、城镇化的趋势，把扶贫开发与优化人口布局、促进劳动就业有机结合起来

首先，我国改革发展的总体目标是实现现代化，核心是工业化、城镇化。东部地区的珠江三角洲、长江三角洲特别是温州、苏南等地区率先发展起来的基本经验就是工业化、城镇化。东部六省在全国属于发达地区，区域发展的基本定位是率先实现现代化。因此，在绝对贫困基本消除的基础上，东部六省的扶贫工作，包括政策体系、阶段性目标、具体措施、扶贫项目的选择确定以及扶贫工作的具体组织实施方式等，在大方向上都必须遵循工业化、城镇化的要求，这是推进东部地区扶贫工作最基本的战略出发点。东部地区扶贫工作能否得到当地党委、政府的重视，能够争取多大程度的重视，很重要的是取决于扶贫工作能否与工业化、城镇化科学地协调一致。

其次，扶贫工作遵循工业化、城镇化方向一定要探索新的模式。温州、苏南等模式值得借鉴，但其形成的外部条件在其他地区并不完全具

备。浙江省的扶贫工作主动适应工业化、城镇化进程中人口重新布局的趋势，积极推进下山搬迁，每年下山搬迁5万人以上，同时加大对创业型人才的培训和创业就业服务，促进农民职业和居住同步转移。江苏扶贫工作中正在形成的一系列做法很值得关注。经过2007年以来两年的探索，江

专栏：苏北扶贫工作可能探索形成新的工业化、城镇化模式

江苏扶贫工作重点在工业化、城镇化相对落后的苏北地区。首先是摸清底数，全省贫困人口建档立卡，并且区分有劳动能力的贫困户和没有劳动能力的贫困户，前者纳入开发式扶贫，后者纳入救助式扶贫。其次，对照扶持标准确定投入额度。江苏贫困人口人均有1亩地，按照土地流转价格可收入600—800元，加上以土地为基础的财政转移性收入等，人均至少有1000元收入，省级财政按照每人1000—1100元标准投入，市县配套及社会帮扶等也有一定投入，三项合计就可以大体确保贫困户每人年收入达到2500元的奋斗目标。由于财政资金不是直接分钱到人，而是通过产业项目实现效益到户，一般而言项目收入都会大于投资额度。第三，贫困地区基础设施投入由其他相关部门负责，扶贫项目主要搞设施农业和转移培训。建设塑料大棚后，种粮土地改搞特色种养业，收入可增加10倍。根据我们在江苏沭阳、丰县的调查，除了培训转移外出就业的劳动力以外，搞设施农业平均每投资2万元就可增加1人就业。扶贫工作不但帮助贫困人口增加了收入，而且以低成本的方式缓解了当前国际金融危机冲击下的农民就业压力。第四，设施农业与土地流转、专业合作社三位一体，实行“一村一品一社”，农民由传统的土地经营者逐步转变为土地经营的生产车间工人，在原有土地上不动声色地转变为农业工人，低成本地完成了工业化过程。第五，在帮助贫困人口收入增加的同时，广泛动员社会各界帮助贫困村搞村级综合服务中心建设，努力缩小农村社会公共服务与城镇的差距，到一定阶段很可能水到渠成地推进农民聚集居住，最终达到城镇化的目的。

苏开展苏北地区扶贫工作的核心经验就是通过发展设施农业和劳动力转移培训，帮助贫困人口融入城镇化、工业化，既实现扶贫工作的具体目标，也促进当地城镇化、工业化进程，使扶贫工作很好地与当地总体发展目标融为一体，相得益彰。

（二）东部地区的扶贫对象应以相对贫困人口为主，扶贫标准的确定要与当地农民收入的增长有机结合起来。东部六省由于总体发展水平较高，在率先实现“绝对贫困现象基本消除”目标之后，继续做好本区域的扶贫开发工作，缓解本区域内的发展差距，提高相对贫困人口的收入和生活水准，对于促进社会和谐，拉动和扩大内需，促进东部地区经济的进一步发展，进而为“确保到2020年实现全面建成小康社会的奋斗目标”、构建社会主义和谐社会发挥重要作用，既十分紧迫又十分必要。为此，东部六省应进一步加大扶贫工作力度，结合当地农民人均纯收入的实际水平相应提高扶贫标准，并与之形成联动机制。比如，可考虑把扶贫标准确定为当地农民人均纯收入的35%左右。

（三）东部地区的扶贫举措应更加全面地体现推进新农村建设的要求，把扶贫途径的选择、培育农业创业主体、改善农业创业条件、推动现代农业加快发展有机结合起来。进一步加强创业型人才培养，重点把青年农民培养成为现代农业创业人才；加强合作扶贫，重点把扶贫专业合作组织、资金互助组织培育成为现代农业创业的有效形式；积极促进土地承包经营权流转，培育规模经营的生产经营主体。

（四）东部地区的扶贫力量应更加注重发挥政府主导作用，把发挥专项扶贫、行业扶贫、社会扶贫有机结合起来。中国特色扶贫工作的本质特征就是“政府主导，社会参与”，其工作框架包括动员组织党政机关开展行业扶贫和定点扶贫、组织经济发达地区对口帮扶欠发达地区、动员社会各界援助贫困地区、动员组织扶贫志愿者等等形式。发挥政府主导作用，特别是要增加财政投入，保证东部各省人均专项扶贫投入水平不低于或高于中西部地区平均水平，对于东部省份的财力而言，是完全能够实现的。发挥行业扶贫作用，特别是在产业开发、基础设施、社会事业、社会保障等方面，应更好地发挥政府职能部门的作用。发挥社会扶贫作用，特别是要发挥民营企业、发达地区的作用，运用结对帮扶、社会慈善、扶贫基金等途径，把社会力量凝聚起来。开展社会扶贫不仅可以扩大扶贫工作的资源投入，更重要的是推动形成良好的扶贫工作社会氛围，通过扶贫的途径促进社会不同阶层的交流、理解与支持，密切党群干群关系，构建社会主义和谐社会。这也是体现扶贫工作是政治工作、社会工作的最好形式。可以讲，一个地方的扶贫工作如果没有社会扶贫，就不是真正意义上的扶贫，至少是很不完整的扶贫。

金融危机对贫困地区农户收入的影响

一、导言

进入新世纪以来，中国经济开始了新一轮高速增长。自2001年开始，GDP以每年超过8%的速度持续稳定增长，到2007年已经达到11.9%。然而从2008年开始，受国际金融危机和宏观调控政策的影响，经济增长速度放缓，2008年GDP增长率下降到9.0%，2009年上半年继续下降到7.1%。伴随经济增长的放缓和出口形势的恶化，一些外向型企业倒闭或裁员，出现了较大规模的农民工失业问题。一些地区的农产品的销售也受到影响。这些都会对贫困地区农户的收入增长和生活消费产生影响。

为了对金融危机给贫困地区带来的影响做深入系统的分析，我们选择了中国西南、西北和中部地区的六个省市，即重庆、陕西、甘肃、安徽、河南和湖南，进行部门访谈、村级调查和农户调查。这些省均为劳动力外出流动较大的省份，输出目的地主要是受金融危机影响较大的珠三角和长三角地区。我们在每个省内选择两个国家或省扶贫工作重点县，在每个县又选择了3个乡，每个乡选择1个村，每个村选择30户农户。乡和村根据金融危机在本省的影响情况分别由各省确定，农户则是在村内根据随机抽样由本课题组研究人员抽取。共对6个省12个县36个乡、36个村的1083户农户进行了实地调查，同时完成了县基本情况、村基本情况调查，并通过邮政储蓄银行收集了这些县个人汇款流入的情况。

另外，为了更深入了解国际金融危机对贫困地区劳动力外出流动的影响，课题组还对劳动力主要流入地的珠三角和长三角地区的企业运行状况进行了实地调查。

本报告的分析就是建立在这些调查数据的基础上的。

二、国际金融危机

2007 年夏天，美国次贷危机开始引发多米诺骨牌效应。先是房地产和股市下跌，导致家庭和企业财产大规模缩水。2008 年 3 月，与次贷有关的金融机构的股价严重波动，以致出现了金融机构的连锁倒闭或变相倒闭。2008 年 9 月，美国次贷危机开始蔓延和升级，有 158 年历史的美国第四大投资银行雷曼兄弟公司宣布申请破产之后，又有两家投资公司（美国的五大投资公司中的另外两家）相继宣布破产，紧接着美国两大住房抵押贷款融资机构（房利美和房地美）宣布由政府接管。次贷危机的发展最终形成对全球金融市场冲击巨大的国际金融风暴。对包括中国在内的各个国家和地区的金融、生产、消费以及人们对未来经济发展的信心受到严重的冲击，并直接影响了各国实体经济的发展。

在国际金融危机影响下，我国经济增长受到一定影响。自 2007 年 GDP 增速达到本轮经济波动周期的波峰之后，2008 年开始下滑，特别到 2008 年第四季国际金融危机的全面爆发，GDP 增速由第三季度的 9.0% 快速下降到 6.8%，一个季度之内下降了 2.2 个百分点。2009 年第一季度继续下降到 6.1%，直到 2009 年的第二季度 GDP 增速有所回升，达 7.9%（表 1）。可以说 GDP 增速的急速波动是一年来中国宏观经济波动的主要特征。

表 1　　国际金融危机下中国宏观经济的变动

季度	国内生产总值指数%（不变价）
2008 年 1 季度	110.6
2008 年 2 季度	110.1
2008 年 3 季度	109.0
2008 年 4 季度	106.8
2009 年 1 季度	106.1
2009 年 2 季度	107.9

资料来源：国家统计局网站（http：//www.stats.gov.cn/tjsj/jidusj/）/统计数据/季度数据。

从 2008 年 10 月开始，我国出口增幅明显下降。11 月、12 月甚至出

现多年少见的 -2.2% 和 -2.8% 负增长[①]。2009 年上半年，出口继续负增长，为 -21.8%[②]。出口贸易的下滑，直接影响到我国相关领域的实体经济。仅就制造业来看，随着国外订单的减少，对我国珠三角和长三角[③]许多劳动力密集型的工业制造、加工出口企业来说，在本来就因为生产成本上升和人民币升值等造成的利润空间减少的情况下，出口订单的减少对他们来说更是雪上加霜。于是，很多企业纷纷破产倒闭，造成了大量劳动力失业特别是农民工的失业。例如广东省东莞市由于绝大部分企业均为外向型企业，因此几乎全市所有企业都受到不同程度的影响。2008 年全市仅外资企业就关停转移 420 家，2009 年上半年又关停转移 342 家。

实地调查中了解到，受订单减少的影响，东莞市自 2008 年二季度开始，用工需求量开始下降，一季度需求量为 28.5 万人，而四季度仅为 10.9 万人，下降了 61.75%。另外，订单的减少使大多数企业减少了工作时间，从而导致很多企业员工特别是农民工工资下降。据东莞市劳动部门统计，2008 年下半年，普通工人的工资由原来平均 1500 元/月，下降到 800—1200 元/月，下降了约 20%—47%。

三、金融危机对贫困地区的影响

（一）金融危机对贫困地区影响途径的探讨

从理论上讲，金融危机对贫困和弱势群体的不利影响主要通过以下途径来传导：第一，国际金融危机使国内外众多消费者的财产性收入大幅下降以及工资性收入下降，收入的下降势必造成国际国内市场工业消费品需求的减少。这对出口依存度较大的中国经济来说，出口需求的大幅下降以及国内订单减少，必然会导致中低端消费品生产企业用工减少，从而造成大量失业人口。而这些出口企业或接受出口订单的国内企业多为劳动密集

① 北京大学中国国民经济核算与经济增长研究中心：《全球衰退下的中国经济可持续增长——中国经济增长报告 2009》，中国发展出版社 2009 年 3 月版。

② 国务院新闻办公室："2009 年上半年国民经济运行情况发布会"，http：//finance.QQ.com，2009 年 7 月 16 日。

③ 本文的长三角是指以上海为龙头，江苏、浙江为两翼的经济圈。珠三角是指以广东的广州和深圳为核心的经济圈。

型企业，吸纳了为数庞大的农业剩余劳动力，特别是来自贫困地区的劳动力。他们的失业将直接影响家庭的就业收入。

第二，国际金融危机使国内外众多消费者的财产性收入大幅下降以及工资性收入下降，收入的下降势必造成国际国内市场对农产品的有效需求减少，会造成农产品过剩，从而导致农产品价格下降，使农户的农业收入下降。尽管随着中国经济的发展和产业结构的变化，非农就业收入的比例在不断上升，但农村贫困家庭的最重要收入来源依然是农业，而且越是贫困户对农业收入的依赖性越高。

（二）金融危机对贫困地区影响的实证研究

结合上述两个途径的探讨，本文将从以下四个方面对金融危机对贫困地区的影响展开实证研究：第一，金融危机下劳动力外出就业及就业收入的变化；第二，金融危机下本地非农就业及收入的变化；第三，金融危机下农业生产及农业收入的变化；第四，金融危机下农户家庭总收入和日常消费方面的变化。

1. 调查样本简介。

实地调查地区为安徽、重庆、陕西、河南、甘肃和湖南共 6 个省的 12 个国定和省定扶贫工作重点县、36 个乡镇、36 个村，有效农户样本为 1083 户（附表 1）。对县基本情况的调查主要采用座谈式调查，村基本情况和农户调查主要采用问卷式调查。为了保证调查质量，村基本情况基本上是对村书记、村长等进行调查。农户问卷绝大部分上是对户主或配偶进行调查。

36 个样本村大部分都在山区或丘陵地区。其中深山区、山区有 14 个，库区 2 个，高原 5 个，丘陵 5 个，平原 10 个。平均每个村 454 户农户，村人口平均 1800 人，每户平均 4 人。距离乡镇政府平均为 5.34 公里，距县政府平均为 21.46 公里。距火车站平均为 34.10 公里（表 2）。从交通条件来看，所有样本村到县区政府所在地和最近的火车站或长途汽车站基本上通公共汽车。

表 2　　样本村基本情况

	单位	平均	中部	西南	西北
样本村数	合计	36	18	6	12
村户数	户	454	491	690	283
村人口	人	1800	1963	2558	1176
距乡镇政府	公里	5.34	5.25	4.58	5.84
距县区政府所在地	公里	21.46	21.78	16.75	22.54
距最近的火车站或长途汽车站	公里	34.10	23.08	56.17	39.58

2. 金融危机下贫困地区劳动力外出就业及就业收入的变化。

(1) 劳动力及劳动力流动状况。从总体看，36 个样本村劳动力人口平均为 900 人，占人口比例为 50%。需要说明的是，本文的劳动力外出就业是指到外乡务工经商超过 1 个月。2008 年外乡就业超过 1 个月的总人数为 449 人，占劳动力比例为 49.90%，而 2009 年下降到 385 人，占劳动力比例 42.78%。外出就业劳动力 2009 年比 2008 年村平均减少 64 人，约减少 14.29%（表 3）。可见，2008 年全面爆发的金融危机对我国贫困地区劳动力的外出造成了明显的影响。

表 3　　样本村劳动力及流动状况

内容	单位	平均	其中		
			中部	西南	西北
2009 年村劳动力总数	人	900	1060	1119	550
劳动力占人口比例	%	50.00	54.02	43.74	46.75
2008 年劳动力外出就业总人数	人	449	567	558	233
占劳动力比例	%	49.90	53.47	49.87	42.42
2009 年劳动力外出就业总人数	人	385	464	452	218
占劳动力比例	%	42.78	43.76	40.35	39.62
2009 年比 2008 年外出就业劳动力减少比例	%	14.28	18.17	19.09	6.61

注：2009 年到外乡务工经商超过 1 个月的总人数统计，各省样本村的截止日期略有不同。安徽省样本村统计的截止日期基本上是 2009 年春节或 3 月份。2008 年到外乡务工经商超过 1 个月的总人数统计截止日期一般在 2008 年 9 月份。

从各省情况看，2008 年中部地区样本村外出就业劳动力占劳动力比例最大，为 53.47%，其次是西南地区的样本村占 49.87%、西北地区样本村占 42.42%。而截至 2009 年 3 月份[①]，西南地区的外出就业劳动力减少最多，减少了将近 19.09%，外出就业劳动力占劳动力比例比 2008 年下降了 9.52 个百分点。其次是中部地区，外出就业劳动力减少了 18.17%，比 2008 年下降约 9.71 个百分点。西北地区样本村外出就业劳动力 2009 年比 2008 年减少 6.61%，外出就业劳动力占劳动力比例比 2008 年下降约 2.8 个百分点（表 4）。

可以说，金融危机给我国贫困地区劳动力流动带来了明显的影响，而且不同地区影响也各不相同。从实地调查结果来看，西南地区和中部地区样本村的外出就业劳动力受影响较大，西北地区相对较小。

（2）外出就业劳动力的目的地。如果将外出就业劳动力的目的地按本省和外省进一步分类，可以发现，安徽和重庆样本村的外出就业劳动力基本上是到外省，到外省的劳动力占外出就业劳动力比例，中部和西南地区分别在 80% 和 70% 以上。而西北地区样本村外出就业劳动力大部分是在本省之内。

从变化来看，2009 年到外省就业的劳动力比 2008 年有所减少，中部地区样本村减少的最多，村平均减少 74 人，其次是西南地区，村平均减少 60 人，西北地区变化不大，村平均减少 4 人（表 4）。

表 4　　村平均跨省外出就业劳动力比例

	单位	2008 年			2009 年		
		中部	西南	西北	中部	西南	西北
村平均外出就业劳动力总数	人	567	558	233	464	452	218
其中：跨省外出就业劳动力	人	457	416	58	383	356	54
跨省占外出就业劳动力比例	%	80.58	74.59	24.79	82.58	78.85	24.64

① 2009 年到外乡务工经商超过 1 个月的总人数统计，各省样本村的截止日期略有不同，至少是上半年以前。安徽省样本村统计的截止日期基本上是 2009 年春节或 3 月份。2008 年到外乡务工经商超过 1 个月的总人数统计截止日期一般在 2008 年 9 月份。

将外出就业劳动力的外省目的地进一步分类可以发现，2008 年，中部地区 18 个样本村到外省就业的劳动力有 58.86% 的人选则到长三角、珠三角、山东、东北三省、北京和天津。其中绝大部分集中在长三角和珠三角。西南地区样本村到外省就业的劳动力有 66.84% 的人选择去长三角、珠三角、安徽、福建和广西，有 21% 左右的人选择去长三角和珠三角（表 7）。西北地区样本村到外省就业的劳动力有 65.52% 的人选择去新疆、甘肃、陕西、长三角、山西和珠三角打工。其中，去新疆和甘肃的人最多，只有很少比例的人去珠三角和长三角（表 8）。

表 5　　中部地区村平均跨省外出就业劳动力的第一去处及人员变化

	2008 年				2009 年				2009 年 - 2008 年
	占跨省外出就业劳动力比例（%）	去处	人数（人）	比例（%）	占跨省外出就业劳动力比例（%）	去处	人数（人）	比例（%）	人数（人）
第一主要去处	58.86%	长三角	197	73.23	61.62	长三角	172	72.88	-25
		珠三角	52	19.33		珠三角	43	18.22	-9
		山东	5	1.86		山东	1	0.42	-4
		东北三省	13	4.83		东北三省	8	3.39	-5
		北京、天津	2	0.74		北京、天津	10	4.24	8
						山西	2	0.85	2
合计			269				236		-33

2009 年跨省外出就业的劳动力去向及人员比例有较大变动。虽然中部地区样本村农户选择外省第一主要去处仍然是长三角和珠三角，但总体人数有所的下降，特别是去长三角的人数由 2008 年村平均 269 人减少到 236 人，减少了 33 人，下降 12.27%。西南地区样本村农户 2009 年则完全放弃了 2008 年的第一主要打工地广东和广西，由山西和四川取而代之。同时第一主要去处的总体人数也由 2008 年村平均 278 人减少到 239 人，减少了 39 人，约下降 14.03%。去浙江的劳动力人数也由 40 人减少到 30

人。2009 年西北地区样本村劳动力选择跨省第一主要去处更多地集中到甘肃和陕西，去甘肃的由 2008 年村平均 20 人增加到 29 人，去陕西村平均人数由 2008 年的 3 人增加至 12 人。去新疆打工的人由 2008 年的 12 人减少至零。据了解这与新疆社会环境稳定有关。

表 6　西南地区村平均跨省外出就业劳动力的第一去处及人员变化

	2008 年				2009 年				2009 年 - 2008 年
	占跨省外出就业劳动力比例（%）	去处	人数（人）	比例（%）	占跨省外出就业劳动力比例（%）	去处	人数（人）	比例（%）	人数（人）
第一主要去处	66.84	珠三角	20	7.19	67.13	珠三角	0	0	-20
		长三角	40	14.38		长三角	30	12.55	-10
		安徽	60	21.64		安徽	60	25.10	0
		福建	44	15.82		福建	46	19.25	2
		广西	114	40.98		广西	0	0	-114
		山西	0	0.00		山西	40	16.74	40
		四川	0	0.00		四川	63	26.36	63
合计			278	100			239	100	-39

表 7　西北地区村平均跨省外出就业劳动力的第一去处及人员变化

	2008 年				2009 年				2009 年 - 2008 年
	占跨省外出就业劳动力比例（%）	去处	人数（人）	比例（%）	占跨省外出就业劳动力比例（%）	去处	人数（人）	比例（%）	人数（人）
第一主要去处	65.52	新疆	12	31.58	88.89	新疆	0	0.00	-12
		甘肃	20	52.63		甘肃	29	60.42	9
		陕西	3	7.89		陕西	12	4.17	9
		长三角	1	2.63		长三角	1	2.08	0
		山西	1	2.63		山西	1	2.08	0
		珠三角	1	2.63		珠三角	1	2.08	0
合计			38				44		6

上述分析表明，中西部贫困地区外出就业劳动力选择到长三角和珠三角就业的劳动力越多，2009 年比 2008 年跨省外出就业劳动力数量就减少越多。另外，在跨省外出就业总体人数减少的同时，打工的目的地也在调整，由原来的珠三角、长三角地区转向内陆地区。

（3）外出就业劳动力从事的行业。实地调查每个样本村外出就业劳动力第一个主要去处（省和具体城市）中，要求指出在该地从事最多的行业。统计所有样本村（由于两个村没有该信息，故最终有效样本村为 34 个）这些行业出现的频率，得到以下排序结果：即 2008 年工业（制造业）是外出就业劳动力从事最多的行业，其次是建筑业、服务业、运输业和商业。2009 年该排序没有变化，即外出就业劳动力从事最多的行业仍然是工业（制造业）、建筑业、服务业、运输业和商业（表 8）。这一结果表明，尽管我国工业（制造业）企业受金融危机的影响严重，但它和建筑业、服务业等仍然是广大农村地区劳动力就业的主要吸纳池。

表 8　　外出就业劳动力从事的行业

2008 年		2009 年	
行业	排序	行业	排序
工业（制造业）	1	工业（制造业）	1
建筑业	2	建筑业	2
服务业	3	服务业	3
运输业	4	运输业	4
商业	5	商业	5

（4）受金融危机影响返乡后没有再外出就业的劳动力状况。应当说，国际金融危机对外出就业劳动力的影响体现在两个方面，一是直接影响，即农民工失业而返乡；二是间接影响，即由于经济形势恶化而影响外出就业和收入预期进而改变这些劳动力的外出行为。

截至 2009 年 3 月，34 个样本村返乡后没有再外出就业的劳动力平均每个村 99 人，占 2009 年村平均外出就业劳动力总数的 25.58%。其中，中部地区有 23.68% 的外出就业劳动力返乡后没有再外出，西南地区最多，有 48.68% 的外出就业劳动力返乡后没有再外出，西北地区最少，只有 11.35% 的外出就业劳动力返乡后没有再外出。之后，一些返乡劳动力又陆陆续续地外出。从农户调查的结果看，截至 2009 年 7 月，2008 年外出就业的劳动力中，只有 9% 的劳动力返乡后没有再外出。

留下来的劳动力具有怎样的特征是我们关心的问题之一。通过对农户的实地调查①可以发现以下五个特点：第一，年龄偏大。与 2009 年仍然外出就业的劳动力相比，这些人年龄平均偏大 4 岁。第二，文化程度偏低。与 2009 年仍然外出就业的劳动力相比，文盲比例高 8.74 个百分点，而初中程度的比例低 8.05 个百分比。反映出人力资本水平较低的群体在金融危机影响下更为脆弱。第三，已婚比例偏高。与 2009 年仍然外出就业的劳动力相比，已婚家庭的劳动力选择返乡的比例更高，后者比前者高出 19.28 个百分点。同时未婚劳动力少 18.05 个百分比。反映出已婚家庭的劳动力比未婚家庭劳动力在金融危机影响下更多比例的人选择回家。第四，在返乡没有再外出的劳动力中，更多比例的人从事制造业和采掘业，与 2009 年仍然外出就业的劳动力相比，返乡后不再外出的劳动力中，制造业和采掘业的比例分别高出 13.62 和 5.17 个百分点。第五，收入更低。与 2009 年仍然外出就业的劳动力相比，2008 年收入要低 1945 元，约低 18%。调查中了解到那些就业经历少、没有工作经验、从事技术含量低的普通工种的人收入较低，金融危机对他们的影响更大（表 9）。

表 9　　外出就业劳动力的主要特征

	2008 年外出就业、2009 年仍然外出就业的劳动力	2008 年外出，2009 年因金融危机返乡且没再外出就业的劳动力
劳动力数量（人）	815	87
男性	576（70.67%）	64（73.56%）
年龄（岁）	30.78	34.74
文化程度（%）		
小学及以下	32.64	41.38
初中	52.88	44.83

① 农户样本中，在 2008 年外出就业的 611 名劳动力中，截至 2009 年 7 月调查时 516 人继续外出就业，95 人没有再外出就业。其中有 61 人因金融危机影响，有 34 人因家庭等原因没有外出就业。

续表

	2008年外出就业、2009年仍然外出就业的劳动力	2008年外出，2009年因金融危机返乡且没再外出就业的劳动力
高中或中专	12.02	10.35
大专及以上	2.45	3.44
婚姻状况（%）		
已婚	62.33	81.61
离婚	0.74	0
丧偶	0.49	0
未婚	36.44	18.39
健康状况		
健康	96.56	93.02
慢性病	2.21	2.33
残疾	0.61	2.33
其他	0.61	2.33
2008年行业分布（%）		
行政	0.25	0
教育	4.58	1.15
采掘业	1.73	6.9
制造业	35.81	49.43
建筑业	29.24	20.69
运输业	4.21	3.45
商业	3.35	4.6
服务业	14.75	11.49
农林牧渔业	1.73	1.15
其他	4.34	1.15
2008年工资收入（元）	10724.54	8779.885

留下来的劳动力在做什么也是我们所关心的问题。通过对34个样本村的调查可以发现，在本地务农和本地务工是他们的主要选择。其中，本地务农的人数要多于务工人数。平均每个村选择本地务农为48人，占返

乡且不外出劳动力的48.48%。在本地务工人数38人，占返乡且不外出劳动力的38.38%。值得关注的是：第一，这些留下来的劳动力在家务农，失去了打工收入，势必会影响家庭收入。第二，这些留下来的劳动力在家乡进行创业的人很少，只有3人，仅占留下来的3%（表10）。

表10　截至2009年3月返乡后没有再外出就业的劳动力动向

	平均	中部	西南	西北
（A）2009年村平均外出就业劳动力总数（人）	385	464	452	218
（B）截至2009年3月返乡且不外出劳动力（人）	99	110	220	25
比例B/A（%）	25.58	23.68	48.68	11.35
其中：闲置在家（人）	7	7	21	0
务农（人）	48	50	111	18
本地务工（人）	38	45	84	5
自己创业（人）	3	4	2	1
其他（人）	2	4	2	0

（5）外出就业收入的变化。从外出就业工资收入变化来看，2008年外出就业、2009年仍然外出就业的劳动力在2008年和2009年的收入变化并不像想象的那么大。2009年年收入比2008年收入减少895元，减少8.31%（表11）。这一结果表明金融危机对那些仍旧能够外出就业的劳动力收入产生一定影响。从各地情况看，中部地区影响最大，减少10.8%。其次是西北地区减少5.92%，重庆外出就业劳动力收入减少幅度相对较小，减少2.65%。

需要说明的是，本次调查的时间是2009年7—8月。因此，只能了解农户外出务工截至2009年6月或7月的工资收入情况。为了与2008年全年的收入进行比较，将2009年上半年的工资按比例转换为全年工资收入，这里的基本假定是2009年下半年的收入与上半年相同。

表 11　　外出就业的工资收入变化

	样本量（人）	2008 年（元）	如果 2009 年保持稳定，预测年收入（元）	变化（%）
2008 年外出就业、2009 年仍然外出就业的劳动力	727	10774	9879	-8.31
其中：中部地区	416	11534	10288	-10.80
西南地区	115	10861	10573	-2.65
西北地区	195	9125	8585	-5.92

（6）个人汇款的变化情况。在贫困地区，举家外出的情况比较少见，多数农民工外出就业的目的是为家庭赚取工资性收入。在外工资收入又主要通过金融部门汇回本地或返乡时带回。由于在贫困地区乡镇一级的金融机构只有农村信用社和邮政储蓄银行，而农村信用社还没有形成全国性的汇兑网络，异地汇款很不方便，外出农民工一般选择邮政储蓄银行来汇兑自己的工资收入。因此，我们可以从个人汇款的变化情况来看金融危机的影响。如果外出农民工的工资和经营性收入下降，农民工向家乡汇款的数量和金额也应该随之下降。

在国家邮政储蓄银行的协助下，我们获得了除陕西宜川县外所有其他 11 个调查县 2007 年一季度至 2009 年二季度个人汇款的流入情况。从 11 个县的汇总数据来看，2008 年以来个人汇款的总笔数和汇款的总金额都大幅度下降。2008 年上半年汇款笔数为 26.94 万笔，金额为 3.76 亿元，分别比 2007 年上半年的 51.25 万笔和 9.18 亿元减少了 47% 和 59%。2008 年下半年汇款笔数和金额则比 2007 年下半年下降了 53% 和 55%。2009 年上半年还在进一步下降，汇款笔数和金额又比 2008 年上半年下降了 31% 和 30%（图 1）。

为了进一步观察汇款变化的区域差异，我们将这些调查县的汇款数据按西南、西北和中部重新统计，并根据这些县的乡村人口数计算了人均汇款，以便于在不同人口规模的县之间比较。结果表明，三个地区的汇款流入总体上都是下降的，但中部地区下降最厉害，西南次之，西北

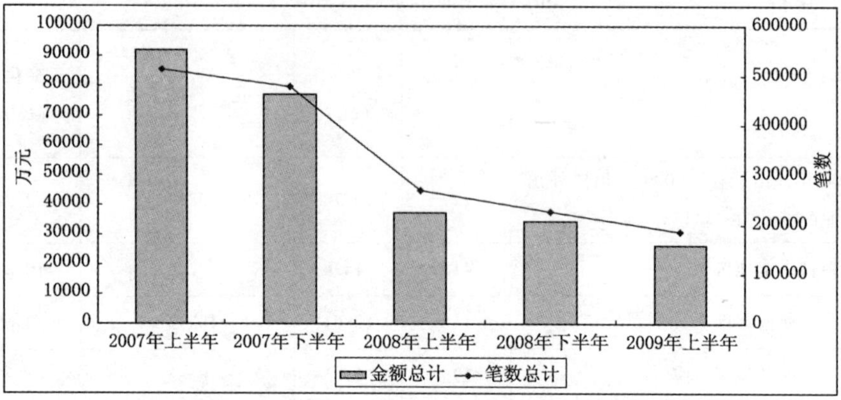

图 1　被调查县个人汇款流入情况变化

下降幅度相对较少。中部调查县 2008 年上半年的人均汇款额为 46 元，比 2007 年上半年 134 元的人均汇款额下降了 66%；2008 年下半年的人均汇款额也比 2007 年下半年下降了 66%；2009 年上半年的人均汇款额进一步下降到 28 元，又比 2008 年上半年下降了 39%。西南地区的被调查县 2008 年上半年人均汇款额为 109 元，比 2007 年上半年的 194 元下降了 44%；2008 年下半年的人均汇款比 2007 年下半年下降了 26%；2009 年上半年人均汇款减少到 86 元，比 2008 年上半年下降 21%。西北地区的被调查县 2008 年上半年的人均汇款为 37 元，比 2007 年上半年 65 元的人均汇款下降了 43%；2008 年下半年的人均汇款又比 2007 年下半年下降了 24%；但 2009 年上半年的人均汇款只比 2008 年上半年下降 3%（图 2）。

从汇款流入的变化情况看，2008 年上半年开始贫困地区就受到宏观经济及政策变化和金融危机的巨大影响。除了 2008 年下半年开始的金融危机外，不利于农民工就业的因素还包括：2007 年以来人民币的大幅度升值，取消出口退税，建筑业的不景气和钢材建材价格的下降，2008 年生效的新劳动合同法等。这些因素综合作用加上严重的金融危机，使农民工的就业出现了很大的困难，工资收入下降。如果只观察 2008 年以来收入和汇款的变化，会大大低估近两年的经济政策和金融危机相互作用对贫困地区的不利影响。

比较农户调查的工资收入变化和邮政储蓄的汇款流入变化，我们发现

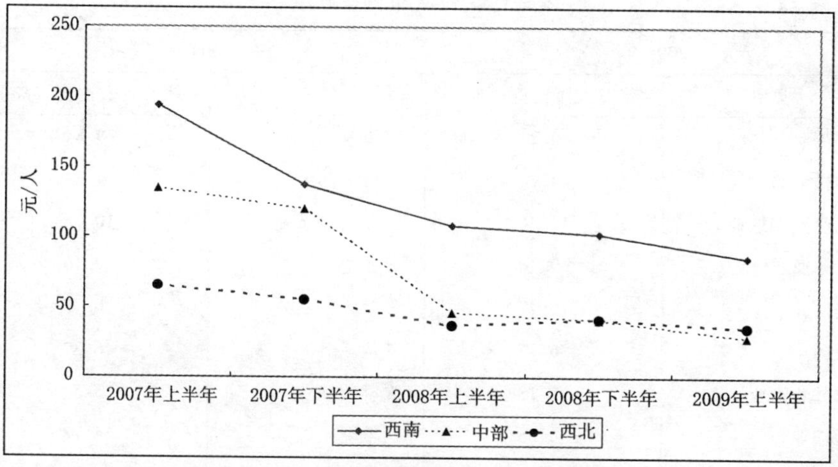

图 2 不同区域被调查县个人汇款流入情况

汇款流入变化反映出的影响更加严重。可能的原因：一是部分农民工工资减少后会大幅度减少向家里的汇款，因为生活成本是固定的甚至是增加的（2007 年下半年到 2008 年上半年的高通货膨胀率更增加了生活成本），减少的收入会全部反映在汇款减少上，从而使汇款减少的幅度更大。二是部分农民工失业返乡时自己带回现金，也使通过邮政储蓄的汇款部分地减少。三是农户调查获得的工资收入数据相对更不准确，有可能低估工资减少的程度。

3. 金融危机下贫困地区劳动力本地非农就业及收入变化。

本地非农就业是指在本村或本乡从事挣工资的活动和非农自营活动。非农自营活动是指自己当雇主、自负盈亏从事一切非农经营的活动。

（1）本地挣工资活动及收入。农户样本中 2008 年在本地从事挣工资活动、2009 年仍然在本地从事挣工资活动的人共 253 人，其中中部地区 174 人、西南地区 31 人、西北地区 48 人。从活动类型来看，无论是 2008 年还是 2009 年从事本地挣工资的劳动力人数在活动类型排序上没有变化。人员比例最多的前三位活动是建筑业，乡村干部和工业（制造业）（表 12）。

表 12　　本地挣工资活动类型排序

2008 年		2009 年	
类型	就业人数比例（%）	类型	就业人数比例（%）
建筑业	40.24	建筑业	39.84
乡村干部	14.74	乡村干部	14.34
工业（制造业）	10.36	工业（制造业）	10.76
服务业	9.16	服务业	9.16
其他	6.77	教师	6.77
教师	6.77	其他	6.37
农林牧渔业	5.18	农林牧渔业	5.58
运输业	4.38	运输业	4.78
采掘业	1.99	采掘业	1.99
商业	0.4	商业	0.4

将表 12 与表 13 进行比较，考察本地挣工资与外出就业收入的不同，发现二者有些差距，即在本地从事挣工资的收入比外出就业收入要低一些。2008 年本地挣工资收入为 7743 元，而外出就业收入平均为 10774 元，前者比后者低约 28%。从各省的情况看，中部地区本地从事挣工资的收入与外出就业收入相差最小，前者比后者低 25%，西北地区要低 39%，而西南地区的本地和外出挣工资收入差距最大，前者比后者要低 43.5%。

另外，即使受到金融危机的影响，2009 年的外出就业挣工资收入也比 2008 年本地挣工资收入高约 28%。由此可以理解，在金融危机的冲击下，外出就业对农民工仍然具有较强的吸引力，2009 年春节后，大部分农村劳动力陆陆续续仍然选择外出就业。

2008—2009 年在本地（本村或本乡）挣工资的变化发现，总体来看在本地挣工资收入也略有下降，而且下降的幅度要比外出就业收入下降幅度略大一些。2009 年预测年收入比 2008 年下降 9.36%。其中中部地区下降最多，为 11.96%，其次是西南地区下降 4.75%，而西北地区在本地从事挣工资的劳动力收入略有提高，提高为 1.95%（表 13）。

表 13　　本地挣工资收入

	样本量（人）	2008 年（元）	如果 2009 年保持稳定，预测年收入（元）	变化（%）
2008 年外出就业、2009 年仍然外出就业的劳动力	253	7743	7018	-9.36
其中：中部地区	174	8631	7599	-11.96
西南地区	31	6134	5842	-4.75
西北地区	48	5566	5674	1.95

本地从事挣工资的劳动力收入下降的具体原因，有以下两点：第一，金融危机的直接影响。在一些样本村中很多就业于外向型企业或为外向型企业提供加工品的企业的劳动力，在金融危机影响下，企业不景气甚至倒闭造成这些劳动力的收入下降。例如，安徽省潜山县黄铺镇云峰村有一个羊毛衫加工厂，主要从浙江的外贸厂商来料加工，然后由浙江的外贸厂商出口。全村 825 户农户有 110 人左右在该工厂就业。但 2008 年下半年开始订单逐渐减少，2009 年 6 月，该厂就业人数由 110 人减少到 60 人。这 60 人的工资也由原来的每月平均 1000 元左右下降到 500 元。除此之外，本地的建筑业、采掘业如煤矿、服务业等也均受到程度不同的影响。

第二，间接影响。由于金融危机，外出就业劳动力返乡后，一部分在本地寻找就业机会。截至 2009 年 3 月，样本村因金融危机外出劳动力返乡后从事本地挣工资活动的劳动力平均增加了 10% 左右。这无形中挤占了本地挣工资的机会，增加了本地劳动力市场的竞争，也会造成本地挣工资收入的下降。

（2）非农自营活动及收入。在 1083 户农户样本中，2008 年在本地从事非农自营活动、2009 年仍然在本地从事非农自营活动的农户共 90 户。其非农自营活动类型主要集中于 5 种类型，即工业（制造业）、建筑业、运输业、商业和服务业。其中，2008 年从事商业的农户比例最多，占 61.11%，其次是服务业占 22.22%、运输业 8.89%、建筑业 4.44%、工业（制造业）3.33%。2009 年变化不大，只是从事商业的农户比例下降到 57.78%，而从事服务业的农户比例略有上升，为 25.56%（表 14）。

表 14　　本地非农自营活动类型

	2008 年	2009 年
农户样本量（户）	90	90
工业（制造业）	3.33	4.44
建筑业（%）	4.44	3.33
运输业（%）	8.89	8.89
商业（%）	61.11	57.78
服务业（%）	22.22	25.56

调查中让农户们对最近一年和前一年非农自营活动收入的变化进行主观评价，给出五个选项，即大幅增加、小幅增加、持平、小幅下降和大幅下降。90 户农户中，有 45% 的农户选择了小幅下降，18% 的农户选择了大幅下降。31% 的农户选择持平。而收入增加的农户只有 6%（图 3）。总体来看，大部分农户（占 63%）认为最近一年在本地从事非农自营活动的收入是下降的。

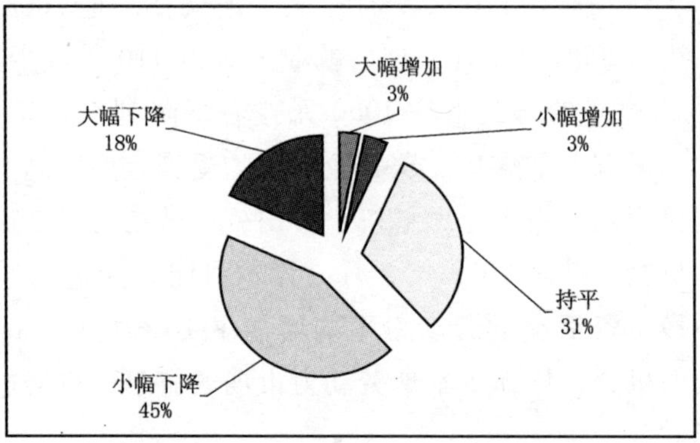

图 3　农户对非农自营活动收入的主观评价

收入下降的原因如图 4 所示。首先，认为产品或服务在市场上不好卖，市场不景气是大多数农户（占 48%）的共识。例如，位于安徽省潜山县天柱山镇的茶庄村，村里很多农户主要从事天柱山景区旅游服务工作。从事农家乐、卖旅游产品或担当导游等工作。最近一年来，天柱山景区的游客数量虽然没有减少，但在景区内的消费额明显下降，如住宿时间变短、餐费标准下降、邀请导游及购买旅游纪念品的人减少等等。应该说这些现象与金融危机密切相关。其次是产品或服务的价格下降（占17%）、原材料成本上升（占11%）和其他原因（占24%）。

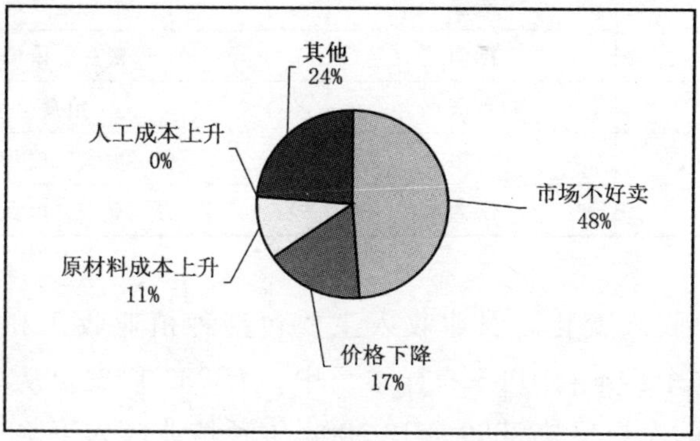

图4 收入下降的主要原因

总体来看，金融危机对贫困地区劳动力的本地非农就业也产生了一定影响。无论是本地挣工资收入还是本地非农自营收入都有所下降。本地挣工资劳动力收入下降的主要原因是，在企业受金融危机影响时，其影响会最先传递给这些就业于外向型企业或为外向型企业提供加工品的来自农村的劳动力身上。收入下降幅度虽然不大，但比外出就业挣工资劳动力收入的下降幅度略大一些。主要因为在本村或本乡镇挣工资活动的机会要少于外出到相对发达地区如长三角、珠三角等地区。当受到金融危机影响一部分企业不景气或倒闭时，本地挣工资的劳动力往往没有更多的机会马上寻找其他的就业机会来维持一定的收入。

另外，多数本地非农自营活动如从事建筑业、运输业、商业和服务业领域的非农自营收入近一年来呈现小幅下降。主要因为在金融危机影响下，人们的收入和消费随之变化，从而使得市场上的产品或各种服务的销售受到影响。

4. 金融危机下贫困地区农业生产及农业收入的变化。

（1）样本村的主导农业。6个省36个样本村的主导农业有种植业、养殖业和林果业。种植业的主要农作物除了粮食作物小麦、玉米、水稻、大豆之外，还有一些经济作物如棉花、烤烟等。养殖业主要是生猪和桑蚕。林果业主要有苹果（表15）。

表 15　　样本村的主导农业

省	县	主导农业
中部地区	河南	粮食
	安徽	粮食、桑蚕
	湖南	粮食、柑橘
西南地区	重庆	粮食
西北地区	甘肃	粮食、棉花
	陕西	苹果、粮食

（2）农业收入变化。农业收入主要包括种植业收入和养殖业收入。总体来看，36 个样本村 1083 户样本户中，有 983 户农户从事种植业，其中有 57.99% 的农户反映 2009 年比 2008 年种植业收入下降，也就是说约 2/3 的农户农业种植业收入下降。其中西南地区样本村农户所占比例最高达 84.48%，其次是西北地区占 55.37%、中部地区占 50.82%。

从养殖业收入的变化来看，36 个样本村 519 户有养殖业的农户中，47.78% 的农户认为养殖业收入没有变化。34.1% 的农户反映 2009 年比 2008 年收入下降，这一比例虽然低于种植业收入下降的农户比例，但高于养殖业收入增加（18.11%）的农户比例。在认为养殖业收入下降的农户中，西南地区农户所占比例最高达 54.11%，其次是中部地区占 28.90%，西北占 22.58%（表 16）。

表 16　　农业收入变化（%）

	户数比例	平均	中部地区	西南地区	西北地区
种植业收入（983 户）	认为增加	9.87	7.58	4.02	16.56
	认为持平	32.15	41.6	11.49	28.75
	认为下降	57.99	50.82	84.48	54.69
	其中：认为下降原因主要是 2009 年收成差	79.57	71.72	97.24	75.74
养殖业收入（519 户）	认为增加	18.11	18.35	4.79	30.32
	认为持平	47.78	52.75	41.1	47.1
	认为下降	34.1	28.9	54.11	22.58

分析种植业和养殖业收入下降的原因，发现主要有以下几点值得关注：第一，对种植业来说，自然灾害如干旱、冰雹、病虫害等因素的影响，与金融危机没有什么关系。在农户问卷中，我们要求农户针对2007—2009年各年的年成，在好、一般和差三个选项中进行选择，统计结果表明，平均79.57%的农户认为是因为2009年的年成差所致，特别是西南地区，在农业种植业收入下降的农户有97.24%的农户认为是2009年的年成差造成的。中部地区和西北地区的农户这一比例分别为71.72%和75.74%（表16）。

第二，除了自然条件变化会给农业收入带来负面影响之外，农产品价格变动也会对农民收入产生重要影响。这也是我们在分析金融危机对贫困地区农民收入产生影响时的一个重要思路：即金融危机可能会通过农产品价格下降对农民的收入产生影响。

调查结果表明（表17），总体来看，种植业中主要品种价格并没有像我们预想的那样受金融危机影响呈现下降趋势，相反，小麦、玉米和水稻等粮食作物分别上涨7.32%、7.66%和3.78%。土豆和油菜籽也有一定涨幅。

从各地情况来看，不同地区、不同农产品的价格涨跌不一。作为粮食主产地的中部地区，粮食价格无论是小麦、玉米还是水稻价格2009年均比2008年有较大提高，分别提高13.43%、16.37%和9.46%。另外，土豆和油菜籽价格也有18.48%和8.16%的提高。但西南地区的粮食作物无论是小麦、玉米还是水稻价格2009年均比2008年有所下降，另外土豆和油菜籽价格也下降，油菜籽下降幅度高达33.67%。西北地区的玉米、土豆价格2009年比2008年均有提高，分别提高3.06%和6.72%。

值得关注的是种植业中以出口产品或出口产品原料为主导农业的地区在金融危机下损失较大。例如，陕西以苹果为主导农业的农户，因苹果出口或苹果饮料出口受到金融危机的影响，2008年（2009年苹果还未成熟）苹果价格比2007年平均下降了16.67%，给苹果种植户的农业收入造成严重损失。在陕西省宜川县云岩镇皮头村了解到，如果苹果（树龄10年）按亩产4000斤来算，价格由2007年的1.8元/斤下降到2008年的1.5元/斤，每亩收入将损失1200元。如果每户农户平均5亩苹果园，那么每户一年就损失6000元。

表 17　　2008—2009 年农产品价格变化幅度（%）

		平均	中部地区	西南地区	西北地区
种植业	小麦	7.32	13.43	-4.38	—
	玉米	7.66	16.37	-7.17	3.06
	水稻	3.78	9.46	-6.73	—
	土豆	16.59	18.48	-8.56	6.72
	油菜籽	4.03	8.16	-33.67	—
	苹果	—	—	—	-16.67
养殖业	蚕丝	—	-14.28	—	—
	生猪	-30.87	-27.81	-44.79	-28.86
	羊	-2.30	-5.41	-10.23	-1.40
	鸡	-1.15	3.18	-3.12	-4.58

养殖业中桑蚕、生猪、羊和鸡的价格 2009 年比 2008 年均为下降。价格下降的原因多种多样，其中，也有因金融危机影响产生的价格下降。在安徽调查时了解到，一些以养桑蚕为主的农户，因为受国际丝绸价格下降以及我国蚕丝品出口不畅的影响，蚕丝价格下跌 14.28%，从而导致这些农户的农业养殖业收入缩水。例如安徽省潜山县槎水镇后冲村，全村 697 户农户大部分从事桑蚕养殖业。2008 年（2009 年未收茧）每斤蚕茧由 2007 年的 9.8 元下降到 8.4 元，而且还卖不出去。平均每户养蚕农户收入减少 30% 左右。受此打击，导致 2009 年农户生产积极性下降，生产量大幅减少 50% 左右。

另外，随着我国生猪市场价格的大幅波动，2009 年，生猪价格一路下滑。6 个省的生猪价格下降幅度平均高达 30.87%。这给广大贫困地区农户的养殖业收入直接带来负面影响，也是我们在实地调查中听到农户反映最多、最普遍的问题。

第三，农业生产资料价格变化也是影响农民农业收入的重要影响因素，它会造成农民因农业生产成本上升从而导致农业收入利润的减少。调查结果显示，总体来看，农业生产资料中农户用量最大的化肥三个省平均下降 7.95%，碳铵也下降 6.76%。这些化肥的降价将给农户收入增加带来积极影响。但复合肥价格上涨 6.48%。从种子的情况看，2009 年涨价的种子多于降价的种子，不过因为种子用量较小，对农户农业收入不会造成太大影响。

对生猪养殖来说，仔猪价格下降明显，三个省平均下降35.14%，其中重庆下降幅度最大为60.47%。这将有利于生猪养殖成本的降低，但不利于母猪饲养户。预混饲料价格平均涨幅8.32%，会加大生猪养殖的成本。不过在中西部贫困地区农户自家生猪养殖用预混饲料较少，涨价对贫困农户生猪养殖收入影响有限（表18）。

表18　　2008—2009年农业生产资料价格变化幅度（%）

		平均	中部地区	西南地区	西北地区
种子	小麦种子	-5.87	-11.71	8.08	10.00
	玉米种子	12.67	12.92	11.11	18.18
	水稻种子	3.18	6.49	-4.55	—
	土豆种子	9.83	5.88	12.55	—
	油菜种子	0.00	—	-0.32	6.67
化肥	尿素	-7.95	-9.00	-6.89	-8.78
	复合肥	6.48	-0.36	9.65	-10.84
	碳铵	-6.76	-6.29	8.46	-12.45
其他	塑料薄膜	7.62	6.03	12.07	6.89
	仔猪	-35.14	-42.86	-60.47	-33.51
	预混饲料	8.32	-3.77	4.31	11.06

5. 金融危机下贫困地区农户家庭总收入及日常消费的变化

在1083户农户样本中，有1079户农户回答了关于2009年家庭总收入的预期。其中，66.36%的农户预期2009年家庭总收入是下降的，12.7%的农户预期家庭收入是增加的，另外，20.95%的农户预期家庭收入持平。由于这一结果是农户自己的主观判断，因而无法定量描述其下降或增加的程度，但至少反映了农户对2009年收入的悲观情绪。

分析农户的日常消费变化发现，认为2009年与2008年日常消费持平的农户基本上占大多数。认为小幅消减或大幅消减的农户只占小部分。例如，食品消费中，认为与2008年持平的农户占52.96%，比认为增加（23.43%）、小幅消减（19.54%）、大幅消减（4.07%）的农户所占比例都高出许多。在衣着支出、居住支出、家庭设备支出、医疗卫生、文化教育支出方面都是这种趋势。这一结果显示，大多数农户的日常消费没有什么变化。正如经济学理论所预期的那样，所有家庭都有平滑消费的行为，家庭消费的是长期收入而不是短期收入。只要金融危机持续时间不长，对贫困地区农户消费的影响是非常有限的。

表 19　　农户家庭总收入变化（%）

	农户比例	平均	中部地区	西南地区	西北地区
有效农户样本		1079	538	182	359
总收入	增加	12.7	13.01	7.14	15.04
	持平	20.95	22.68	9.34	24.23
	下降	66.36	64.31	83.52	60.72

表 20　　农户日常消费变化（%）

	农户比例	平均	中部地区	西南地区	西北地区
食品消费	增加	23.43	22.41	14.36	29.53
	持平	52.96	51.11	57.46	53.48
	小幅消减	19.54	21.85	26.52	12.53
	大幅消减	4.07	4.63	1.66	4.46
其中肉蛋奶等高价值食品	增加	15.87	17.79	9.3	16.24
	持平	58.46	54.74	63.37	61.54
	小幅消减	21.06	22.63	23.84	17.38
	大幅消减	4.62	4.84	3.49	4.84
衣着支出	增加	13.72	15.2	7.65	14.61
	持平	69.2	68.17	71.76	69.38
	小幅消减	14.51	14.17	18.24	13.2
	大幅消减	2.57	2.46	2.35	2.81
居住支出	增加	23.65	18.62	14.53	35.75
	持平	70.76	77.65	69.27	61.17
	小幅消减	4.75	2.98	13.41	3.07
	大幅消减	0.84	0.74	2.79	

续表

	农户比例	平均	中部地区	西南地区	西北地区
家庭设备支出	增加	17.82	16.98	12.74	21.25
	持平	70.59	73.91	75.16	64.02
	小幅消减	8.06	5.59	6.37	12.18
	大幅消减	3.52	3.52	5.73	2.55
医疗卫生支出	增加	33.43	30.41	35.47	36.59
	持平	53.82	58.98	45.93	50.56
	小幅消减	8.43	6.94	16.28	6.7
	大幅消减	4.31	3.67	2.33	6.15
文化教育支出	增加	36.65	27.05	47.9	47.12
	持平	55.41	66.67	41.18	43.75
	小幅消减	5.63	5.19	9.24	4.33
	大幅消减	2.31	1.09	1.68	4.81

四、结论与政策建议

通过对6个省12个重点县调查数据的分析，得出以下主要结论：

1. 金融危机给我国贫困地区劳动力流动带来了明显的影响。首先是流动人数减少。截至2009年3月，36个样本村外出就业劳动力比2008年减少将近15%。其中西南地区减少最多，将近20%，中部地区也减少18%左右。西北地区较少，减少7%左右。其次是外出劳动力选择到长三角和珠三角就业的越多，2009年比2008年外出就业劳动力数量就减少得越多。三是外出就业目的地的调整。一部分劳动力由原来的珠三角长三角地区转向内陆地区。

2. 外出就业的劳动力工资收入有一定程度的下降。2008年和2009年都外出就业的劳动力，2009年的收入比2008年约减少8%。表明金融危机对那些仍旧能够外出就业劳动力的收入产生一定影响。

3. 贫困地区个人汇款流入大幅度下降。2008年与2007年相比，汇款额下降了57%，2009年上半年又比2008年上半年下降了30%。汇款的大幅度下降必然会对贫困地区家庭的现金收入产生较大的影响。

4. 本地挣工资收入和本地非农自营收入都有所下降。

5. 农业收入无论是种植业收入还是养殖业收入也有所下降，主要原因一是受自然灾害的影响，二是金融危机下那些与出口相关的农产品价格下降的影响以及国内市场价格的波动。三是投入品价格变化影响。

对种植业来说，自然灾害的影响更普遍。对养殖业来说，一些以出口相关的农户受养殖业产品价格下降而导致收入下降，但并不是普遍现象。而国内生猪价格的大幅下降给农户养殖业收入的负面影响更为普遍。

6. 由于贫困地区农户的各项收入都有所下降，2009 年贫困地区农户的收入增长不容乐观。2/3 的农户认为 2009 年的收入是下降的。如果这么高比例的农户收入下降，将对今年贫困人口的减少带来很大的挑战。但是，农户的生活消费还没有受到明显影响。

主要政策建议：

第一，从长期来看，外出就业仍然是贫困地区多数劳动力的选择。而且，工业（制造业）、建筑业、服务业等行业仍然是贫困地区劳动力转移的主要吸纳池。应该继续通过培训等手段提高贫困地区劳动力的技能，提高他们在劳动力市场的竞争力。

第二，积极扶持具有创业精神的劳动力在本地创业，从而创造更多的本地就业机会。

第三，主要粮食的保护价政策，对稳定多数农户的种植业收入起了重要作用。今后应探索经济作物和畜产品的价格保护机制，减少市场波动的影响。同时要逐步推进农业保险。

参考文献：

1. 蔡昉、万广华：《中国转轨时期收入差距与贫困》，社会科学文献出版社 2006 年版。

2. 北京大学中国国民经济核算与经济增长研究中心：《全球衰退下的中国经济可持续增长——中国经济增长报告 2009》，中国发展出版社 2009 年版。

3. 陈志福：《中国农民收入增长的畅销机制》，中国农业出版社 2008 年版。

4. 广东省东莞市发展和改革局：《国务院扶贫办专题调研座谈会汇报材料》，2009 年 9 月 1 日。

5. 东莞市劳动局：《金融危机对我市就业的影响》。

6. 国家统计局：《2009 中国统计摘要》，中国统计出版社 2009 年版。

7. 刘树成、张连城、张平：《中国经济增长与经济周期 2008》，中国经济出版社 2008 年版。

8. 贾俊雪：《中国经济周期波动特征及原因研究》，中国金融出版社 2008 年版。

9. 盛来运等："国际金融危机对农民工流动就业的影响"，《研究参考资料》。

10. 周云波：《中国农村收入分配差距、贫困与劳动力非农就业问题研究》，经济科学出版社 2009 年版。

11. 汪三贵："在发展中战胜贫困"，《管理世界》，2008 年第 11 期。

12. 中华人民共和国国家统计局：《中国统计年鉴 2008》，中国统计出版社 2008 年版。

《中国农村扶贫开发纲要（2001—2010年）》实施效果的评估报告

一、导　　论

中国政府在20世纪末重新确定了扶贫战略，制定了具有深远影响的《中国农村扶贫开发纲要（2001—2010年）》（以下简称《纲要》）。《纲要》提出了2001—2010年扶贫开发的总的奋斗目标和具体政策措施。在《纲要》实施期间即将结束之际，对于《纲要》实施效果加以客观、公正、科学的评估是非常必要的。这一评估对于下一时期中国扶贫战略的重新定位和调整也是必要和及时的。

本评估报告的基本指导思想是：（1）贫困不仅是收入和消费上的贫困，更主要的是能力上的贫困，包括受教育机会的缺失、健康缺少保障、就业机会不足和不稳定、住房条件恶化等方面。因此提高贫困人口的生活质量和综合素质将是评估扶贫效果的重要考虑之一。（2）《纲要》提出的主要任务是加快贫困地区的脱贫致富过程，它构成了三个层面的工作，一是使贫困人口尽快脱贫；二是减少非贫困人口（特别是处于贫困边缘状态的人口）陷入贫困的风险，既要解决脱贫人口的返贫问题，又要防范非贫困人口陷入贫困的风险；三是改变贫困地区经济、社会、文化的落后状态。（3）要对扶贫政策体系中不同政策的减贫效果加以区分，这些政策包括扶贫开发政策、贫困救助政策、惠农政策、一般宏观政策等。也就是说，既要看到政策体系的综合效果，又要对各种政策的独自效果加以科学分析和估计。（4）评估应坚持实事求是的原则，评估结论有根有据，要从实际调查情况中得出结论，从数据分析中获得证据，既不夸大扶贫的成绩，也不回避扶贫工作出现的各种问题。（5）在总结经验的基础上为即将形成的未来十年新的扶贫战略和政策体系提出有针对性和可行性的政策建议。

本报告的评估内容包括以下几个方面：（1）对贫困标准的评估。在我国经济社会进入新时期后，有必要对贫困标准加以重新估计。确定贫困线既需要科学的研究方法，也要考虑到它所处的发展阶段的特点；既要考虑到我国自己的特点，又要参照国际的标准。（2）被评估的对象一是贫困地区经济和社会发展进展状况，包括基本生产生活条件改善、贫困乡村的基础设施建设、生态环境改善等方面；二是贫困地区贫困人口脱贫状况，包括贫困地区贫困发生率和贫困深度的变化，贫困人口生活改善和能力提高程度；三是非贫困地区贫困人口脱贫状况；四是贫困地区中高风险陷入贫困的农户生活水平和能力提高程度。（3）评估各类扶贫战略、政策对减贫的影响作用。这些政策包括财政资金资助、银行贷款支持、整村推进项目、农业科技扶贫、移民工程和劳动力输出与培训、义务教育学杂费减免等。（4）评估各类惠农政策和宏观经济形势和政策变化所产生的减贫效果。惠农政策包括农业税减免、种粮补贴、新农合和医疗救助、低保、退耕还林、退牧还草；宏观经济变化与政策包括物价上涨、金融危机、经济刺激方案等。（5）评估经济增长和收入分配变化所产生的减贫效果。包括经济增长和收入分配产生的短期和长期减贫效果估计，还包括不同时期、不同地区收入增长和收入分配的减贫效果的估计。（6）为未来十年扶贫战略提出建议。

本报告采用的评估方法包括以下几种：（1）理论研究与实证分析相结合。从理论上对我国农村地区不同时期贫困的特点和致贫原因加以说明和解释，通过实证分析来验证一些理论上的假说，否定一些与我国国情不符的观点。（2）模型、数据分析与实地调查相结合。一方面通过数据分析和模型估计获得有说服力的证据，作为我们对基本事实的判断，对扶贫效果的估计，对新政策建议的依据；另一方面通过实地调查来深化对贫困发生机制和扶贫政策效应的理解。（3）问卷调查与访谈调查相结合。通过对各级扶贫机构的负责人员进行问卷调查的方法，来了解各级官员对扶贫政策有效性的看法和判断；通过对贫困户、贫困村、贫困县访谈来丰富课题成员对扶贫复杂性的认识。

本报告认为《纲要》实施期间中国农村的扶贫效果是值得肯定的，

取得的成就是非常显著的。具体而言，农村的扶贫效果可以概括为以下几个方面：

1. 过去十年是中国扶贫事业的又一个辉煌时期，农村贫困人口出现了大幅度下降，城市贫困得到了解决。不管按照何种贫困标准，贫困人口的较少幅度都是非常显著的。按照新的农村扶贫标准，2008年的农村贫困人口剩下4000万，比2000年减少了5400万，2000—2008年贫困人口下降幅度达到58%。再经过两年的积极努力，到2010年底农村贫困人口有望减少到3000万，贫困发生率下降到3%左右。对于中国这样一个发展中的大国来说，保持这样一个较低的绝对贫困发生率实属不易。

2. 仅从过去10年中贫困人口下降的数量来看，人们往往会产生一种错误的印象：这一时期扶贫效果不如以前。这种以不同时期贫困人口减少数量为衡量标准的做法没有考虑到不同时期减贫任务艰巨性的差异。对于任何一个发展中国家来说，在经济发展的初期阶段，减贫的困难程度是较小的，只要保持一定的经济增长就可以实现明显的减贫效果，如20世纪70年代末和80年代初中国农村贫困人口的大幅度下降主要归功于农村经济增长和农民收入提高，而政府的扶贫政策效应是微乎其微的。而随着贫困人口的不断减少，减贫的困难程度一般会随之增加，它会表现为单位扶贫资源的投入所带来的贫困人口减少数量的下降。这样一个带有一般规律性的现象，可以称之为“减贫难度的递增性”，或者“扶贫投入效益的时期递减性”。对于中国当前主要实施的开发式扶贫战略来说，“减贫难度的递增性”表现得尤为明显。因此，对于《纲要》实施期间扶贫效果进行评估时，本报告没有使用贫困人口减少数量作为标准，而是更多地使用了贫困人口的下降幅度①。

3. 应该看到中国的扶贫战略是在经济高速增长和收入差距不断扩大的大背景下实施的，因此扶贫的效果不可避免地受到经济增长和收入差距扩大的影响，前者有助于缓解贫困，而后者则不利于贫困的缓解。中国政府扶贫战略的效果在很大程度上受到这两大因素的影响。在对《纲要》实施期间扶贫效果进行评估时，需要将贫困变化的增长效应和收入分配效

① 贫困人口的下降幅度 = [$(P_t - P_{t-1})/P_t$] ×100%，其中 P_t，P_{t-1} 分别为 t 时期和 t－1 时期的贫困人口数量。

应加以分离，这样做虽然是困难的，却是完全必要的。本报告的研究表明，在《纲要》实施期间农村贫困减缓的收入增长效应在逐步下降，分配效应在逐步上升。而且从穷人受益增长指数来看，这一期间贫困家庭几乎没有从经济增长中受益。从贫困减缓的收入分配弹性来看，收入分配差距在扩大。综合来讲，收入差距的扩大在很大程度上抵消着经济增长的减贫效应。这样一种结果意味着在《纲要》实施期间，中国农村贫困的缓解主要来自于政府正确的扶贫战略和各种有效的扶贫政策的作用。

4.《纲要》实施以来，中国政府在扶贫方面推出的一个最重要的政策措施是扶贫到村，又称之为“整村推进扶贫战略“。它的实施改变了过去以贫困县为对象的扶贫模式，使短期内贫困村的农户的生产和生活条件得以迅速改善。总体来看，整村推进的效果是显著的。扶贫重点村的农户收入增长要高于贫困县，更要高于全国平均的收入增长速度。在贫困村中，实施整村推进的贫困村农户的收入增长比没有实施整村推进的贫困村高8%—9%。贫困村生产性基础设施和社会服务设施方面的改善也同样显著，改善速度大大高于贫困县的平均变化速度，使得贫困村的主要基础设施已经接近贫困县的平均水平。

5. 劳动力输出和培训一直是中国政府扶贫战略的重要政策措施之一。在《纲要》实施期间，中国政府进一步加大了对贫困地区劳动力输出和培训的政策力度。本报告认为，劳动力输出和培训政策对于减少农村地区的贫困起到了积极的作用。这主要表现为以下几个方面。第一，到2007年，扶贫工作重点县的劳动力外出务工比例已达到21%左右，已接近非贫困县的水平。这意味着外出务工收入已成为贫困地区农户的主要收入来源之一。第二，在贫困地区，平均说来劳动力外出务工获得的收入比在当地就业获得收入高出约4%，一个劳动力接受培训后会使得农户人均收入增加近7%。培训对贫困地区从事非农就业（含外出就业）的劳动者收入的影响更大，使得他们收入提高10%—17%。第三，贫困地区外出劳动力数量增加使得本地非农就业机会增加，也就是说劳动输出还会带来当地收入增长的间接效应。第四，培训使得贫困地区劳动力外出的概率提高了10%左右，培训同时也提高了劳动力在本地从事非农劳动的概率。第五，外出打工收入在提高贫困地区农户生活水平的同时，也提高了其人力资本投入。这主要表现在汇款对于外出务工家庭在文化教育方面的支出影响尤其明显。汇款增加10%，会使这方面的家庭支出提高6%。

6. 在《纲要》实施期间，中国政府进一步加大扶贫资金的投入力度。这一期间扶贫资金投入规模基本上呈不断上升趋势，到2008年，各级政府在贫困地区投入的扶贫资金已高达367亿元，比2000年增加了近174%，比2002年增加46%。本报告分析结果表明，扶贫资金覆盖面明显扩大，使得更多的贫困人口从中受益。资金投入对具有劳动能力的贫困农户增收有积极作用，扶贫资金起到了一定的减贫作用。到户扶贫资金的减贫作用尤为明显。本报告的估计结果显示，到户扶贫资金对全国重点县贫困发生率减少的贡献率为10.5%，对贫困深度和贫困强度减少的贡献率为34%和38.4%。

7. 与扶贫政策相关联，而又对缓解贫困起到直接作用的是中国政府过去几年中陆续出台的各种惠农政策。本报告对重要的惠农政策的减贫效果进行了估计。估计结果表明，惠农政策的实施对中国农村贫困缓解产生了积极的作用，影响效果是显著的。不仅减少了收入贫困，降低了贫困发生率，同时也在一定程度上改善贫困人口的收入水平和分配状况，缓解了多元性贫困，对改善贫困人口的教育，卫生和社会发展状况产生了多方面的作用。

8. 农村社会保障制度的建立无疑对缓解贫困起到积极作用，其中最引人注目的是农村低保制度所带来的显著的减贫效果。低保制度本质上是一种救济式扶贫方式，已经构成了《纲要》实施以来中国政府扶贫战略的一项重要内容。在2008年底从农村最低生活保障直接受益的农村居民已达到4300万人。在扶贫工作重点县中获得低保金的住户比例高达近7.3%，明显高于全国平均水平。本报告对农村低保项目的瞄准误差进行了估计，其结果表明，与城市低保相似，虽然存在一定的瞄准误差，但是农村低保的瞄准误差应该说处于一个能够接受的范围。而且瞄准误差主要表现为相对于低保标准下的所谓“保障过度”问题，而不是“应保没保”问题。本报告还对低保制度的减贫效果进行了估计，其结果显示，低保制度对低保对象贫困发生率的缓解幅度达到了21%，对他们贫困距和加权贫困距的影响作用更大。

9. 在评估政府的扶贫政策时，不能不看到宏观经济波动带来的冲击和影响。特别近两年，国际金融危机的冲击不仅造成了贫困地区劳动力外出就业机会的减少，造成了他们外出务工收入的下降，也波及到中国农业生产和农民的农业收入，以至于加重部分地区的贫困程度。一些近期的案例调查结果表明，国际金融危机给农村贫困地区劳动力外出就业带来了明显的负面影响，这表现在贫困地区外出就业劳动力人数明显减少，外出就业劳动力工资收入有所下降。而且那些失去工作的农民工大多是年龄偏大，文化程度偏低的劳动力，也是更容易陷入贫困的人群。同时，返乡农民工导致了当地就业压力的增加，导致了当地工资水平更大幅度的下降。国际金融危机也冲击到中国的农业及农民的农业收入。金融危机下那些与出口相关的农产品价格的下降，导致了农民种植业收入和养殖业收入的下降，使得那些主要从事农业经营的农户增加了陷入贫困的风险。在这种经济异常困难的情况下，2008 年中国农村贫困人口不仅没有增加，仍减少了 7%，表明了政府扶贫政策发挥着有力的作用。

在对中国扶贫成就加以肯定的同时，本报告也注意到政府扶贫工作中的问题和需要改进的地方。这主要表现为以下几个方面：

1. 中国扶贫标准过低的问题一直受到国内外学术界的批评。2008 年政府将农村扶贫标准提高到低收入标准，上调了 34%。这一举措受到了全社会的肯定。但是，新扶贫标准与一般国际标准相比，即使与同等发展水平的国家相比，仍是偏低的。2008 年农村新扶贫标准只相当于当年全国人均 GDP 的 5.3%，相当于当年农村住户人均纯收入的 25%。而且，新的扶贫标准相对于 2000 年的低收入标准存在低估的问题，其主要原因是每年低收入标准的更新是按照一般物价指数进行的。由于低收入人群的消费结构更加偏重于食物消费，在食品价格上涨幅度高于其他消费品的情况下，用一般物价指数去更新每年的贫困标准就会带来该标准的低估。本报告初步估计，2008 年的扶贫标准要上调大约 30% 才能使贫困人口具有与 2000 年低收入标准相同的购买力。

2. 中国城乡收入差距的不断扩大已成为制约扶贫效果的重要因素。在《纲要》实施期间，农村内部收入差距扩大的速度虽然有所减缓，但是仍处在不断扩大的趋势。城乡之间收入差距不仅没有缩小，仍处在高水平上。本报告的分析表明，过去 10 年中农村收入分配差距扩大带来的减贫负面效应越来越明显，抵消了收入增长带来的减贫正面效应。因而，我们必须看到，如果仅仅将扶贫的目标瞄准那些绝对贫困的人群是不够的，必须要将缓解贫困与改善收入分配状况结合起来。也就是说，在实现收入差距不断缩小的条件下，才能够从根本上消除贫困问题。

3. 缓解贫困不仅要努力减少贫困人口的数量，而且要努力降低非贫困人口，特别是处于贫困边缘状态的较低收入人群陷入贫困的风险。本报告的分析结果显示，收入和消费水平略高于扶贫标准的农村人口仍具有很高比例，他们具有极大地陷入贫困的风险，表现为返贫率的居高不下。在过去的扶贫工作中，针对高贫困风险的人群的扶贫政策没有得到应有的重视，从而影响了许多扶贫政策的实际效果。

4. 从《纲要》实施以来，政府扶贫资金有了大幅度增加，从中受益的人群也在不断增加，但是贫困户和低收入户在扶贫资金分配中没有受到优待，使得扶贫资金的减贫效果大打折扣。其主要原因是许多扶贫资金的使用附加了一些条件，而这些条件往往会将贫困户和低收入户排斥在外。而且，即使一些贫困户和低收入户获得了扶贫资金的支持，但是相对于其他农户，他们扶贫资金使用的效果较差。本报告还认为，农户扶贫资金的需求缺口非常大，在现行制度安排下很难得到满足，需要在资金分配和供给方面进行制度创新。

5. 在整村推进过程中同样存在着绝对贫困人口和低收入人群没有从项目中平等受益的问题。原因之一是项目实施过程中过度追求项目的数量而导致投入严重不足，要求农户拿出大比例配套资金，一些贫困人口没有能力配套而不能参与项目。原因之二是扶持对象选择的准确性还有待提高，一些更穷的村并没有纳入整村推进。原因之三是整村推进的进度过于缓慢，到扶贫开发纲要结束时，已经确定的贫困村有相当的比例不能实施整村推进，而一部分早期实施整村推进的贫困村因资金投入过少根本达不到整村推进的效果。

6. 农村惠农政策在缓解贫困方面仍存在一定的问题。首先，农村普惠式政策不利于解决相对贫困的问题。从惠农政策实施的结果来看，由于普惠式政策并不是以扶贫为目标的，从收入增加的角度对缓解贫困有着积极的作用，但是从收入分配的角度却有一定的消极作用，不利于缩小收入差距和解决相对贫困的问题。普惠式的政策没有设置瞄准穷人的机制，在实施的过程中，贫困户受益程度要小于非贫困户。因此这些普惠式的政策有可能造成贫困地区和非贫困地区、贫困人口和非贫困人口收入差距的扩大。而且，现有惠农政策对贫困群体补助的水平低，对贫困农户收入增加的影响有限。从公共服务性政策来说，农户的受益水平在地区间不一样，一些地方公共服务的提供与农民的需求无关，主要取决于地方财政能力。

7. 促进劳动力外出就业和劳动力培训的政策也存在着贫困人群从中受益不多的问题。一方面因为很多贫困户缺少劳动力资源，也就无从谈起外出就业和培训问题。另一方面劳动力外出就业需要支付流动成本，需要了解信息，需要承担风险，而贫困人群由于受到其收入和受教育水平的限制，往往不能承受流动成本和风险，限制了其外出就业的机会。

8. 经历这次国际金融危机后，我们应该认识到政府扶贫政策体系中缺少应对宏观经济波动的反贫困策略。这次国际金融危机对贫困人群和低收入人群的冲击是明显的，给政府扶贫工作带来的困难也是明显的。它不仅使得贫困人口脱贫变得更加困难，而且导致了一部分非贫困人口陷入贫困。在全球化的今天，中国经济会越来越多地受到国际经济的冲击，农村贫困人口也会越来越多地受到市场变动的影响，而中国政府在制定扶贫政策时，应该充分考虑到国际环境的因素，制定的反贫困政策体系应该具有帮助贫困人口应对国际市场冲击和国内宏观经济波动的措施。

针对上述问题，本报告提出以下政策建议：

1. 中国政府的反贫困观念要与时俱进，贫困是一个全球的现象，而不是中国所特有的，即使经济发展到很高水平，贫困问题仍会存在。因此，消除贫困将是各级政府长期的经济社会发展目标之一。同时，中国政府应该拓宽反贫困的眼界，确立一种反贫困的大观念。反贫困不仅是帮助贫困人群尽快摆脱贫困状态，提高他们的发展能力，而且要将反贫困的政策措施扩展为减少非贫困人群陷入贫困的风险，而且帮助相对贫困人群实现自我发展的良性循环。从一定意义上说，反贫困政策体系应该包含防范贫困风险和提高相对贫困人群生产能力，发展能力和生活水平的政策措施。

2. 提高农村扶贫标准应该成为未来十年中国政府扶贫战略调整的内容之一。具体来说，有这样几个备选方案。第一，利用每年的住户调查数据。根据贫困和低收入人群的消费结构变化重新测定贫困线，而不是按照一般物价指数来调整贫困线。根据初步测算，现有的新贫困标准要上调30%左右。第二，为了让贫困人口能够分享经济增长的成果，农村扶贫标准在根据物价指数调整的基础上，与农村居民收入增长保持一定的联系[①]。这意味着用不变价格衡量的扶贫标准应该随着居民收入增长而不断提高，其提高幅度将取决于政府的扶贫能力。第三，逐步用相对扶贫标准代替绝对扶贫标准。所谓逐步替代是指在开始阶段可以把相对扶贫标准定在低位，随着经济发展逐步上调。非常巧合的是，2008 年调整后的新扶贫标准相当于农村人均纯收入的 25%，它也可以被认为是低位的相对扶贫标准[②]。除了第一种方案，后两种方案中，扶贫标准是随经济发展和收入增长而不断提高的，由此也造成了不同年份扶贫效果比较上的困难，例如两个年份不同贫困发生率也就不具有真实可比性。

3. 虽然总体上讲农村扶贫资金的使用效率是值得肯定的，但是在一些方面仍存在不尽人意之处。从满足低收入和贫困家庭的资金需求上看，仍存在不小的缺口。因此，建议各级政府及相关机构继续加大信贷扶贫制度的改革力度、创新更加适合贫困人群的信贷方式，使更多的扶贫对象能够持续地得到信贷资金的扶持。同时，采取有效措施，改善扶贫资金的瞄准性，使扶贫对象能够从扶贫资金中更多受益。在农村应该鼓励小型金融机构发展，让更多非政府机构参与金融扶贫活动，以弥补大金融机构在扶贫服务中的不足。最后，应该更好地协调资金扶贫与就业促进、技能培训等其他扶贫方式的关系，以便更好地发挥扶贫资金的减贫效果。

4. 过去的经验表明，整村推进对于提高贫困村的收入和改善其基础设施产生了良好的效果，有利于缩小贫困地区与非贫困地区的发展差距。因此，有必要继续实施这一行之有效的扶贫措施，使之成为下一个十年的主要扶贫方式之一。然而，由于缺乏全国的村级统计资料，贫困村的确定仍存在一定的瞄准误差。因此，在实施下一阶段的整村推进之前，需要对贫困村进行重新认定和调整。为了保证瞄准的准确性，应该充分利用国家统计局目前正在做的贫困地图的成果，根据各地（贫困地图对贫困的估

---

① 扶贫标准的调整方法可以表示为以下公式：$PL_t = a \times g_t \times (PL_{t-1}/p_t)$，其中 PL_t 和 PL_{t-1} 分别本期和上一期的扶贫标准，g_t 为本期居民收入的增长指数，p_t 为本期贫困人口消费品的物价指数，a 为参数，其取值在 0—1 之间。

② 相对贫困线一般可以通过以下公式确定：$PL = \beta Y$，其中 PL 为相对贫困线，Y 为平均收入，β 为参数，它介于 0—1 之间。在许多使用相对贫困标准的国家，β 一般取值为 0.5，那么相对贫困线相当于平均收入的一半。对于中国来说，在开始阶段 β 可以取较低的值，如 0.3—0.4 之间。以后，随着经济发展，β 的取值可以逐步提高。

计数据可以到县一级）的贫困程度来分配贫困村的数量指标。总指标的大小应该与下个十年总的扶贫投资规模相适应，避免贫困村过多资金过少而完不成任务的情况再次发生。

5. 下一阶段扶贫战略的调整方向之一应该是扩大扶贫到户和扶贫到人的政策范围。扶贫到户政策可以在整村推进项目基础上加以实施，这是因为绝对贫困人口在整村推进项目的实施中受益不多。很多贫困人口因为没有能力提供超过总成本一半的配套资金而被排斥在项目之外，根本谈不上什么受益。而公共设施项目如道路又因为绝对贫困人口有限的经济活动而被排除在受益者之外。本报告建议在整村推进的实施过程中，对不同的农户采用不同的扶持方式，而不应该对所有农户都一视同仁。对于经济条件较好的农户，继续实行资金配套的政策，而对于村里的绝对贫困户，则实行全额补贴，以便使他们能够参加项目并从项目中受益。而在非贫困村，扶贫到户政策已经取得了一定的效果，但是其规模远远不足以满足贫困人口的需要，一些配套的政策也需要进一步完善。

6. 对各项惠农政策进行调整，让各项政策都能更多惠及穷人的利益。在制定惠农政策的过程中必须从整体扶贫战略的角度出发，以惠农政策作为农村人口收入保障的政策工具，使贫困人口和非贫困人口都能因政策而同样受益，避免农村内部贫富差距的进一步扩大。因此，要对各项惠农政策进行制定进程进行调整，如粮食直补等普惠式政策要进一步进行调整，对非粮食主产区和粮食主产区采取同一标准实行补贴，这样既可以更好地保障非粮食主产区农村人口的收入，也能够缩小农村内部的收入不平等程度。瞄准式政策要进一步完善识别穷人的机制，如低保制度可以建立识别低保群体的指标体系，即在现有农村低保人群识别机制的基础上，建立一套识别低保群体的指标体系。

7. 为了使贫困和低收入人群更多地参与到劳动力输出项目中，不仅在项目实施过程中应对他们区别对待，减少他们的外出就业成本，降低他们的外出风险。在这方面，应该进一步加强政府、中介机构的作用，为贫困地区劳动力提供更多、更可靠的外部劳动力市场的信息，以减少他们信息搜集等方面的成本。而更重要的是对他们在进入劳动力市场之前实施一些提前介入的政策措施，主要包括教育和培训，以此提高贫困地区的人力资本水平。尤其要保证九年制义务教育的贯彻实施，特别是提高农村贫困地区的义务教育质量。对于那些年龄较大、教育水平较低者应该给予更多的培训机会和时间。在培训的机制上创新，使得低技能水平者能在培训中受益。这就需要在培训的内容、组织形式上有所创新；并且进一步细化培训的目标。应该充分考虑低技能者识字能力低、文化水平不高的特点，使培训的内容有吸引力、易于接受。

8. 要充分认识到全球化，国际市场和国内宏观经济波动对贫困人群带来的冲击，对此各级政府和扶贫机构要有相应的应对措施。一种建议是设立扶贫风险防范机制，其主要目的是在危机冲击下能够及时对各种扶贫政策加以调整，并出台一些有效的应对措施，以使得对贫困人群的冲击降低到最低程度。作为扶贫风险防范机制内容的一部分，可设立扶贫风险防范基金。根据本报告的分析，受到外部市场冲击较大的是贫困地区劳动力的外出就业。为了降低这方面的冲击，建议政府在那些受到国际市场冲击较小的行业中，如服务业和建筑业，创造更多的就业岗位，同时积极鼓励农村劳动力的本地非农就业，特别是鼓励具有创业精神的农村劳动力在本地创业。

二、《纲要》实施十年来农村贫困状况的演变

在过去10年中，在《纲要》指导思想下，中国农村贫困状况发生了很大的变化，这不仅表现在贫困人口的规模和贫困发生率出现了明显下降，而且表现为贫困人口的结构和贫困人口地域分布的改变。

（一）贫困人口减少与贫困发生率下降

从贫困人口的规模和发生率上看，按照未修订的官方贫困线标准，农村绝对贫困人口的数量从2000年的3200万下降到2008年的1200万左右，绝对贫困人口减少了近2000万；同时农村绝对贫困人口的比例从

3.5%下降到1.3%左右。如果按照2008年修正后的官方贫困线标准①，农村绝对贫困人口的数量从2000年的9400万下降到2008年的4000万左右，贫困人口减少了5000多万；同时农村绝对贫困人口的比例从10.3%下降到4.4%。因此，无论是用老的贫困标准测量，还是以新的贫困标准测量，中国农村减贫工作都取得很大的成绩。

《纲要》实施以来，从当年减贫人口占上年贫困人口的比重即减贫速度来看，2004年之后减贫步伐明显加快。2004—2007年减贫速度分别为10.9%、15.2%、11.4%和24.2%，远远高于2001—2003年的4.2%、4.3%和1.5%。

表2-1　2000—2008年农村贫困人口规模及贫困发生率

年份	按低收入标准衡量			按绝对贫困标准衡量		
	标准（元/人）	规模（万人）	发生率（%）	标准（元/人）	规模（万人）	发生率（%）
2000年	865	9422	10.2	625	3209	3.5
2001年	872	9029	9.8	630	2927	3.2
2002年	869	8645	9.2	627	2820	3.0
2003年	882	8517	9.1	637	2900	3.1
2004年	924	7587	8.1	668	2610	2.8
2005年	944	6432	6.8	683	2365	2.5
2006年	958	5698	6.0	693	2148	2.3
2007年	1067	4320	4.6	785	1479	1.6
2008年	1196	4007	4.2	895	1004	1.0

资料来源：全国农村住户抽样调查。

需要指出的是，中国官方农村贫困线低估的问题一直被国际学者所诟

① 2000年以来，中国的农村贫困标准实际上有两条，一条是被称为绝对贫困标准，另一条被称为低收入标准。从测算方法和更新方法看，前一个标准更应该被称为生存标准或极端贫困标准，而后一条也只是一种温饱标准。这两条贫困标准均代表了特定的生活水平，都应该是绝对贫困标准。在2007年以前，中国政府一直采用绝对贫困标准作为扶贫工作标准，用于确定扶贫对象、分配中央扶贫资金，低收入标准在一些较发达地区作为地区扶贫工作的参考依据。2008年，中国正式采用低收入标准作为扶贫工作标准，并且用低收入标准衡量的贫困规模和程度成为分配中央扶贫资金及低保资金的重要依据。

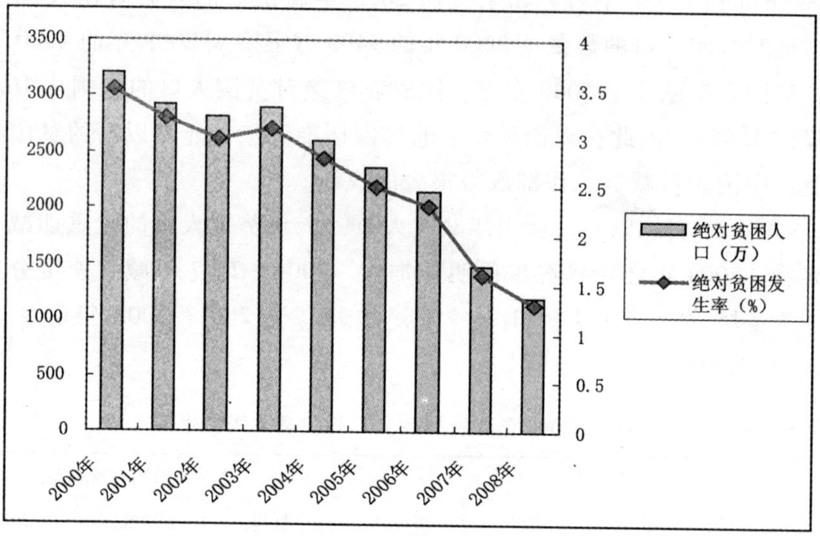

图 2－1　绝对贫困人口的规模和发生率变化，2000—2008 年（旧贫困线）

资料来源：2000—2007 年数据来自《中国统计摘要 2008》，2008 年数据是根据前几年数据估算出来的。

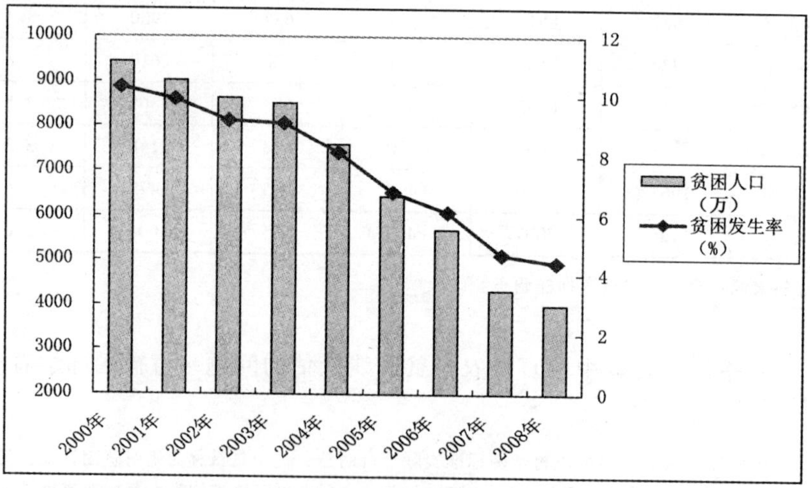

图 2－2　贫困人口的规模和发生率变化，2000—2008 年（新贫困线）

资料来源：根据中国农村住户抽样调查数据测算。

病，即使 2008 年中国政府上调了贫困标准以后，新贫困线仍被认为与国际一般标准存在一定距离。然而，从贫困人口的动态来看，即使使用更高的贫困线，在《纲要》实施以来，中国农村贫困人口的减少幅度和贫困发生率的下降速度应该相差不大。例如，根据世界银行的估计，如果采取每人每天 1.5 美元的贫困线，1999 年中国农村贫困人口为 2.2 亿，到 2004 年下降为 1.3 亿，5 年间下降了 9000 万，降幅不可谓不大①。

对于不同时期贫困人口下降幅度加以比较需要特别谨慎，轻易从中得出结论可能会造成一定的误解。例如，从各年间中国农村贫困人口减少数量来看，从 20 世纪 80 年代以来，它基本处于不断递减的趋势。一般研究文献往往以此来判断政府减贫政策的效果，认为早期的效果要好于后期的效果。应该说，这种判断是轻率的，因为它没有认识到贫困的特点和原因的复杂性。对于任何一个社会来说，存在一定比例的贫困人口是不可避免的，即使在西方发达国家，绝对贫困人口仍是不可避免。这种并不随着经济发展而存在的贫困人口可以称之为自然性贫困人口。在一定程度上可以认为，自然贫困是在经济长期增长中保持充分就业情况下仍然出现的贫困。自然贫困人口产生的原因主要来自于疾病、残疾、自然灾害、经济短期波动导致的失业等因素，而这些因素在不同经济发展阶段都是存在的，虽然其规模和程度有所不同。对处于不同发展阶段的社会经济来说，自然贫困发生率是不同的，这是因为处于较高经济发展阶段的国家对导致自然贫困发生的影响因素有着更强的抵御能力。同时，这也意味着在一定经济发展阶段，一个国家的自然贫困发生率是大致不变的。对于中国这样的发展中国家来说，自然贫困发生率应该处于一个较高的水平上，这是因为中国农村地区是自然灾害频繁发生的地区，许多区域地方病问题严重，有着较高比例的残疾人口比例，加上医疗保障制度不健全造成的因病致贫的现象较为普遍。

面对着自然贫困，经济开发的扶贫模式是无能为力的，一种更为有效的扶贫模式是采取针对贫困家庭和个人的社会救济。对于这一点，中国政府已有所认识，在过去几年中对农村贫困采取了“双轨战略”，即开发式扶贫与救济式扶贫同时推进的扶贫战略。在开发式贫困方面，政府继续加

① 见盛来运、阎芳《中国农村扶贫开发纲要（2001—2010 年）实施以来农村贫困状况的演变》（课题分报告之一）。

大扶贫力度，尤其在资金投入上，在过去十年中对贫困地区的资金投入超过了以往任何一个时期。在救济式扶贫方面，近几年政府在农村实施了全覆盖的低保制度，一些没有劳动力的贫困家庭和极度困难的家庭得到相应救助；农村五保户的救助达到了全覆盖，而且救济标准大幅度提高；在推广农村新型合作医疗制度的同时，农村也建立了医疗救助制度，以缓解贫困家庭看病难和看病贵的问题。因此，理解自然贫困的概念及其相对应的解决办法，对于我们评价中国农村扶贫政策的有效性是至关重要的。

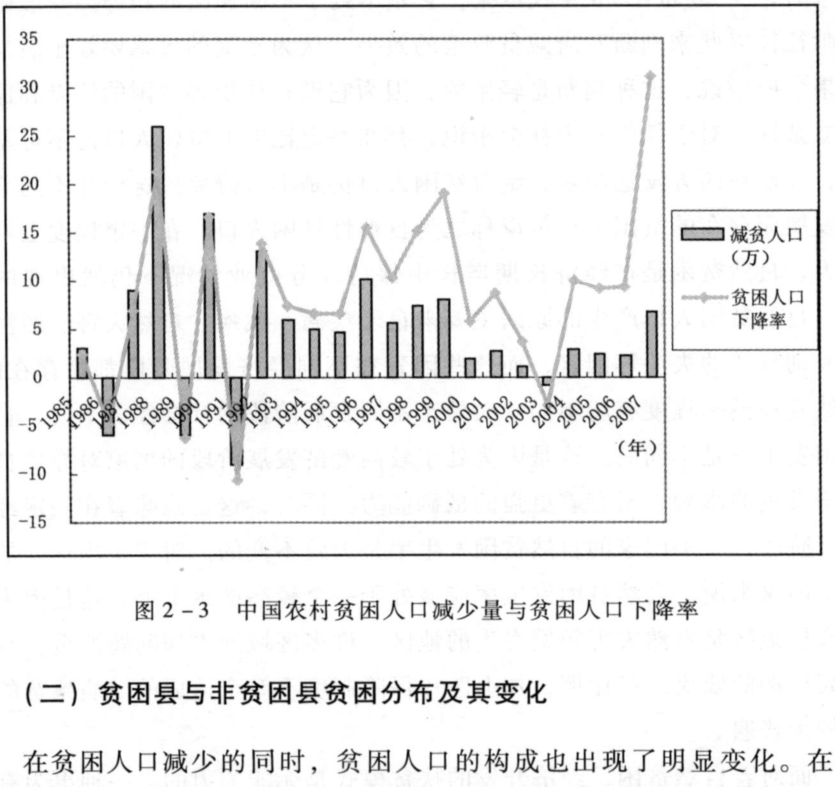

图 2－3　中国农村贫困人口减少量与贫困人口下降率

（二）贫困县与非贫困县贫困分布及其变化

在贫困人口减少的同时，贫困人口的构成也出现了明显变化。在 20 世纪 90 年代，中国农村贫困人口分布具有很强的地域性。为了及时解决贫困人口较为集中的地区的贫困问题，国务院于 1993 年重新划定了 592 个国定贫困县作为贫困集中治理的地区，与此同时各级政府也对这些贫困县投入了大量的人力、物力和财力。这在一定程度上加快了国定贫困县的减贫速度，使得农村中贫困人口在贫困县与非贫困县之间的分布发生了较大变化。在 20 世纪末，国定贫困县的绝对贫困人口占农村绝对贫困人口的一半以上，如 1998 年和 1999 年前者占后者的比例分别为 55% 和 53%①。然而，从新世纪开始，这样一个不断下降的趋势只是持续到 2006 年，而 2007 年却出现了一个大幅度的反弹。图 2－4 显示的两条曲线表明了 2001—2007 年期间贫困县贫困人口占农村全部贫困人口的比例。上面一条线是根据调整前的贫困线（旧线）估计的绝对贫困人口的比例，下面一条线是根据调整后的贫困线（新线）估计的贫困人口的比例。不难看出，无论从绝对贫困人口的比例来看，还是从贫困人口比例来看，2001—2006 年期基本趋势是下降的。国定贫困县绝对贫困人口占农村全部绝对贫困人口的比例从 62% 下降到 59% 左右，下降约 3 个百分点；如图 2－4 下线显示，国定贫困县贫困人口占农村全部贫困人口的比例同期从 63% 下降到 55%。然而到了 2007 年，上述两个比例都出现了急剧上升，第一个比例上升了约 12 个百分点，第二个比例上升了 6 个百分点。对这样一个反常的现象，需要加以研究②。

2006 年之前出现的这种变化趋势具有两个重要涵义，第一，它意味着，贫困县在自然条件极其恶劣的情况下实现了贫困人口下降速度超过了全国平均水平，这是与在这一地区实施的开发式扶贫战略的效果分不开的。第二，随着农村贫困人口中非贫困县贫困人口所占比重的不断提高，解决这些地区的贫困人口的基本生存问题应该具有同等重要的任务。

表 2－2 给出了 2002 年和 2008 年利用国家贫困监测数据按不同贫困线计算出来的贫困率、贫困距和加权贫困距指标，以及三个指标的下降幅度，从中可以看出这 6 年期间国家扶贫工作重点县的贫困变化状况。不难看出，不论使用何种贫困线，相对于 2002 年，2008 年的贫困指标都有大幅度下降。以 2008 年的新贫困线为例，贫困发生率、贫困距和加权贫困距分别下降 61%，66% 和 59%。如果采用新购买力的每天每人 1 美元的贫困线，那么 2002—2008 年之间的贫困发生率、贫困距和加权贫困距分别下降 49%，60% 和 62%，其下降幅度也不可谓不大。

① 根据国家统计局农村社会经济调查总队（2000）《中国农村贫困监测报告 2000》中数据计算。

② 需要研究的是这种情况是由贫困县调整带来的，还是调查样本变化带来的，还是别的原因。

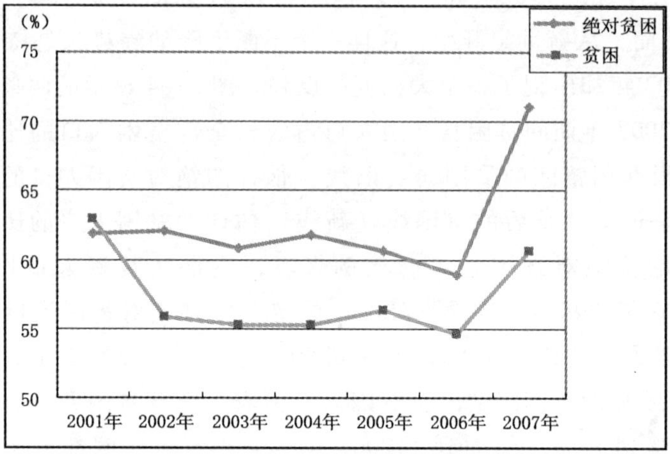

图 2－4　2001—2007 年国定贫困县贫困人口占农村全部贫困人口的比例（%）

资料来源：国定贫困县贫困人口数据来自《中国农村贫困监测报告 2008》，农村全部绝对贫困人口的数据来自《中国统计摘要 2008》，农村全部贫困人口（新贫困线）的数据来自盛来运、阎芳《中国农村扶贫开发纲要（2001—2010 年）实施以来农村贫困状况的演变》（课题分报告之一）。

另一方面，对于国家扶贫工作重点县的减贫效果的评价在很大程度上取决于贫困标准的选择。图 2－5 显示了 2002—2008 年期间国家扶贫工作重点县在不同贫困线下贫困指标的下降情况，其中横轴表示从低到高的各种贫困线，纵轴表示贫困率和贫困距的下降幅度。从中不难看出，贫困线定得越低，贫困率和贫困距下降幅度就越大。例如，如果按照 2002 年的贫困线，贫困发生率和贫困距的下降幅度都超过了 70%，而如果按照新购买力下的每人每天 2 美元的贫困线测量，贫困发生率的下降幅度仅为 16%，贫困距的下降幅度为 36%。这种变化反映了这样一种客观事实，即在纲要实施 10 年期间，扶贫效果对于缓解低端贫困人口的贫困状况显现得最为明显，而对于中低端贫困人口来说，其效果不显著。这是因为，扶贫的重点任务是优先解决绝对贫困人口的问题，他们是贫困政策的瞄准对象，而贫困地区的中低收入人群是被各种政策忽视的人群，其收入增长较为缓慢，有较大的陷入贫困的风险。

表 2-2 国家扶贫重点县在不同贫困线下的贫困状况及其变化

贫困线（2008 年价格）	2002 年			2008 年			2002—2008 年期间下降率（%）		
	贫困率	贫困距	加权贫困距	贫困率	贫困距	加权贫困距	贫困率	贫困距	加权贫困距
773 元（2002 年贫困线）	16.15	6.07	8.29	4.64	1.81	5.17	71.3	70.2	37.6
1067 元（2008 年贫困线）	32.21	10.92	8.37	11.06	3.40	3.93	65.7	68.9	53.0
1071 元（2002 年低收入线）	32.48	11.00	8.39	11.17	3.42	3.92	65.6	68.9	53.3
1300 元（2008 年调整后贫困线）	44.75	15.89	10.03	17.64	5.33	4.07	60.6	66.5	59.4
1078 元（1 美元贫困线：原 PPP′）	32.97	11.14	8.43	11.35	3.48	3.92	65.6	68.8	53.5
1617 元（1.5 美元贫困线：原 PPP）	59.88	23.10	13.42	28.09	8.75	5.12	53.1	62.1	61.8
2156 元（2 美元贫困线：原 PPP）	77.73	34.74	20.38	46.99	15.97	8.31	39.5	54.0	59.2
1788 元（1 美元贫困线：新 PPP）	66.72	26.95	15.54	34.14	10.88	5.97	48.8	59.6	61.6
2682 元（1.5 美元贫困线：新 PPP）	87.54	44.22	27.26	62.53	23.63	12.42	28.6	46.6	54.4
3576 元（2 美元贫困线：新 PPP）	95.14	56.17	37.59	80.08	35.76	20.18	15.8	36.3	46.3

注 1. PPP 即购买力平价。

资料来源：罗楚亮的专题报告。

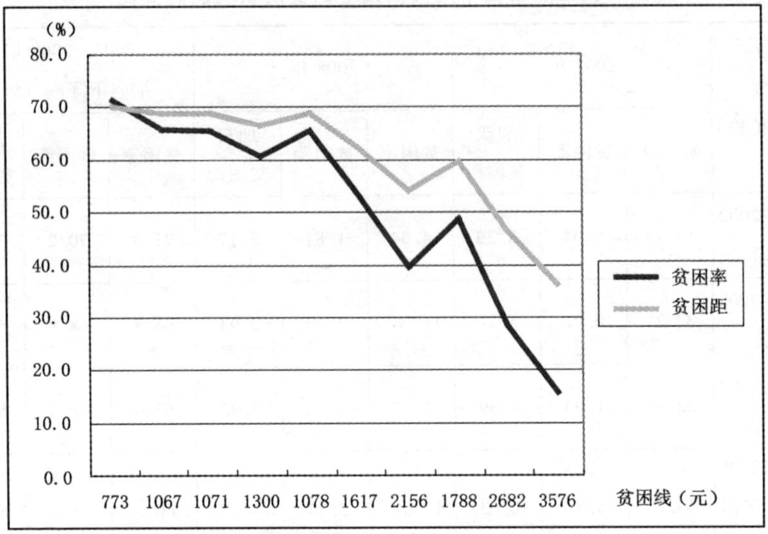

图 2-5　2002—2008 年国家扶贫工作重点县不同贫困线下贫困指标的变化

资料来源：根据表 2-2 中数据绘制。

三、贫困的地区分布、贫困人口结构和贫困原因分析

本章将对中国农村贫困的地区特点和人口结构特点及其变化加以描述和分析，旨在为下一步扶贫开发战略定位提供客观依据。那么，在过去 10 年中，农村贫困人口的地区分布和人口结构出现了何种明显的变化呢？从已有的数据来看，以下几个特点是显而易见的。第一，在地区分布上，贫困人口进一步向西部地区和山区集中。虽然得利于政策支持，西部地区和山区的脱贫速度快于其他地区，但其贫困发生率仍然明显偏高。第二，剩余贫困人口分布日益集中到自然环境恶劣地区、边远地区、少数民族地区和难以参与到经济增长中的弱势群体中。第三，贫困人口生活环境及质量、人力资源条件、收入及财富水平方面都处于相对劣势，而且贫困程度越深、经历贫困年数越多，这种劣势表现得越明显。第四，贫困农户家庭人口多，低龄老龄人口比重大，劳动力负担重。第五，贫困农户成人文盲率高，劳动力素质低，接受培训少，就业

面窄。第六，贫困人口大多集中在单一的农业经营户，其收入来源较为单一，收入稳定性差、波动性较大，更多依赖农业。第七，贫困人口家庭经济基础薄弱，难以承受外界因素的冲击，遇到宏观经济波动或自然灾害就容易返贫。第八，农户贫困状况变化很大，贫困人口从数量上看大进大出，从收入和支出水平上看年度间极不稳定，这一现象增加了扶贫政策在瞄准贫困人群时的难度，同时也为针对不同类型的贫困农户采取不同的扶贫措施提出了要求。

（一）贫困人口地区分布变化

按照2008年调整后的新的扶贫标准，2000—2008年期间农村贫困人口出现了不断减少的趋势，从2000年的9422万人下降到4007万人，共减少5415万人，平均每年减少677万人；贫困发生率从2000年的10.2%下降到2008年的4.2%，减低了6个百分点。如果按照老的扶贫标准，农村绝对贫困人口规模从2000年的3209万人下降到2007年的1479万人，一半以上的绝对贫困人口摆脱了贫困。

然而，这种减贫的速度在不同地区是不同的。即使中国政府把更多的扶贫资源投向了西部地区，但是相对于东、中部来说，西部地区减贫的相对速度还是落后于东、中部地区。2000年西部贫困人口占农村全部贫困人口的比例为54.4%，到了2008年这一比例上升到近60%。而在这一期间，东部和中部的贫困人口所占比例都有不同程度下降，分别下降了2.6个百分点和2.8个百分点。这意味着，农村贫困人口进一步向西部地区集中。

表3-1　中国农村贫困的地区分布（2000年、2005年和2008年）

		2000年	2005年	2008年
贫困人口规模（万人）	全国	9422	6432	4007
	东部	962	545	248
	中部	2729	2081	1109
	西部	5731	3805	2649

续表

		2000 年	2005 年	2008 年
贫困发生率（%）	全国	10.2%	6.8%	4.2%
	东部	2.9%	1.6%	0.7%
	中部	8.8%	6.6%	3.5%
	西部	20.6%	13.3%	9.3%
占农村贫困人口比重（%）	东部	10.2%	8.5%	6.2%
	中部	29.0%	32.4%	27.7%
	西部	60.8%	59.2%	66.1%

资料来源：全国农村住户抽样调查。

当然，这并不意味着西部地区在减贫方面做出的贡献要少于其他地区。如果从减贫人口的绝对数量来看，或者从地区贫困发生率下降幅度来看，西部地区做出的扶贫贡献是值得称赞的。如表 3－1 和表 3－2 所示，2000—2008 年期间西部地区贫困发生率下降了 11.3 个百分点，贫困人口的绝对数量减少了 3082 万，超过了东、中部两大地区减贫人口的总数。

表 3－2　　　　中国农村地区贫困人口变动

	2000 年贫困人口（万）	2008 年贫困人口（万）	2000—2008 年贫困人口减少量（万）
东部	962	248	714
中部	2729	1109	1620
西部	5731	2649	3082

资料来源：根据表 3－1 中的贫困人口规模推算出来。

贫困人口的分布还受到地理环境的影响。居住在不同地理条件下的农村人口，享有不同的自然禀赋条件，选择不同的生产方式和经营模式，从而面对着不同的创收机会。因而，他们面对着不同的陷入贫困的风险，出现不同的贫困发生率。如图 3－1 所示，在新世纪开始之际，中国农村的贫困人口主要集中在山区和丘陵地区，分别占到农村全部贫困人口的 49% 和 20%，即超过 2/3 的农村贫困人口集中在这些地区。然而，到了 2008 年山区和丘陵地区贫困人口所占比例不仅没有下降，反而上升了近 6 个百分点，其中主要是山区贫困人口所占比例上升幅度最为明显。这也意味着农村贫困人口分布出现了进一步向山区和丘陵地区集中的趋势。

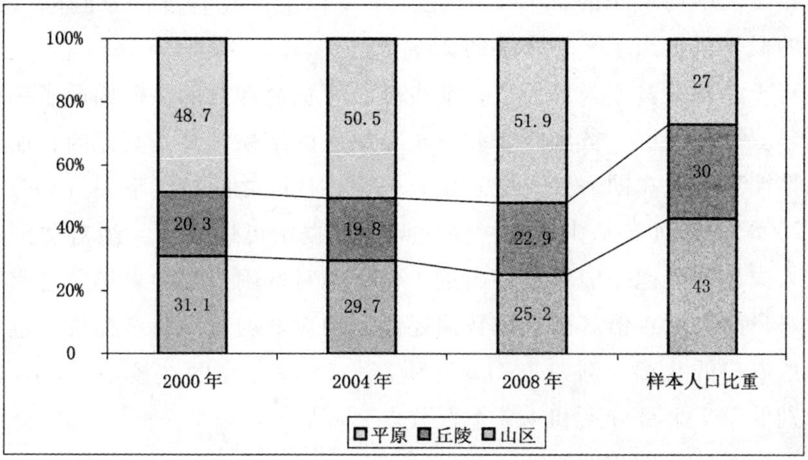

图 3－1　农村贫困人口的地理环境分布

（二）贫困人口的家庭人口特征

贫困人口的家庭人口特征可以概括为以下几个方面。第一，贫困家庭人口规模大。换句话说，农村贫困发生率与家庭人口规模成正比，即家庭规模越大，贫困发生率越高。根据 2007 年农村住户调查数据的计算结果，2 人和 3 人户的贫困发生率都不足 1%，而 5 人以上家庭的贫困发生率要比 3 人家庭高出 5—10 倍①。第二，低龄老龄人口比重大，劳动力负担重。从不同年龄段人群来看，儿童和老年人的贫困发生率要高于其他年龄组人群，这是不难理解的，因为他们都不是劳动人群，更不是收入获得者。从全部农村样本来看，2007 年 12 岁以下儿童的绝对贫困发生率比平均水平高出 63%，65 岁以上老人绝对贫困发生率比平均水平高出 38%②。第三，贫困农户成人文盲率高，劳动力素质低。发展教育对减贫的影响作用是显而易见，它表现在文化程度与贫困发生率之间的反向关系。2007

①② 见《中国农村贫困监测报告 2008》，第 7 页。

年农村住户调查数据显示，户主为文盲或半文盲的家庭陷入绝对贫困的概率比平均水平高出119%，户主为小学文化程度的家庭陷入绝对贫困的概率比平均水平高出50%，而户主为高中文化程度的家庭陷入绝对贫困的概率相当于平均水平的75%，户主为中专以上文化程度的家庭陷入绝对贫困的概率只相当于平均水平的25%[①]。

对于大多数贫困人口而言，缺少受教育机会和贫困往往构成了一种恶性循环。也就是说，贫困既是教育机会缺失的结果，又是其原因，而且这种恶性循环不但在同一代人中发生，也会在代际之间持续下去（Knight等人，2008）。例如，从中国农村住户调查数据中可以发现，绝对贫困户中的成人文盲率要比一般农户高出近1倍，绝对贫困户中的青年文盲率要比一般农户高出近4倍。而且该数据还显示绝对贫困户中儿童在校率也要低于一般农户的儿童，例如7—12岁和13—15岁儿童的在校率，前者比后者分别低2.7个百分点和4.2个百分点[②]。

（三）贫困人口的就业特征

如前所述，贫困人口收入来源较为单一，主要来自于农业经营，这也意味着贫困户中劳动力的主要就业领域是农业。相对于其他产业来说，农业收入具有不稳定的特点，特别是对于传统农业来说，其收入还极大地受到自然条件和环境的影响、天气和地质灾害的影响以及农产品价格波动的影响。因而，相对来说，完全靠农业吃饭的农户陷入贫困的可能性要大于其他农户，特别是对于自然条件较为恶劣的西部地区来说，纯农业户陷入贫困的风险会更大。

国家统计局的贫困监测数据表明，2007年国家扶贫重点县的劳动力75%主要从事农业经营，扶贫重点村的这一比例为76%，分别比全国平均水平高出15个和16个百分点[③]。其他相关的数据也表明，贫困户中从事非农就业劳动力的比例总是低于非贫困户，外出打工的劳动力比例也要低于非贫困户。中国收入分配课题组收集的2007年农户收入调查数据显

① 根据《中国农村贫困监测报告2008》，第7页中的数字计算。

② 见《中国农村贫困监测报告2008》，第13页。

③ 见《中国农村贫困监测报告2008》，第178页。

示，贫困与低收入家庭从事农业的劳动力比例要比一般农户高出 20 个以上百分点。

在外出就业方面，贫困地区劳动力外出就业的机会也是偏低的。2007 年全国农村劳动力外出就业的比例为 21.3%，而这一比例在国家扶贫重点县为 13.6%，在扶贫重点村仅为 12.8%①。而且贫困地区劳动力外出就业起步较晚，短期打工人员的比例较高，因而打工平均收入偏低。例如，国家统计局 2007 年的贫困监测数据显示，国家扶贫重点县外出打工劳动力中，1/3 为当年第一次外出打工，在外打工时间不足 6 个月的人员比例比全国平均水平高 10 个百分点，人均外出打工收入比全国平均水平低 1/3②。2008 年的最新数据显示贫困户劳动力外出打工 6 个月以上的比例比全国平均水平低 14 个百分点③。

（四）贫困人口的收支特点

由于收入水平低，加上收入主要来自于农业，贫困户收入的货币化程度明显偏低。2008 年贫困户现金纯收入比重 54.5%，比全国平均水平低 30 个百分点。另一方面，贫困户收入来源单一。2008 年贫困户家庭经营第一产业收入占其总收入的 55%，而全国平均水平仅为 41%；贫困户工资性收入占其总收入的 28%，而全国平均水平高达 39%④。因此，贫困户收入稳定性差、波动性较大，更多依赖农业，农户稍有决策失误或遇到自然灾害就容易返贫。

2008 年贫困人口人均生活消费支出为 1020 元，不足全国水平的 1/3。而且，贫困户自给性消费比重大，占 37.9%，比全国平均水平高出 24.2 个百分点。贫困户生活消费主要用于满足基本生存需要，用于吃、穿、住的支出为 846 元，占生活消费总支出的 82.9%，恩格尔系数为 68.9%，比全国高 25.2 个百分点。除吃、穿、住外，贫困户用于提高生活质量的消费支出很少。

① 见《中国农村贫困监测报告 2008》，第 180 页。

② 见《中国农村贫困监测报告 2008》，第 179—180 页。

③④ 见盛来运、阎芳的专题报告。

（五）贫困人口的公共服务

尽管在过去10年中，贫困地区及贫困户所在村的通讯、电力通达以及公路建设等基础设施已达一定水平，但与全国平均水平仍有差异，东、中、西部不同地区贫困户所在村的基础设施也存在一定差距。此外，贫困农户获取医疗服务和安全饮用水也相对困难。截止2007年底，国家扶贫重点县还有17%的自然村不通公路，还有15%的自然村不通电话，还有8%的自然村接收不到电视信号，还有24%的行政村没有卫生室[①]。

（六）短期贫困与长期贫困人口

通常人们主要关注短期贫困，而对长期贫困关注不够。这是因为短期贫困是易于测量和观察的，而且短期贫困人口也易于识别。当然，从时间划分上来说，短期和长期是相对的，没有统一标准。一般人们把一年的贫困看作为短期贫困，把一年以上的贫困看作为长期贫困。因此，为了识别短期与长期贫困人口则需要长期的住户和个人收入或支出的观测数据。表3－3显示了根据全国农村住户调查数据估算出来的贫困人口中一年（短期）贫困人口与两年（长期）贫困人口的比例。不难看出，一年（短期）贫困人口所占比例远远高于两年（长期）贫困人口的比例，对于2000/2001年来说，前者与后者的比例分别为66%和34%；对于2005/2006年来说，前者与后者的比例分别为69%和31%。而且，从动态上看，贫困人口中一年（短期）贫困人口所占比例还有上升的趋势，从66%上升到69%。这一方面反映了贫困人口的收入波动性，另一方面说明低收入人群具有很高的返贫率。

表3－4给出了两个时期，即2001—2004年和2005—2008年短期贫困和长期贫困的构成比例及其变化。在第一个时期（2001—2004年），每一年的收入都低于贫困线的贫困户占全国农户的比例为1.5%，四年中有三年的收入低于贫困线的贫困户占全国农户的比例为2.6%，有两年的收入低于贫困线的贫困户占全国农户的比例为4.9%，只有一年的收入低于

① 见《中国农村贫困监测报告2008》，第171页。

贫困线的贫困户占全国农户的比例为11%。在全部有贫困经历的农户[①]中，只有一年的收入低于贫困线的贫困户所占比例超过了55%。在第二个时期（2005—2008年），在全部有贫困经历的农户中，只有一年的收入低于贫困线的贫困户所占比例达到了62%，比第一个时期提高了9个百分点。

表3-3 中国农村一年（短期）贫困与两年（长期）贫困 单位:%

第一年是否贫困	2000/2001年		2005/2006年	
	第二年是否贫困		第二年是否贫困	
	是	否	是	否
是	34 （35）	66	31 （32）	69
否	65		68	

注：括号里数字为两年同为贫困户占第二年贫困户的比例。

资料来源：盛来运、阎芳的专题报告。

对两个时期的长期贫困状况加以比较，可以看出第二个时期的长期贫困有大幅度下降，一方面是由于一部分长期贫困转化为短期贫困，另一方面对长期贫困采取的帮扶政策发挥了一定的作用。如表3-4所示，按照新的农村贫困标准，第二个时期两年及两年以上陷入贫困的长期贫困户占全国农户的比例为3.3%，比第一个时期下降了63%。

高比例的短期贫困是中国农村贫困人口的特点之一。它意味着贫困户的大进大出，贫困人口容易脱贫也容易返贫。返贫原因是多方面的，既可能是自然灾害及农业收入减少造成的，也可能是外出就业机会减少造成的。从数据来看，2003年返贫人口集中在中部地区和粮食主产区，分别占到返贫人口的53%和71%。高比例的脱贫率与返贫率，在一定程度上增加了扶贫政策的瞄准难度。因此，农村扶贫的重点之一是抑制返贫，巩固扶贫效果，持续帮助那些刚刚摆脱贫困、家庭经济仍很脆弱的农户，防止他们返贫。

① 指4年中任何一年或一年以上的人均收入低于贫困线的农户。

表 3-4　　中国农村短期贫困与长期贫困

2005—2008 年收入（消费）在新的农村贫困标准以下的年数	比重（%）	累计比重（%）	占 4 年间有过贫困经历的农户的比重（%）
4	0.5	0.5	5.5
3	0.9	1.4	10.2
2	1.9	3.3	22.2
1	5.2	8.5	62.0
0	91.5	100	—
合计	100	—	100
2001—2004 年收入（消费）在新的农村贫困标准以下的年数	**比重（%）**	**累计比重（%）**	**占 4 年间有过贫困经历的农户的比重（%）**
4	1.5	1.5	7.3
3	2.6	4.1	12.9
2	4.9	9	24.4
1	11.1	20	55.4
0	80	100	—
合计	100	—	100

资料来源：盛来运、阎芳的专题报告。

那么，长期贫困户又具有何种特征呢？概括地说，长期贫困户在生活环境及质量、人力资源条件、以及财富及收入水平上都处于相对劣势，而经历贫困的年数越多，这种劣势表现得越明显。他们大多都是人口多的家庭，夫妇与 3 个以上孩子家庭及三代同堂家庭比重高，劳动力受教育年限少，文盲率高，劳动力负担重，就业地域半径小。大多数长期贫困户居住在山区，收支及投入水平低，资产存量少，动用储蓄平滑消费的能力弱，等等。

附表 3－1 **不同收入组住户基本特征（国家农村贫困监测调查数据）**

指标名称	单位	0—200 元	200—400 元	400—600 元	600—800 元	800—1000 元	1000—1200 元	1200—1400 元	1400—1600 元	1600—1800 元
一、调查户数	户	117	276	623	1324	1983	2471	2948	3242	3452
户均人口	人	4.1	4.6	4.7	4.8	4.8	4.8	4.8	4.7	4.6
户均劳动力	人	2.9	3.2	3.2	3.2	3.2	3.2	3.2	3.2	3.1
其中：劳动力文盲率	%	16.3	11.5	12.4	13.8	13.8	15.1	13.7	13.8	13.0
其中：当年外出打工的劳动力比例	%	7.1	8.6	12.9	12.7	13.5	14.7	16.5	18.0	18.8
二、户均住房面积	平方米	81.6	92.8	93.2	93.5	91.9	94.5	95.5	94.7	97.8
其中：钢筋混凝土结构面积	平方米	7.7	11.4	12.6	10.7	10.4	11.5	12.4	12.0	12.6
户均住房价值	元	16426.5	17630.6	18174.5	16788.9	16387.9	16719.6	17265.8	16745.1	17578.9
户均年末生产性固定资产原值	元	11912.6	8658.8	7615.6	6011.4	5173.2	5262.0	5265.3	5008.5	5288.8
其中：年末生产用房原值	元	1459.5	2077.6	2149.6	1587.9	1389.7	1374.9	1458.1	1474.0	1487.6
户均耕地面积	亩	10.5	13.6	10.9	9.9	9.2	9.3	9.3	8.8	8.8
其中：水田、水浇地面积	亩	2.1	3.2	3.0	2.3	2.4	2.5	2.4	2.4	2.6
梯田面积	亩	0.3	0.9	1.1	1.0	1.0	1.0	0.9	1.0	0.8
人均年末存粮	公斤	419.8	389.7	321.2	318.6	319.3	315.0	335.6	343.6	359.7
人均粮食产量	公斤	350.4	436.2	370.7	341.9	358.1	374.7	404.1	419.1	445.9
三、农民人均纯收入	元	123.3	316.8	515.3	712.8	910.3	1102.3	1301.7	1501.1	1701.7

续表

指标名称	单位	0—200元	200—400元	400—600元	600—800元	800—1000元	1000—1200元	1200—1400元	1400—1600元	1600—1800元
（一）工资性收入	元	188.7	174.6	187.7	219.1	273.1	333.8	395.3	466.5	538.8
其中：外出务工收入	元	86.1	71.8	76.1	92.8	121.4	149.2	184.8	228.9	269.7
（二）家庭经营纯收入	元	-180.0	-2.4	187.5	355.8	493.5	615.2	756.6	869.6	984.9
1. 第一产业纯收入	元	-155.4	-29.6	181.7	327.8	464.4	574.3	710.9	799.6	913.4
（1）农业收入	元	86.5	64.8	238.9	313.6	403.4	459.0	544.3	599.5	657.3
（2）林业收入	元	-6.7	-4.8	13.7	12.0	18.2	27.0	34.8	43.7	49.7
（3）牧业收入	元	-183.2	-95.6	-70.0	4.5	42.0	86.1	129.9	153.3	203.9
（4）渔业收入	元	-52.1	6.0	-0.9	-2.4	0.7	2.3	2.0	3.1	2.5
2. 第二产业纯收入	元	-23.8	1.4	-7.1	1.5	2.5	6.5	8.2	18.8	15.4
（1）工业收入	元	8.7	2.0	-3.8	1.5	1.9	3.8	3.3	8.0	6.2
（2）建筑业收入	元	-32.5	-0.6	-3.3	0.0	0.6	2.7	4.9	10.9	9.2
3. 第三产业纯收入	元	-0.8	25.8	12.8	26.6	26.6	34.3	37.5	51.1	56.1
（1）交通、运输、邮电业收入	元	-4.2	-4.0	0.6	6.9	3.3	4.3	8.3	14.4	16.3
（2）批零贸易业、饮食业收入	元	-8.4	12.1	2.6	8.9	10.2	15.2	14.7	21.2	19.1
（3）社会服务业收入	元	0.0	-1.3	-1.2	0.5	3.4	2.9	3.8	3.1	5.3

续表

指标名称	单位	0—200元	200—400元	400—600元	600—800元	800—1000元	1000—1200元	1200—1400元	1400—1600元	1600—1800元
（4）文教卫生业收入	元	0.0	0.0	-0.1	-0.4	0.6	0.3	0.5	1.1	1.8
（5）其他行业收入	元	11.8	19.1	11.0	10.7	9.0	11.6	10.1	11.3	13.6
（三）财产性纯收入	元	-27.0	4.6	17.1	12.2	12.3	16.7	16.9	20.7	19.2
（四）转移性纯收入	元	141.6	140.0	123.1	125.7	131.3	136.6	133.0	144.4	158.8
四、生活消费支出	元	1739.1	1692.1	1540.4	1391.8	1440.8	1496.3	1554.2	1645.7	1752.9
（一）食品消费支出	元	941.6	875.8	813.2	815.9	827.3	864.4	903.0	957.2	991.7
（二）衣着消费支出	元	128.5	116.0	86.9	79.8	79.2	81.1	86.9	89.8	96.9
（三）居住消费支出	元	249.7	212.5	255.9	187.9	207.9	202.8	216.9	211.8	248.1
（四）家庭设备、用品消费支出	元	57.7	86.1	60.1	50.0	51.9	52.6	57.7	63.2	67.3
（五）交通和通讯消费支出	元	156.4	146.3	105.4	89.3	92.1	97.2	100.7	105.7	118.2
（六）文化教育、娱乐消费支出	元	91.4	123.8	110.2	79.2	78.5	82.0	80.7	95.3	104.3
（七）医疗保健消费支出	元	90.0	105.3	81.6	70.5	83.4	96.5	88.1	98.6	101.9
（八）其他商品和服务消费支出	元	23.9	26.1	27.2	19.1	20.5	19.5	20.2	24.1	24.5
五、家庭经营费用支出	元	1736.3	1477.2	957.9	801.0	762.5	725.8	721.7	746.3	776.8

附表 3－1　不同收入组住户基本特征（国家农村贫困监测调查数据）（续）

指标名称	单位	1800—2000 元	2000—2200 元	2200—2400 元	2400—2600 元	2600—2800 元	2800—3000 元	3000—3500 元	3500—4000 元	4000—5000 元	5000 元以上
一、调查户数	户	3555	3462	3223	3020	2771	2518	5070	3606	4467	5012
户均人口	人	4.6	4.4	4.4	4.2	4.2	4.1	4.0	3.9	3.8	3.3
户均劳动力	人	3.1	3.0	3.0	3.0	3.0	2.9	2.9	2.8	2.8	2.6
其中：劳动力文盲率	%	12.3	11.7	10.8	10.1	10.4	9.6	9.4	8.8	8.0	7.7
其中：当年外出打工的劳动力比例	%	19.6	20.6	20.3	20.7	20.3	21.1	21.9	22.6	23.7	23.6
二、户均住房面积	平方米	97.8	99.0	98.4	100.7	102.9	101.6	102.4	105.0	107.8	109.6
其中：钢筋混凝土结构面积	平方米	13.3	14.3	14.6	15.8	16.0	16.2	17.8	18.9	23.2	25.3
户均住房价值	元	17736.6	18073.7	18665.6	19529.5	18946.8	19245.8	20738.2	21483.4	23165.8	26051.7
户均年末生产性固定资产原值	元	5375.0	5103.9	4968.5	5400.1	5488.2	5262.2	5414.9	5612.4	5959.1	6744.6
其中：年末生产用房原值	元	1623.7	1565.9	1462.2	1567.0	1554.2	1579.7	1571.2	1633.3	1755.1	1932.1
户均耕地面积	亩	8.9	8.6	8.9	9.2	9.5	9.0	9.1	9.8	9.6	10.4
其中：水田、水浇地面积	亩	2.6	2.6	2.7	2.8	2.8	2.8	3.0	3.2	3.3	3.7
梯田面积	亩	0.9	0.8	0.8	0.7	0.8	0.9	0.8	0.7	0.6	0.6
人均年末存粮	公斤	376.1	388.6	397.6	410.9	423.0	432.7	454.1	496.9	515.9	600.6
人均粮食产量	公斤	481.7	488.8	524.1	563.2	570.4	586.9	619.0	695.8	761.1	989.7
三、农民人均纯收入	元	1898.5	2097.5	2298.9	2497.7	2696.6	2898.8	3235.4	3734.1	4438.9	6823.3

续表

指标名称	单位	1800—2000元	2000—2200元	2200—2400元	2400—2600元	2600—2800元	2800—3000元	3000—3500元	3500—4000元	4000—5000元	5000元以上
（一）工资性收入	元	605.5	717.9	774.2	854.4	902.9	983.3	1135.9	1317.1	1582.2	2352.7
其中：外出务工收入	元	306.7	361.3	399.1	439.6	451.5	494.3	582.6	695.5	833.8	1129.9
（二）家庭经营纯收入	元	1100.9	1181.1	1310.6	1407.2	1542.5	1651.0	1810.2	2087.9	2485.2	3801.2
1. 第一产业纯收入	元	1014.7	1082.9	1194.7	1272.3	1399.4	1461.2	1609.4	1854.9	2159.6	3143.2
（1）农业收入	元	736.9	789.7	850.1	908.4	962.2	1018.5	1091.0	1272.8	1450.1	1991.9
（2）林业收入	元	52.8	62.9	66.2	76.9	80.1	76.7	92.0	88.9	112.5	190.3
（3）牧业收入	元	221.9	227.8	273.7	281.6	349.7	360.8	419.4	484.5	582.7	934.4
（4）渔业收入	元	3.2	2.6	4.7	5.5	7.3	5.2	7.0	8.7	14.3	26.5
2. 第二产业纯收入	元	18.6	21.4	29.2	29.6	32.6	46.5	40.2	52.8	73.8	163.6
（1）工业收入	元	10.0	9.2	9.6	12.3	11.1	17.4	16.4	25.8	36.5	87.3
（2）建筑业收入	元	8.6	12.2	19.6	17.3	21.5	29.1	23.8	27.0	37.3	76.3
3. 第三产业纯收入	元	67.6	76.8	86.7	105.2	110.5	143.3	160.5	180.1	251.9	494.3
（1）交通、运输、邮电业收入	元	20.0	19.9	21.3	31.3	23.2	43.8	41.1	55.5	89.5	180.2
（2）批零贸易业、饮食业收入	元	19.0	29.8	36.6	35.5	44.0	52.4	62.7	61.8	86.5	164.2
（3）社会服务业收入	元	8.9	7.0	10.0	11.8	12.4	17.9	15.9	18.8	22.5	54.8

续表

指标名称	单位	1800—2000元	2000—2200元	2200—2400元	2400—2600元	2600—2800元	2800—3000元	3000—3500元	3500—4000元	4000—5000元	5000元以上
(4) 文教卫生业收入	元	1.1	3.0	3.0	6.6	7.1	5.9	5.4	7.5	11.9	23.0
(5) 其他行业收入	元	18.6	17.2	15.8	20.0	23.7	23.4	35.4	36.6	41.4	72.1
(三) 财产性纯收入	元	23.3	24.6	28.3	35.6	33.0	41.1	45.8	52.9	66.7	184.4
(四) 转移性纯收入	元	168.8	174.0	185.8	200.5	218.1	223.4	243.6	276.3	304.7	485.1
四、生活消费支出	元	1772.5	1930.1	2033.4	2162.9	2233.0	2328.2	2529.0	2725.2	3095.2	4046.3
(一) 食品消费支出	元	1016.6	1065.6	1100.4	1144.2	1177.6	1208.6	1274.1	1334.6	1428.0	1719.6
(二) 衣着消费支出	元	100.6	110.7	120.6	120.6	125.8	130.1	142.1	152.5	174.6	220.9
(三) 居住消费支出	元	214.3	257.0	287.5	323.7	352.2	348.7	396.1	441.4	540.0	833.0
(四) 家庭设备、用品消费支出	元	73.4	77.4	83.8	92.5	92.2	97.6	108.2	118.4	141.2	187.1
(五) 交通和通讯消费支出	元	129.7	143.0	151.3	163.7	166.3	192.7	216.0	245.4	292.8	386.8
(六) 文化教育、娱乐消费支出	元	112.1	132.0	137.7	155.7	153.2	188.5	190.9	225.8	267.1	350.5
(七) 医疗保健消费支出	元	98.7	115.1	120.7	125.9	133.1	126.9	162.3	162.0	198.1	275.0
(八) 其他商品和服务消费支出	元	27.0	29.3	31.4	36.6	32.7	35.0	39.2	45.2	53.3	73.4
五、家庭经营费用支出	元	807.3	819.6	848.1	916.7	935.5	954.6	1036.1	1107.9	1284.1	1800.9

附表 3－2　　五等分组各组住户基本特征（国家农村贫困监测调查数据）

指标名称	单位	20% 低收入户	20% 中低收入户	20% 中等收入户	20% 中上收入户	20% 高收入户
一、调查户数	户	10654	10654	10654	10654	10654
户均人口	人	4.8	4.6	4.3	4.0	3.6
户均劳动力	人	3.2	3.1	3.0	2.9	2.7
其中：劳动力文盲率	%	14.0	12.7	10.8	9.3	8.0
其中：当年外出打工的劳动力比例	%	14.4	19.2	20.4	21.8	23.5
二、户均住房面积	平方米	93.9	97.4	99.9	102.9	108.4
其中：钢筋混凝土结构面积	平方米	11.5	13.0	15.1	17.5	23.8
户均住房价值	元	17007.6	17577.7	18792.8	20372.2	24397.7
户均年末生产性固定资产原值	元	5949.4	5214.5	5257.9	5394.2	6291.5
其中：年末生产用房原值	元	1562.6	1544.5	1526.8	1583.8	1826.2
户均耕地面积	亩	9.7	8.8	9.1	9.1	10.1
其中：水田、水浇地面积	亩	2.5	2.5	2.7	3.0	3.5
梯田面积	亩	0.9	0.9	0.8	0.8	0.6
人均年末存粮	公斤	330.4	363.5	405.0	453.4	554.4
人均粮食产量	公斤	380.5	454.7	538.3	621.9	857.7
三、农民人均纯收入	元	1007.5	1761.4	2392.0	3218.2	5421.7
（一）工资性收入	元	314.8	567.0	807.6	1123.8	1894.9

续表

指标名称	单位	20% 低收入户	20% 中低收入户	20% 中等收入户	20% 中上收入户	20% 高收入户
其中：外出务工收入	元	141.6	285.0	413.5	574.0	952.5
（二）家庭经营纯收入	元	545.6	1012.5	1360.9	1803.1	3030.1
1. 第一产业纯收入	元	513.6	934.6	1238.1	1604.5	2565.7
（1）农业收入	元	431.4	682.5	877.7	1099.4	1673.8
（2）林业收入	元	24.6	51.3	71.3	86.8	143.3
（3）牧业收入	元	56.8	197.9	284.0	411.5	729.8
（4）渔业收入	元	0.8	2.8	5.2	6.9	18.8
2. 第二产业纯收入	元	2.0	18.1	28.4	43.3	111.7
（1）工业收入	元	0.8	8.2	11.2	17.5	58.1
（2）建筑业收入	元	1.2	10.0	17.2	25.7	53.6
3. 第三产业纯收入	元	30.0	59.8	94.5	155.3	352.6
（1）交通、运输、邮电业收入	元	5.2	16.6	25.4	42.3	126.6
（2）批零贸易业、饮食业收入	元	11.6	20.2	36.6	58.7	117.6
（3）社会服务业收入	元	1.6	6.4	9.8	16.8	36.6
（4）文教卫生业收入	元	0.3	1.7	4.8	5.4	16.9
（5）其他行业收入	元	11.4	14.9	17.8	32.0	55.0
（三）财产性纯收入	元	13.8	21.1	30.9	46.2	115.7

续表

指标名称	单位	20% 低收入户	20% 中低收入户	20% 中等收入户	20% 中上收入户	20% 高收入户
（四）转移性纯收入	元	133.3	160.9	192.6	245.0	381.0
四、生活消费支出	元	1523.0	1749.2	2087.9	2514.4	3465.3
（一）食品消费支出	元	869.7	998.8	1121.1	1264.4	1548.4
（二）衣着消费支出	元	85.0	98.2	119.6	140.3	192.2
（三）居住消费支出	元	214.8	225.8	305.0	399.6	650.8
（四）家庭设备、用品消费支出	元	55.9	70.1	86.5	107.2	158.0
（五）交通和通讯消费支出	元	103.0	120.9	156.6	213.4	329.0
（六）文化教育、娱乐消费支出	元	85.5	107.2	146.1	194.7	299.4
（七）医疗保健消费支出	元	88.1	102.5	120.6	154.3	227.0
（八）其他商品和服务消费支出	元	20.9	25.7	32.5	40.5	60.3
五、家庭经营费用支出	元	830.0	778.0	882.2	1025.9	1489.7

资料来源：《中国农村贫困监测报告2009》。

附表 3－3　　扶贫工作重点县不同文化程度组特征（按劳动力最高文化程度分组）

指标名称	单位	文盲、半文盲	小学程度	初中程度	高中程度	大专程度以上
一、调查户数	户	1334	10180	29317	8858	3580
户均人口	人	3.7	4.0	4.3	4.4	4.4
户均劳动力	人	2.2	2.5	3.0	3.2	3.5
其中：劳动力文盲率	%	100.0	20.2	8.2	5.2	5.5
其中：当年外出打工的劳动力比例	%	11.1	15.2	20.9	20.4	20.9
二、户均住房面积	平方米	73.8	88.8	101.2	108.8	117.2
其中：钢筋混凝土结构面积	平方米	3.2	8.3	17.2	20.9	26.5
户均住房价值	元	10928.8	13977.5	20032.3	23478.7	26123.4
户均年末生产性固定资产原值	元	5119.3	5339.0	5516.5	6283.2	5835.3
其中：年末生产用房原值	元	1433.9	1546.9	1567.2	1778.7	1770.2
户均耕地面积	亩	6.3	8.8	9.6	10.0	8.5
其中：水田、水浇地面积	亩	1.3	2.3	3.0	3.2	3.1
梯田面积	亩	0.6	0.9	0.8	0.9	0.8
人均年末存粮	公斤	308.7	397.4	420.1	429.1	397.0
人均粮食产量	公斤	374.7	503.0	574.3	574.6	532.9
三、农民人均纯收入	元	2113.3	2377.1	2575.0	2817.8	3141.7
（一）工资性收入	元	425.8	653.9	876.2	1036.0	1357.0

续表

指标名称	单位	文盲、半文盲	小学程度	初中程度	高中程度	大专程度以上
其中：外出务工收入	元	193.6	309.8	471.9	505.5	516.2
（二）家庭经营纯收入	元	1433.6	1464.1	1456.0	1507.5	1474.1
1. 第一产业纯收入	元	1363.1	1344.2	1293.7	1302.9	1246.6
（1）农业收入	元	810.4	856.6	929.2	938.4	871.3
（2）林业收入	元	80.6	88.6	67.8	65.5	69.7
（3）牧业收入	元	470.3	392.3	291.0	290.2	300.0
（4）渔业收入	元	1.8	6.7	5.7	8.8	5.5
2. 第二产业纯收入	元	18.7	27.0	39.6	40.7	39.5
（1）工业收入	元	4.9	10.6	17.6	21.9	24.7
（2）建筑业收入	元	13.8	16.4	22.0	18.8	14.8
3. 第三产业纯收入	元	51.8	92.9	122.6	163.9	188.0
（1）交通、运输、邮电业收入	元	11.5	32.1	42.0	40.2	40.8
（2）批零贸易业、饮食业收入	元	24.1	31.6	40.2	66.0	76.2
（3）社会服务业收入	元	4.8	8.1	11.8	20.1	21.2
（4）文教卫生业收入	元	0.0	1.0	2.7	9.6	27.9
（5）其他行业收入	元	11.4	20.2	25.9	28.1	21.9

续表

指标名称	单位	文盲、半文盲	小学程度	初中程度	高中程度	大专程度以上
（三）财产性纯收入	元	29.4	35.9	40.4	53.1	48.3
（四）转移性纯收入	元	224.6	223.3	202.4	221.3	262.3
四、生活消费支出	元	1731.7	2001.0	2178.7	2352.4	2655.2
（一）食品消费支出	元	1133.7	1151.2	1118.2	1150.6	1222.2
（二）衣着消费支出	元	99.6	110.1	124.0	130.1	142.8
（三）居住消费支出	元	188.5	287.2	348.6	363.2	449.7
（四）家庭设备、用品消费支出	元	58.1	72.5	91.3	104.7	127.3
（五）交通和通讯消费支出	元	81.1	136.1	175.9	203.4	249.4
（六）文化教育、娱乐消费支出	元	58.6	104.7	152.6	217.2	238.8
（七）医疗保健消费支出	元	87.3	112.7	134.0	142.6	177.5
（八）其他商品和服务消费支出	元	24.8	26.4	34.1	40.7	47.5
五、家庭经营费用支出	元	631.1	931.6	993.2	1003.0	1012.7

资料来源：《中国农村贫困监测报告2009》。

四、农村扶贫标准的评估

中国的农村扶贫标准一直受到国际社会关注，不时受到一些质疑和批评（世界银行，2009）。其中一种批评意见认为中国农村扶贫标准偏低，明显低于国际社会可以接受的水平。为此，中国政府做出了积极的回应，在2008年上调了农村扶贫标准，将农村贫困线上调了33%。然而，上调后的新标准并没有消除人们的质疑，仍有一些学者认为新标准与国际上通行的贫困标准有一定的距离。对此，本报告试图对新扶贫标准的科学性加以评估。

（一）中国农村贫困标准和扶贫标准的演变

贫困作为一种社会经济现象，在不同的社会经济条件下，具有不同的内涵，包含不同的内容，人们对它的认识也有一个不断深化的过程。中国扶贫政策经历了从救助式扶贫到开发式扶贫，再到开发式扶贫与救济式扶贫双轮驱动的扶贫战略转变过程，扶贫标准和贫困标准随着经济发展和收入水平提高而发生变化，也随着扶贫战略的改变而变化。

1978年到1985年期间，是历史上农民收入增长的时期，也是贫困人口下降速度最快、减少数量最多的时期。这个阶段，国家开始有意识地对贫困地区给予一定的倾斜扶持政策，但没有针对贫困人口的扶持政策和扶贫标准，只是进一步规范了对五保户等需要救助的贫困人口的救助标准。

从1985年到1992年，中国政府开始了有计划、有组织的大规模开发式扶贫工作。1986年，国务院成立贫困地区经济开发领导小组，安排专项扶贫资金，制定有利于贫困地区和贫困人口的优惠政策，确定了开发式扶贫方针。经过8年的不懈努力，到1993年底，贫困人口由1.25亿人减少到8000万人，贫困发生率从14.8%下降到8.8%。这个阶段，为了提高扶贫工作的效率和瞄准精度，国家统计局开始研究测算农村贫困标准。当时的贫困标准有两个：一个是针对贫困人口的贫困标准，一个是针对贫困人口相对集中的贫困地区的贫困标准。

关于人口的贫困标准，由国家统计局负责测算，依据当时农民人均消费情况，根据食品份额法，确定1985年中国农村人口一年最低生活标准为204元。并以此为基准，根据物价指数，计算了从1978年到1992年的全国农村贫困线和贫困人口规模。

贫困县的扶贫标准，从严格意义上说，是依据是国家在当时可以拿出多少财力、物力帮助贫困地区而制定的工作标准。1986年国家第一次确定贫困县的标准是以1985年的统计数字为基数，以县为单位，农村人均年纯收入低于150元，少数民族自治县低于200元，对中国民主革命做出过特殊贡献、在国内外有广泛影响的老革命根据地（如延安、井冈山、沂蒙山）放宽到300元。根据这个标准确定的国家重点扶持的贫困县为331个。1994年，国家制定“八七”扶贫攻坚计划时，对国家直接扶持的重点贫困县进行了较大幅度的调整，调整的标准是“四进七出”，即1992年全县年人均纯收入低于400元的列入贫困县，将过去相当一部分省定贫困县纳入了国家直接扶持的范围；而1992年全县农业人口人均纯收入超过700元的县退出贫困县行列。调整以后，国家重点扶持的贫困县增加到592个。592个贫困县基本上覆盖了当时全国没有解决温饱的绝大多数贫困人口的70%，由中央政府直接组织各种资源予以扶持。对那些不在国家重点贫困县范围中的贫困人口，由各级地方政府采取措施予以扶持。2000年起，国家根据《中国农村扶贫开发纲要（2001—2010年）》（以下简称《纲要》）的要求，再次调整的贫困县取消了东部地区国家级贫困县名额，592个县的名额在中西部省份重新分配，扶贫开发工作重点县的确定权交给各省，标准各省自定。

为了配合国家的扶贫开发战略，国家统计局在1990年、1994年和1997年，根据居民消费模式，采用世界银行推荐的确定贫困线的基本方法，又分别重新测算了贫困标准。在1998年，在继续使用原有贫困标准的同时，为了更好地监测刚实现基本温饱的贫困人口的动向，并便于进行贫困的国际比较，国家统计局开始测算低收入标准和低收入人口比重，从2000年起向社会公布。应该看到，在后来十年中，随着国家财力的逐步增强，国家扶贫标准的确定逐步由贫困标准过度到低收入标准。各地则根据地方财力和发展水平，有以贫困标准作为扶贫标准的，有以低收入标准作为扶贫标准的。

2007年，国家统计局进行了新贫困标准测算，继续采用世界银行推荐的确定贫困线的基本方法，但对食物篮子的质量进行了控制，进一步完善了贫困标准的计算方法和科学性，但是没有公开使用。

与扶贫相比较的是农村五保户供养标准，从2001—2008年期间，该标准提高了5倍以上，见表4-1，而同一时期扶贫标准，即使按新标准算，仅仅提高不到2倍。2008年五保户的供养标准比新的扶贫标准高出近50%。

表4-1　农村五保户供养人数和供养标准（2001—2008年）

年份	2001	2002	2003	2004	2005	2006	2007	2008
供养人数（万人）	395.9	312.1	305	328	354	503.3	531.1	531
年人均标准（元）	301.6	371.33	417.25	989.7	1064	1416.4	1692.5	1743

资料来源：民政部统计资料。

（二）扶贫纲要执行期间贫困标准和贫困人口的测算方法

在《中国农村扶贫开发纲要（2001—2010年）》实施期间，中国官方农村贫困标准实际有两条：一条被称为农村绝对贫困标准，另一条被称为农村低收入标准。

1. 绝对贫困标准的测算①

使用的中国农村贫困标准的测算方法，采用了世界银行推荐的确定贫困线的基本方法。具体步骤如下：（1）确定最低营养需求。最低营养需求是指维持人体生存所必须的营养需求。根据营养学家建议，我国采用每人每日2100大卡热量作为最低营养需求。（2）计算食物贫困线。利用全国农村住户调查数据，根据30%最穷人口的实际消费价格和消费结构，计算出能获得最低营养所需的食物支出，该食物支出为食物贫困线。（3）计算非食物贫困线。采用世界银行的马丁法，利用计量方法找到“低”非食物贫困线和“高”非食物贫困线。（4）计算贫困线。食物贫困线+“低”非食物贫困线=低贫困线。在低贫困线上，农户食物消费支出达到85%。食物贫困线+“高”非食物贫困线=高贫困线。（5）确定农村贫困标准。由于在上个世纪，中国农村贫困面很大，而国家扶贫资

① 见《2003年中国农村贫困监测报告》，国家统计局农调总队。中国统计出版社，2003年版。

源有限，因而，根据当时的情况，确定低贫困线作为农村贫困标准，用来衡量农村贫困，反映贫困分布、特征和变化。

2. 低收入标准的测算方法

国家统计局测算低收入标准和低收入人口比重的方法是：采用1997年的食物贫困线，再利用在贫困状况下食物消费份额占总生活消费的60%的假设，计算低收入标准为880元。就标准本身而言，国家统计局的低收入标准与世界银行的1美元1天的标准是基本一致的。

在2005年，世界银行使用了新的购买力平价换算，并将贫困标准调整到每天1.25美元，因此国家统计局的低收入标准与世界银行的贫困标志重新拉开了距离，2008年，两个标准之间的差距为541元（见表4－2）。

表4－2　　2000—2008年农村贫困标准

年份	农村贫困标准（元）	农村低收入标准（元）	世界银行标准*（元）
2000年	625	865	876
2001年	630	872	882
2002年	627	869	873
2003年	637	882	884
2004年	668	924	918
2005年	683	944	935（1362）
2006年	693	958	（1388）
2007年	785	1067	（1549）
2008年	897	1196	（1737）

* 表中数字为用1993年购买力平价换算后，按中国农村居民生活消费价格指数更新后的贫困标准。括号中数字为用2005年购买力平价换算后，用中国农村居民生活消费价格指数更新得到的贫困标准。

3. 贫困标准的更新方法

国家统计局一共进行了四次贫困标准测算，分别在1986年、1990年、1994年和1997年，这几次测算之间的每一年份的贫困标准，是按照农村居民消费价格指数进行折算后得到的。由于每两次测算之间相隔的年份不多，农户的消费结构不会发生很大变化，年度间的变化只受物价水平的影响，因此，使用农村居民消费价格指数更新，但其核心内容不变，以此计算的贫困人口规模是可比的。

1997年后，国家统计局没有再重新测算贫困标准，只用农村居民消费价格指数更新了贫困标准和低收入标准，可以说，在最初几年（比如2000年左右），贫困标准和低收入标准所代表的生活水平，都是符合其原定含义的。

从2007年起，食品价格上涨带动了新一轮物价上涨，而贫困人口的消费特点恰恰是食品支出的比例较高。因此，2007年和2008年贫困标准和低收入标准更新时，没有直接采用农村居民消费价格指数，而是按照贫困人口的消费结构，增加了食品价格指数的权重，以此修订物价指数对贫困标准的偏差影响。2007年农村消费价格指数为105.4%，而贫困标准比上年提高了13.3%，低收入标准比上年提高了11.4%。2008年农村消费价格指数为106.5%，而贫困标准比上年提高了14.3%，低收入标准比上年提高了12.1%。实际上，农村居民的消费结构和生活水平也在发生变化，1997年的农民消费结构已不能反映2008年的农民实际生活状况，因此，继续使用农村居民消费价格指数更新得到贫困标准和低收入标准，其所代表的生活水平，都与原定含义的生活水平，有了比较大的偏离。

（三）不同标准下贫困人口的生活水平

前面我们提到，相近年份由于农户生活消费结构的变动不大，使用农村居民消费价格指数更新贫困标准所代表的生活水平不会有太大偏差。那么相隔年份过长结果会是怎样的？我们使用全国扶贫开发重点县中53270户的贫困监测调查数据，分别按2000年、2002年和2008年的贫困标准，可以得到消费水平在绝对贫困标准、低收入标准附近的农户的生活水平。同时，也可以得到扶贫重点县在这两条线下的农户实际生活状态。

1. 绝对贫困标准所代表的消费水平

如果人均纯收入达到绝对贫困标准，并将其全部收入用于生活消费，农户用于食品消费的比例在2000年、2002年和2008年分别达到69.8%、71.2%和71.2%，食品消费不能满足人体基本生存所需要的最低热量和蛋白质需求。就平均水平而言，2000年消费的粮食为每人每年199.6公斤，到2008年下降到153.7公斤左右；油脂由3.8公斤下降到3.1公斤；肉、禽类由10.4公斤下降到8.7公斤。摄入食物折合的每人每天能量和蛋白质，也由能维持基本生存需求下降到不足以维持的水平。

表4－3　绝对贫困标准所代表的食物消费量　（单位：公斤）

指标名称	2000年	2002年	2008年
一、粮食消费量	199.6	211.7	153.7
谷物消费量*	140.4	155.8	148.2
二、油脂类消费量	3.8	5.3	3.1
三、蔬菜及菜制品消费量	59.7	71.5	60.8
四、水果类（包括果用瓜）	—	7.2	6.3
五、肉禽及其制品	10.4	10.7	8.7
六、蛋类及蛋制品	1.3	1.2	1.6
七、奶和奶制品	1.2	1.0	0.9
八、水产品	0.5	0.5	0.7

* 当年没有调查。

资料来源：国家贫困监测抽样调查。

表4－4　不同年份绝对贫困标准所代表的热量和蛋白质

指标名称	2000年	2002年	2008年
热量（大卡/人·天）	2234.3	2375.8	1730.7
蛋白质（克/人·天）	55.9	59.8	44.6
脂肪（克/人·天）	40.7	46.4	30.5

资料来源：根据国家贫困监测抽样调查数据计算。

2000年的贫困标准是当时全国农民人均纯收入的37.3%，2008年是全国平均水平的24.5%。总体上也与全国平均水平的差距逐步拉大。下面是2008年的绝对贫困标准可达到的生活消费水平：

人均食品支出639元，是2008年全国农民人均食物消费支出的39.9%；人均衣着支出53元，是全国农民平均衣着支出的25.2%。每人每年约可以购买一件普通服装；人均居住73元，是全国农民人均居住支出的10.8%，只能用于少量的取暖、生活用燃料和住房维修支出；人均用品28元，是全国农民平均水平的15.8%，约可以购一套最便宜的洗漱用品；人均交通、通讯支出44元，是全国农民平均水平的12.3%，相当于往返二次县城的乡村公交车费用；人均文化教育支出23元，是全国农民平均水平的7.2%；按2008年的小学生平均教育费75元计算，三口之家的教育开支仅够交纳一个小学学生的学杂费；人均医疗卫生开支仅为28元，为全国农民平均水平的11.4%，仅略高于一盒感冒胶囊的价格；人均其他支出9.4元，也仅相当于全国农村平均水平的约12.3%。

可以看出，在此标准下的农户生活处于极端贫困的状态，设定这个贫困标准已经与中国现在的经济发展水平不相符合。

2. 低收入标准所代表的消费水平

如果人均纯收入达到低收入标准的水平，贫困人口将其全部收入用于生活消费，就可以满足基本生存所需要的食品支出以及那些他们愿意牺牲必需的食品支出所换取的最基本的非食品支出。2000年、2002年和2008年中国贫困人口的恩格尔系数分别为66%、66.6%和68.1%。食品消费由超过人体基本生存所需要的每人每天2100大卡的最低热量需求下降到接近人体基本生存所需要的每人每天2100大卡的最低热量需求。就平均水平而言，他们每年消费的粮食由2000年的232.8公斤下降到2008年的176.5公斤左右；油脂由2000年的4.8公斤下降到2008年的3.5公斤；肉、禽类由2000年的14.6公斤下降到2008年的12.9公斤；蔬菜由2000年的82.6公斤下降到2008年的71.2公斤。折合每人每天的热量和蛋白质，由2000年的2663大卡下降到2008年的2029大卡，蛋白质更是由满足最低需求的66.5克下降到52.2克。

表4-5 不同年份低收入标准所代表的食物消费量 （单位：公斤）

指标名称	2000年	2002年	2008年
一、粮食消费量	232.8	233.9	176.5
谷物消费量*	173.1	174.6	168.8
二、油脂类消费量	4.8	6.3	3.5
三、蔬菜及菜制品消费量	82.6	88.7	71.2
四、水果类（包括果用瓜）	—	9.5	8.3

续表

指标名称	2000 年	2002 年	2008 年
五、肉禽及其制品	14.6	15.0	12.9
六、蛋类及蛋制品	1.9	1.8	1.9
七、奶和奶制品	1.7	1.2	1.0
八、水产品	1.0	0.9	0.9

* 当年没有调查。

资料来源：国家贫困监测抽样调查。

表 4-6　　不同年份低收入标准所代表的热量和蛋白质

指标名称	2000 年	2002 年	2008 年
热量（大卡/人・天）	2662.3	2686.3	2028.5
蛋白质（克/人・天）	66.5	67.5	52.2
脂肪（克/人・天）	52.3	57.4	38.9

资料来源：国家贫困监测抽样调查数据。

2000 年的低收入标准是当时全国平均收入水平的 52.1%，2008 年是全国平均水平的 32.6%。下面是 2008 年低收入标准具体代表的生活消费水平：

人均食品支出 815 元，是 2008 年全国农民人均食物消费支出的 51%；人均衣着支出 74 元，是全国农民平均衣着支出的 34.9%。约每人可以购买一件普通服装；人均居住 100 元，是全国农民人均居住支出的 14.7%，只能用于少量的取暖、生活用燃料和住房维修支出；人均用品 41 元，是全国农民平均水平的 23.4%，约可以购一套普通的洗漱用品；人均交通、通讯支出 69 元，是全国农民平均水平的 19.2%，相当于 100 公里内的往返长途汽车票；人均文化教育支出 42 元，是全国农民平均水平的 13.7%。按 2008 年的初中生平均教育费 200 元计算，三口之家的教育开支不够交纳一个初中学生的学杂费；人均医疗卫生开支仅为 43 元，为全国农民平均水平的 17.3%，仅相当于两盒双黄连软胶囊的费用；人均其他支出 13 元，也仅相当于全国农村平均水平的约 17.3%。

可以看出，在此标准下，农户 2000 年和 2002 年达到了最低健康生存所需要的每人每天2100大卡的最低热量需求和62克蛋白质最低需求的，但到2008年则变成了仅仅解决了温饱，尚未达到健康生存的蛋白质需求的状态。

（四）几点评论

1. 中国农村贫困标准和扶贫标准是两个不同的概念，贫困标准是测算贫困人口规模时的技术标准，而扶贫标准是中国政府依据财力和经济发展水平，用来确定扶持对象规模的工作标准。多数时期，贫困标准等于扶贫标准。

2. 政府在2000年后将低收入标准作为扶贫标准，是适宜的。然而，距最近一次测算贫困标准已经过了10年，10年间农户的生活水平和消费结构发生了很大变化，仅仅依靠使用农村居民消费价格指数更新仍会出现偏差，政府应建立每5年定期测算的更新机制，以保证贫困标准的准确程度。

3. 2008年后，低收入标准所代表的生活水平也开始明显偏低，在即将开始制定完善扶贫开发战略之际，政府应首先开始新的贫困标准测算，以更能反映社会进步和适应当前扶贫开发形势的要求。

附表4-1　　历年农村贫困人口　　（单位：万）

年份	国家统计局测算		世界银行测算的贫困人口
	贫困人口	低收入标准以下人口	
1981年	15200		63366
1984年	12800		42527
1985年	12500		
1987年	12200		31043
1990年	8500		37433
1993年	—		33421
1996年	5800		21144
1999年	3412		22278
2000年	3209	9422	
2001年	2927	9029	
2002年	2820	8645	17661

续表

年份	国家统计局测算		世界银行测算的贫困人口
	贫困人口	低收入标准以下人口	
2003 年	2900	8517	
2004 年	2610	7587	12836
2005 年	2365	6432	
2006 年	2148	5698	
2007 年	1479	4320	
2008 年	—	4007	

资料来源：中国农村住户抽样调查。

五、收入增长与收入分配对贫困的影响

中国农村贫困的大幅度下降无疑得益于经济高速增长和政府一系列扶贫政策的实施。然而，在经济高速增长和居民收入水平提高的同时，居民收入差距也急剧扩大，对扶贫也产生了不利的影响。作为经济增长的结果，农村居民收入水平总体上有了大幅度的增长，从 1978 年到 2008 年期间，农村居民人均纯收入从 134 元增长到 4761 元，扣除价格因素，年均实际增长率达 7.15%。与此同时，农村居民收入差距也在不断扩大，农村内部基尼系数也从 1978 年的 0.21 上升到 2008 年的 0.38，平均每年上升 0.54 个百分点。特别是进入到 20 世纪 90 年代以来，农村内部收入差距和城乡之间收入差距都出现了明显扩大的趋势（见图 5 - 1）。

经济增长带来了农民平均收入水平的提高，而收入差距的不断扩大则表明经济增长的成果并没有普遍地惠及全体农民。特别是，收入差距扩大必然意味着低收入人群或贫困人口收入水平的相对下降，乃至在某个时期的绝对下降。那么，如何评估增长与分配对缓解贫困产生的不同效应呢？特别在过去十年中，农民收入增长与农村内部收入差距的变动对于贫困变动会产生何种影响？为了回答这些问题，本章试图分析农户分项收入的增长与分配特征对于农村贫困变动的影响。

关于贫困减缓的增长效应与分配效应之间的关系，Bourguignon

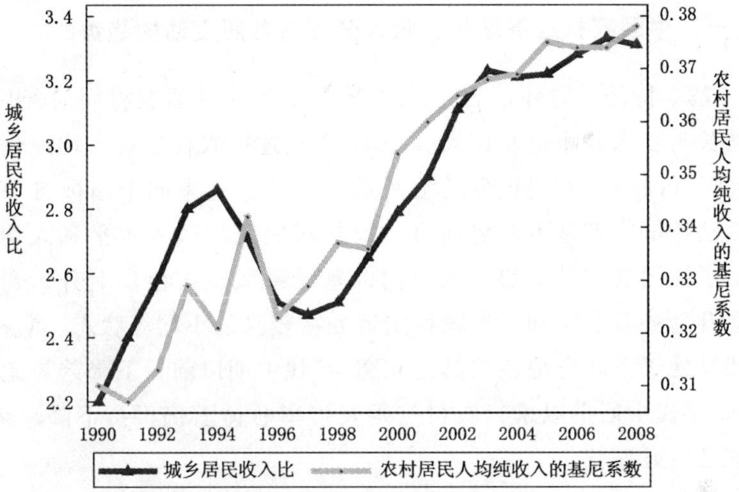

图 5－1　中国农村内部收入差距与城乡之间收入差距

资料来源：盛来运、阎芳的专题报告。

(2003) 将经济增长、收入分配和贫困变动之间的关系描述为如图 5－2 所示的三角形式。在这种三角关系中，经济增长、收入分配及其变动特征都直接影响着贫困状况及其减缓程度，而经济增长和收入分配之间的相互关联性也会间接地影响到贫困状况及其减缓。不过，在通常的贫困分析中，通常没有考虑到这种间接影响。图 5－2 直观地表明了，经济增长和收入差距同时决定着贫困的变动趋势。这就意味着，经济增长的性质而非经济增长的速度决定着贫困减缓的进程。

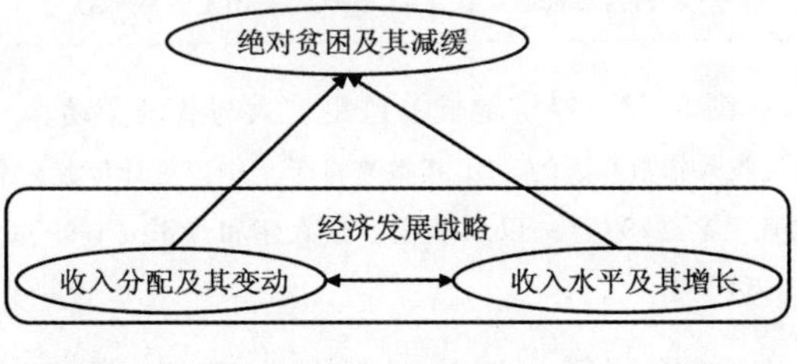

图 5－2　“增长—分配—贫困”三角关系

资料来源：Bourguignon (2003)。

（一）中国农村经济增长、收入分配与贫困变动的趋势

1. 基本特征。总体而言，改革开放以来的中国农村同时经历了经济高速增长与收入差距急剧扩大。图 5－3 描述了农村居民人均纯收入指数、人均 GDP 指数①、农村内部基尼系数和贫困发生率四个指标自 1978 年以来的变动特征。就基本趋势而言，农村居民人均收入水平和人均 GDP 都表现出了强劲的上升趋势；农村内部基尼系数也在稳步上升，到 2000 年后，上升趋势有所缓和，比较稳定地处在较高的不均等状态。农村贫困发生率持续处于下降态势，尤其是在 90 年代中期以前，下降趋势尤其明显，而自 90 年代中后期以来，农村贫困发生率总体上仍保持下降趋势，但下降速度已明显缩减。

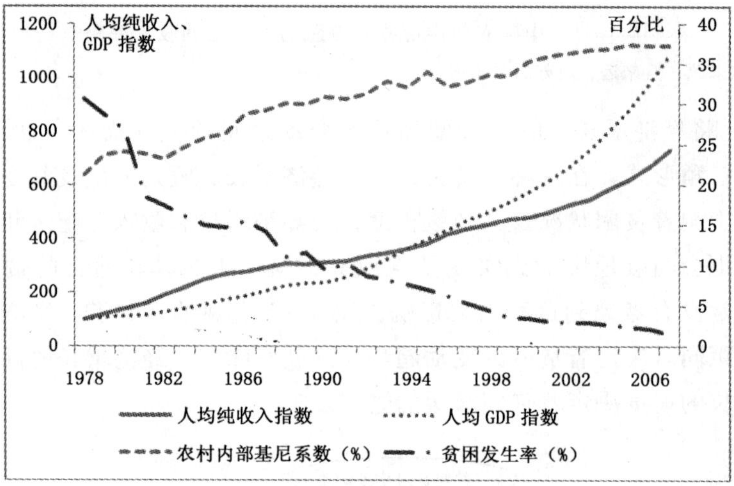

图 5－3　经济增长、差距扩大与贫困变动

资料来源：人均纯收入指数和人均 GDP 指数来自于《中国统计年鉴》各年份；基尼系数来自《中国农村住户调查年鉴（2007）》以及李实、赵人伟和张平（1999）；贫困率指标来自于《中国贫困监测报告（2008）》。

2. 不同收入组增长特征。经济增长具有不同的贫困减缓效应，最为基本的原因在于收入增长在不同收入组之间有差异。这一特征在表 5－1

① 采用人均纯收入指数和人均 GDP 指数的主要目的在于剔除价格因素的影响，这两个指数指标都以 1978 年的数值为 100。

中表现得非常明显。根据五等分组的人均收入变动特征来看，就总体趋势而言，在2000年到2007年期间，越是低收入组，收入增长率越低。最低收入组在这一期间的年均收入增长率为7.69%，而最高收入组则为9.49%，最低收入组比最高收入组增长率低将近两个百分点。最高与最低组的收入比率也从2000年的6.47上升到2007年的7.27，其中2003年还一度达到7.33。

为了更为具体地描述不同收入组的收入增长情况，基于中国居民收入分配课题组在1988年、1995年、2002年和2007年的住户调查数据，将各年样本按照收入排序划分为10个等分组，图5-4计算了各收入组在不同时期的年均实际收入增长率，这也就是所谓的增长曲线（growth incidence curve），描述了不同时期经济增长惠及各收入组人群的不同程度。不难看出，在2002—2007年期间，与前两个时期最大的不同是，低收入组的收入增长率明显低于其他收入组。

表5-1　农村不同收入组（五等分组）的收入水平

	最低收入组	第二收入组	第三收入组	第四收入组	最高收入组	最高/最低
2000	802	1440	2004	2767	5190	6.47
2001	818	1491	2081	2891	5534	6.77
2002	857	1548	2164	3031	5903	6.89
2003	866	1607	2273	3207	6347	7.33
2004	1007	1842	2579	3608	6931	6.88
2005	1067	2018	2851	4003	7747	7.26
2006	1182	2222	3149	4447	8475	7.17
2007	1347	2582	3659	5130	9791	7.27
平均增长率（%）	7.69	8.70	8.98	9.22	9.49	

资料来源：城乡人均收入水平来源于《中国统计摘要2006》，《中国统计年鉴》2007年、2008年；"最高/最低"比由作者计算得出。

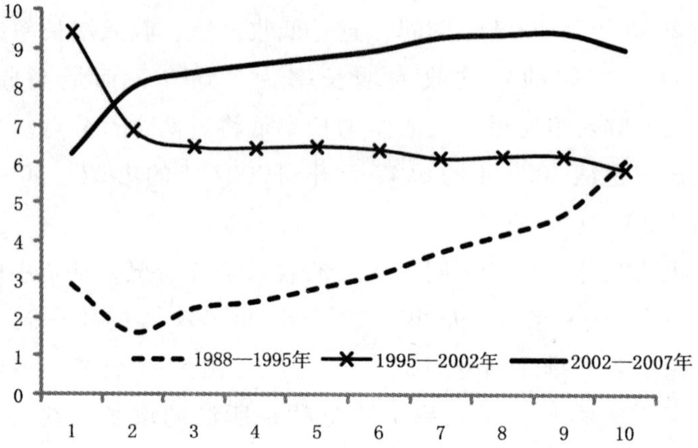

图 5-4　各收入组的年均实际收入增长率

注：横轴为收入十等分组；纵轴为年均实际收入增长率（%）。

3. 贫困人口与非贫困人口的收入增长。在 2000 年至 2007 年期间，贫困户的人均纯收入和工资收入的增长速度较为缓慢。在此期间，贫困户的人均纯收入仅从 515 元上升到 652.6 元，年均名义增长率仅为 3.44%，扣除物价因素后，年均实际增长率仅为 1.16%。因此，贫困户的人均纯收入增长，无论从绝对数量还是相对幅度上看，都是微不足道的，与之相比，全国农户的人均纯收入从 2253 元上升到了 4140 元，名义增长率接近一倍（见表 5-2）。相对更为缓慢的收入增长率意味着贫困户相对状况的继续恶化①，贫困户与全国农户人均纯收入的比率从 2000 年到 2007 年期间总体上表现出了持续下降趋势，从 22.86% 下降到 15.76%，下降了 7 个百分点；人均工资收入的比率同期从 15.08% 下降到 11.29%。值得注意的是，这一时期农村居民实际收入增长率也低于城镇居民和人均 GDP 的增长。

① 一些研究结果表明，尽管贫困发生率在下降，但贫困深度和贫困强度则在继续加深（苗齐和钟甫宁，2006）。

表 5－2　　贫困户与非贫困户人均收入水平（2002—2007 年）

	人均纯收入			人均工资收入		
	贫困户	全国平均	贫困户/全国平均	贫困户	全国平均	贫困户/全国平均
2000 年	515	2253.4	22.86%	106	702.3	15.08%
2002 年	531.0	2475.6	21.45%	110.4	840.2	13.14%
2003 年	530.8	2622.2	20.24%	115.2	918.4	12.54%
2004 年	578.7	2936.4	19.71%	115	998.5	11.52%
2005 年	552	3254.9	16.96%		1174.5	
2006 年	614	3587.0	17.12%	169	1374.8	12.29%
2007 年	652.6	4140.4	15.76%	180.2	1596.2	11.29%

注：贫困户的人均收入和工资收入来自于历年贫困监测报告；全国农村人均纯收入和工资收入来自于历年中国统计年鉴；2000 年和 2006 年数据根据鲜祖德《中国农村贫困：监测方法与最新数据》推算。这里的贫困户以国定贫困线划分。

按照不同的贫困标准，表 5－3 给出了不同年份贫困户与非贫困户的收入水平及其在不同时期的收入增长速度。比较贫困户与非贫困户的收入水平，不难发现，无论是根据哪条贫困线标准，贫困户与非贫困之间人均收入水平的差距在不断扩大。按照 1 天 1 美元的贫困标准，贫困户人均收入在 1988 年相当于非贫困户的 39.02%，而到 2007 年降至 19.81%，下降了将近 20 个百分点；按照国定贫困线标准，贫困户人均收入在 1988 年相当于非贫困户的 24.2%，而 2007 年则降至 7.27%，下降了 17 个百分点。比较不同年份贫困户的收入水平，则可以发现，尽管各年份的贫困发生率都在下降，但仍处在贫困状态人口的平均收入水平通常没有明显的增长，甚至可能会有所下降，这意味着仍处在贫困状态的那部分人群的贫困程度在不断加深。

表 5－3　　非贫困户与贫困户的收入水平与收入增长

	1天1美元贫困线			国定贫困线（1988年236元）			合计
	非贫困户	贫困户	贫困户/非贫困户（%）	非贫困户	贫困户	贫困户/非贫困户（%）	
人均实际收入水平(元)							
1988年	838.97	327.38	39.02	591.79	143.19	24.20	533.98
1995年	1025.62	329.98	32.17	777.70	151.92	19.53	710.69
2002年	1279.03	366.47	28.65	1114.41	164.75	14.78	1088.57
2007年	1801.69	356.95	19.81	1693.31	123.03	7.27	1670.11
年均实际增长速度(%)							
1988—1995年	2.91	0.11		3.98	0.85		4.17
1995—2002年	3.20	1.51		5.27	1.16		6.28
2002—2007年	7.09	－0.52		8.73	－5.67		8.94

注：收入已经按照消费者价格指数折算为1988年水平。

资料来源：根据1988年、1995年、2002年和2007年住户调查资料计算得到。

（二）贫困变动的因素分解：增长效应与分配效应

1. 贫困变动的增长效应与分配效应。农村贫困变化源自于经济增长和收入分配变动对于贫困减缓所具有的不同作用。表5－4给出的结果是分别根据Datt－Ravallion（D－R）分解和Shapley分解计算出来的，它们反映了增长因素和分配因素对贫困变动的解释作用。在D－R分解中假定增长因素总是具有积极的减贫效应，因此增长因素对于贫困变动总是具有负的效应。但分配因素对贫困减缓所起的作用则通常是相反的，即不利于贫困减缓。如在1988—1995年期间，按照1天1美元的贫困标准，如果收入分配状况不发生改变，农村居民收入的普遍增长将导致贫困率下降21.57%或19.37%；而如果没有收入增长，收入差距扩大导致的分配效应则使得贫困发生率上升2.82%或5.02%。如果选择较低的贫困标准，分配效应对于贫困减缓的不利影响表现得更为明显。按照国定贫困线，在1988—1995年期间，增长因素将导致贫困率下降6.21%或6.98%，而分配效应则导致贫困率上升5.56%或4.8%，收入分配状况的恶化抵消了经济增长所具备的绝大部分贫困减缓作用。

表 5－4　　贫困变动的增长因素与分配因素分解

	1天1美元贫困线						国定贫困线（1988年236元）					
	贫困率		贫困距		加权贫困距		贫困率		贫困距		加权贫困距	
	D－R	Shapley	D－R	Shapley	D－R	Shapley	D－R	Shapley	D－R	Shapley	D－R	Shapley
1988—1995年												
增长因素	－21.57	－19.37	－9.02	－9.23	－4.63	－5.11	－6.21	－6.98	－1.51	－2.09	－0.59	－0.97
分配因素	2.82	5.02	3.94	3.73	2.60	2.11	5.56	4.80	1.42	0.84	－0.12	－0.50
残差项	4.41		－0.42		－0.97		1.53		－1.16		－0.77	
1995—2002年												
增长因素	－23.68	－23.48	－8.98	－9.11	－4.68	－4.68	－5.67	－5.98	－2.06	－1.83	－1.04	－0.84
分配因素	－0.72	－0.92	－1.08	－1.22	－1.18	－1.18	－1.69	－2.00	－1.40	－1.17	－0.95	0.76
残差项	－0.40		－0.27		0.00		－0.63		0.47		0.39	
2002—2007年												
增长因素	－13.53	－13.36	－4.10	－4.21	－1.78	－1.91	－1.82	－2.11	－0.44	－0.53	－0.20	－0.23
分配因素	1.42	1.60	1.04	0.93	0.78	0.65	1.15	0.86	0.50	0.42	0.37	0.33
残差项	0.35		－0.22		－0.25		－0.58		－0.18		－0.07	

资料来源：根据1988年、1995年、2002年和2007年住户调查资料计算得到。

不难看出，在2002—2007年期间，收入分配因素继续成为不利于贫困减缓的因素。就绝对数量而言，分配因素对于贫困减缓所产生的不利影响的程度已经有了较大程度的下降。但从相对数量来看，按照国定贫困线标准，贫困距和加权贫困距的下降中，分配因素对贫困减缓所产生的不利影响甚至可能超出增长因素降低贫困的绝对幅度。按照国定贫困线标准，增长因素的贫困减缓作用越来越小。以Shapley分解结果为例，1988—1995年期间增长因素导致贫困率下降了6.98个百分点，而到2002—2007年期间则只有2.11个百分点。因此，对于极度贫困人口来说，经济增长的减贫效应在下降，而收入分配特征的改变又进一步恶化其贫困减缓进程。

2. 穷人受益增长指数。不同时期经济增长对于贫困人口的惠及程度可以用穷人受益指数加以反映。根据Ravallion和Chen指数，1988—1995年期间的经济增长过程具有比较高的穷人受益性。根据国定贫困线和1天1美元贫困线，1988年的贫困人口在这一期间的平均收入增长率分别为

146.2%和42.5%，都要高于这一时期全社会的平均收入增长率。这一时期的经济增长是穷人受益的（pro - poor）。

表5-5　　不同时期中国农村穷人受益指数

	1天1美元贫困线			国定贫困线（1988年236元）		
	贫困率	贫困距	加权贫困距	贫困率	贫困距	加权贫困距
1988—1995年						
Ravallion和Chen（2003）指数	0.425			1.462		
Kakwani和Pernia（2000）指数	0.665	0.450	0.392	0.351	0.523	0.791
PEGR指数/7	0.031	0.021	0.019	0.017	0.025	0.037
1995—2002年						
Ravallion和Chen（2003）指数	0.428			0.680		
Kakwani和Pernia（2000）指数	1.030	0.893	0.849	1.409	1.122	0.992
PEGR指数/7	0.078	0.068	0.064	0.107	0.085	0.075
2002—2007年						
Ravallion和Chen（2003）指数	0.060			-1.048		
Kakwani和Pernia（2000）指数	0.869	0.683	0.543	0.684	0.199	-0.296
PEGR指数/5	0.093	0.073	0.058	0.073	0.021	-0.032

资料来源：根据1988年、1995年、2002年和2007年住户调查资料计算得到。

2002—2007年期间经济增长的穷人受益特征可能是最为令人吃惊的。这一期间贫困人口的人均收入水平表现出了负增长，降低贫困线标准时尤其明显。这导致了这一时期的经济增长具有较低的穷人受益性。按照Ravallion和Chen指数，这一时期经济增长的穷人受益性是最低的。在通常情况下，人们对于贫困状况的关注主要集中于贫困率，贫困率的下降固然意味着贫困程度的减缓，但这种变动也可能伴随着贫困人口的贫困程度加深。2002—2007年期间的穷人受益指数特征也表明，极度贫困人口的福利改善已经越来越难以受益于经济增长效应。

3. 分项收入的分配弹性。从影响贫困变动的增长因素和分配因素中可以看到，收入分配的不均等性对于贫困减缓所造成的不利影响在加剧。表5-6进一步讨论了分项收入的分配弹性。在绝大多数情形下，分项收入分配弹性通常为正，这意味着分项收入不均等程度上升同时会导致贫困程度的上升。如 1995 年外出务工收入不均等程度增加 1% 可能导致贫困率、贫困距和加权贫困距上升 5.53%、9.51% 和 6.6%。

各分项收入分布的不均等性对贫困程度的影响程度总体上呈上升趋势，即分配弹性通常是在上升的，意味着分项收入分布不均等性对贫困减缓的不利影响在逐渐上升。如按照国定贫困线，贫困率对农业纯收入的分配弹性为 3.31%，但在随后年份中逐年上升，2007 年达到 16.42%。贫困率对外出务工收入的分配弹性在 1988 年到 2007 年期间也上升了 10 个百分点。这两项收入对贫困率的分配弹性影响是比较大的。2007 年贫困距和加权贫困距对农业纯收入的分配弹性甚至高达 30%（国定贫困线）。

多数情形下，贫困标准越低，分项收入分配弹性更高，这意味着分项收入不均等性增强更加不利于低收入人群的贫困减缓。如 2007 年中，依国定贫困线衡量的贫困率对外出务工收入的分配弹性高达 16.55%，而如果将贫困标准向上调整至 1 天 1 美元标准，这一弹性将降低至 6.37%，下降了 10 个百分点；对贫困距的影响也类似。

表 5-6　不同时期农村贫困变动的分项收入分配弹性

	国定贫困线			1 天 1 美元			国定贫困线			1 天 1 美元		
	贫困率	贫困距	加权贫困距	贫困率	贫困距	加权贫困距	贫困率	贫困距	加权贫困距	贫困率	贫困距	加权贫困距
	1988 年						1995 年					
外出务工收入	—	—	—	—	—	—	5.53	9.51	6.60	-0.21	2.29	2.23
其他工资收入	2.21	2.61	1.52	0.48	1.07	0.81	3.08	4.78	3.28	0.73	1.38	1.21
农业纯收入	3.31	4.91	3.37	-0.15	1.08	1.16	4.30	8.11	5.94	0.38	1.98	1.91
非农经营收入	2.91	3.69	2.44	0.17	1.11	1.00	3.35	5.83	4.15	0.62	1.56	1.42
财产收入	1.78	0.94	0.51	0.84	1.21	0.54	3.33	5.39	3.78	0.52	1.53	1.36
转移收入	1.83	3.58	2.43	0.33	1.08	0.89	1.13	-0.99	-1.06	2.09	0.21	-0.01
	2002 年						2007 年					
外出务工收入	11.97	15.34	8.45	2.32	4.02	3.46	16.5	16.8	10.6	6.37	6.88	5.45
其他工资收入	7.96	9.52	5.24	2.23	2.80	2.30	10.8	8.59	3.93	4.47	3.99	2.78
农业纯收入	13.69	15.33	6.84	2.38	4.28	3.54	16.4	31.8	28.9	5.24	9.72	10.0
非农经营收入	7.85	15.73	14.1	2.13	3.53	3.53	9.61	13.6	11.18	3.87	4.80	4.42
财产收入	8.72	10.91	6.53	2.25	3.10	2.63	7.68	-2.13	-7.08	3.74	1.28	-0.54
转移收入	6.05	6.18	3.64	2.05	2.20	1.74	10.1	9.94	6.20	4.07	4.19	3.26

资料来源：根据 1988 年、1995 年、2002 年和 2007 年住户调查资料计算得到。

（三）结论

改革开放过程中，我国农村贫困状况的大幅度改善，既受益于经济增长和农民收入增加，也受到了收入差距扩大的不利影响。利用微观住户调查数据，本章估计了不同年份之间贫困变动的经济增长效应与收入分配效应，结果表明不同年份的贫困减缓的收入增长效应在逐步下降，分配效应在逐步上升。从不同时期的穷人受益增长指数来看，2002—2007 年之间贫困家庭没有从经济增长受益，从加权贫困距来看，这一时期的穷人是受损的。这也意味着，这一时期的经济增长不利于极端贫困人口的福利改善。

同时，我们讨论了各年份中分项收入对于贫困发生率的影响。农业纯收入对贫困指标的贡献份额都是最高的，但相对贡献份额具有明显的下降趋势；而外出务工收入和其他工资收入，在贫困决定中的作用都在逐渐增强；财产收入和转移收入在贫困决定中所起作用一直都非常低。贫困减缓中收入分配弹性的增加意味着收入分配的不均等性对于贫困减缓所造成的不利影响在加剧。各分项收入分布的不均等性对贫困程度的影响程度总体上呈上升趋势，分项收入分布不均等性对贫困减缓的不利影响在逐渐上升。并且贫困标准越低，分项收入分配弹性更高，这意味着分项收入不均等性增强更加不利于低收入人群的贫困减缓。

就扶贫政策而言，有效地促进经济增长和农民收入增长仍是减贫的关键，与此同时，也应当更为关注收入分配状况的变化。收入差距的扩大在较大程度上抵消着经济增长的减贫效应。缩小收入差距，一方面固然需要增强公共转移支付的再分配功能，使之在目标瞄准上更加有利于农村低收入人群；另一方面，更应该注重提高低收入人群的就业机会，使他们能够有效地参与经济增长过程的成果分享。从本文所考察的时期来看，后一种缩小收入差距的选择在扶贫重点县贫困减缓的过程中起着更为重要的作用。

六、过去十年中一般惠农政策及其减贫效果

（一）引言

进入新世纪以来，为了更好地在更大范围内实现国家制定的小康目

标，政府出台了一系列惠农政策措施。毋庸置疑，“惠农”政策对促进中国减贫起到了积极的作用。一方面，贫困人口从政策所推动的我国农业经济的增长中受益，更为显著的是贫困人口从惠农政策中直接获得好处，如农业补贴、退耕还林、教育“两免一补”、最低生活保障制度等，直接增加了贫困农户的转移性收入，减少了农民的支出。惠农政策不仅减少了收入贫困，也对贫困人口的教育、卫生和社会发展的状况产生多方面的积极影响。惠农政策对减贫的影响关系到我国缓解贫困的进程，是我国反贫困战略中的一个重要内容，深入研究惠农政策对减贫的影响对于更好地完善现有的政策和制定国家新的扶贫战略能提供切实的参考依据。

本章根据文献资料对现有的惠农政策进行了梳理和回顾，并在国家统计局提供的扶贫监测统计资料和实地调研的基础上，分析了惠农政策的分配效应及其对减贫的影响。

（二）2000 年以来的主要惠农政策

进入新世纪以来，随着国家八七扶贫攻坚计划结束，单纯的收入贫困问题在经济增长的强大动力的推动以及国家开发式扶贫战略的强势干预下，已经不再是中国社会发展中的最主要问题，而以收入差距，城乡差距、工农差距以及农村内部分化为主要特点的分化差异格局构成了新世纪初中国经济社会发展的主要挑战。中央开始了一系列旨在协调经济与社会发展的政策干预，2004 年，中央在时隔 18 年后又颁发了第六个关于农村发展的一号文件，即《关于促进农民增加收入若干政策的意见》，随后一直到 2009 年，中央连续颁发了六个促进农村和农业发展的一号文件，指出了当前农业和农村发展中还存在着许多矛盾和问题，突出的是农民增收困难。农民增收困难的根本原因之一是城乡二元结构长期积累的各种深层次矛盾，并且提出了要坚持“多予、少取、放活”的方针，调整农业结构，扩大农民就业，加快科技进步，深化农村改革，增加农业投入，强化对农业支持保护的总体工作要求。

从 2004 年开始到目前所出台的一系列惠农政策对中国农村的发展发挥着积极的作用，这主要表现为农民收入增长速度增快、农村的社会问题得到缓解。农村的基础设施建设和公共品供给继续得到加强，关系农民生计的饮水问题、能源问题、交通问题得到较大程度的缓解。农民从这些政策中得到了比较多的经济和福利实惠。

毋庸置疑，除了政府有组织的扶贫干预活动以外，惠农政策也对促进中国减贫起到了积极的作用。一方面，贫困人口从政策所推动的农业的增长中受益，另一方面贫困人口从惠农政策中直接获得益处。如粮食直补、退耕还林、教育“两免一补”政策、最低生活保障制度等政策，直接增加了农民的转移性收入，减少了支出，降低了贫困发生率。但是由于惠农政策不是针对贫困人口的发展政策，而主要是针对农业经济发展和农村社会发展的政策，并在实施内容和范围上在不同的地区有所侧重，因此对缓解贫困的影响不能一概而论。

本章所指的一般惠农政策，主要是以农户为直接目标对象的政策，即通过中央财政转移支付或者地方政府财政支出，直接通过补贴的方式增加农户转移性收入或者减少农户消费性支出的政策，主要包括补贴性政策和公共服务性政策，即将研究的重点放在以农户为直接目标对象的政策上。

根据农户的受益方式将惠农政策分为两大类，一类是以直接增加收入为目的的补贴政策，主要包括粮食直补、良种补贴、农机购置补贴等；一类是以构建农户社会安全网为目的的公共服务性政策，主要包括新型合作医疗、教育“两免一补”、农村低保政策等。如果从缓贫的视角来看，我们可以把一般惠农政策归为保护式扶贫政策，这其中，有些政策是针对穷人的政策，如社会救助制度、“两免一补”等政策可称之为瞄准式的政策，还有一些政策如粮食补贴政策是面向全体农村居民的，这类政策可称之为普惠式政策。

（三）一般惠农政策的种类和实施情况

1. 补贴性政策。目前我国实施的补贴性政策主要有粮食直补、良种补贴、大型农机具购置补贴和农业生产资料综合补贴以及退耕还林和生态林补偿政策。2004 年，中国政府发布了题为《关于促进农民增加收入若干政策的意见》的中央一号文件，明确提出要加大对农业的财政支持、减免农业税费和对农民进行补贴等政策措施，随后，中国政府开始了对农业补贴制度的改革。2004 年以后，中国政府开始进行农业补贴政策的改革，补贴方式从暗补转变为明补，补贴对象从补贴企业转变为直接补贴农民。

粮食补贴系列政策。粮食补贴政策主要是针对农业发展中出现的问题而出台的。进入20世纪90年代以来，由于，农业生产资料价格持续上涨，农业税费负担重，农业生产回报逐年下降；同时，工农业比较收益差距不断扩大，农村劳动力大量流出农村地区和农业生产部门，农民的农业生产积极性受到严重影响，农村土地撂荒现象严重（张红宇，2001）。同时，自然灾害频繁发生，多种因素共同作用下，自2000年到2004年，我国粮食产量连续4年减产，农民收入增长缓慢，粮食安全受到冲击。为此，中国政府从2000年开始取消农业税，并于2004年开始实施农业补贴政策。以2004年的中央一号文件为起点，按照“多予少取放活”方针，采取一系列支持和扶持农业发展的政策措施，先后出台了对种粮农民的直接补贴、良种补贴、农机具购置补贴以及最低收购价等一系列扶持粮食生产的政策。2006年，以柴油配套调价为契机，综合考虑柴油、化肥、农药、农膜等农业生产资料价格变动因素，国家又出台了对种粮农民的农业生产资料增支综合直接补贴政策。

2007年7月，国务院发布了《关于促进生猪生产发展稳定市场供应的意见》，开始实施生猪补贴政策。

退耕还林和生态林补偿政策。退耕还林和生态林补偿是从90年代末开始实施的。1998年，长江和松花江全流域的洪水灾害引起了中央政府对生态环境问题的关注，开始实施一系列的重点林业工程，1999年，退耕还林工程试点工作在陕西、甘肃和四川三省率先开展。2000年，工程扩展到西部长江上游的云南、四川、贵州、重庆、湖北，黄河中上游的陕西、甘肃、青海、宁夏、内蒙古、山西、河南、新疆共13个省，174个县。2002年我国全面启动退耕还林工程，其范围从以西部为主的20个省（区）进一步扩展到全国25个省（区、市），1897个县。同时，从2002年开始，中国政府开始对国家级公益林进行生态效益补助，向国家公益林所属的单位和个人发放财政补贴，补助标准为5元/亩，公益林生态效益补助覆盖全国11个省区的685个县（单位）和24个国家级自然保护区2亿亩重点防护林和特种用途林，11个省包括河北、辽宁、黑龙江、安徽、福建、江西、山西、湖南、广西、新疆和浙江省的千岛湖及钱塘江上游地区。

表 6－1　　2000 年以来中国农村补贴性政策一览表

实施机构	补贴政策	开始时间	政策目标	瞄准方式
农业部	农业税费减免	2000 年	减轻农民税费负担	普惠式
农业部	粮食直补	2004 年	增强农民种粮积极性	普惠式
农业部	良种补贴	2004 年	提高粮食产量	普惠式
农业部	农业生产机械购置补贴	2004 年	帮助农户购置大型农业生产机械，促进农业生产发展	普惠式
农业部	农业综合生产资料补贴	2004 年	帮助农民缓解生产资料价格上涨的压力，提高种粮收益	普惠式
农业部	生猪补贴政策	2007 年	帮助农民应对生猪疫病和价格下降	普惠式
林业局	退耕还林政策	1999 年	促进环境生态地区生态恢复，提高农民收入	普惠式
林业局	公益林生态补偿	2002 年	促进环境生态地区的生态保护，提高农民收入	普惠式

资料来源：李小云等的专题报告。

2. 公共服务型政策。对于中国农村来说，进入新世纪以来，中国政府加大了公共服务的投资力度，出台了一系列旨在改善农村公共服务的政策措施。这方面的情况可以概括如下：

新型合作医疗和医疗救助制度。2003 年中央政府在全国重新启动新型合作医疗制度，到 2008 年底已全面覆盖有农业人口的县（市、区），参合农民达 8.15 亿人，参合率为 91.5%。全国累计 15 亿人次享受到补偿，补偿基金支出 1253 亿元①。农村新型合作医疗制度的确在一定程度地上缓解了农民的就医压力。此外，2003 年开始实施的由民政部门负责执行的医疗救助制度也发挥了重要作用，2003 年只有 130 个县启动了医疗救助制度，到目前已全面覆盖有农业人口的县（市、区）。农村医疗救助制度建立以来，累计直接救助 2024.1 万人次，累计资助 9458.3 万人参

① 中国政府网，2009－04－23。

加新型农村合作医疗①。

五保供养制度。中国农村“五保”供养制度建立于20世纪50年代的农业合作化时期，70年代末期农村改革以来，集体经济受到冲击，五保供养制度受到很大影响②。为了保障五保对象的正常生活，1994年国务院颁布了《农村五保供养工作条例》（简称《五保条例》，下同），1997年，为了规范和发展农村敬老院，推动五保对象的集中供养，民政部颁布了《农村敬老院管理暂行办法》③。2006年，农村税费改革以后，乡统筹和村提留的取消使农村五保失去了资金来源，国务院又重新于2006年制定了《农村五保供养工作条例》，规定农村五保供养资金在地方人民政府财政预算中安排。中央财政对经济困难地区的五保工作提供部分资金支持。《条例》还规定农村五保供养的标准不低于当地村民的平均生活水平，并根据当地村民平均生活水平的提高适时调整。

最低生活保障制度。2006年12月中央农村工作会议提出了从2007年开始要在全国范围内建立城乡一体的农村最低生活保障制度。2007年7月，国务院下发了《关于在全国建立农村最低生活保障制度的通知》，明确提出通过在全国范围建立农村最低生活保障制度，将符合条件的农村贫困人口全部纳入保障范围，稳定、持久，有效地解决全国农村贫困人口的温饱问题。目前农村低保已在全国范围内展开，截至2008年底，已将4284.3万人纳入农村低保，还有63.2万农村人口享受传统的农村社会救济，686.5万人次享受农村临时生活救助④。

义务教育两免一补政策。义务教育财政改革于2006年3月开始，旨在通过免除所有学生的学杂费及书本费，并补助贫困寄宿生生活费（即两免一补政策），在全国彻底实现九年制义务教育。主要通过大规模的政府间财政转移来筹资。

---

① 中国政府网，2009-04-23。

② 邹文开：“我国‘五保’供养制度的沿革及其前景分析”，《求索》，2004年第1期。

③ 刘云旺、王成华、廖桂蓉：“对我国农村社会保障制度的思考”，《农村经济》，2004年第2期。

④ 中国政府网，2009-04-23。

表 6－2　2000 年以来中国农村公共服务性政策一览表

管理机构	政策类型	开始时间	政策目标	瞄准方式
民政部	最低生活保障制度	2006 年	向农村低保家庭发放差额补贴	瞄准式
民政部	农村医疗救助制度	2005 年	对贫困家庭进行医疗救助	瞄准式
卫生系统	新型医疗合作制度	2003 年	以中央、地方和农民三方共同筹资的方式开展农民大病统筹活动	普惠式
教育部	两免一补政策	2006 年	对贫困地区的学生免杂费、免书本费，补助寄宿生生活费。	瞄准式

3. 财政资金的投入。近年来，中央财政支农资金的增长速度非常快，2004 年，中央财政支农资金仅为 1671 亿元。到了 2008 年，中央财政支农资金额度达到了 5955 亿元，增长幅度达到了 2004 年的 3.5 倍以上。2009 年中央财政支农资金预算为 7161 亿元，财政支农资金增幅明显，尤其是以粮食直补、良种补贴、农业生产机械购置补贴和农业生产资料综合补贴的增长幅度更加明显。

表 6－3　各项补贴政策的中央财政转移支付　（单位：亿元）

	2004 年	2005 年	2006 年	2007 年	2008 年
中央财政支农资金	1671	2975	3397	4318	5955
粮食直补	116	132	142	151	151
良种补贴	28	38.7	41.5	66.6	120.7
农业生产机械购置补贴	0.7	3	6	12	40
农业综合生产资料补贴	—	—	120	276	638
农村最低生活保障	17.4	25.1	41.6	104.1	222.3

（四）惠农政策对农村减贫的影响

1. 惠农政策的减贫效应。随着国家财政资金投入越来越多，政策惠及的范围不断扩大，大多数农村人口都不同程度地受益。为了进一步评估惠农政策对不同收入农户所产生的分配效应，我们从国家统计局对全国 592 个贫困县的 53270 个农户 2007 年和 2008 年的监测数据来分析惠农政策（主要是补贴性政策）对农户之间收入分配和缓解贫困的影响。

农业直补政策介绍

由于补贴性政策不是在全国范围内统一实施，各项政策实施的重点区域有所不同。具体到某一个地方，不一定所有的政策都起作用，政策补贴的标准也有所不同。粮食直补、农业机械补贴、良种补贴政策主要向粮食主产区倾斜，补贴的标准在不同的地区也有所不同，如粮食直补政策的受益对象包括全国种植粮食的所有农户，补贴按播种面积发放。但是补贴标准粮食主产区总体上要高于非粮食主产区。良种补贴政策的受益对象只只包括部分省区，如享受小麦良种补贴的区域有河南、山东、河北等13个省份，每亩补贴10元。玉米良种补贴是对玉米种植面积1000万亩以上的省区进行补贴，包括吉林、山东、河北、河南、黑龙江等13个省区。每亩补贴10元。水稻良种补贴实行全国水稻生产地区全覆盖，并按实际种植面积补贴，早稻每亩补贴10元、中稻（含一季稻）15元、晚稻15元。农业生产资料增支综合补贴主要在全国范围内实行，在补贴资金分配上，中央重点向粮食主产区倾斜，省一级重点向产粮大县倾斜。退耕还林（草）主要是在全国范围内有水土流失严重和产量低而不稳的坡耕地和沙化耕地实施。

资料来源：李小云等人专题报告。

我们的分析结论如下：第一，扶贫工作重点县非贫困户获得的补贴的比例要高于贫困户。从表6－4中可以看出，2007年扶贫工作重点县有51.73%的农户获得了粮食补贴（粮食直补、良种补贴和农业生产资料综合补贴）其中，低收入户中有39.43%获得了补贴，贫困户中有37.66%获得了补贴，而其他户中则有53.45%的农户获得了补贴。分析其原因，一是由于补贴是按面积发放，贫困人口的人均耕地面积少于其他户（2007年低收入户和贫困户的人均耕地面积分别1.83和2.09亩，而其他农户是2.12亩）。二是由于粮食直补、良种补贴和农业生产资料综合补贴的重点都是向粮食主产区倾斜，而粮食主产区贫困人口所占比例要少于非贫困人口。

2008年国家扩大了粮食补贴的范围，扶贫工作重点县享受补贴的农户比例有了较大幅度的提高，从2007年的51.73%上升到了72.57%，其中低收入户①获得补贴的人数比例有所增加，低收入户中有63.07%的人都获得了补贴，而与此同时，非贫困户中有73.76%的人获得了补贴。高出低收入户10个百分点。

表6-4　扶贫工作重点县贫困户和其他户获得的政策性补贴的比例

	2007年贫困及低收入户				2008年贫困及低收入户	
	其他户	低收入户	贫困户		其他户	低收入户
无补贴				无补贴		
户数	21874	2267	1581	户数	12418	2193
比例（%）	46.55	60.57	62.34	比例（%）	26.24	36.93
有补贴				有补贴		
户数	25117	1476	955	户数	34914	3745
比例（%）	53.45	39.43	37.66	比例（%）	73.76	63.07

资料来源：国家统计局贫困监测抽样调查。

第二，贫困县贫困户的转移性收入占纯收入的比重高于高收入农户，政策性收入成为贫困户收入来源的重要组成部分。惠农政策的实施增加了农民的转移性收入，从而对缓解农村贫困起到积极的作用。

从2005年到2008年全国农村人均转移性收入从147.4元增长到323.2元，增长了175.8元，低收入人口的人均转移性收入从42.1元增长到100.4元。转移性收入在贫困人口的人均收入构成中所占的份额较大，增长较快，从2005年的5%增长到了10.1%，比同期全国农村人口的水平高出4.3个百分点（见表6-5）。

① 2008年国家贫困线的标准为1196元，不再区分低收入人口和贫困人口。

表 6-5 2005—2008 年农村居民转移性收入在纯收入中的构成

年份	转移性收入在纯收入中的构成（%）		
	全国	贫困人口	低收入人口
2005	4.5	6.0	4.9
2006	5.0	9.4	6.1
2007	5.4	9.4	7.4
2008	6.8	10.1	

资料来源：国家统计局贫困监测报告。

中国农业大学人文与发展学院 2008 年在甘肃省定西市安定区水村的调查发现，特困户和贫困户是政策性转移收入占家庭收入比重最多的，尤其是对于特困户来说，政策性转移收入占到家庭收入的 27%，贫困户占到了 14.48%[①]。

吴国宝等（2008）用 2006 年和 2007 年的贫困监测数据分析了“两补”政策实施对减缓贫困的影响，证实“两补”政策对减缓贫困发生率、改善贫困人口的收入水平都产生了积极重要的作用。他们的研究发现，采用国家绝对贫困标准，如果以扣除粮食直补和良种补贴资金时的收入为基准，那么因为有了这两项补贴，2006 年贫困发生率的降幅相当于基准的 4.6%。2007 年扣除补贴后对贫困发生率的影响较上年略有增加。这充分表明如果没有“两补”政策所提供的转移收入，贫困人口的平均收入有所减少，贫困人口的收入分配状况也有不同程度的恶化[②]。

据国家统计局测算，2008 年如果没有政策性补贴收入，贫困人口只减少 1690 万，而不是 1990 万，贫困发生率也将提高 2 个百分点，从 11.9% 上升到 12.1%[③]。

第三，瞄准式的救助政策减少了贫困发生率，并且改善了穷人多元贫困的境遇。

社会救助制度的作用不仅在于保障了农村贫困人口的基本生活需求，

① 见李小云等人专题报告。

② 吴国宝、关冰、谭清香：“贫困地区国家粮食补贴政策实施有效性及减贫影响评价”，《中国农村贫困监测报告 2008》。

③ 《中国农村贫困监测报告 2009》。

使农村低收入人口的生存权和发展权得到了保障，改善了收入分配结构，也使贫困人口教育，卫生状况有了很大的提高，促进了农村社会的和谐稳定。

新型合作医疗制度和医疗救助制度的实施极大促进了贫困地区农户有病及时就医的情况，统计数据显示，自 2002 年以来，扶贫工作重点县中有病不能及时就医的人口所占比重从 16.2% 下降到 11.4%，在有病不能及时就医的人口中，因为经济困难不能及时就医的比重从 65.8% 下降到 58.5%；重点村有病不能及时就医人口所占比重从 20.2% 下降到 13.8%，其中因为经济困难不能及时就医的比重从 64.2% 下降到 59%，下降速度非常明显（见表 6－6）。

表 6－6　　扶贫工作重点县和重点村有病就医情况（%）

		2002 年	2003 年	2004 年	2005 年	2006 年	2007 年
扶贫工作重点县	有病能及时就医所占比重	83.8	85.3	85.2	86.1	86.5	88.6
	有病不能及时就业所占比重	16.2	14.7	14.8	13.9	13.5	11.4
	因为经济困难不能及时就医	65.8	65.2	64.7	61.9	62.7	58.5
重点村	有病能及时就医所占比重	79.8	81.3	80.5	82.6	83.4	86.2
	有病不能及时就业所占比重	20.2	18.7	19.5	17.4	16.6	13.8
	因为经济困难不能及时就医	64.2	65.7	64.9	63.9	61.5	59.0

资料来源：中国农村贫困监测报告 2008。

“两免一补”政策的实施在一定程度上促进了农村义务教育的发展，尤其是贫困地区，2002 年以来，扶贫工作重点县 7—12 岁儿童入学率从 94.9% 上升到 97.7%，13—15 岁儿童的入学率从 85.4% 上升到 94.4%；重点村 7—12 岁儿童入学率从 93.2% 上升到 97.1%，13—15 岁儿童入学率从 83.3% 上升到 94.0%（见表 6－7）。

中国农业大学人文与发展学院2008年在甘肃省定西市安定区水村的调查发现，由于“两免一补”政策的实施，基本解决了水村农户义务教育的负担，水村一共有80名学龄儿童享受两免一补的教育政策，每年每名学生要节约200元左右。从乡镇学区办的统计材料中发现，当地的“两免一补”每年分春季和秋季执行，除了减免其学费和教材费，每个学年还给每个小学生发放50元钱的课外书补贴和150元钱的杂费补贴；每个中学生发放106元钱的课外书补贴和200元钱的杂费补贴。从2005年水村实施“两免一补”政策以来，基本上就没有农户会因为家庭经济困难而让子女辍学，但是在该政策实施之前，水村有7户贫困户因为家庭贫困而导致孩子辍学①。

表6-7　　扶贫工作重点县和重点村的儿童入学率（%）

		2002年	2003年	2004年	2005年	2006年	2007年
扶贫工作重点县	7—12岁儿童入学率	94.9	95.2	95.8	96.9	97.0	97.7
	13—15岁儿童入学率	85.4	88.4	90.7	91.7	92.9	94.4
重点村	7—12岁儿童入学率	93.2	93.7	94.3	95.9	95.9	97.1
	13—15岁儿童入学率	83.3	86.9	89.2	90.7	92.1	94.0

资料来源：中国农村贫困监测报告2008。

（五）主要结论与建议

综上所述，国家惠农政策的出台和实施对中国农村减贫产生了积极的作用，影响是显著的。不仅减少了收入贫困，降低了贫困发生率，同时也在一定程度上改善了贫困人口的收入水平和分配状况，缓解了多元性贫困，对改善贫困人口的教育，卫生和社会发展状况产生了多方面的作用。但普惠式政策和瞄准式政策也各自存在着一定的缺陷，对缓解农村贫困的影响需要具体分析。

1. 尽管贫困人口获得的政府转移性收入的人数比例要低于非贫困人口，但这部分收入在贫困人口的收入增长中的贡献很大。在一定程度上惠农政策提高了贫困人口的收入，降低了贫困发生率，对缓解贫困起着重要的作用。

① 见李小云等人专题报告。

2. 普惠式政策缺少对贫困的敏感性，不利于解决相对贫困的问题。从惠农政策实施的结果来看，由于普惠式政策并不以扶贫为目标的，从收入增加的角度对缓贫有着积极的作用，但是从收入分配的角度却有一定的消极作用，不利于缩小收入差距和解决相对贫困的问题。普惠式的政策没有设置瞄准穷人的机制，在实施的过程中，穷人虽然也受益，但是受益程度要小于非贫困农户。因此这些普惠式政策有可能造成贫困地区和非贫困地区、贫困人口和非贫困人口的差距。

3. 现有惠农政策对贫困群体补助的水平低，对贫困农户收入增加的影响有限。尽管从统计数字上看，随着惠农政策的覆盖面不断扩大，穷人的受益人数不断增加，但由于我国中央财政和地方财政的限制，对贫困人口补助的水平低，因此对贫困农户的收入增加的影响有限。从公共服务性政策来说，农户的受益水平在地区间不一样，与农民的需求无关，主要取决于地方财政能力（洪大用，2004）。在实际工作中，许多地方低保标准的制定基本上是在原先特困户救助标准的基础上参照当地生活水平和财政负担能力制定的，“以钱定人”的情况比较普遍。这样导致农村低保标准明显偏低，部分贫困群体被排斥在低保体制之外，造成应保未保（贺大姣，2008）。与中央财政对城市低保巨额资金投入不同，迄今为止中央财政并没有对农村低保资金做出具体的安排，这显然是不合理、不公正的。

同样，由于救助资金缺乏稳定和制度化的筹资机制与渠道，农村医疗救助制度的一个明显特征是以控制支出为政策设计的原则，如各地普遍采取设置起付线、封顶线和事后报销制等限制性条件来应对资金短缺或预防后续资金不到位，由此则容易导致贫困人群因垫付不起医疗费用而被排斥在救助制度之外的情况。加之救助比例普遍较低，即使对获得救助的家庭来说，救助水平也无法完全缓解其经济压力。农村社会保险项目同样面临覆盖面小和给付不足的问题。

4. 对各项惠农政策制定进程进行调整，让各项政策都能更多惠及穷人。由于我国解决贫困问题的对策已经从区域性的贫困瞄准转向农户家庭和个人的贫困瞄准，这进一步增加了制定政策瞄准机制的难度，同时由于各省市地区经济发展的基础不同以及农村贫困问题自身的复杂性，使得政策在制定和实施过程中也很难准确地瞄准穷人。但是我们已经从上述分析看到，惠农政策对缓贫的影响是非常显著的，在制定政策的过程中必须从整体扶贫战略的角度出发，以惠农政策作为农村人口收入保障的政策工具，使各类贫困人口和非贫困人口因政策而同等受益，避免农村内部贫富差距的进一步扩大。因此，要对各项惠农政策制定进程进行调整，如粮食直补等普惠式政策要进一步调整，对非粮食主产区和粮食主产区采取同一标准实行补贴，这样既可以更好地保障非粮食主产区农村人口的收入，也能够缩小农村内部的收入不平等程度。瞄准式政策要进一步完善识别穷人的机制，如低保障制度可以建立识别低保群体的指标体系，即在现有农村低保识别机制的基础上，建立一套识别低保群体的指标体系，结合二者的各自优势提出农村低保对象的识别方法①。

七、农村扶贫资金的分配效应和减贫效果

（一）导言

为贫困地区和扶贫对象提供资金支持，帮助他们改善生产生活条件，提高自我发展能力，是中国政府扶贫的重要和主要的方式。20多年来，中国政府直接用于开发性扶贫的专项资金超过4500亿元，此外非扶贫部门也有相当规模的扶贫资金的投入。然而，迄今为止，对于扶贫资金的减贫效果的全面评价甚少。这在一定程度上影响到政府和其他资金投入部门判断扶贫资金的效果以及及时作出扶贫政策的调整。本章利用国家统计局贫困监测数据和其他相关部门的统计，对2001年《中国农村扶贫开发纲要（2001—2010）》实施以来，尤其是2002—2008年间扶贫资金的分配效应和减贫效果进行评价。

虽然从理论上说扶贫资金的边际生产率高于资金成本时，就可以判断它会对减缓贫困产生积极的影响，但是由于扶贫资金投入的用途、对象和性质等方面的特点，准确评价扶贫资金投入的减贫效果实际上非常困难。第一，扶贫资金既有用于直接支持农户发展生产的，也有用于支持可能增加贫困农户增收和就业机会的，还有用于改善基础设施和生活条件的，用途的多样性要求对扶贫资金投入的减贫效果评价不能简单应用边际生产率

① 邓大松、王增文：“‘硬制度’与‘软环境’下的农村低保对象的识别”［J］，《中国人口科学》，2008（5）。

作为评价标准；第二，扶贫资金的投入/受益范围存在很大的差异，既有区域性的投资，也有面向农户和企业的投资，因此，扶贫资金投入的减贫效果不能简单等同于受益贫困农户直接增收效果；第三，扶贫资金类型多样，既有专项财政扶贫资金，也有专项信贷资金，还有其他具有扶贫性质的资金，不同性质的扶贫资金不仅管理权限和使用方式不同，而且对减缓贫困的作用方式也各异。正是由于上述特点所产生的困难，迄今为止，学术界对扶贫资金减贫效果的研究几乎没有全面评价所有扶贫资金的，多数只对某一种或几种扶贫资金的减贫效果进行研究。另外，多数研究只针对一些具体的项目或区域来评估扶贫资金对减缓贫困的效果。

专栏　公共投资与减缓贫困的相关研究

通过研究农村公共投资与减缓贫困的关系来评价不同的公共投资对减缓贫困贡献的差异，从而确定公共投资的政策优先序，是较早对资金的减贫影响所作的一种尝试。樊申根等人（1999）首先采用 CGE 模型，对印度农村公共投资对减缓贫困的贡献进行研究，结果发现用于农村道路、农业研发领域的公共投资具有最大的减贫贡献。樊申根、张林秀、张晓波（2002）利用1970—1997 年间中国的分省数据，用联立方程模型估计了不同类型的政府投入的减贫效果，证明了地方政府在农业研发、灌溉、教育和基础设施领域的投入，对减缓贫困具有积极的贡献。此后还有不少研究从公共投资的角度来研究资金对减缓贫困的作用。

一些研究通过研究扶贫投资与贫困人口变化之间的关系来估计扶贫资金的减贫效果。岳希明等人（2001、2007）利用贫困县的资料，对扶贫资金与扶贫效果的关系进行了分析。他们的研究发现：贫困县得到扶贫资金数量与其扶持贫困人口的数量具有正相关性，用于农户贷款的扶贫资金比用于项目的扶贫投资相比，用于贷款的扶贫资金可扶持更多的贫困人口。汪三贵、李文（2004）利用贫困县分县的资料，研究扶贫投资的部门分配与减贫人口之间的关系，发现所有的项目类扶贫投资对减少贫困人口

专栏（续）

都没有统计显著性的影响。吴国宝（2006）分析了1991—2004年扶贫资金投入与贫困人口减缓的关系，发现脱贫一个贫困人口所投入的资金在2001年以后比此前要增加六七倍，扶贫资金的减贫效果存在显著的边际递减现象。

上述研究都是对扶贫资金与减贫的效果进行间接评价。世界银行（2003）对西南扶贫项目中占项目总投资75%的基础教育、劳务输出、农村基础设施、乡镇企业、土地与农户开发5个子项目的经济回报率进行了评估，初步估算中国西南扶贫项目整体的经济报酬率为34%左右。在有关扶贫资金对减缓贫困的影响研究中，多数直接研究都是对于信贷扶贫资金进行的。如Khandker等人（1995）对孟加拉国乡村银行贷款与减缓贫困作用的实证研究中，发现获得信贷有助于减少贫困。不过Morduch（1997）利用同一资料应用不同的方法进行研究时，发现获得小额信贷仅仅有利于穷人平滑消费（consumption smoothing）而对减少贫困没有直接影响。

资料来源：吴国宝“农村扶贫资金的分配效应和减贫效果”（课题专题报告）。

（二）研究方法和数据来源

扶贫资金对减缓贫困的影响，既可表现在宏观层面，也可体现在微观层面。在宏观层面，扶贫资金在不同规模、不同劳动密集程度的企业或行业间的分配，可以影响不同人群的就业和收入，从而对农村贫困和不平等产生正面或负面的影响；还可以通过促进受益地区的经济增长进而影响政府的转移支付能力，作用于农村贫困和不平等。在微观层面，扶贫资金分配的影响主要通过以下三种方式实现。第一，帮助借款人平滑消费来减小由于收入季节性产生的短期消费波动，或者直接通过借款来解决短期贫困；第二，增加生产性投入，使因资金限制形成的经济规模得以扩大，从而推动生产可能性边界上移；第三，改善技术、提高生产效率，或者开展新的创收活动。

但是由于前述扶贫资金用途、对象和类型的多样性等特征，扶贫资金对减贫影响的途径很多也很复杂，使对扶贫资金减贫效果的严格评价非常困难。我们尝试采取多种不同的方法来分析扶贫资金对减缓贫困的影响。首先，我们采取对扶贫资金使用和分配的研究来考察扶贫资金的分配是否有利于穷人（亦即目标瞄准性分析），这也是目前国际上评估小额信贷项目减贫效果最常用的一种方法。有关的研究表明，穷人只要能够持续地获得使用资金的机会，就可以减缓贫困（Christen 等，1994）。根据这一假设，只要扶贫资金的分配是有利于穷人的，扶贫资金就可能对减缓贫困产生积极的影响。为此，我们可以对扶贫资金使用与农户的需求进行对应性分析，如果扶贫资金与农户的需求比较吻合，得到扶贫资金应有利于减少贫困，因为没有他人比农民自己更了解那些资金支持对他们最有用。

其次，我们也尝试建立农户收入决定模型，来估计扶贫资金对减缓贫困的贡献。具体来说，就是利用扩展的生产函数模型，估计资金对收入的弹性系数；然后假定全部到户扶贫资金都用于生产性投入，并将到户扶贫资金从农户实际使用资金中扣除，再利用估计的模型参数预测在不包括到户扶贫资金的情况下样本户的收入和贫困指数；最后将估计的不包括扶贫资金的贫困指数与实际的贫困指数进行比较，二者的差就可以当作扶贫资金的减贫贡献。

此外，我们还通过各收入组农户自己报告的从扶贫项目增加的净收入与到户扶贫资金之间关系的分析，考察不同收入组农户使用扶贫资金产生的增收效果差别，从而间接考察扶贫资金的减贫效果。

本报告使用的数据来自国家统计局农村社会经济调查司的全国农村贫困监测资料，少数资料来自有关部门的公开报告。考虑到新的参与式扶贫方式实际上是在 2002 年以后才全面实施的，研究的时期确定为 2002—2008 年。这样我们可以对《中国农村扶贫开发纲要》实施期内扶贫资金的减贫效果进行比较完整的研究。

（三）扶贫资金投入及分配

1. 扶贫重点县扶贫资金投入总体情况。自 2002 年以来，国家扶贫重点县得到的扶贫资金总量总体上呈上升的趋势。2002 年重点县得到的全部扶贫资金为 251 亿元，到 2007 年增加到 317 亿元（表 7－1）。在这期间，2002—2004 年重点县得到的扶贫资金持续增长；2005 年主要由于扶贫贴息贷款和以工代赈资金投入量的减少，重点县得到的扶贫资金从 2004 年的 292 亿元减少到 266 亿元，减少了 26 亿元。按来源来看，来自中央财政的扶贫资金逐年有所增加，从 2002 年的 35.8 亿元增加到 2007 年的 60.3 亿元，年均增加近 5 亿元；以工代赈资金以 2005 年为转折年，在 2002—2004 年逐年增加，2005 年以后逐年减少，重点县得到的以工代赈资金从 2004 年的 47.59 亿元减少到 2007 年的 35.4 亿元。2005 年以后以工代赈资金减少主要是由国债资金退出所致；扶贫贴息贷款从 2002 年到 2006 年都是逐年减少，2007 年才有所增加，但只是 2002 年时的 68.8%；省级财政安排的扶贫资金在 2002—2006 年间大体稳定，每年投入在 10 亿元左右，2007 年增加到 14.2 亿元，但是省级财政安排的扶贫资金与中央财政扶贫资金之间的比值从 2002 年的 1：3.6 降低到 2007 年的 1：4.2。

表 7－1　2002—2007 年重点县得到的扶贫资金　（单位：亿元）

	2002 年	2003 年	2004 年	2005 年	2006 年	2007 年
合计	250.9	277	292	266.4	278.9	316.8
中央扶贫贴息贷款	102.5	87.5	79.2	59.7	55.3	70.5
中央财政扶贫资金	35.8	39.6	45.9	48.3	54	60.3
以工代赈	39.9	41.8	47.5	43.3	38.4	35.4
小计	178.2	168.9	172.6	151.3	147.7	166.2
中央退耕还林工程补助	22.6	37.4	45.2	44.1	46.1	63.2
省级财政安排扶贫资金	9.9	10.4	11.6	9.9	10.8	14.2
利用外资	17.6	31.5	34.5	29	30.9	19.1
其他资金	22	29.4	28	32.3	43.2	54

资料来源：国家统计局农村社会经济调查司：《中国农村贫困监测报告（2008）》，中国统计出版社 2008 年版。

2. 以工代赈资金投入。1996 年至 2008 年中央政府和地方政府累计投入以工代赈资金 933 亿元，其中：中央政府以工代赈资金 641 亿元，其中有 217 亿元来自国债资金；地方配套以工代赈资金 292 亿元（表 7－2）。在 1996—2008 年全部以工代赈资金中，48.2% 用于县、乡、村道路建设，

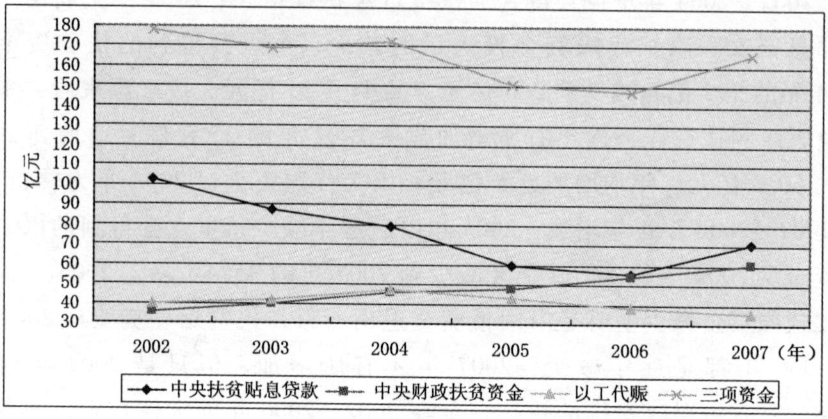

图 7－1　2002—2007 年重点县中央扶贫资金投入变化

26.6% 用于小型农田水利建设，其他的用于人畜饮水工程、基本农田建设和小流域治理。据发改委系统提供的统计，这些资金投入累计帮助受益地区修建了乡村道路 45 万公里，新增和改善有效灌溉面积 8000 万亩，解决了 4200 万人和 3000 万头牲畜的饮水问题，建设基本农田 2480 万亩，初步治理水土流失面积 4 万多平方公里，还使项目建设区内的农民得到了 70 亿元的劳动报酬。

表 7－2　　1996—2008 年以工代赈资金投入

项目	资金（亿元）				效　果	
	国家资金	其中：国债	地方配套	合计	单位	数量
小型农田水利	179	58	69	248	万亩	8000
基本农田建设	61	16	29	90	万亩	2480
县乡村道路建设	302	108	148	450	万公里	45
人畜饮水工程	64	20	29	93	万人/头	4200/3000
小流域综合治理	35	15	17	52	万平方公里	4
合计	641	217	292	933	万亩	8000

资料来源：国家发改委地区司："国家以工代赈政策"，《中国农村贫困监测报告（2008）》，中国统计出版社，2008 年。

3. 扶贫贷款使用和分配。中国农业银行自 1998 年从中国农业发展银行接收扶贫贷款经营权以后，累计发放扶贫贷款2010.11亿元，其中扶贫贴息贷款1176.74亿元。到2007年末全部扶贫贷款余额918亿元，其中扶贫贴息贷款234.97亿元，一般扶贫贷款683.03亿元（表7-3）。扶贫贷款投入量在2005年前持续增加，2005年以后由于扶贫贴息贷款政策调整，农业银行发放的扶贫款出现大幅度减少。2005年发放的扶贫贴息贷款比2004年减少了95.5亿元，减少56%。

表7-3　农业银行扶贫贷款累计发放额和余额　（单位：亿元）

	累计发放		余　额			财政贴息
	全部扶贫贷款	其中：贴息贷款	全部扶贫款余额	扶贫贴息贷款余额	一般扶贫贷款余额	
划转余额			353			
1998年	95.7	31	433	230	203	
1999年	209.5	50	575	253	322	4.29
2000年	213	213	706	270	436	5.24
2001年	217	170	793	359	434	5.2
2002年	254.5	188.6	900	545	355	5
2003年	287.4	181.5	962	457	505	5.3
2004年	279.1	171.5	996	421	575	6.13
2005年	197.8	76	959	319	640	4.21
2006年	157.9	56.17	960	266.74	693.26	1.64
2007年	98.21	38.97	918	234.97	683.03	1.57
合计	2010.11	1176.74				

资料来源：中国农业银行总行三农对公业务部："信贷扶贫10年综述"，《中国农村贫困监测报告（2008）》，中国统计出版社，2008年。

据农业银行提供的数据，在截止到2008年7月31日的全部扶贫贷款余额和扶贫贴息贷款余额中，用于小额到户扶助的扶贫贷款分别为142.5亿元和48.23亿元，分别占15.5%和20.5%（表7-4）；用于农业产业化带动的扶贫贷款分别为89.42亿元和29.36亿元，分别占9.7%和12.5%。总体来看，扶贫贷款直接到达农户的比例很低。

表 7－4　　农业银行发放的扶贫贷款（截至 2008 年 7 月 31 日）（单位：亿元）

类　　型	贷款余额	贴息贷款	受益单位	受益数量
小额到户扶助扶贫	142.5	48.23	户	595.37
农业产业化带动扶贫	89.42	29.36		
农村基础设施辐射扶贫	78.31			
科教文卫支撑扶贫	24.87	7.55		
生态旅游拉动扶贫	11.38	1.19		

资料来源：中国农业银行总行三农对公业务部："信贷扶贫 10 年综述"，《中国农村贫困监测报告（2008）》，中国统计出版社，2008 年。

虽然农业银行推出了小额到户扶助扶贫贷款，同时国务院扶贫办与财政部也对扶贫贷款使用和管理政策进行了一定的改革，如下放扶贫贴息贷款承担机构选择权、试点和推广扶贫互助资金等，但扶贫贷款仅仅满足了扶贫工作重点县农户信贷需求的很小部分。在 2008 年扶贫工作重点县农户借款中，52.24% 来自农村内私人借款，41.4% 来自银行、信用社的商业贷款，扶贫贴息贷款和其他扶贫贷款仅占 1.97% 和 0.61%（表 7－5）。扶贫贷款不仅在重点县农户借款中所占比重小，而且分配也更有利于扶贫工作重点县中的较富裕的农户。占全部农户 20% 的低收入农户只得到 2008 年扶贫工作重点县全部扶贫贴息贷款的 18.54%，而收入最高的 20% 农户得到了当年扶贫贴息贷款的 27.43%。不过低收入农户和中低收入农户分别获得了 38.95% 和 24.52% 的没有贴息的其他扶贫款。扶贫贴息贷款和无贴息扶贫贷款分配的差异，说明财政贴息的好处主要由较富裕的农户得到。

表 7－5　　2008 年农户借款来源和分配（%）

	总计	低收入户	中低收入户	中等收入户	中上收入户	高收入户
资金来源构成						
当年借款	100	100	100	100	100	100
1. 私人	52.24	52.13	53.93	50.36	52.36	52.29
2. 银行及信用社一般商业贷款	41.40	40.35	39.57	40.91	42.83	42.69

续表

	总计	低收入户	中低收入户	中等收入户	中上收入户	高收入户
3. 国家扶贫贴息贷款	1.97	1.99	1.70	2.04	2.08	2.03
4. 其他扶贫贷款	0.61	1.29	0.81	0.36	0.48	0.25
5. 其他来源借贷款	3.78	4.25	4.00	6.32	2.24	2.74
当年借款分配		100	100	100	100	100
国家扶贫贴息贷款		18.54	15.97	17.92	20.14	27.43
其他扶贫贷款		38.95	24.52	10.26	15.14	11.14
贷款余额分配		100	100	100	100	100
国家扶贫贴息贷款		19.77	19.50	20.19	22.33	18.21
其他扶贫贷款		41.94	13.66	12.04	19.85	12.52

资料来源：国家统计局农村贫困监测数据。

4. 扶贫重点村获得资金的变化。从2002年开始，随着我国农村扶贫的重心由扶贫重点县向重点村转移，扶贫资金投入的重点也开始下移到村一级。根据贫困监测资料，每个当年参加扶贫活动的重点村得到的各类扶贫性质的资金从2002年的13万元增加到2008年的26万元（表7－6），增加了近一倍。这说明扶贫工作重心下移取得了比较明显的成效，重点村投资力度加强。由于统计部门贫困监测定义将退耕还林还草这种政策性补贴包括在重点村扶贫投入中，导致了对重点村扶贫资金投入的高估。如果扣除退耕还林还草补助，在重点村资金投入中，用于生产性的资金从2002年31.11%降低到2008年的23.28%，而用于基础设施的投入所占比重从2002年的51.11%提高到53.45%。这一结果与此前许多相关研究的发现一致，扶贫重心从重点县转向重点村，并没有从根本上改变扶贫资金分配和使用对农民增收影响不大的状况。

表7－6　平均每个扶贫重点村获得扶贫资金及用途变化（%）

年份	2002	2006	2007	2008
扶贫资金总额（万元）	13.04	19.65	21.86	25.97
用途	100.00	100.00	100.00	100.00
（1）种植业	10.00	6.36	7.84	6.79

续表

年份	2002	2006	2007	2008
(2) 林业	4.00	0.91	1.31	1.23
(3) 养殖业	12.00	6.36	5.88	7.41
(4) 农产品加工业	0.00	0.00	0.65	0.62
(5) 其他生产行业	2.00	0.91	0.65	0.62
(6) 修建基本农田	6.00	5.45	5.88	4.94
(7) 人畜饮水工程	14.00	8.18	7.84	6.79
(8) 修建及改建公路	12.00	17.27	20.26	20.37
(9) 电力设施	8.00	2.73	3.92	3.09
(10) 电视接收设施	0.00	0.00	0.65	0.00
(11) 学校及学校设施	6.00	3.64	1.31	1.85
(12) 卫生室及设施	0.00	0.91	0.65	1.23
(13) 技术培训	0.00	0.00	0.65	0.00
(14) 扫盲、资助儿童入学	0.00	0.00	0.65	0.62
(15) 退耕还林还草	10.00	34.55	28.76	28.40
(16) 其他	16.00	12.73	15.03	15.43

资料来源：国家统计局农村贫困监测数据。

5. 扶贫资金在不同收入组农户间的分配。在现行扶贫制度安排下，有一部分扶贫资金和物资可直接到达农户手中。从贫困监测结果来看，得到扶贫资金和物资的农户比重在2002—2008年间有了较大幅度的提高。2002年只有3.26%的农户直接得到了扶贫资金或物资；到2008年得到扶贫资金或物资的农户比重上升到20.47%（图7－2和表7－7）。不过，在此期间，各收入组农户中得到扶贫资金或物资农户比重的提高幅度存在一定的差异。受益户比重提高幅度最大的是次高收入组农户，其受益农户比重从2002年的3.11%上升到2008年的21.78%，提高了18.67个百分点；受益户比重提高幅度最小的是低收入组农户，只提高了15.25个百分点。而在2002年得到扶贫资金或物资的农户中，有23.31%是低收入组农户，只有15.26%是高收入组农户；到2008年，受益农户中来自低收入组农户减少到18.75%，而来自高收入组农户的比重提高到18.86%。

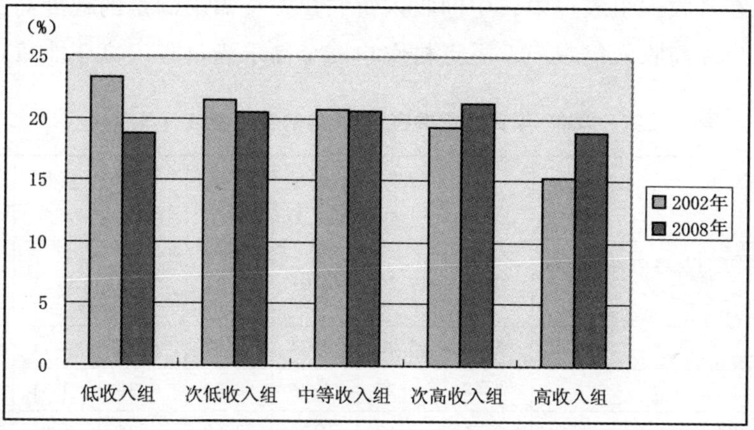

图7-2 2002—2008年到户资金分配

表7-7 2002—2008年五等分收入组农户享受扶贫资金分配情况（%）

年份	2002		2008	
	受益户分配	受益户比重	受益户分配	受益户比重
合计	100.00	3.26	100.00	20.47
低收入组	23.31	3.94	18.75	19.19
次低收入组	21.42	3.42	20.51	20.99
中等收入组	20.73	3.25	20.61	21.09
次高收入组	19.28	3.11	21.28	21.78
高收入组	15.26	2.57	18.86	19.30

资料来源：国家统计局农村贫困监测数据。

6. 扶贫资金使用与农户需求的对应性。尽管通过将扶贫工作的重心下移到重点村以及采取参与式扶贫规划等措施，扶贫资金分配与农户需求之间的对应性有所改善。但是由于扶贫资金投入量与农民的需求相比严重不足、扶贫资金投入和使用与农户对资金的需求之间能存在很大的缺口。我们利用贫困监测资料，对重点县农民2007年的资金需求与2008年扶贫资金的实际安排进行比对，来估计扶贫资金使用与农户需求的对应性。总体来看，2007年希望得到扶贫资金支持的农户中平均有20.48%在2008年得到了扶贫资金的支持（表7-8），将近80%的农民的资金需求没有得到满足。这种情况主要是由于资金总量不足和资金安排时序因素的影响所致。在各收入组农户中，中间收入组农户资金需求满足的程度高于低收入组农户和高收入组农户。重点村农户资金需求满足程度高于非重点村。

表 7-8　　农户 2007 年资金需求在 2008 年的实现程度（%）

	总计	低收入户	中低收入户	中等收入户	中上收入户	高收入户	重点村
实际得到项目与希望得到项目的比值	20.48	19.20	21.01	21.11	21.80	19.31	26.86
（1）种植业	5.06	5.70	5.74	4.92	4.75	4.11	7.21
（2）林业	8.48	6.27	11.86	8.03	7.30	9.31	11.46
（3）养殖业	2.66	3.67	2.74	2.59	2.36	1.85	3.74
（4）农产品加工	0.23	0.35	0.00	0.00	0.26	0.48	0.63
（5）其他生产行业	1.94	4.19	1.18	2.58	1.16	0.93	3.56
（6）基本农业建设	5.39	4.60	5.68	7.77	5.14	3.95	8.38
（7）人畜饮水	9.28	8.16	8.71	7.75	10.31	11.53	9.99
（8）修扩建道路	9.22	7.62	10.11	10.15	9.96	8.26	12.68
（9）电力设施	6.67	3.05	4.69	8.24	8.33	9.88	7.90
（10）电视接收设施	4.09	1.32	1.35	4.92	4.44	9.68	7.46
（11）学校及设备	9.82	5.79	6.45	9.35	9.73	17.74	14.95
（12）卫生及设备	7.26	7.80	7.94	5.98	8.62	6.12	10.68
（13）技术培训	0.93	1.14	0.83	1.27	0.95	0.49	1.11
（14）儿童入学和扫盲	4.07	5.88	0.00	4.00	0.00	10.53	3.57
（15）退耕还林还草	538.53	435.79	490.63	587.01	577.49	631.19	626.85

从资金需求的内容来看，除了退耕还林还草这一农民可能未将其视为政府扶贫内容的需求得到完全和超量的满足以外（这不应理解为农民不需要退耕还林还草，只能说是在农民的需求中退耕还林还草到 2007 年已不是最需要的），所有在调查表中列出的 14 项资金需求项目的满足率都很低，其中最低的农产品加工和技术培训分别只满足了农民 0.23% 和 0.93% 的需求。在生产性资金需求中，除了农产品加工业以外，养殖业资金需求的满足程度只有 2.66%；在基础设施资金需求中，电视接收设施

需求满足程度最低，只有 4.09% 的需求得到了满足。各收入组农户资金需求与资金使用的对应性程度在项目间存在一定的差异。低收入组农户的生产需求满足程度相对较高，而基础设施方面需求满足程度较低。重点村在大多数领域资金需求满足程度都高于非重点村。

（四）扶贫资金的减贫效果

我们从三个方面对扶贫资金的减贫效果进行评价。首先，估计扶贫资金投入与贫困发生率之间的相关关系；然后，通过建立农户收入决定模型，考察扶贫资金对农户收入和贫困的影响；最后利用贫困监测样本农户自我报告的扶贫资金增收效果数据，对扶贫资金的减贫效果进行补充分析。

1. 扶贫资金与减缓贫困的相关性。我们利用贫困监测数据，对 592 个重点县到村扶贫资金与各县的贫困发生率进行相关分析。2002 年重点县到村扶贫资金与贫困发生率之间呈正的具有统计显著性的相关关系，相关系数为 0.1065，说明扶贫资金投入对减缓贫困有积极的作用，但与岳希明等（2001）对 1998—2000 年相似的研究的扶贫资金与贫困人口间的相关关系比减小了很多。可是 2008 年到村扶贫资金与贫困发生率之间不具有统计显著性的相关性。联系起来看，扶贫资金与贫困减缓的相关性在减弱，甚至变得不显著。

2. 扶贫资金对贫困减缓的贡献评价。如前所述，资金对贫困减缓的影响是多方面的。但限于时间和数据的约束，我们无法对资金影响贫困减缓的各个方面进行全面的评价。只能对到户资金（包括实物折款）对农户收入和贫困的影响进行分析，无法评估用于基础设施的资金对减缓贫困的影响。由于扶贫资金的大部分用于改善贫困地区的基础设施，仅仅考虑到户资金的减贫影响肯定会大大低估扶贫资金投入的减贫效果。

选择的研究思路是：首先通过建立农户收入决定模型，并利用全国 2008 年贫困监测住户数据估计资金对收入的弹性系数；然后假定全部到户扶贫资金（包括实物折款）都用于生产性投入，并将到户扶贫资金从农户家庭经营费用中扣除，再利用估计的模型参数预测在不包括到户扶贫资金的情况下样本户的收入和贫困指数；最后将估计的不包括扶贫资金的贫困指数与实际的贫困指数进行比较，二者的差就当作扶贫资金的减贫贡献。

根据数据可得性和农民收入形成的有关理论，我们选择扩展的生产函数形式来描述农户收入的决定。在模型中分别选择农民家庭纯收入（对数）、家庭经营纯收入（对数）和家庭经营第一产业纯收入（对数）作为因变量。选择的自变量包括：ln（家庭经营费用）、ln（耕地面积）、水田面积比例、ln（生产性固定资产原值）、ln（劳动力数）、外出务工劳动力比重、教育虚变量（家庭劳动力最高文化程度是否在初中及以上）、距最近车站距离（以2公里以内为参照，分别选择了在2—5公里、10—20公里和20公里以上三个虚变量）、省虚变量（河北为对照省）。各变量的统计描述见表7-9。值得注意的一个问题是样本中到户扶贫资金及实物折款分布极不均匀。

表7-9　回归模型中使用变量的描述

变　量　名	样本数	均值	标准差
ln家庭纯收入	52200	9.000	0.644
ln家庭经营纯收入	49939	8.341	0.928
ln家庭经营第一产业纯收入	49458	8.215	0.950
ln家庭经营费用	51566	7.646	1.108
ln生产性固定资产原值	51101	7.856	1.273
ln家庭耕地面积	51434	1.786	0.910
耕地中水田面积比重	51434	0.422	0.395
ln劳动力数	51862	1.016	0.380
外出务工劳动力比重	51862	0.196	0.254
家庭劳动力最高文化程度在初中及以上	52200	0.782	0.413
距最近车站2—5公里	52200	0.203	0.402
距最近车站10—20公里	52200	0.147	0.354
距最近车站20公里以上	52200	0.346	0.476
到户扶贫资金及实物折款（元）	52200	198.14	786.89
贫困发生率	52200	0.144	0.351
贫困缺口率	52200	0.042	0.131
贫困缺口平方	52200	0.019	0.080

采取普通回归方法，利用2008年全国贫困监测样本农户的数据，对家庭纯收入、家庭经营纯收入和家庭经营第一产业纯收入分别进行回归。结果列于表7-10。除了对于家庭经营第一产业纯收入两个有关离最近车站距离虚变量不具统计显著性、家庭最高文化程度变量只在10%置信度上具有统计显著性以外，其他所有变量在1%置信度上都具有统计显著性。资金（家庭经营费用、生产性固定资产原值）、土地的数量和质量（耕地面积、水田面积比例）、劳动力数量对三个口径的农民收入都具有显著的正的影响，说明生产要素的投入量与农民收入成正比。资金对家庭纯收入、家庭经营纯收入和第一产业纯收入的弹性系数分别0.0747、0.1822和0.1578，表明资金投入对重点县农民收入增长具有显著的作用，采取有效措施增加农民资金获取渠道应继续作为支持贫困地区农民增收的一项重要措施。家庭最高文化程度是否在初中或初中以上的系数对家庭纯收入为正，而对家庭经营纯收入为负，这一方面说明劳动力教育主要影响外出务工收入，另一方面说明在技术差别小的条件下，教育对家庭经营收入影响较小，相反可能因为伴随教育而来的冒险精神导致经营失败。外出劳动力比重对家庭纯收入的系数为正，而对家庭经营收入的系数为负，这是很正常的。三个有关与最近车站距离虚变量的系数都是负值，这是由于相对于离车站距离在两公里以内的农户来说，它们对收入形成的影响是不利的，这也说明离车站距离近有利于增加农民收入，从而间接表明利用扶贫资金改善农村交通会有利于农民增收。

表7-10　　农户收入决定模型回归系数

	家庭纯收入	家庭经营纯收入	第一产业纯收入
ln家庭经营费用	0.0747***	0.1822***	0.1578***
ln耕地面积	0.0602***	0.1873***	0.3029***
水田面积比例	0.1181***	0.2211***	0.2654***
ln生产性固定资产原值	0.0263***	0.0602***	0.0372***
ln劳动力数	0.2044***	0.1437***	0.1555***
外出劳动力比重	0.2988***	-0.3873***	-0.2225***
具有初中及以上文化程度	0.1372***	0.0293***	-0.0173*
距最近车站2—5公里	-0.0238**	-0.0290***	-0.0125

续表

	家庭纯收入	家庭经营纯收入	第一产业纯收入
距最近车站 10—20 公里	-0.0523***	-0.0346***	-0.0111
距最近车站 20 公里以上	-0.0478***	-0.0610***	-0.0526***
常数项	7.8043***	5.8673***	5.8202***
省虚变量（略）			

注：***、**、*分别表示在1%、5%、10%置信水平上具有统计显著性。

扶贫资金对减缓贫困的贡献。在贫困监测指标中，有关到户资金主要有到户资金和实物折款。我们首先利用上述家庭经营纯收入决定模型的估计结果预测各样本农户的家庭经营纯收入，并加上实际的其他收入（工资性收入、财产性收入和转移性收入），计算各省的贫困指数；然后模拟扣除到户资金后，各样本农户的家庭经营纯收入，再加上实际的其他收入，并计算各省的贫困指数。将二者的贫困指数进行比较，来估计到户扶贫资金对减缓贫困的贡献。结果表明，到户扶贫资金对全国重点县的贫困发生率减少的贡献率为10.5%，对贫困深度和贫困强度减少的贡献率为34%和38.4%。这说明到户扶贫资金对减缓农村贫困产生了积极的作用。

3. 农户自己报告的扶贫资金增收效果。在贫困监测报表中设有“本户当年通过扶贫项目增加净收入”指标，我们通过对农户自己报告的扶贫项目增收效果进行分析，来间接考察扶贫资金的效果。平均来说，2008年重点县受益农户户均自报告通过扶贫项目增加净收入579.8元（表7-11），但各收入组农户自己报告的增加的净收入存在较大的差异。低收入组受益农户报告增加的净收入最低，为432.2元，其中的受益贫困户报告增加净收入350元；而高收入组受益农户户均报告增加净收入721.4元，比低收入组受益农户报告的增加净收入高67%。

全部受益样本农户自己报告的从扶贫项目增加的净收入在各收入组间的分布，最低20%收入组农户获得全部自报告增加净收入的14.4%，而顶层40%收入组农户得到了46.3%。为了考察扶贫资金的增收效果，我们将到户扶贫资金和实物折款与受益农户报告的通过扶贫项目增加的净收入进行比较，计算单位扶贫资金投入增加的净收入。平均来说，1元扶贫资金投入增加0.46元净收入。但各收入组农户的资金净收入率存在较大的差异。单位扶贫资金增加的净收入与收入分配成反向分布，低收入组农户1元资金投入增加的净收入为0.38元，而高收入组达到0.54元。

表7-11 2008年农户自报告增加净收入

	增加的收入分配（%）	受益户户均受益（元）	每1元资金投入增加的净收入（元）
总计	100.00	579.80	0.46
低收入组	14.35	432.20	0.38
中低收入组	18.70	523.04	0.45
中等收入组	20.66	582.18	0.46
中上收入组	23.21	643.98	0.48
高收入组	23.09	721.42	0.54
贫困户	6.53	349.65	0.32

资料来源：根据国家统计局贫困监测数据计算。

（五）结论与政策建议

1. 主要结论。本项研究的主要结论是：

第一，随着财政扶贫资金投入的增加，扶贫资金覆盖面明显扩大，但低收入农户在扶贫资金分配中没有受到优待，扶贫资金的使用不利于减缓贫困。

第二，农户扶贫资金的需求缺口非常大，在现行制度安排下很难得到满足，需要在资金分配和供给方面进行制度创新。

第三，资金投入对具有劳动能力的贫困农户增收有积极作用，扶贫资金起到了一定的减贫作用。

第四，根据调查户的自报告分析，各收入组受益农户从扶贫项目中户均增加净收入580元，但低收入组受益农户增收明显少于其他农户，而且低收入组农户扶贫资金使用效果也较差。

2. 政策建议。根据本报告的研究，为改善扶贫资金的减贫效果，需要采取以下政策措施：

第一，适当增加扶贫资金投入，采取有效措施，改善扶贫资金的瞄准性，使扶贫对象能够从新增扶贫资金中更多受益；

第二，继续加大信贷扶贫制度的改革力度，创新信贷扶贫方式，使更多的扶贫对象能够持续地得到信贷资金的扶持；

第三，更好地协调资金扶贫与就业促进、技能培训等其他扶贫方式的关系，以便更好地发挥扶贫资金的减贫效果。

附表 7-1　历年扶贫重点县扶贫资金使用情况　（单位：亿元）

指标名称	2002 年	2005 年	2006 年	2007 年	2008 年
扶贫投资总额	250.9	264.0	279.2	316.8	367.2
（一）按资金来源分					
1. 中央扶贫贴息贷款累计发放额	102.5	58.4	55.6	70.5	84.0
2. 中央财政扶贫资金	35.8	47.9	54.0	60.3	78.5
3. 以工代赈	39.9	43.3	38.5	35.4	39.3
4. 中央专项退耕还林还草工程补助	22.6	44.0	46.1	63.2	51.5
5. 省级财政安排的扶贫资金	9.9	9.6	10.8	14.2	18.9
6. 利用外资（实际投资额）	17.6	29.0	30.9	19.1	14.1
7. 其他资金	22.0	31.8	42.5	54.0	81.4
（二）按资金投向分					
1. 种植业	25.2	23.6	31.5	39.4	48.8
2. 林业	27.0	46.2	48.1	53.6	55.7
3. 养殖业	22.9	23.2	27.0	31.5	40.5
4. 农产品加工	15.6	10.2	13.0	11.0	17.1
5. 其他生产行业	22.0	21.8	16.5	18.7	16.0
6. 基本农田建设	15.3	15.5	14.5	13.9	16.0
7. 人畜饮水工程	12.2	10.2	11.2	13.7	15.3
8. 道路修建及改扩建	49.5	35.2	38.6	47.6	62.6
9. 电力设施	14.5	16.6	12.1	10.1	9.7
10. 电视接收设施	1.6	1.1	0.9	1.0	0.9
11. 学校及设备	6.3	6.4	3.9	3.6	5.6
12. 卫生室及设施	3.5	2.9	3.1	2.9	3.4
13. 技术培训/技术推广	2.0	3.5	4.2	4.0	4.5
14. 资助儿童入学/扫盲	1.8	2.4	2.5	2.9	2.3
15. 其　他	30.8	44.7	53.6	60.1	66.5

资料来源：《中国农村贫困监测报告 2009》。

八、整村推进扶贫战略的实际效果评估

（一）导言

整村推进是新时期我国农村开发式扶贫的三大重点内容之一。目的是利用较大规模的资金和其他资源，在较短的时间内使被扶持的村在基础和社会服务设施、生产和生活条件以及产业发展等方面有较大的改善，并使各类项目间能相互配合以发挥更大的综合效益，从而使贫困人口在整体上摆脱贫困，同时提高贫困社区和贫困人口的综合生产能力和抵御风险的能力。

整村推进作为新时期最重要的扶贫方式，它能否顺利实施将直接影响农村扶贫开发纲要中所确定目标的实现。本报告是在国务院扶贫办“中国农村扶贫纲要”中期评估的基础上补充和修改而成的，重点分析了整村推进的进展、效果和面临的主要问题。

（二）贫困村瞄准的准确程度

按照上述方法，全国在2001年共确定了14.8万个贫困村。其中，西部占50%，中部占40%，东部占10%，可见国家扶贫开发的重点进一步向中西部转移。随后，部分省对贫困村进行了调整，主要是增加了一些贫困村。2007年底扶贫部门统计的贫困村总数为15万个。

表8－1为全国贫困村分布情况。从表中可以看出，全国除北京、上海和天津三个直辖市外，其余省区都有贫困村分布。山西、河南、湖北、四川、贵州、陕西、甘肃等省贫困村的绝对数量较大，占全国总贫困村的比例都超过5%。全国的贫困村占总行政村的比例为20%，山西、内蒙古、吉林、贵州、云南、陕西、甘肃、青海、宁夏和新疆等省区贫困村的相对数较大，占本省行政村的比例都超过30%，其中贵州的贫困村的比例高达54%。所有贫困村在东、中、西部的分布情况是东部占13.5%，中部占40.5%，西部占46%。

表8－1　　全国贫困村在各省的分布　　（单位：个，%）

	行政村	2001年贫困村	2007年底贫困村	占全国贫困村的比例	占本省行政村的比例
北京	4156	0	0	0.00	0.00
天津	3872	0	0	0.00	0.00
河北	50214	7102	7102	4.73	14.14
山西	32363	10510	9776	6.51	30.21
内蒙古	14153	5000	5240	3.49	37.02
辽宁	16297	2330	2739	1.82	16.81
吉林	10366	3800	3800	2.53	36.66
黑龙江	14918	3052	3112	2.07	20.86
上海	2967	0	0	0.00	0.00
江苏	37231	1025	2036	1.36	5.47
浙江	44463	2982	3161	2.10	7.11
安徽	31031	5000	5219	3.47	16.82
福建	15087	207	3719	2.48	24.65
江西	20899	5000	5000	3.33	23.92
山东	88619	4576	4579	3.05	5.17
河南	48275	10449	10421	6.94	21.59
湖北	33341	7519	8614	5.73	25.84
湖南	48576	5472	7000	4.66	14.41
广东	23618	4086	4088	2.72	17.31
广西	14962	4060	4060	2.70	27.14
海南	2655	720	720	0.48	27.12
重庆	21728	3270	5269	3.51	24.25
四川	55970	10000	10000	6.66	17.87
贵州	26007	13973	13973	9.30	53.73
云南	13374	11344 *	4010	2.67	29.98
西藏	7198	0	0	0.00	0.00
陕西	32561	10700	10706	7.13	32.88
甘肃	17750	8790	8790	5.85	49.52
青海	4109	2453	2453	1.63	59.70
宁夏	2633	1105	1026	0.68	38.97
新疆	8927	3606	3606	2.40	40.39
全国	748320	148131	150219	100.00	20.07

* 云南2001年的数据是自然村。

资料来源：全国农业普查办公室（2000），国务院扶贫办。

专栏二 贫困村的确定方式

贫困村的选定在原则上是根据亚洲开发银行专家组提出的村级加权贫困指数（WPI）来进行的。该指数对8个指标在村级进行了加权，即生活状况（人均年粮食产量，人均年现金收入和土坯房的农户比重）；生产生活条件（饮水有困难的家庭比重，农户的通电率，通机动车的自然村比重）；卫生教育状况（女性长期患病率，中小学生辍学率）。然后，可以利用加权的WPI对村庄进行排序；指数越高，村子越穷，就越有可能被定为贫困村。这种方式的优点是对贫困村的选择不仅考虑了收入因素，同时也考虑了基础设施和社会发展指标，利用这些综合指标能比较全面地反映一个村庄的贫困状况。另外，所选指标相对比较简单，容易获得。然而，由于需要对每个指标给予不同的权重，而权重又是由各地根据每项指标的重要性自己确定的，同一指标的权重在不同的地区可能完全不同。这种加权方式虽然考虑了不同地区的人对贫困定义上的差异，但是计算出来的贫困指数不能进行跨地区比较。因为即使两个村所有的指标值都是一样的，最后的加权贫困指数也是不同的。考虑到各地情况的差异，在具体的操作中，并没有要求各个地区都采用所推荐的8个指标，而是各地可以在此基础上根据实际情况进行调整。这虽然增加了指标的灵活性以适应不同地区的情况，但也使地区间的比较更加困难。我们在实地调查中也了解到，一些地方也没有按照亚洲开发银行推荐的方法计算加权贫困指数，然后根据指数的高低选择贫困村，而是根据经验或其他的方法进行选择。

资料来源：汪三贵：《整村推进扶贫战略的实际效果评估》（课题专题报告）。

由于各地确定贫困村的方法并不统一，并且采用了多指标的加权贫困指数，要准确地评价所确定的贫困村是否是最应该得到扶持的村不是一件容易的事情。下面的评估主要是利用国家统计局农调队为世界银行中国贫困评估项目所收集的村级调查数据进行的。国家统计局的调查包括了所有有国家农村住户点的扶贫工作重点县的样本村和部分在全国随机抽取的非贫困县的住户样本村。总调查村数为3036个。

表8－2为贫困村在不同类型地区的分布情况。从表中可以看出，调查村在平原、丘陵和山区的比例分别为45%、29%和27%，而贫困村在这三类地区的比例则分别为28%、17%和55%。一半以上的贫困村分布在山区，但平原地区的贫困村比丘陵地区要多。在调查样本中，12%的村为少数民族村，而少数民族贫困村占到总贫困村的34%。

表8－2　　贫困村的地理和民族分布（%）

	平原	丘陵	山区	少数民族
贫困村	27.8	17.4	54.8	34.1
非贫困村	47.1	30.1	22.8	9.2
合计	44.7	28.5	26.7	12.2

资料来源：世界银行和国家统计局农调队。

图8－1为不同收入村组中扶贫重点村的分布。从中可以清楚地看到，收入越低，扶贫重点村的比例越高，55%的扶贫重点村分布在最低的20%收入组，75%的扶贫重点村分布在最低40%收入组。这反映出收入低的村被确定为扶贫重点村的概率更高。然而，如果仅根据收入标准衡量，扶贫对象选择中的覆盖不完全和漏出问题依然存在。例如，最低收入组中仍然有45%的村没有被确定为扶贫重点村，这表明了扶贫投资对这些较穷的村覆盖不完全。另一方面，更高的收入组中仍有一定数量的扶贫重点村，特别是最高的40%收入组中还有约11%的扶贫重点村，这会导致部分扶贫资源漏出到较高收入村中。

考虑到贫困村的确定过程，这种情况的出现是完全可以理解的。首先，发达地区在选定贫困村时标准肯会要高于贫困地区，从而可能使这些地区的贫困村处于高收入组中。其次，贫困村的确定并不是完全根据收入指标，收入高的村也可能其他指标低，加权平均后仍有可能因为贫困指数较高而被确定为贫困村。再次，政治上和其他非经济的因素的考虑，可能会造成部分收入低的村不能被确定为贫困村，而收入高的村反而被确定为贫困村。但不论是什么原因，大量的低收入村被排除在贫困村之外而不能享受国家的扶贫政策和投资还是应该受到关注。如果长期得不到扶持，这些村与扶贫重点村的差距有可能不断拉大。

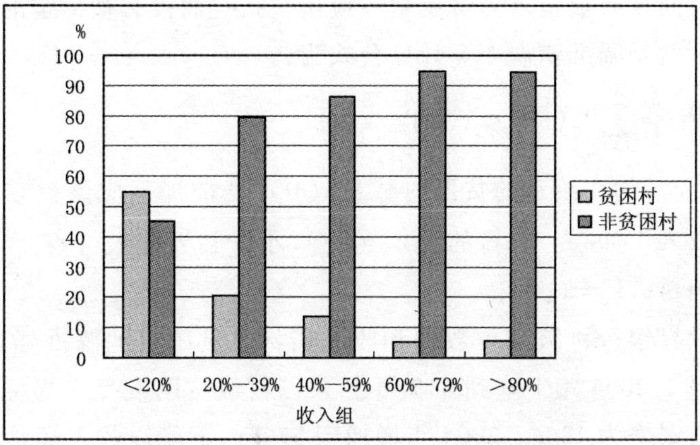

图 8－1 贫困村在不同收入组间的分布

资料来源：世界银行和国家统计局农调队。

国际上通常用贫困瞄准缺口和瞄准错误来度量扶贫对象瞄准的准确程度。瞄准缺口是指：根据一定的标准，错误选择的对象占所有可能的扶持对象中的比例。这里又有两种情况：一是按标准本来应该被确定的扶持对象却没有被确定，称为第一种缺口；二是按标准本来不应该被确定的扶持对象却被确定为扶持对象，称为第二种缺口。计算公式为：

$$TCG_t = \frac{1}{N}\sum_{i=1}^{N}\{I_{it1}(P_{it}=0, Y_{it}<Z_t)+I_{it2}(P_{it}=1, Y_{it}>Z_t)\}$$

上式中，N 为样本村个数；I_{it1}表示第一类缺口，如果一个村收入水平（Y_{it}）低于贫困线（Z_t）但没有被确定为贫困村时为 1；否则为 0；I_{it2}表示第二类缺口，如果一个村收入水平（Y_{it}）高于贫困线（Z_t）但被确定为贫困村时为 1；否则为 0。TCG_t 可以解释为被错误瞄准村的比例。

根据世界银行村级抽样调查资料的计算结果列于表 8－3 中。如果我们以国家统计局的绝对贫困线和低收入线为标准，计算出来的 2001 年和 2004 年的瞄准缺口为 22%—23%，即在所有样本村中，有 22%—23% 的村没有被正确的瞄准，其中绝大部分错误为第二种缺口。

另外一种衡量瞄准准确性的更好的指标是瞄准错误率。它衡量的是：根据指定的瞄准对象的个数并按照贫困指标排队，将贫困指标最差的对象

（村）依次指定为贫困村直到预先确定的贫困村数量为止，这就会达到最完美的瞄准结果。但实际上，总有一些根据这种完美瞄准的方式应该被指定的贫困村而没有被指定为贫困村，应该被指定而没有被指定的村占总贫困村的比例就是瞄准错误率。计算公式为：

$$TCE_t = \frac{1}{D}\sum_{i=1}^{N} I_{it}(Y_{it} < Z_t^*, P_{it} = 0)$$

其中，Z_t^* 为在给定的贫困村数量（D）的前提下应该被瞄准的最后一个村的收入。如果一个村的收入（Y_{it}）小于临界收入（Z_t^*）但没有被确定为贫困村，$I_{it}=1$。

根据世界银行村级调查数据和收入指标，贫困村的瞄准错误率 2001 年约为 67%，2004 年下降到 63%。如果以村级贫困发生率为标准，2001 年的瞄准错误率为 48%，2004 年增加到 57%。不能以收入还是贫困发生率为标准，贫困村确定的准确性不容乐观。

表 8-3　　瞄准缺口和错误率

	2001 年		2004 年	
	绝对贫困线	低收入线	绝对贫困线	低收入线
瞄准缺口（%）				
第一类	8.95	10.15	7.09	7.95
第二类	14.40	12.16	14.94	13.84
合计	23.35	22.41	22.03	21.79
瞄准错误率（%）				
以收入为标准	67.19		62.88	
以贫困发生率为标准	48.17		57.15	

利用世界银行和国家统计局的农户调查资料，我们可以进一步计算贫困村中的贫困人口占全国总贫困人口的比例（表 8-4）①。按照统计局的绝对贫困线来衡量，2001 年贫困村中的贫困人口占全国总贫困人口的比例为 59%，到 2004 年，这一比例下降到 51%。而且贫困线越高，覆盖的

① 由于子样本中贫困县和非贫困县的比例不同，而且样本中贫困村的比例也低于实际比例，在计算中我们进行了适当的加权。

贫困人口比例越低。比较贫困村和贫困县覆盖的贫困人口，我们发现贫困县覆盖贫困人口的比率比贫困村要高10个百分点以上。这种差别主要是由于贫困县占全国总县数的比例要高于贫困村占全国总村数的比例，因此贫困县覆盖的总乡村人口（24.7%）要高于贫困村覆盖的总乡村人口（20.7%）。如果调整了人口覆盖比例的差异后，贫困村和贫困县覆盖的贫困人口差别不大。

表8-4　贫困村和重点县的贫困人口覆盖率（%）

	绝对贫困线		低收入线		1天1美元消费线	
	村	县	村	县	村	县
覆盖率：中国的贫困人口中						
2001年生活在贫困村（县）的比例	59.48	70.79	51.93	66.61	37.98	47.32
2004年生活在贫困村（县）的比例	50.83	61.98	47.36	58.95	41.89	49.75
潜在的漏出率：非贫困人口占贫困村（县）总人口比例						
2001年生活在贫困村（县）的比例	84.45	83.90	71.99	68.74	61.63	56.87
2004年生活在贫困村（县）的比例	89.67	88.88	79.34	77.31	68.36	66.85

表8-5　不同区域贫困村的贫困人口覆盖率（%）

区域	2001年			2004年		
	绝对贫困线	低收入线	1天1美元的消费线	绝对贫困线	低收入线	1天1美元的消费线
沿海	35.27	33.05	11.12	15.69	16.40	16.69
东北	39.84	35.35	9.81	12.28	12.08	8.94
中部	32.66	27.69	26.39	25.68	28.28	25.38
西南	75.64	68.52	57.49	74.67	66.76	64.25
西北	59.95	54.69	53.26	52.44	53.43	51.31
合计	59.48	51.93	37.98	50.83	47.36	41.89

为进一步研究村级贫困瞄准的效率，我们分析了不同地区贫困人口覆盖状况。表 8 - 5 和表 8 - 6 分别列出了不同区域的贫困村和贫困县对贫困人口的覆盖率。在五个区域中，西部地区，特别是西南地区，对贫困人口的覆盖率最高。2001 年西南地区 76% 的绝对贫困人口居住在贫困村内，而在西北地区该比例是 60%。非西部地区的贫困村覆盖该区域绝对贫困人口的比例为 33%—40%。对低收入人口和消费贫困人口的覆盖情况也与此类似，只是在沿海和东北地区对消费贫困人口的覆盖率远低于收入贫困人口。此外，非西部地区，特别是沿海和东北地区对收入贫困人口的覆盖率比西部地区下降速度更快。2001—2004 年，绝对贫困人口和低收入人口的覆盖率在西南地区分别只下降了 1 个百分点和 2 个百分点，在西北地区分别下降 8 个百分点和 1 个百分点，但是在沿海地区下降了 20 个百分点和 17 个百分点，东北地区下降了 28 个百分点和 23 个百分点。然而，2004 年贫困村对消费贫困的覆盖率保持稳定，甚至有所增加。这意味着，住户收入比消费更具波动性，在东部地区收入的波动性更大，而且富裕地区的贫困更具有暂时性的特点。如表 8 - 7 所示，在东北以外的所有区域，贫困县覆盖了更多的贫困人口。例如，2001 年西南地区的贫困县覆盖了 87% 的绝对贫困人口，而同一地区的贫困村仅覆盖了 76% 的绝对贫困人口。

表 8 - 6　　不同区域贫困县的贫困人口覆盖率（%）

区域	2001 年			2004 年		
	绝对贫困线	低收入线	1 天 1 美元的消费线	绝对贫困线	低收入线	1 天 1 美元的消费线
沿海	49.82	45.89	17.44	16.28	16.37	16.35
东北	5.01	6.77	1.51	4.09	5.86	6.25
中部	49.38	46.58	30.05	52.28	43.13	31.72
西南	87.29	83.30	69.96	77.28	74.43	70.35
西北	81.70	77.76	73.98	76.82	76.41	71.96
合计	70.79	66.61	47.32	61.98	58.95	49.75

（三）整村推进的进展

总体来看，以村级扶贫规划为基础的整村推进已经取得明显的进展，各省都在按国务院扶贫领导小组的部署逐步推进整村推进工作。但与目标任务相比，整村推进的速度还是过慢，而且各省的进展也很不平衡。根据国务院扶贫办的统计，截止到2008年底，累计完成整村推进的贫困村占总贫困村的60.53%（表8－7）。扶贫纲要的实施时间只剩下两年，而完成整村推进的贫困村不到总贫困村的2/3。鉴于这样的形势，2008年国务院扶贫办联合国家多个部门以文件的形式发布了“关于共同促进整村推进扶贫开发工作的意见”，提出了“三个确保”，在2010年底前完成三类地区贫困村的整村推进工作。这三类地区包括人口较少民族尚未实施整村推进的209个贫困村；内陆边境48个扶贫开发重点县中离边境线25公里内尚未实施整村推进的432个贫困村；国家重点县中307个老区县的尚未实施整村推进的24008个贫困村。从各地的进展来看，内蒙古、辽宁、江苏和宁夏已经完成所有贫困村的整村推进工作；河北、山东、海南、重庆和四川在70%以上的贫困村实施了整村推进，其他高于全国平均水平的省区有山西、浙江安徽、福建和广西。河南、湖北、广东和甘肃完成整村推进的村不到贫困村总数的50%。可见，贫困村的整村推进工作在部分地区将不会如期完成。但与2005年相比，整村推进工作有了明显的进步。三年的时间，完成率增加了近一倍。近几年进展较快的有山西、安徽、江西、四川、贵州、青海、宁夏等省区。

表8－7　　整村推进进展情况统计表　　（单位：个，%）

	贫困村数	2005年累计完成整村推进的贫困村数	2008年累计完成整村推进的贫困村数	2005年完成率	2008年完成率
河北	7102	3138	5158	44.18	72.63
山西	9776	989	6566	9.41	67.16
内蒙古	5240	3210	5240	64.20	100.00
辽宁	2739		2739		100.00
吉林	3800	1571	1933	41.33	50.87
黑龙江	3112	1012	1633	33.16	52.47
江苏	2036		2036		100.00
浙江	3161		2025		64.06
安徽	5219	1443	3331	28.87	63.82
福建	3719		2277		61.23

续表

	贫困村数	2005 年累计完成整村推进的贫困村数	2008 年累计完成整村推进的贫困村数	2005 年完成率	2008 年完成率
江西	5000	1200	3000	24.00	60.00
山东	4579		4189		91.48
河南	10421	3931	4504	37.62	43.22
湖北	8614	1867	3809	24.83	44.22
湖南	7000	1853	3560	33.87	50.86
广东	4088		1515		37.06
广西	4060	1731	2782	42.64	68.52
海南	720	278	551	38.59	76.53
重庆	5269	2247	4270	68.72	81.04
四川	10000	4196	8281	41.96	82.81
贵州	13973	2224	7103	15.92	50.83
云南	4010		2389	31.85	59.58
陕西	10706	2724	5672	25.46	52.98
甘肃	8790	1520	3396	17.29	38.63
青海	2453	179	1398	7.30	56.99
宁夏	1026	264	1026	23.88	100.00
新疆	3606	1695	1922	47.00	53.30
全国	150219	47402	90932	32.00	60.53

注：2005 年的完成率是根据 2001 年确定的贫困村数计算的。

根据对 16 个省（市、区）7 万个贫困村 2005 年数据的统计[①]，平均每个贫困村规划的扶贫资金总量为 228 万元。在 16 个省份中，有 12 个省贫困村的平均规划资金在 100 万—300 万元之间，只有广西和黑龙江超过 300 万元，其中广西达到 1300 多万元。低于 100 万元的省份也只有两个，分别为湖南和云南（表 8－8）。根据我们在实地调查中了解的情况，湖南在 2004 年对贫困村重新进行了村级扶贫规划，规划的资金需求是根据事

① 这 16 个省（区）包括河北、吉林、黑龙江、江西、安徽、河南、湖北、湖南、广西、海南、四川、云南、陕西、青海、宁夏和新疆。

先确定的限额来确定的，本次资金的需求量大大低于2001年按实际需求规划的资金需求量。湖南上报的数据应该是2004年的规划数。而云南是按自然村规划的。每个贫困村平均的实际扶贫投资为34万元，仅占到需求量的15%。即使假定所有资金都用在已经启动整村推进的贫困村（只有32%的贫困村启动了整村推进），每个整村推进村的平均资金规模也只有96万元。实际扶贫投资与规划投资和实际需求相比严重不足。从各省的情况看，只有吉林、江西、河南、广西、宁夏和新疆的平均扶贫投资超过50万元，湖北、湖南、海南和青海每个贫困村的平均投资不到20万元。

表8-8　贫困村扶贫投资情况表　（单位：万元）

省区	每个贫困村平均规划投资	每个贫困村平均得到的投资	启动整村推进的村平均得到的投资
河北	115	31	69
吉林	109	72	175
黑龙江	315	26	78
安徽	113	26	90
江西	203	87	87
河南	273	81	214
湖北	100	10	39
湖南	66	5	15
广西	1356	80	188
海南	138	15	39
四川	150	28	67
云南	80	17	55
陕西	133	20	78
青海	276	5	62
宁夏	167	68	339
新疆	214	71	152
平均	223	34	96

资料来源：国务院扶贫办。

（四）整村推进项目的实施方式及其影响

整村推进所实施的项目都是以村级扶贫规划为基础的，绝大多数项目是村干部和村民利用参与式提出的。从我们调查的贫困村的情况看，主要项目类型包括：道路、饮水、沼气、移民搬迁和产业开发等方面。

1. 道路项目。贫困村的道路建设主要是新建或扩建通村路和连接村内各自然村间的通组道路。山区道路的建设成本一般都比较高，新建需要 10 万—20 万元/公里，扩建则低一些。村内路因标准较低，新建需要 4 万—10 万元/公里。标准稍高一点的道路项目的实施一般由县、乡政府相关部门组织，外包给专业工程队机械施工。有时需要村民们投工投劳（义务或有报酬）做一些辅助性工作，如搬运砂石料等。另外，有的村内路遇到征用土地问题，由相关村民小组的农户共同负担征地费用。

从调查中了解到，道路项目给贫困山村大多数农户的生活生产带来了很大变化，如广西壮族自治区龙胜县细门村刚刚扩建完成的 3 公里村内道路。这条路涉及三个村民小组，以往这些组的农户去县城买化肥，先要走 7 公里的山间小路到村委会，然后乘车到县城，往返一次需要大半天时间。现在，从家到村委会只需走 4 公里，同样买一次化肥，不仅节约了时间，劳动强度也减少了将近一半。如我们访问的农户余兰科家，每年需要各种化肥 500 斤，以往一天两个人背两趟（每趟每人 70 斤），要花两天时间才能完成，现在只需要一天。另外，农户到县城卖猪，以往卖一头肉猪需要雇 4 人，从家里抬到村委会，然后乘车进城。雇工费 80 元（每人 20 元钱），现在只需要 40 元（每人 10 元钱），节约一半的运输成本。

但道路并没有给最贫困农户的脱贫带来明显的效果。细门村 1 组共有 20 户贫困户（不是低保户和五保户，家里有劳动力，但由于种种原因，一年中 2—3 个月吃不饱饭），因经济困难，很少购买生产资料如化肥农药等，同时自己种的粮食都不够吃，更谈不上出售。另外，由于能力和精力有限，经济作物的种植和养猪、养羊等项目也很少。由于经营活动少，商品交易少，对道路的利用不多，因此，这类农户在道路修通后，其生产和生活并没有明显的变化，仍然和过去一样，一年当中有几个月靠社会或国家的救济度日。

2. 饮水项目。饮水工程项目由于各地的地理条件和水源的不同而有差别，陕西省的饮水项目多为修建深水井，广西则主要是修建水柜。深水井项目一般是在村里的某一集中居住区域或村民小组修一个，然后通过主管道和进户管道，将水引入农户家的厨房。由于深水井一般在200—300米，需要专业工程队施工，通常由县、乡政府部门组织外包给专业工程队。一口深水井的工程费用一般需要二十几万元，一般不需要农户负担。但是进户管道、水表和水龙头则需要农户自负。根据每家距主管道距离的远近，农户负担的金额不同。

陕西省淳化县大店乡归乡村位于半山区，是全乡里最穷的村。2004年投入25万元财政扶贫资金打下一口深水井，计划解决全村75户农户的饮用水问题。在我们调查之际，深水井安装和主管道铺设都已经完成，15户农户家已经通水，30户农户准备安装进户管道。还有30户农户不准备安装进户管道。据了解，该村农户安装进户管道和水龙头需要交纳至少150元，有些离主管道远的农户交纳的更多。除此之外，每个月水费约为3元/吨，如果按一家4口吃水4吨的话，至少要出12元，一年也需144元。很多贫困农户和离主管道较远的农户拒绝使用深水井的水，仍然使用自家院子里简陋的水窖水（储存的雨水）。例如，村民李胜才家有3口人，两个劳动力，儿子出外打工，自己患有心脏病，妻子又有严重关节炎，劳动力严重缺乏，在村里属于贫困户。因为拿不出150多元钱，家中还没有接进户管道。

3. 沼气池项目。沼气池项目对贫困山区的农户生活改善和环境保护有非常明显的效益，深受农户欢迎。有了沼气炉，和煤气炉一样方便，再也不用到处砍柴，做饭不用烟熏火燎了，同时还保护山区树木。沼气池项目一般由农业部门下达指标，层层分配到村。国家免费提供修建沼气池所需的一些物质，如水泥、通气管、灶台等，其余挖坑以及备砂石料等由农户自负。修一个沼气池的费用一般是1500—2000元。其中农户需要自负一半以上。例如，在广西壮族自治区龙胜县泗水乡三舍村，修建沼气池时，政府以水泥、设备等物资形式资助700元，村民自己准备河沙和挖沼气池。一般一个沼气池要5吨河沙，由于交通不方便，需要人工搬运，成本很高。挖一个直径3米，深1.8米的沼气池也要花8—10个工。另外还交了210元的安装技术费用。农户自己的投入需要约1300元。

对于劳动力少或经济状况不好的农户来说，修建沼气池是相当困难的。广西都安县澄江乡甘湾村2003年共有40个沼气池指标。其中，团上村民组只有1户得到了指标。该组共13户农户，至今只有4户有沼气池，另外9户因为经济困难，根本没有能力修建，所以连名也没报。

4. 移民搬迁项目。对于居住在偏远山区靠当地资源难以维持生存的贫困人口，移民搬迁是投资效益最高的扶贫方式。我们调查的8个村子中，陕西省淳化县卜家乡卜家村、陕西省陇县固关镇姚家店村和广西壮族自治区都安县澄江乡甘湾村都实施了移民搬迁项目。

陕西省淳化县卜家乡卜家村距离县城17.5公里，距离乡政府1.5公里，两个村民小组，137户农户，居住相对集中。因很多农户居住在沟壑边或地坑内[①]，不仅居住条件差，而且影响农田布局。因此，2004年投入40万元财政扶贫移民专款实施移民搬迁项目，共搬迁42户农户。移民新村设在距卜家村2公里的平坦区域，统一设计的农户住宅小区，新住宅内各户有自己的院子。自来水项目和沼气池项目都集中在这里实施。另外，产业开发项目也集中投入到移民新村，紧挨着住宅小区边，是由搬迁农户经营了1—2年的蔬菜大棚区。

据我们调查，移民搬迁项目实施时，凡是住在沟壑边或地坑内的农户都可以报名，但是每户必须先交纳17500元的现金，然后财政扶贫资金补贴“5+1”，既每户补贴5000元的基础上，按人口每人再补贴1000元。这样，一个4口之家就可以得到9000元的移民补贴。这些钱主要用于修建住宅、沼气池、自来水和小区绿化等。该村需要搬迁的农户远不止42户。但贫困户拿不出钱的，只有放弃。

陕西省陇县固关镇姚家店村位于山区，第2村民小组的19户农户居住在距村委会5公里的山梁上，生存环境十分恶劣，不通路，缺水，孩子上学困难。2004年初该村民组实施移民搬迁项目，在村委会所在地开辟了一处移民小区（各户的耕地还是在原来的山梁上）。房宅地有了，但一套房院需要约3.3万元。财政扶贫资金补贴“5+1”，一家按4口人算，

① 地坑即是指在地面下挖一个宽约30米、长约50米、深约4米的大坑，在侧壁再挖窑洞，形成一个地下居住院子。

共补贴9000元，剩余的2.4万元仍需要农户负担。到目前为止，有17户农户搬了下来，但还剩下2户没搬。一户是30多岁的夫妻带着一个3岁女孩，因头一个儿子得了白血病，刚处理完后事，欠了近10万元的债，实在拿不出钱搬迁。另外一户是50多岁的夫妻带3个正在上高中、初中和小学的孩子。全靠种地收入，生活十分艰难，只能留在山梁上。

5. 产业开发项目。产业开发项目主要指种植业和养殖业项目。各地自然条件和资源状况不同，产业开发项目也多种多样。如陕西省卜家村的蔬菜大棚、姚家店村的养殖奶羊；广西壮族自治区细门村的西红柿、板栗、葡萄种植、三舍村养殖土鸡、甘湾村的玉米新品种普及等。从资金来源看，陕西省几个村的项目资金多来源于扶贫专项贷款，而广西壮族自治区则来源于农业、林业部门或对口帮扶部门的无偿补贴。从项目实施方式上看，由于扶贫专项贷款由农业银行或信用社负责实施，对农户的经济实力、偿还能力、信用等级等有一定要求，因此很多农户，特别是贫困户难以得到贷款。广西壮族自治区虽得到各部门的补贴，但是与水柜、沼气池项目类似，要求农户自己配套一部分资金，因此一些贫困农户仍然被排挤在项目之外。

卜家村以蔬菜大棚为产业发展的重点，一个大棚生产黄瓜等蔬菜，一年纯收入可达1万元左右，深受农户欢迎，目前全村共有36个大棚。该项目资金来源于扶贫专项贷款，由于该村是市委副书记的点，同时大棚效益好，项目比较容易争取到。但农户参加项目的门槛很高。大棚宽约10米，长度从50—100米长不等，修建长50米大棚一般需要1.4万元，长100米的大棚则需要1.7万—1.8万元，但是国家只提供0.9万元的贴息贷款，剩下的缺口约0.5万—0.9万元需要自己负担。除此之外，每年要付150元左右的技术指导费。真正贫困的农户很难参加该项目。例如，村民裴根才，一家4口，经济状况在村里属于中等水平。2003年卖了一头牛，再找朋友和高利贷（30%的利息）借钱，东拼西凑了近2万元，参加了移民搬迁项目，家里沼气池和自来水都有了，可就是再也拿不出钱搞蔬菜大棚了。不难想象，那些住在沟壑、地坑里的贫困户，因没有钱，连移民搬迁项目都无法参加，就更谈不上争取贷款、参加蔬菜大棚项目了。

三舍村的土鸡养殖项目，有养鸡经验的人都可以报名，但需要具备一定条件。首先要有经济实力。小鸡 4.5 元一只，其中财政扶贫资金补贴 2.5 元，农民自己出资 2 元。若买 100 只小鸡，农民就要负担 200 元。另外还要负担鸡饲料（半放养），每个月需要 100 多元，从小鸡到肉鸡需要 4 个月时间，共需饲料费用 400 多元。其次要有养鸡经验。第三要有劳动力。购买和销售土鸡时，有的小组的村民需要从家里挑到 7 公里外的村委会，然后才能运到县城的市场。另外，要经常观察土鸡是否生病，及时喂药等。第四要有养鸡的场所，有地方做鸡圈。因为有这些条件限制，一些农户特别是贫困户会被排斥在项目之外。

通过上述对整村推进中各种扶贫项目实施及贫困人口受益情况的分析，我们可以得到的基本结论是，整村推进中实施的扶贫项目对未解决温饱问题的贫困人口的帮助有限。尽管贫困村的很多农户参加项目之后受益很大，效果也非常明显，但是，受益最大的这些农户往往是贫困村中收入水平处于中等或较高的那部分群体。无论是基础设施项目（如道路、饮水、沼气池项目）、移民搬迁项目还是产业开发项目，那些未解决温饱的贫困人口从中受益都非常有限。很多贫困人口因为这种参与项目的门槛过高而被排斥在项目之外，根本谈不上什么受益。这是因为绝大多数到户的项目都需要农户自己配套一部分资金，配套资金的比例常常超过项目总成本的一半，从而超过了绝对贫困人口的承受能力。而公共设施项目如道路又因为绝对贫困人口有限的经济活动而被排除在受益者之外。总之，目前这种项目的实施和农户的选择机制，实际上产生出一种对绝对贫困人口的排挤效应，导致在村内帮富不帮穷的结果。

（五）整村推进的实际效果

整村推进的实施使贫困村在短期内获得大量的资金用于各类基础设施的建设和产业开发。尽管各类项目在实施过程中有“嫌贫爱富”的倾向，但这些项目的实施，使贫困村各方面的生产、生活条件得到了明显的改善，多数农民的收入因此也得到了显著的提高。典型调查表明，在整村推进进展顺利、投资量较大的贫困村，全村农民人均纯收入在 1—2 年内能提高 50% 以上。由于道路、通信等条件的改善，不少贫困村能够开拓新的生产门路，更好地发挥了比较优势。基础设施的改善也促进了贫困村的劳务输出，从而间接地增加了贫困村农户的家庭收入。

1. 贫困村收入和基础设施的变化。整村推进的一个重要目标就是通过改善贫困村的生产生活条件来提高农户的创收能力和收入水平。我们可以通过比较扶贫工作重点村、重点县和全国农民收入的增长情况，来粗略分析整村推进的效果。图 8－2 是根据国家统计局全国农村住户调查和贫困监测调查计算出来的收入增长率。2002—2008 年间，贫困村农民人均收入增长达到9%，比贫困县高 0.7 个百分点，比全国农民平均收入增长率高 1.4 个百分点。在各项收入来源中，只有工资性收入低于全国平均增长率 1 个百分点，但高出重点县 0.4 个百分点；家庭经营收入的增长率贫困村最高，为 7.5%，比重点县高 0.7 个百分点，比全国平均水平高 2.7 个百分点；人均财产性收入和转移性收入增长率在贫困村达到 20% 以上，比重点县高 1.5—2.2 个百分点，比全国高 2.7—4.9 个百分点。由于在贫困村主要投资的是整村推进项目，其他部门的投资项目贫困村可能更少①，这种收入增长的差异应该主要是扶贫投资带来的。

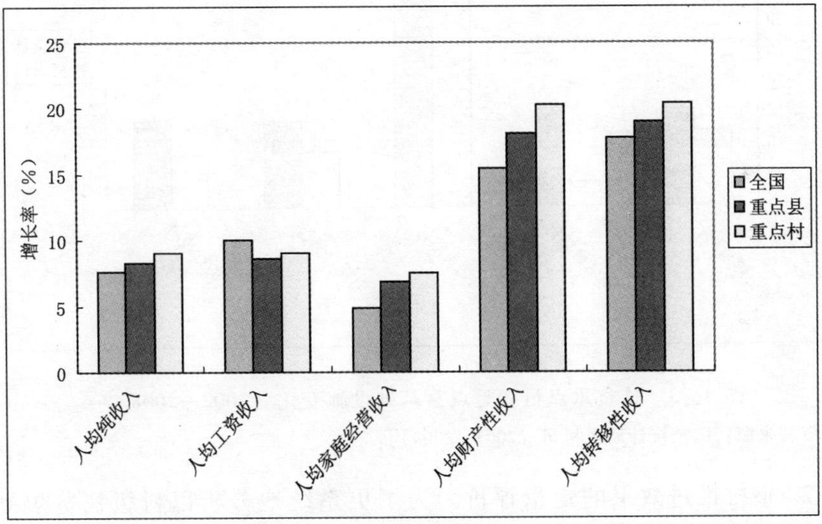

图 8－2　重点村、重点县与全国农民人均纯收入增长比较（2002—2008 年）

资料来源：国家统计局农村司（2003，2009）。

整村推进的投资重点是村级基础设施。利用国家统计局贫困监测数据

① 由于贫困村有较大规模的扶贫投资，其他部门的投资更有可能倾向于非贫困村。

我们可以比较扶贫工作重点县和重点村主要基础设施的变化。图 8 - 3 清楚地显示，重点村主要基础设施改善的速度比重点县更快。2002—2008 年间，重点村通公路的自然村比例提高了 15.7 个百分点，比重点县高 3.5 个百分点；重点村通电的自然村比例提高了 6.1 个百分点，比重点县高 2.1 个百分点；通电话的自然村比例提高了 45 个百分点，比重点县高 9.9 个百分点；能接收电视信号的自然村比例提高了 14 个百分点，比重点县高 4.8 个百分点；有卫生室的行政村比例提高了 14.2 个百分点，比重点县高 5.4 个百分点。这些数据清楚地说明，整村推进对改善贫困村的基础设施状况起到了极大的作用，到 2008 年贫困村的主要基础设施已经接近重点县的平均水平。

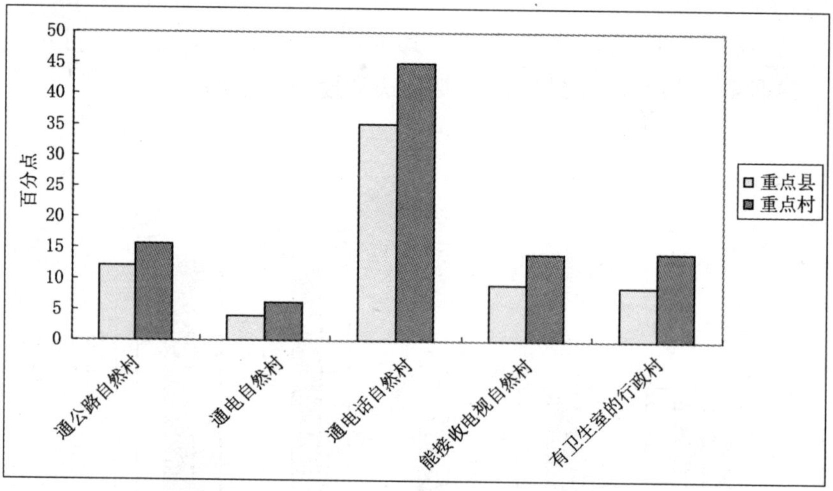

图 8 - 3　扶贫重点村和重点县基础设施变化（2002—2008 年）

资料来源：国家统计局农村司（2003，2009）。

2. 整村推进效果的定量评价。为了更系统地分析以村级扶贫规划为基础的整村推进对贫困村和农户的影响，我们利用国家统计局和世界银行的村级和农户抽样调查资料以及计量经济模型来对扶贫投资的影响进行实证分析。我们主要通过比较贫困村与非贫困村和整村推进村与非整村推进村收入变化来看扶贫投资是否给贫困村和整村推进村带来了有利的影响。在计量经济模型中，我们尽量控制其他影响因素，并利用固定效应模型来对同一个县内的贫困村（整村推进村）与非贫困村（非整村推进村）进行比较。

表 8 -9 为贫困村与非贫困村和整村推进村[①]与非整村推进村农户的收入增长的描述性统计。从表中可以看到，2001—2004 年期间，非贫困村收入增加的绝对量要大于贫困村。所有样本的非贫困村与贫困村比较，非贫困村收入的增加额要高 27%，而贫困县内贫困村与非贫困村比较，非贫困村收入的增加额要高 10%。然而，当我们比较整村推进村和非整村推进村时，收入增加的趋势出现了明显的变化。样本中所有整村推进的村和非整村推进村的收入增加额完全一样，而贫困县内的整村推进村的收入增加额要高于非整村推进村 22%。这表明开始扶贫投资的整村推进村的收入增长要远远高于还没有开始整村推进的贫困村，尽管贫困村的收入增加额低于非贫困村，但开始整村推进的贫困村的收入增长已经赶上和超过了非贫困村。整村推进的效果十分明显。

2001—2004 年间，贫困村和整村推进村的收入增长率都超过了非贫困村和非整村推进村的收入增长率。全国所有样本贫困村的总增长率比非贫困村高 6 个百分点，年均增长率高 2 个百分点，而贫困县内贫困村的总增长率比非贫困村高 3.4 个百分点，年均增长率高 1.1 个百分点。整村推进村农户的收入增长率又明显高于一般的贫困村，而贫困村县内整村推进村的收入增长速度最快，年均增长率达到 8.36%，比贫困县内非整村推进村高 2 个百分点，比所有样本的非整村推进村高 3.4 个百分点。对于整村推进村而言，这一结果并不奇怪。因为整村推进村收入增加的绝对额就等于和高于非整村推进村，而整村推进村在 2001 年的收入水平要低于非整村推进村，从而会有更高的增长率。对于贫困村而言，尽管收入的增加额低于非贫困村，但贫困村在 2001 年收入水平要大大低于非贫困村，因此导致贫困村比非贫困村有更高的增长率。总之，从收入的相对增长来看，无论是贫困村还是整村推进村，都在以更快的速度增长。这进一步证明了整村推进和其他扶贫政策对提高贫困村农户收入的有效性。

① 我们将所有按照村级扶贫规划开始扶贫投资的贫困村归类为整村推进村，其他村为非整村推进村。

表 8－9　　贫困村和整村推进村与非贫困村和非整村推进村农户的收入增长（2001—2004 年）

	纯收入的增加额（元/人）	总增长率（%）	年均增长率（%）
所有贫困村	367.79	20.58	6.86
所有非贫困村	467.76	14.54	4.85
贫困县内贫困村	292.42	22.10	7.37
贫困县内非贫困村	321.46	18.68	6.23
所有整村推进村	455.51	23.72	7.91
所有非整村推进村	455.23	14.90	4.97
贫困县内整村推进村	367.21	25.08	8.36
贫困县内非整村推进村	300.85	19.23	6.41

资料来源：世界银行和国家统计局农调队。

为了尽可能控制其他可观测和不可观测因素的影响，我们利用计量经济模型对贫困村与非贫困村和整村推进村与非整村推进村收入增长率的差异进行定量分析。模型的因变量为 2001 年和 2004 年收入取对数后的差分，并取年平均值。对因变量进行这种处理后，不仅可以消除收入的异方差性和不随时间变化的不可观测因素对收入的影响，自变量的系数还可以解释为对收入年增长率的影响。我们同时通过加入县虚变量来获得县级固定效果。模型中考虑的主要因素和回归结果见表 8－10。分析结果表明：2001—2004 年间，贫困村农户的收入增长速度要比同一个县内非贫困村农户的收入增长速度高约 2%，而且这一结果在统计上非常显著。同一时期，整村推进村农户的收入增长速度要比非整村推进村高 8%—9%。但这一结果在统计上并不显著，说明整村推进村内农户收入增长的差异很大，尽管平均而言收入增长要远高于非整村推进村，但这种增长可能来源于部分农户，另外一部分农户可能没有什么增长甚至是负增长（相对于非贫困村的农户而言）。这一点实际上在前面关于整村推进项目的实施方式和影响的分析中已经得到了证实。整村推进的效果尽管十分明显，但扶贫效果分配的不公平问题需要引起重视。

表 8－10　　　贫困村和整村推进村农户收入增长的定量估计

（差分和县级固定效果模型）

	贫困村的 OLS 估计		整村推进的 OLS 估计	
	因变量：收入对数差分的年平均值			
贫困村	0.019 ***	0.020 **	—	—
整村推进村	—	—	0.084	0.094
2001 年人均耕地面积（亩/人）	—	－0.06 ***	—	－0.006 ***
2001 年家庭抚养比	—	0.05 ***	—	0.054 ***
住户文化程度（年）	—	－0.003	—	－0.001
观察值	25988	25969	25988	25969
R^2	0.04	0.04	0.04	0.04

注：*** 为 0.01 水平上显著，** 为 0.05 水平上显著。

为了进一步验证整村推进对村内相对贫困户和富裕户的不同影响，我们利用所有贫困村的村级数据和概率配对模型对这两类农户的收入和消费变化进行定量分析。估计结果见表 8－11。

表 8－11　　　整村推进对不同类型农户福利的影响

（村级配对估计结果）

	Δln（inc. pc）	Δln（cons. pc）
所有贫困村		
所有户	0.030 （0.031） 588	0.010 （0.029） 588
贫困户	－0.039 （0.062） 552	0.001 （0.042） 552
富裕户	0.066 * （0.035） 484	0.088 ** （0.036） 484

续表

	Δln（inc. pc）	Δln（cons. pc）
既有贫困户又有非贫困户的贫困村		
所有户	0.029 (0.037) 448	0.054 (0.039) 448
贫困户	-0.061 (0.067) 448	0.006 (0.045) 448
非贫困户	0.096*** (0.039) 448	0.114*** (0.038) 448

注：*** 为0.01水平上显著，** 为0.05水平上显著，* 为0.1水平上显著。

村级配对估计结果表明，整村推进贫困村和非整村推进贫困村相比，尽管收入和消费增长的系数都是正的，但统计上不显著。在两个样本的估计中，只有整村推进村富裕户的收入和消费的增长显著高于非整村推进村富裕户的收入和消费的增长。收入的增长高6.6%（所有样本）和9.6%（既有贫困户又有非贫困户的贫困村样本）；消费的增长高8.8%（所有样本）和11.4%（既有贫困户又有非贫困户的贫困村样本）。说明在整村推进中，真正受益的群体是贫困村中相对较富裕的农户。这一定量分析结果与我们前面对各类项目实施过程中出现穷人难以受益的结论是一致的。

（六）主要结论和政策建议

以贫困村为对象和村级扶贫规划为基础的整村推进，是新时期我国开发式扶贫的重要举措，它的实施改变了过去以贫困县为对象的分散的扶贫模式，使贫困村的农户在短期内因获得大量的投资而在生产和生活条件方面迅速改善，收入水平也因产业的发展和生产率的提高而增加。总体来看，整村推进的效果是显著的。贫困村的农户收入增长要高于贫困县，更要高于全国平均的收入增长速度，这有利于缩小贫困村与非贫困村收入的差距。在贫困村中，实施整村推进的贫困村农户的收入增长比没有实施整村推进的贫困村高8%—9%。贫困村在生产性基础设施和社会服务设施方面的改善也同样显著，改善速度大大高于贫困县的平均变化速度，从而使得贫困村的主要基础设施已经接近贫困县的平均水平。

整村推进存在的主要问题一是绝对贫困人口没有从项目中平等受益，主要原因是项目实施过程中过度追求项目的数量而导致投入严重不足，农户必须大比例配套，贫困人口没有能力配套而不能参与项目；二是扶持对象选择的准确性还有待提高，一些更穷的村并没有纳入整村推进；三是整村推进的进度过于缓慢，到扶贫开发纲要结束时，已经确定的贫困村有相当的比例不能实施整村推进，而一部分早期实施整村推进的贫困村因资金量过少根本达不到整村推进的效果。为了完善整村推进工作，有必要进行适当的政策调整。

1. 继续推进整村推进扶贫方式。总体上讲，整村推进对贫困村在收入的提高和基础设施的改善方面有良好的效果，有利于缩小贫困地区与非贫困地区的差距。因此，有必要继续实施这一行之有效的扶贫措施，使之成为下一个十年的主要扶贫方式之一。

2. 改善贫困村的确定机制，提高瞄准的准确性。将扶贫开发的对象从贫困县变为贫困村是区域瞄准方式的一大进步。与以贫困县为扶持单位相比，确定的贫困村由于可以超出贫困县的范围而有利于提高对贫困县外贫困人口的覆盖率，而贫困县内只有部分贫困村能够享受扶贫资源也有利于减少资源的漏出。然而，目前所确定的贫困村只覆盖了61%的贫困人口。这一事实似乎表明以贫困村作为瞄准对象并没有显著提高瞄准的准确性。以收入标准来判断，45%的低收入村没有被确定为贫困村和11%的贫困村属高收入组，也表明覆盖不完全和漏出问题依然比较严重。

之所以出现这样的结果是因为贫困村的选择过程并不是十分可靠和有效。由于缺乏全国的村级统计资料，贫困村的确定主要是由地方政府根据亚洲开发银行项目推荐的标准进行的。整个过程具有很强的灵活性，并且地区之间不具有可比性。因此，要提高瞄准的准确性，必须适当改革贫困村的确定机制，将贫困村的选择建立在更可靠的信息基础上。

在实施下一阶段的整村推进之前，需要对贫困村进行重新认定和调整。为了保证瞄准的准确性，应该充分利用国家统计局目前正在做的贫困地图的成果，根据各地（贫困地图对贫困的估计数据可以到县一级）的贫困程度来分配贫困村的数量指标。总指标的大小应该与下个十年总的扶贫投资规模相适应，避免贫困村过多、资金过少而完不成任务的情况再次发生。

3. 改善项目实施方式，使绝对贫困人口受益。整村推进项目的实施在整体上改善了贫困村的生产生活条件，许多农户参加项目之后，受益很大，增收的效果也非常明显。但是，受益最大的农户是贫困村中收入水平处于中等或较高的那部分群体。绝对贫困人口在整村推进项目的实施中受益不多。很多贫困人口因为没有能力提供超过总成本一半的配套资金而被排斥在项目之外，根本谈不上什么受益。而公共设施项目如道路又因为绝对贫困人口有限的经济活动而被排除在受益者之外。

建议在整村推进的实施过程中，对不同的农户采用不同的扶持方式，而不应该对所有农户都一视同仁。对于经济条件较好的农户，继续实行资金配套的政策，而对于村里的绝对贫困户，则实行全额补贴，以便使他们能够参加项目并从项目中受益。这就需要发展和完善有效的贫困人口的识别机制。为了提高绝对贫困农户实施项目的成功率和效果，应该大力鼓励地方政府继续通过结对帮扶的方式来帮助绝对贫困户，让结对帮扶者负责组织和监督项目的实施。由于结对帮扶者主要来自政府部门，他们有更多的知识、社会关系和其他方面的能力，对提高扶贫项目的成功率会有很大的帮助。

附表 8－1　2002—2008 年扶贫重点县村级扶贫活动参与情况

指　标	单位	2002 年	2005 年	2006 年	2007 年	2008 年
一、重点村占总村数的比重	%	51.4	47.5	49.0	46.7	47.3
二、当年参加项目的村占总村数比重	%	29.8	37.2	43.0	51.0	48.3
三、参加的扶贫活动形式分的村比重						
1. 现金扶持的村占总村数的比重	%	20.0	29.1	34.7	43.6	41.8
2. 实物扶持的村占总村数的比重	%	18.6	18.5	19.3	18.0	18.2
3. 技术援助的村占总村数的比重	%	10.0	10.2	12.5	12.6	13.1
四、平均每村当年到位扶贫资金总额	万元	3.6	6.8	8.4	11.1	12.5
五、当年使用的扶贫资金总额	万元	3.4	6.7	8.2	11.6	12.2
六、平均每村扶贫项目成果						
1. 种植业	户	5.9	6.9	7.7	11.4	13.4
2. 林业	户	2.1	1.1	1.3	2.0	3.3

续表

指　　标	单位	2002 年	2005 年	2006 年	2007 年	2008 年
3. 养殖业	户	2.9	4.2	3.4	4.4	4.6
4. 农产品加工业	户	0.2	0.1	0.1	0.4	0.2
5. 其他生产行业	户	0.4	0.5	0.8	0.4	0.4
6. 修建基本农田	亩	7.4	8.6	6.2	9.0	7.3
7. 人畜饮水工程	户	7.6	7.0	6.9	8.2	9.2
8. 修建及改建公路	公里	0.4	0.6	0.6	0.8	0.8
9. 电力设施	公里	0.2	0.3	0.1	0.3	0.2
10. 电视接收设施	个	0.0	0.1	0.3	0.2	0.3
11. 学校及学校设施	个	0.0	0.0	0.0	0.0	0.1
12. 卫生室及设施	个	0.0	0.0	0.0	0.1	0.1
13. 技术培训	人次	4.8	5.1	6.3	7.3	10.3
14. 扫盲、资助儿童入学	人次	0.6	1.1	1.0	1.0	1.0
15. 退耕还林还草	亩	37.3	98.3	159.6	158.8	192.3
七、希望某种扶持项目分的村数比重						
1. 种植业	%	28.6	46.0	44.0	46.2	39.5
2. 林业	%	4.4	7.3	7.2	8.9	3.7
3. 养殖业	%	27.9	42.2	39.7	43.9	20.3
4. 农产品加工业	%	5.1	10.4	10.4	12.1	5.4
5. 其他生产行业	%	0.7	3.0	3.0	6.8	1.5
6. 修建基本农田	%	6.2	12.5	13.2	12.6	6.8
7. 人畜饮水工程	%	10.6	16.4	16.8	14.6	7.3
8. 修建及改建公路	%	13.2	24.2	25.6	23.1	12.2
9. 电力设施	%	2.7	4.0	4.0	4.0	0.7
10. 电视接收设施	%	1.9	2.3	2.7	3.6	0.4
11. 学校及学校设施	%	3.7	5.4	5.7	4.4	0.7
12. 卫生室及设施	%	0.8	3.7	4.3	5.2	0.7
13. 技术培训	%	4.9	11.4	11.5	14.1	1.5
14. 扫盲、资助儿童入学	%	0.7	1.0	0.8	0.0	0.1
15. 退耕还林还草	%	7.3	7.1	7.1	0.5	0.7
16. 其他	%	1.7	3.2	3.8	0.0	0.3

资料来源：《中国农村贫困监测报告 2009》。

附表 8－2　2002—2008 年扶贫重点县农户参与扶贫活动情况　（单位:%）

指　　标	2002 年	2005 年	2006 年	2007 年	2008 年
一、对村级扶贫情况的了解和参与					
1. 农户知道村里落实了新项目的比重	77.0	75.9	72.4	74.9	92.7
2. 农户知道的途径					
（1）到本次调查才知道	10.2	7.6	6.7	12.5	7.7
（2）通过村民会议、村委会的公示	63.0	70.2	70.2	66.8	71.7
（3）作为村干部接到上级的通知	8.1	5.4	6.4	4.9	4.3
（4）通过村干部的个别通知	11.1	6.5	6.7	6.6	6.9
（5）通过亲朋好友	4.0	4.0	4.2	3.5	3.3
（6）其他途径	3.8	6.2	5.7	5.7	6.0
3. 项目确定前有机会参与意见农户比重	42.1	52.6	46.4	44.0	47.2
二、农户参与的扶贫活动情况					
1. 参加或完成某项扶贫的农户比重	43.2	53.0	17.8	20.8	20.5
2. 参加/当年完成的扶贫项目主要是					
（1）种植业	14.8	10.0	7.9	7.5	2.8
（2）林业	4.7	1.4	1.0	1.2	0.5
（3）养殖业	9.2	7.3	4.3	3.5	1.1
（4）农产品加工	0.4	0.0	0.0	0.1	0.0
（5）其他生产行业	0.5	0.1	0.2	0.2	0.1
（6）基本农业建设	5.9	1.4	1.0	1.4	0.5
（7）人畜饮水	14.5	6.6	3.8	3.9	1.2
（8）修建及改扩建道路	15.5	11.9	7.0	7.9	1.9
（9）电力设施、技术培训	4.7	0.6	0.9	1.3	0.2
（10）电视接收设施	0.4	0.3	0.2	0.2	0.1
（11）学校及设备	3.3	1.9	0.5	0.3	0.2
（12）卫生及设备	1.0	1.0	0.7	0.2	0.2
（13）技术培训	0.4	0.3	0.2	0.2	0.1
（14）儿童入学和扫盲	0.6	0.6	0.1	0.1	0.0

续表

指　标	2002 年	2005 年	2006 年	2007 年	2008 年
（15）退耕还林	18.2	49.2	67.5	63.9	14.3
（16）其他	5.9	7.3	4.8	8.2	3.2
3. 得到扶贫项目资助的农户比重	61.1	66.6	86.9	81.7	17.6
4. 得到项目内容是自选的农户比重	38.1	37.3	49.3	47.8	49.3

资料来源：《中国农村贫困监测报告 2009》。

九、劳动力输出和培训及其减贫效果评估

（一）导言

劳动力输出与培训是中国农村扶贫开发的重要内容和途径。《中国农村扶贫开发纲要（2001—2010 年）》指出，要“积极稳妥地扩大贫困地区劳务输出。加强贫困地区劳动力的职业技能培训，组织和引导劳动力健康有序流动。”《纲要》实施以来，贫困地区的劳务输出状况如何？技能培训工作开展如何？劳务输出与培训是否成功减少了贫困人口？政策实施的效果有多大，这些是本章的重要分析内容。

贫困地区的劳动力输出的直接效果是劳动力的工作机会增加，收入提高，减少贫困的发生。除了直接影响外，劳动力输出还可以通过其他途径来改善贫困家庭的经济状况。其中最主要的途径之一就是汇款。汇款的作用主要表现在：

1. 分散风险。贫困地区往往是自然条件恶劣的偏远地区，农民的收入在很大程度上依赖于农业生产。而农业生产对自然条件的依赖性很强。这就决定了贫困地区的收入往往面临很大的风险。已有的研究表明，农村地区的居民往往通过一定的经济安排降低整个家庭所面临的整体风险（Stark 和 Rosenzweig，1989）。劳务输出人员的汇款收入作为家庭的收入来源之一，往往不与本地经济的波动密切相关，因此是家庭分散自身风险的主要途径之一。

2. 促进农户投资。外出打工人员的汇款也降低了家庭所面临的融资约束。这使得家庭能够进行更多的消费性或生产性投资。de Brauw 和

Scott（2009）利用2000年中国农村的数据描述了外出务工和家庭投资之间的关系，并且发现在较贫困地区，外出务工使得家庭的消费性投资增加了将近20%；但是他们没有发现外出务工与生产性投资之间的关系。

劳动力输出对本地收入的影响还体现在减少了当地的剩余劳动力。很显然，中国农村贫困地区长期以来都存在着数量众多的剩余劳动力，而且贫困地区的就业机会少于劳动力数量的情况会更为严重。随着劳动力的向外转移，会使得贫困地区的剩余劳动力问题得到一定程度的解决。使得更多人有机会到本地的非农部门就业，劳动力供给的减少也使得本地的收入水平有所上升。此外，劳动力输出还可能通过其他途径帮助贫困人口摆脱贫困。比如，通过劳动力外出就业，可以获得外部世界的就业生产信息以及生产知识。这些信息和知识不仅使得家庭成员的机会更多、生产力提高；而且可能辐射到整个村庄或社区。此外，很多外出务工人员在一段时间以后往往会回到其原来的家庭所在地。在外工作积累的资金、经验和见识有利于他们在家乡从事经营或者创业活动。

当然，在评价劳动力输出的减贫效果时，我们必须意识到其可能存在的局限性，甚至必须注意到劳动力输出可能带来的负面效果。首先，贫困人口可能无法通过劳动力输出而受益。在贫困地区，不同家庭的经济状况也不尽相同。因此在决定是否外出这样一个决策过程中，每个家庭都有各自的成本和收益。对于贫困家庭而言，他们所面临的成本可能比较大，使得他们无法到外地工作。其次，贫困人口往往教育水平、技能水平都比较低。而在外出打工的过程中，搜集就业信息、建立输出渠道都需要一定的信息处理能力和学习新知识的能力。这些都是贫困人口所欠缺的。这使得这部分人面临的成本更大。因此，虽然劳动力输出可以提高外出者及其家庭的收入，但是这些人或者这些家庭可能不是我们所关注的贫困家庭。这一点已经得到了一些研究的证实（Du 等人，2005；世界银行，2009）。

劳动力外出过程中的自选择可能导致另外一个问题，即劳动力外出对于本地人力资本水平的影响。人力资本水平对于一个地区的经济发展而言至关重要。如果外出劳动力的人力资本水平在本地平均人力资本水平以上，这部分人的外出会导致本地平均人力资本水平的下降，进而妨碍本地经济的发展。这就是人们常说的智力外流问题。但是最近的研究表明，高技能劳动力的向外流动并不必然导致本地人力资本水平的降低。如果较高的人力资本水平提高了人们获取更好的工作机会的可能，外出机会的存在（或增加）反而会刺激人们更多对人力资本进行投资，使得本地的人力资本水平提高。不过，由于中国的外出劳动力所从事的往往不是高技能工作，不需要很高的教育水平，de Brauw 和 Giles（2006）的研究表明，外出机会的增加使得本地年轻人就读高中的概率降低。劳动力外出使得一部分人群的福利状况恶化。根据世界银行的报告，在外出移民的人群当中，举家外出所占的比重非常低。这意味着很多外出劳动力都是独自外出，往往将老人和小孩留在家中。老年人缺乏照顾；更重要的是儿童的教育问题令人堪忧。一方面，农村的教育质量低下；另一方面，由于儿童缺乏父母的关爱和管教，使得他们的发育和发展都面临较为严重的问题。

（二）劳动力输出及其减贫效果

1. 数据。为了反映扶贫工作的最新进展，本文利用了 2008 年采集的我国农村地区的家户调查数据。此次调查的地域范围涵盖了 16 个省区的 287 个区县。根据国家扶贫办公布的新时期贫困县的名单，我们在调查数据中识别出 68 个贫困县，它们分布在河北、山西、安徽、河南、湖南、四川、云南以及甘肃八个省份，其中云南和甘肃最多。在贫困县中，调查到的农户数量为 2019 户，占总户数的 15.5%，贫困县人口占总样本的 16.8%。这表明贫困地区的家庭规模要大于非贫困地区。图 9－1 画出了贫困县和非贫困县家庭人均收入的对数和密度估计。可以看出收入水平上

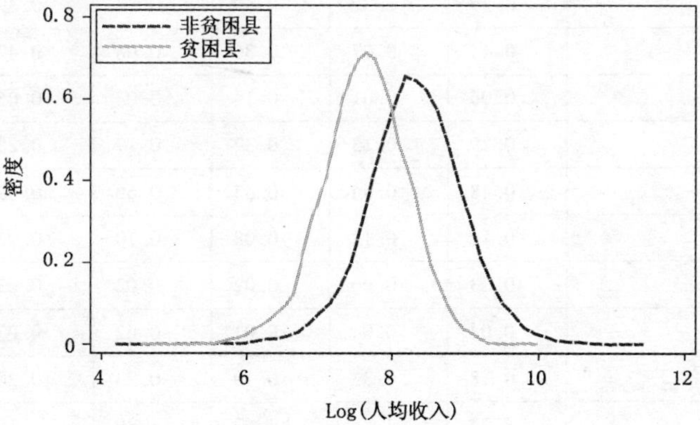

图 9－1　贫困县与非贫困县的收入差异

存在着显著的差异。如果从绝对数量上看，贫困县的家庭人均收入仅为2400元左右，而非贫困县为5100元左右，是前者的2.1倍。

表9-1　　样本中贫困县的分布

省份	北京	河北	山西	辽宁	江苏	浙江	安徽	福建	河南	湖北	湖南	广东	重庆	四川	云南	甘肃	总计
区县数	13	5	35	24	10	10	9	26	10	10	37	12	5	11	40	30	287
贫困县数	0	2	13	0	0	0	2	0	3	0	4	0	0	2	23	19	68

2. 外出劳动力的特征及其行业、空间分布。

个人特征。为了说明外出劳动力的个人及家庭特征，我们首先将所有样本分为外出劳动力和未外出劳动力。外出劳动力是指那些在外居住三个月以上，并且外出目的主要为务工经商的样本。

表9-2　　统计描述

变量	所有样本		贫困县		非贫困县	
	未外出	外出	未外出	外出	未外出	外出
女性	0.52	0.37	0.52	0.32	0.52	0.37
年龄	41.72	29.80	39.94	30.20	42.09	29.72
17—30岁	0.20	0.62	0.25	0.59	0.19	0.62
31—45岁	0.39	0.32	0.39	0.34	0.39	0.31
46—60岁	0.41	0.07	0.36	0.08	0.42	0.06
不识字	0.06	0.01	0.14	0.03	0.05	0.01
小学	0.29	0.13	0.32	0.17	0.28	0.12
初中	0.48	0.64	0.43	0.66	0.49	0.64
高中	0.12	0.12	0.08	0.10	0.12	0.13
中专	0.03	0.06	0.02	0.02	0.03	0.07
大专及以上	0.02	0.04	0.01	0.02	0.02	0.04
接受培训	0.18	0.33	0.10	0.23	0.20	0.35
家庭规模	4.24	4.76	4.63	4.89	4.16	4.73

续表

变量	所有样本		贫困县		非贫困县	
	未外出	外出	未外出	外出	未外出	外出
15 岁以下	0.57	0.60	0.70	0.67	0.54	0.59
70 岁以上	0.11	0.11	0.13	0.12	0.10	0.11
2007 年人均收入（元）	4900	4280	2469	2557	5405	4595
样本量（个）	24970	7482	4290	1159	20680	6323

由表 9-2 可以看出，总体来看农村中外出劳动力的数量占到了所有劳动力的23%左右。比较外出者和未外出者的特征我们发现如下几点规律。第一，农村外出劳动力中，男性占大多数。外出劳动力中，女性仅为37%。第二，外出劳动力的年纪较轻，平均年龄仅为 30 岁左右，比未外出劳动力的平均年龄低了 10 多岁。第三，外出劳动力的教育水平相对较高，并且主要集中在初中教育水平。第四，外出劳动力当中接受过培训的劳动力比例要远远高于未外出劳动力，前者接受过培训的占 33%，后者则仅为 18%。第五，外出劳动力来自规模较大的家庭。表 9-2 的后四列分别报告了贫困县和非贫困县的情况，总的规律与前两列相同。

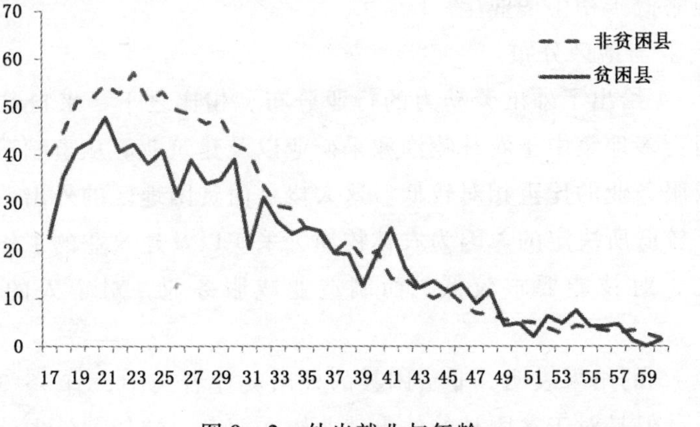

图 9-2 外出就业与年龄

图 9-2 给出了不同年龄样本中，外出劳动力所占的比重。随着年龄的增加，外出劳动力的比重先是快速增加，然后逐渐下降。外出概率最高的年龄段出现在 20 至 25 岁之间。在非贫困县，这个年龄段劳动力外出就

业的比例达到了50%以上，贫困县的比例稍低，略高于40%。对于50岁以上的样本，无论在贫困县还是非贫困县，外出就业的比例都非常低（不足4%）。

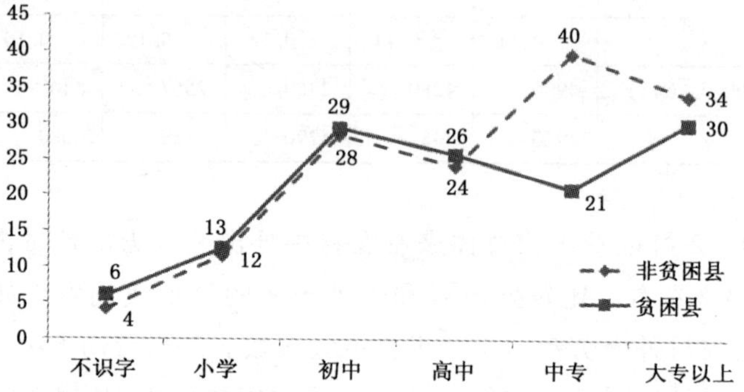

图9－3　外出就业与教育水平

图9－3给出了不同教育水平劳动力外出就业的比例。总的来说，教育水平越高，劳动力外出的概率越高。其中，初中毕业生中有将近30%的人选择外出就业，远远高于只具有小学学历（12%—13%）或不识字的样本（4%—6%）。值得注意的是，高中毕业生选择外出就业的劳动力的比重也略低于初中毕业生。

3. 行业与地区分布。

图9－4给出了外出劳动力的行业分布。相比之下，来自贫困县的劳动力相对更多地集中于农林牧渔和采矿业以及建筑业。从事制造业、批发零售以及服务业的比重相对较低。这大概是由贫困地区的外出劳动力人力资本水平较低所决定的。因为农林牧渔、采矿以及建筑业的工作更多的是依靠体力，对技能要求较低，而制造业或服务业，对个人的技能要求较高。

图9－5的结果表明，非贫困县的外出就业者当中，有45.3%选择到省外就业。但是对于贫困县的外出就业样本而言，选择到外省就业的人数达到了70%。这一差异表明，贫困地区的劳动力在选择外出就业时，他们在省内所能够找到的就业机会较少；而对于非贫困地区的农村劳动力，由于所处地区的总体经济发展水平较高，因此他们可以选择在省内就业。这也意味着，贫困地区的劳动力在选择外出就业时所面临的搜寻成本和其

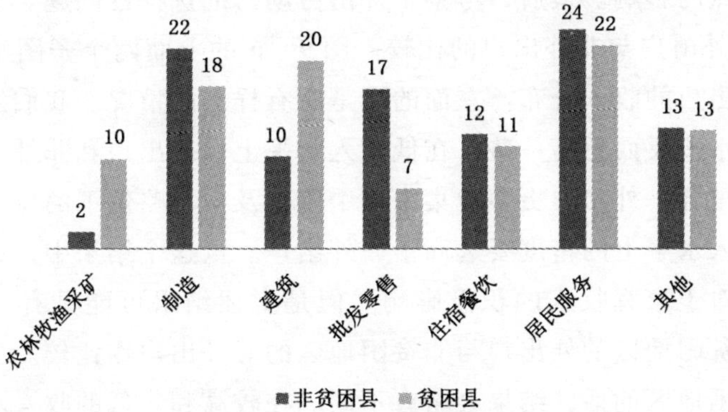

图 9-4 外出劳动力的行业分布

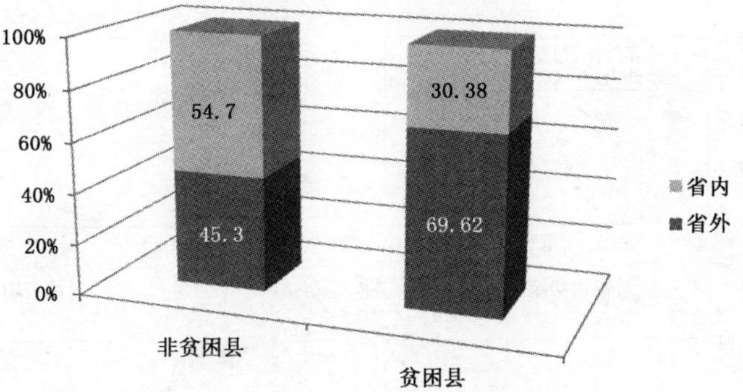

图 9-5 外出劳动力的地域分布

他直接成本（如时间、旅费支出）将远远高于非贫困地区。

4. 劳动力输出的减贫效果及影响机制。评价劳动力输出对于家庭收入的影响存在一定的困难。主要的困难来自如下的事实：农村劳动力的外出务工选择并非是外生决定的。它往往是劳动力及其家庭根据一些具体情况所作的决定。进入他们决策视野的因素却往往无法在数据中得到反应，而这些因素一般来说在很大程度上影响着家庭的收入水平。我们所能够做的就是考虑尽可能多的因素，同时尝试不同的方法，以期得到较为一致和可信的结论。下面，我们首先直接比较了外出户和非外出户的收入水平；然后借助 OLS 和 Matching 方法考察了劳动力外出对于收入水平的影响，而且利用了影响方程回归（RIF Regression）考察了劳动力外出对于不同收入分位点的影响。最后，考察了外出劳动力的选择性问题。

(1) 外出户与非外出户的比较。图 9-6 的上面两个子图给出了外出户和非外出户的收入分布。左面的图是所有样本的情况。我们发现非外出户的收入水平反而更高一些。在低收入水平上，外出户和非外出户的收入分布几乎重合；外出户更多地集中在中等以及中等略偏下的位置；非外出户在高收入水平上的密度要远高于非外出户。从这个结果中，我们看不到外出务工对于家庭收入的积极影响。但是上述结果可能具有一定的误导性，即将贫困地区的外出户与非贫困地区的非外出户作比较。如果我们重点关注贫困地区的话，结果会略有不同。在较高和较低的收入水平上，外出户的相对数量（密度）要低于非外出户，而在中等收入水平上，外出户的相对数量要明显高于非外出户。

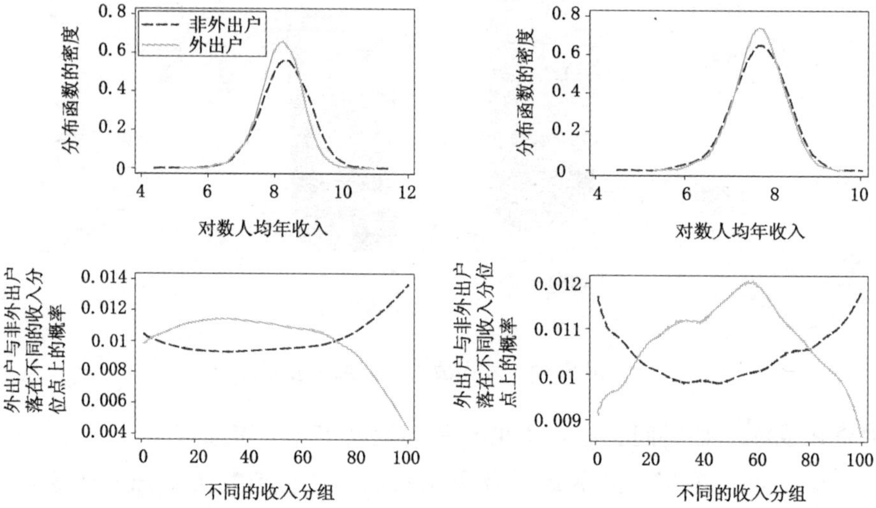

图 9-6 外出户与非外出户的比较

注：下面两幅图通过如下方法得到。首先将样本按照收入水平等分为100个等分组，然后分别计算外出户和非外出户落在每个等分组当中的样本占其总样本的比重。图中的曲线是采用 LOWESS 非参回归得到的。

与上面两幅图相对应，图 9-6 的下面两幅子图给出了外出户和非外出户的样本落在不同的收入分位点上的概率的非参估计。左图是全部样本的情况。对于有人外出务工的农户而言，他们的家庭收入落在5%到75%分位点上的概率要明显高于非外出户。如果我们重点关注贫困地区就会发现，外出户中收入落在20%收入分位点以下的相对数量要明显低于非外出户。而在中等收入水平上，外出户的相对数量要高于非外出户。最后，处在高收入水平的外出户相对数量要低于非外出户。

图9-6的结果对本报告而言，具有特殊意义。它表明劳动力外出务工对于提高低收入家庭的收入有积极作用。同样以图9-6的下面两幅子图为例，外出户落在不同收入水平的概率与不同的收入水平之间之所以呈现倒U型的规律，其原因可能并非是由于外出帮助低收入家庭摆脱贫困，而是因为贫困家庭没能够外出。一旦我们用另外一种方式来表示图9-6中的结果，这一点就非常清楚。图9-7给出了处在不同收入水平（用收入百分点表示）上的家庭外出的概率。需要注意的是，为了排除外出务工本身对于收入水平的影响，图9-7的收入分位点是根据预测收入计算得到的。显然，家庭中存在外出劳动力的概率与收入水平之间存在倒U型的关系。低收入家庭外出的概率也比较低。

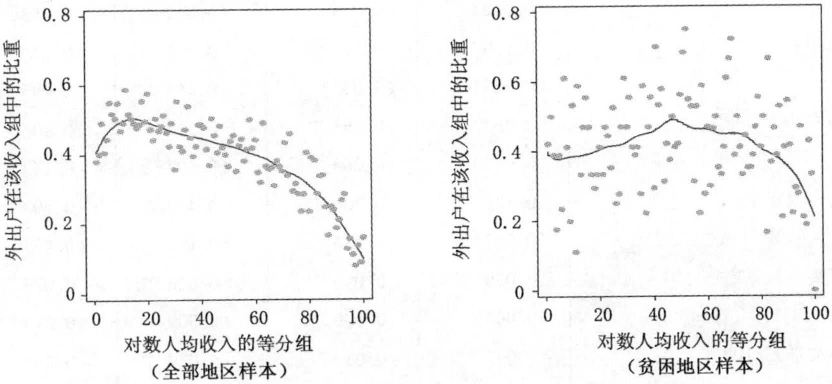

图9-7 外出概率与收入水平

注：为了排除外出务工本身对收入水平的影响，本图的收入分位点都是根据预测收入得到的。我们首先利用没有外出的家庭样本估计家庭收入函数，然后利用估计结果对所有家庭（包括外出户）的收入进行预测，然后计算预测收入的分位点。

（2）劳动力外出对家庭收入的影响。我们首先利用简单的多元回归考察家庭中外出劳动力数量对于家庭人均收入的影响。表9-3第一列的结果表明，在控制了户主的特征、家庭结构特征以及地区虚拟变量之后，家庭中外出劳动力的数量每增加一人，家庭人均收入增加2.6%（在1%的水平上显著）。在第二列中，我们进一步控制了家庭的人均耕地数量及其所属村庄的地理区位特征。但是估计结果没有大的改变：外出劳动力的数量每增加一个人，家庭的人均收入增加3%。对于贫困县而言，家庭中每增加一个外出劳动力，会使其收入增加约2%—4%。

表9-3　家庭人均收入的决定因素（OLS）

	所有样本		贫困县样本	
	（1）	（2）	（3）	（4）
外出人口数量	0.026***	0.030***	0.021	0.038*
	(0.007)	(0.008)	(0.017)	(0.022)
户主特征				
是否接受过培训	0.073***	0.038*	0.086**	0.025
	(0.015)	(0.022)	(0.042)	(0.078)
小学	0.050***	0.060***	0.110***	0.080*
	(0.019)	(0.020)	(0.040)	(0.046)
初中	0.104***	0.105***	0.166***	0.109**
	(0.020)	(0.023)	(0.042)	(0.053)
高中	0.180***	0.210***	0.237***	0.242**
	(0.025)	(0.032)	(0.056)	(0.095)
中专	0.267***	0.285***	0.277***	0.306**
	(0.045)	(0.064)	(0.107)	(0.153)
大专及以上	0.345***	0.300***	0.428**	0.693
	(0.057)	(0.085)	(0.199)	(0.473)
年龄	0.039***	0.036***	0.026***	0.023
	(0.005)	(0.006)	(0.009)	(0.015)
年龄平方/100	-0.042***	-0.039***	-0.030***	-0.031**
	(0.005)	(0.006)	(0.010)	(0.015)
女性	0.064**	-0.046	0.050	-0.011
	(0.026)	(0.036)	(0.076)	(0.119)
家庭特征				
家庭人口数	-0.118***	-0.108***	-0.113***	-0.108***
	(0.005)	(0.007)	(0.012)	(0.019)
15岁以下儿童数	-0.069***	-0.061***	-0.075***	-0.080***
	(0.009)	(0.011)	(0.018)	(0.029)
70岁以上老人数	-0.049***	-0.056***	0.006	0.038
	(0.014)	(0.018)	(0.032)	(0.050)

续表

	所有样本		贫困县样本	
	(1)	(2)	(3)	(4)
人均耕地		0.060***		0.084***
		(0.005)		(0.012)
地区特征				
丘陵村		-0.055**		0.034
		(0.024)		(0.084)
山区村		-0.184***		0.088
		(0.032)		(0.104)
非老区村		0.043		0.249**
		(0.028)		(0.108)
非郊区村		-0.123***		-0.309*
		(0.038)		(0.166)
非少数民族村		0.004		
		(0.125)		
地区虚拟变量	是	是	是	是
Constant	9.028***	7.526***	7.614***	8.142***
	(0.149)	(0.225)	(0.252)	(0.536)
R - squared	0.420	0.377	0.288	0.257
N	12254	7446	1897	788

表9-3还报告了其他对家庭收入产生影响的因素。户主的人力资本水平、家庭结构以及区位特征均是影响家庭收入的显著因素。但由于这些因素不是关注的重点，我们不再进行详细报告。

在表9-4中我们还利用匹配（Matching）的方法考察了劳动力外出对家庭收入的影响，其基本想法是通过比较外出户和非外出户的收入得到劳动力外出的影响。与图9-6的简单比较不同，为了保证样本间的可比性，我们首先估计了决定一个家庭是否为外出户的probit模型，利用估计结果预测出每个家庭成为外出户的概率。然后把概率接近的外出户和非外出户对应起来，看他们的收入差异。由此可见，匹配的方法和 OLS 多元回归方法在本质上是相同的，都是在试图保证样本的可比性。结果表明，外出户的人均收入高出非外出户 110 元，大概占平均收入的 3%。对于贫困县的样本而言，外出效应大概在 160 元左右，为平均收入的 4%。外出务工对于贫困地区的家庭来说作用更大一些。

表 9－4　　劳动力外出对收入的处置效应（ATT）

	Treated（因变量）	Controls（控制变量）	Difference（差分）	S. E.（标准差）	样本量
所有样本					
ATT（log 收入）	8.23	8.19	0.03	0.02	7473
ATT（收入）	4422	4312	110	165	7473
贫困县					
ATT（log 收入）	7.90	7.86	0.04	0.06	787
ATT（收入）	3069	2909	160	195	787

注：在倾向得分（Propensity Score）的估计阶段，我们控制了与表 9－3 的第 2、4 列相同的控制变量。

无论使用 OLS 回归还是匹配（Matching）法，我们得到的都是平均影响。劳动力外出是否会对不同的收入水平产生不同的影响呢？这个问题的重要性在于我们更加关注劳动力外出对于减少贫困的影响。为此我们利用三个不同的贫困标准生成了是否为贫困的虚拟变量。这三个标准分别是绝对贫困标准（785 元）、低收入标准和 1 天 1 美元标准。与外出对人均收入的平均影响不同，在我们的回归中，外出就业对于减贫并没有显著的影响（见表 9－5）。对于以 1 天 1 美元为标准界定的贫困，家庭中有外出劳动力使得家庭陷入贫困的概率降低，但是要么降低的程度很小（所有样本）、要么不显著（贫困县样本）。与外出务工的作用形成鲜明对比的是培训的作用，我们将在后面部分进一步讨论。

我们还利用了由 Firpo 等人提出的无条件分位回归的方法［Firpo 等人，（2006）］考察了外出对于整个收入分布的影响。可以看出除了在较低和较高的收入水平上没有显著影响外，家庭中外出务工劳动力的数量增加对收入分布的各个位置均有显著正的影响。但是在高收入的位置，这种影响随着收入位置的提高而降低。右图给出了贫困地区的结果。我们从中得到有意思的结论：外出劳动力对于极低收入家庭而言影响不显著，甚至为负。但是对于中低收入家庭而言，却有较为明显的正效应。以 20% 这个分位点为例，家庭中外出劳动力增加 1 人会使其增加约 10%。这种效应随着收入的进一步上升而不断减弱，最后接近于 0。

表 9－5　　移民和培训对贫困发生的影响（线性概率模型）

	所有样本			贫困县样本		
	绝对贫困线	低收入线	1 天 1 美元	绝对贫困线	低收入线	1 天 1 美元
	因变量 = 贫困虚拟变量（贫困 = 1/否则 = 0）					
外出人口数量	－0.000	0.000	－0.007**	0.000	0.003	－0.017
	(0.002)	(0.002)	(0.003)	(0.007)	(0.010)	(0.012)
是否接受过培训	－0.009**	－0.013**	－0.018***	－0.030*	－0.063***	－0.077**
	(0.004)	(0.005)	(0.007)	(0.017)	(0.024)	(0.031)
R－squared（方差）	0.048	0.087	0.144	0.056	0.111	0.162
F	3.083	4.944	7.913	2.419	3.951	5.575
N	12310	12310	12310	1898	1898	1898

注：回归中还控制了户主的教育水平、年龄及平方、性别、家庭结构特征以及地区特征等。

（3）汇款的作用。正如我们在前言部分指出的，农村劳动力的外出行为通过很多可能的途径影响家庭的收入水平和福利水平。其中，汇款是最重要的途径之一。它不仅直接提高了其他未外出家庭成员的收入水平，而且有可能在帮助家庭成员平滑消费、对生产性资产进行投资等方面发挥重要作用。表 9－6 表明，所有外出务工者的平均收入为 8800 元左右，汇款的数额平均为 4300 元左右，接近平均总收入的一半。其中，来自非贫困县的样本的平均外出收入为 9800 元，汇款的数量为 4800 元；而来自贫困县的样本的平均外出收入仅为 5600 元，其汇款的数量为不足 2500 元，占其收入 47%。这些数字表明，贫困地区的外出劳动力的收入偏低导致他们能够汇回的收入数量相对低很多。

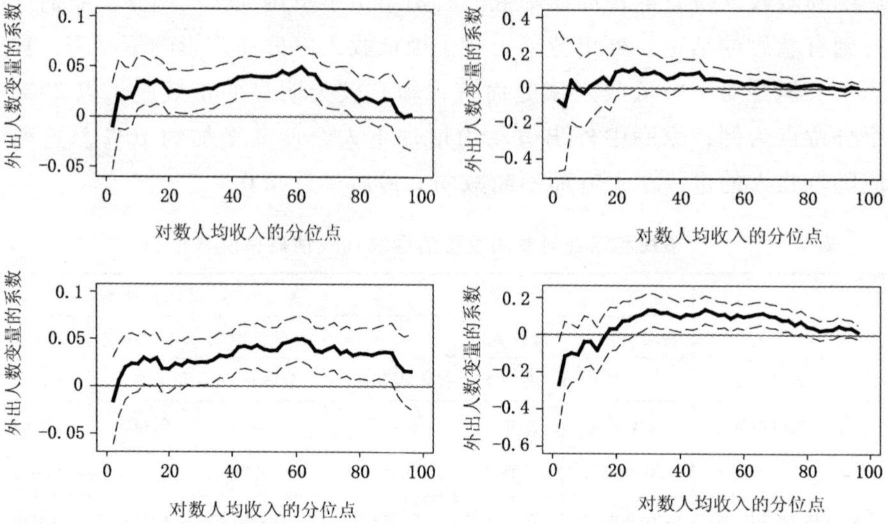

图 9－8　外出人数对不同分位点的影响

注：上面两图对应的无条件分位回归中，我们还控制了户主的教育、年龄、性别、家庭结构、地区虚拟变量；下面两个图进一步控制了家庭所在村的地理区位特征以及家庭耕地的数量。

表 9－6　　**汇款的数量**（2007 年）

	所有外出样本		非贫困县样本		贫困县样本	
	均值	标准差	均值	标准差	均值	标准差
外出收入	8831	8907	9814	9749	5606	3770
汇回或带回收入	4288	5703	4844	6273	2463	2410
汇款占外出收入比重	49%		50%		47%	
样本量	2359		1808		551	

接下来，我们以汇款占总外出收入的份额作为因变量来考察外出者汇款数额的决定因素。由于有相当部分的样本没有报告汇款的数量，我们假设其汇款数量为零（见图 9－9）。因此我们需要利用 Tobit 模型。①

表 9－7 前两列的结果表明，汇款份额受外出者的年龄和性别的影响：年龄越大，汇款的比重越高；女性汇款的比例低于男性。此外，外出者的

① 人们的汇款数额也不大可能高于其外出务工的总收入，同时图 9－9 表明确实有相当比例的人将所有收入都带回家。最合适的做法是使用两端截取 TOBIT 模型。但是对结果没有影响。

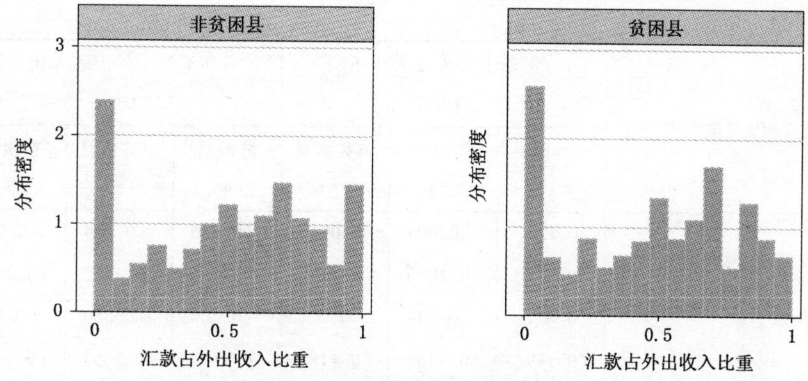

图 9-9　汇款份额的分布

教育水平、家庭的预测收入、家庭结构对汇款份额并没有显著地影响。在 3、4 两列中，我们用家庭的真实收入替换了预测收入，家庭收入成为与汇款份额显著正相关的因素。这一结果可能反映了如下事实：汇款收入是农村家庭收入的重要组成部分。贫困县的结果表明，家庭中 15 岁以下儿童的数量越多，外出者的汇款比重越高。这说明，外出者的收入也许对于提高贫困地区儿童的人力资本有着积极作用。

表 9-7　　汇款份额的决定因素

因变量	汇款占外出收入比重 TOBIT				Ln（汇款占外出收入比重）OLS	
	非贫困县 (1)	贫困县 (2)	非贫困县 (3)	贫困县 (4)	非贫困县 (5)	贫困县 (6)
Ln（人均收入）预测值	0.004	-0.012			0.225 ***	0.211
	(0.032)	(0.060)			(0.065)	(0.144)
Ln（人均收入）			0.071 ***	0.095 ***		
			(0.015)	(0.025)		
小学	0.130	-0.036	0.122	-0.063	-0.173	-0.147
	(0.115)	(0.056)	(0.114)	(0.056)	(0.255)	(0.130)
初中	0.112	-0.013	0.094	-0.054	-0.125	-0.041
	(0.114)	(0.054)	(0.113)	(0.054)	(0.254)	(0.126)
高中	0.120	-0.067	0.098	-0.113 *	-0.067	-0.154
	(0.115)	(0.063)	(0.114)	(0.062)	(0.256)	(0.147)

续表

因变量	汇款占外出收入比重 TOBIT			Ln（汇款占外出收入比重） OLS		
	非贫困县 (1)	贫困县 (2)	非贫困县 (3)	贫困县 (4)	非贫困县 (5)	贫困县 (6)
中专	0.123	-0.003	0.096	-0.056	-0.244	-0.065
	(0.118)	(0.107)	(0.117)	(0.106)	(0.262)	(0.252)
大专及以上	0.021	-0.144	-0.024	-0.204	-0.380	-0.124
	(0.119)	(0.146)	(0.118)	(0.143)	(0.265)	(0.385)
31—45 岁	0.153***	0.166***	0.147***	0.161***	0.266***	0.231***
	(0.020)	(0.031)	(0.020)	(0.030)	(0.040)	(0.073)
46—60 岁	0.237***	0.184***	0.233***	0.169***	0.338***	0.331***
	(0.032)	(0.049)	(0.032)	(0.048)	(0.062)	(0.115)
女性	-0.082***	-0.031	-0.085***	-0.034	-0.044	-0.116*
	(0.017)	(0.028)	(0.017)	(0.027)	(0.035)	(0.066)
家庭人口数	-0.007	-0.020	0.001	-0.010	0.018	-0.084***
	(0.009)	(0.013)	(0.008)	(0.012)	(0.017)	(0.031)
15 岁以下儿童数	-0.012	0.020	-0.004	0.025	0.046	0.122***
	(0.014)	(0.019)	(0.014)	(0.018)	(0.029)	(0.045)
70 岁以上老人数	0.016	-0.068**	0.021	-0.060*	-0.031	-0.088
	(0.026)	(0.033)	(0.026)	(0.033)	(0.052)	(0.084)
r2_p	0.201	0.479	0.213	0.506	0.166	0.280
N	1800	548	1793	546	1523	469

注：回归中还控制了省份虚拟变量以及常数项。

为了进一步考察汇款对于家庭福利的影响，我们考察了外出务工者的汇款数量对于家庭消费的影响。因变量为各项消费的自然对数；自变量为汇款的对数（同时还控制了对数家庭人均收入的预测值、对数外出工资、家庭结构、省份虚拟变量以及常数项，未报告）。因此，估计得到的系数即为家庭的各项消费对于汇款数量的弹性。表 9-8 的结果表明，汇款对于农户的消费起着积极作用。无论是在贫困县还是非贫困县，消费支出对于汇款的弹性大部分为正而且显著。需要指出的是，在贫困地区消费对于汇款数量变化的弹性要大于非贫困地区。以家庭的总消费数量为例，在非贫困县，汇款数量增加10%会导致消费支出增加0.5%；而在贫困县汇款数量增加10%会导致家庭消费支出增加1.5%。弹性是非贫困县的3倍之多。汇款对于贫困地区和非贫困地区的影响的差异也表现在各个单项消费上。特别是在家庭设备、文教娱乐和医疗保健支出方面，汇款在非贫困地区的影响不仅小，而且不显著。但在贫困地区，此三项支出对于汇款的弹性分别达到了0.3、0.6和0.2。其中，文教娱乐支出对应的高弹性表明外出收入对于家庭的人力资本投资发挥着重要的作用。这一点也可以与表9-7的结果相对应。该表第6列的结果表明家庭中儿童数量是决定汇款数量的显著因素。

表9-8 汇款对消费的影响

因变量：Ln（ ）	总消费支出	食品	衣着	居住	家庭设备	文教娱乐	医保
非贫困县							
Ln（汇款）	0.047***	0.040***	0.129***	0.031	-0.026	0.098	-0.009
	(0.018)	(0.013)	(0.038)	(0.037)	(0.042)	(0.069)	(0.056)
R-squared	0.214	0.375	0.107	0.119	0.075	0.052	0.056
N	1523	1523	1489	1520	1514	1347	1359
贫困县							
Ln（汇款）	0.154***	0.094***	0.250***	0.071	0.291***	0.615***	0.181*
	(0.029)	(0.024)	(0.060)	(0.064)	(0.078)	(0.125)	(0.104)
R-squared	0.167	0.164	0.093	0.029	0.070	0.124	0.092
N	469	469	454	468	462	405	437

注：回归中还控制了对数家庭人均收入的预测值、对数外出工资、家庭结构、省份虚拟变量以及常数项。

（4）劳动力外出的自选择性。劳动力外出对地区收入水平的影响还直接取决于哪些人、哪些家庭选择外出务工。这里，我们通过构造反事实收入分布的方法来考察劳动力外出的自选择性。为了更好地考察选择性问题，我们将重点放在个体收入的层面。我们所采取的方法是为未外出样本构造反事实收入（假设他们外出所能够得到的收入分布），并将其与实际外出者的收入分布做比较。

为了构造这样的反事实分布，我们利用 DFL（1996）提出的重设权重（re - weighting）的方法。该方法的基本思路如下：无论是未外出者还是实际外出务工者，其收入分布都是由劳动者的特征分布以及劳动力市场中的特征价格所决定的。

图 9 - 10 给出了外出者实际收入分布以及未外出者反事实分布的密度估计。左上图是所有样本的情况。如果未外出者拥有外出打工的收入，他们的反事实收入分布将非常接近实际外出者的真实分布。但是在中低收入的位置，实际外出者真实分布的密度要略低于未外出者反事实分布的密度。而在中高收入处，前者的密度又略高于后者。为了直观，左下图画出了两条曲线的密度之差。这表明实际外出者更多地集中在中高收入，而未外出者则相对集中在中低收入（如果他们外出的话）。

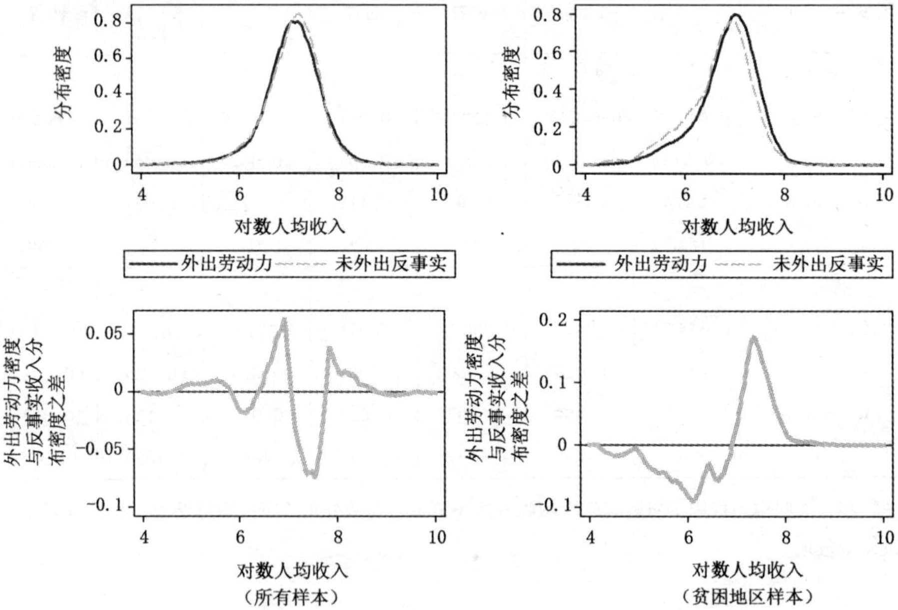

图 9 - 10　外出劳动力的自选择性

针对贫困地区的分析也表明了同样的规律。这表明，对于劳动力外出而言，贫困地区外出者主要是那些教育水平相对较高的样本，那些能力较低、潜在收入也低的样本留在了农村地区。这些人不仅可能在外出过程中面临更高的融资成本、信息搜集成本、心理成本，而且在城镇劳动力市场中所能够获得的潜在收益也非常之低。这大概是他们不倾向于外出务工的原因。这一结果也表明，外出务工可能为提高贫困地区的收入水平起到了积极的作用，但是由于处在收入水平低端的样本难以从中收益，外出务工在减贫（特别是减少极端贫困）上的效果将是有限的。

（5）劳动力外出与本地的非农就业机会。前面的分析表明，劳动力外出的减贫效果有限。一方面是由于外出不能显著提高低收入家庭的收入；另一方面低收入家庭外出就业的比例较低。考察的重点都是考察外出务工对于自身（家庭）的影响。但是有很多机制使得农村地区的外出务工对本地的就业机会也会产生影响。比如，劳动力外出使得本地剩余劳动力减少，增加了留守人口的就业机会。为此，我们考察了县级水平上外出就业人员的比例与本地非农就业机会之间的关系（见表9-9）。当我们利用样本中的所有县作为样本时，两者之间存在显著的负相关关系。这可能反映了如下事实：就全国而言，外出就业比例较多的县的经济发展水平较低，其所拥有的本地非农就业机会也少。如果只考察贫困县，我们发现两者间呈现正的相关性：外出就业者所占的比重越大，本地劳动力从事非农工作的比重也越高。

表9-9　　　外出就业与本地非农就业

	因变量：本地非农就业比例	
	全部县	贫困县
外出就业比例	-0.329***	0.103*
	(0.059)	(0.059)
R-squared	0.705	0.368
N	219	68

注：我们还控制了省份虚拟变量和县内平均收入。

（三）培训及其减贫效果

1. 培训政策以及劳动技能培训的参加情况。培训是提高劳动者人力资本水平的重要途径之一。《纲要》指出，要“加强贫困地区劳动力的职业技能培训”。近年来，各部委（财政部、农业部、科技部等）针对农村地区的劳动力组织了各种类型的培训（见李小云等，2005）。2004年，国务院扶贫办发出了《关于加强贫困地区劳动力转移培训工作的通知》，标志着贫困地区劳动力转移培训项目的正式开始。同时来自中西部 14 个省市的数据表明，截至 2005 年，省、市、县级的劳动力转移培训基地已经成立了 1500 个（世界银行，2009）。

利用 2007 年的家户调查数据（见表 9 - 10），我们发现所有农村适龄劳动力中，参加过劳动技能培训的劳动力数量占到了 21%。但是在非贫困地区和贫困地区之间，参加培训的比例差距仍然很大。前者参加过培训的比例达到了 23%；后者则仅为 13%。总的来看，参加培训的劳动力当中，女性的比例偏低（贫困县和非贫困县分别为 31% 和 35%）；参加培训的主要以年轻人、初中毕业生以及外出务工者为主，而这一规律又以贫困地区更为明显。另外，参加过培训者对应的家庭人均收入要高于未参加者。这既是因为培训导致了收入的提高，也表明参加培训者来自潜在收入较高的家庭。

表 9 - 10　　描述统计

变量	所有样本		贫困县		非贫困县	
	未培训	培训	未培训	培训	未培训	培训
女性	0.53	0.35	0.50	0.31	0.53	0.35
年龄	39.88	36.27	38.35	34.77	40.22	36.42
17—30 岁	0.27	0.37	0.31	0.42	0.26	0.37
31—45 岁	0.37	0.40	0.38	0.37	0.36	0.40
46—60 岁	0.36	0.23	0.31	0.20	0.37	0.23
不识字	0.06	0.01	0.13	0.03	0.05	0.01
小学	0.29	0.12	0.31	0.14	0.28	0.12
初中	0.51	0.56	0.46	0.61	0.52	0.55
高中	0.10	0.17	0.08	0.14	0.11	0.17
中专	0.02	0.08	0.01	0.06	0.03	0.08
大专及以上	0.02	0.06	0.01	0.03	0.02	0.06
外出打工	0.20	0.35	0.19	0.39	0.20	0.35
2007 年人均收入（元）	4525	5767	2453	2810	4974	6075
样本量	26948	7367	4802	694	22146	6673

通过图 9－11 和图 9－12，劳动力参加培训的选择性可以被看得更加清楚。图 9－11 给出了不同年龄的劳动力中参加培训的比例。无论是贫困县还是非贫困县，参加培训比例较高的年龄段均为 20—30 岁。但是，对于任何一个特定年龄组，贫困县劳动力参加培训的比例均低于非贫困县。

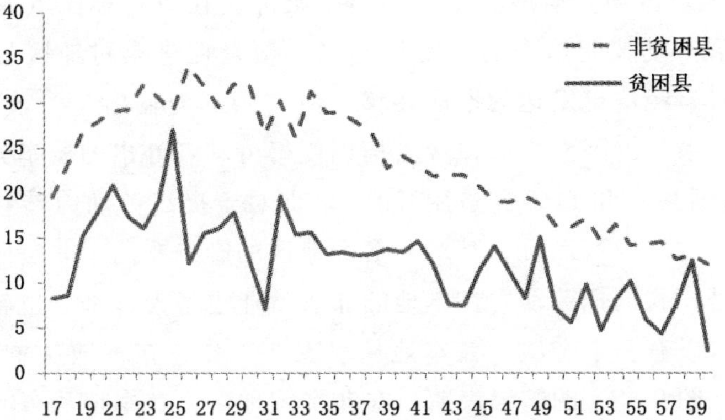

图 9－11　培训与年龄

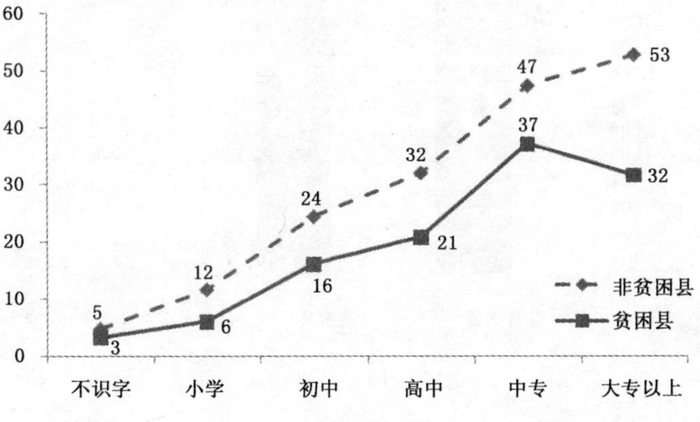

图 9－12　培训与教育水平

图 9－12 给出了不同教育水平的劳动力中参加培训的比例。无论是贫困县还是非贫困县，参加培训比例均随教育水平的上升而上升。培训参与率最低的两个教育组是“未上小学组”和“小学组”。初中、高中和中专毕业生参加培训的概率依次上升。在贫困县和非贫困县的初中毕业生中，

参加培训的劳动力数量分别达到了16%和24%。高中生的参与率则分别为21%和32%。在任何一个教育水平上，贫困地区的培训参与率均低于非贫困地区。这些结果均表明，培训与劳动者（培训之前）的技能水平之间正相关、互补的关系。也就是说，培训起的作用是“锦上添花”而非“雪中送炭”。

2. 培训与劳动力输出。正如前面指出的，在农村地区（特别是贫困地区）开展劳动技能培训的主要目的之一便是促进农村地区的劳动力向资源更丰富、经济更发达的地区转移。由“劳动力输出”一节可以看出，在控制了一系列的因素之后，接受培训使得劳动者外出的概率分别提高了7%（非贫困县）和11%（贫困县）。培训对于提高劳动力转移发挥了重要而且显著的影响；而且，其对于贫困地区的影响要高于非贫困地区。

在这里，我们把劳动力在本地的非农就业也考虑进来。也就是说，农村劳动力可以有三个选项：在本地从事农业工作、在本地从事非农工作、外出务工。图9－13的结果表明，在非贫困地区，在本地从事非农工作的劳动力占到了16%；但是在贫困县，这个比例仅为5%。

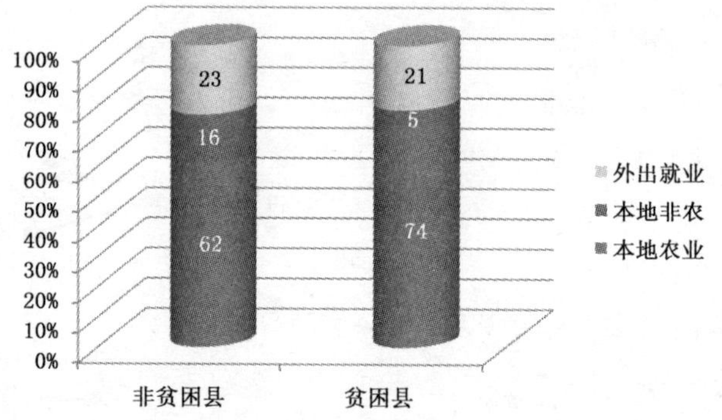

图9－13　就业分布

为了考察技能培训对于农村劳动力就业选择的影响，我们估计了一个多值logit模型。表9－11报告了“培训”的系数。表中所报告的系数均在1%的水平上显著，而且为正。这表明，相对于在本地从事农业工作而言，参加了技能培训的劳动力更有可能在本地从事非农就业和外出务工。以贫困地区为例。如果我们假设未参与培训者在本地从事非农就业的概率与从事农业工作的概率之比为r，那么参加了培训的劳动者的此项概率之比将是2r（exp（.709）=2.03），即从事非农就业的相对概率显著增加了。同样的，参与培训者外出务工的相对概率也显著增加了。

表 9－12 培训与就业选择

	非贫困地区		贫困地区	
	本地非农	外出就业	本地非农	外出就业
专业技能培训	0.829	0.756	0.709	0.781
	(0.050)	(0.043)	(0.190)	(0.107)
Pseudo R2	0.309		0.263	
N	27003		5449	

3. 培训对收入的影响。下面我们重点考察培训对收入的影响。在前面部分，我们已经估计过户主是否接受过培训对于家庭人均收入的影响。在表9－3中户主是否接受过培训对于家庭人均收入有正的影响。户主接受过培训使得家庭人均收入提高了7%（所有样本）或9%（贫困县样本）。如果我们进一步控制地区特征以及家庭人均耕地数量，户主的培训状况对收入的影响下降很多（为3%左右）。如果我们直接关注培训对于贫困发生的影响（回到表9－5）就会发现，户主是否接受过培训对于降低贫困的发生有显著影响。这种影响在贫困地区要大于在非贫困地区；而且这种影响随着贫困标准的提高而加大。在贫困县样本中，如果以2007年的绝对贫困线为标准界定贫困户的话，户主接受过培训只是使成为贫困户的概率下降了3%；但如果以低收入线为标准，培训就使得贫困概率下降6%；而如果我们以1天1美元为标准，培训会使得贫困概率下降约8%。这也意味着培训对于极端低收入人口的收入影响相对要小。

接下来，我们重点关注培训对于个人收入的影响。由于要使用个人的收入数据，我们只保留了具有非农工作，即有工资收入的样本。因此我们无法考察培训对于那些从事农业工作或者自我经营者收入的影响。我们的问题变为：给定样本从事非农工作或外出务工，接受培训会对他们的收入产生怎样的影响。而这也是我们所更加关注的。

毫无疑问，要建立培训与收入间的因果关系是困难的。审视一下我们的培训项目就会发现，人们是否参与培训是自愿的，并非是随机决定的结果。特别是，国务院扶贫办《关于加强贫困地区劳动力转移培训工作的通知》指出移民培训工作要坚持“政府主导、市场运作，统筹规划、分步实施，多方配合、加强协作，按需培训、注重实效”的原则。在培训工作中，要“按照市场规律办事”，要“尊重本人意愿”，“要以市场为原则、以利益为纽带”。这些都决定了人们会根据自身的特征、条件来决定是否参与培训。而他们据此决定是否参与培训的因素一般也是影响他们收入的因素。因此，我们不能通过简单地比较培训者和非培训者的收入来得出培训的效果。尽管存在困难，但在一定的假设条件下我们仍然可以通过利用 OLS 回归或匹配分析培训对平均收入的影响；或利用无条件分位回归分析培训对于收入分位点的影响。我们所依赖的假设如下：在控制一系列可观测的因素之后，劳动力是否参与培训是随机决定的（CIA，条件独立假设）。也就是说，如果两组人的各种特征都相同，唯一不同是参与培训的状态。那么就可以认为两组人的收入差异是培训带来的，而非地区、家庭背景、教育、年龄、性别等方面的差异所导致。

表 9 - 13 给出了 OLS 回归和匹配分析的结果。我们在每种方法的前两列控制了教育、年龄、性别、家庭人口、老人数量、儿童数量以及省份和县虚拟变量。在利用匹配方法构造倾向得分时，也使用相同的变量。回归结果表明，在非贫困县，培训使得从事非农工作或外出务工者的收入提高了 7%；而在贫困地区，培训的效果更大（11%）。利用匹配方法得到的结果也比较接近，非贫困地区和贫困地区的效果分别为 8.5% 和 10%，培训地区的估计结果误差较大。

在每种方法的后两列，我们还控制了村庄的区域地理特征以及家庭的耕地数量。由于只有 NBS = 0 的数据拥有这部分数据，所以样本量有所减少。在控制变量增加以及样本量减少的情况下，我们估计得到的培训效果仍然大致与前两列的结果一致。非贫困地区的结果基本没有改变，分别从 7% 下降到 6.3%（OLS）和从 8.5% 下降到 8%（匹配）。贫困地区的变化稍大一些。培训的效果分别从 11.1% 上升到 13.7%（OLS）和从 10% 上升到 16.8%（匹配）。考虑到贫困地区的样本较少，估计值的标准误仍然较大，但仍然处于显著（或边际上显著）的水平。总的来说，培训对于提高非农就业者的收入有着显著的影响；而且对贫困地区劳动者的影响更大。

表 9－13　　　　培训对收入的影响

	OLS				Matching			
	非贫困	贫困	非贫困	贫困	非贫困	贫困	非贫困	贫困
专业技能培训	0.070	0.111	0.063	0.137	0.085	0.100	0.080	0.168
	(0.013)	(0.042)	(0.015)	(0.053)	(0.019)	(0.065)	(0.020)	(0.093)
R－squared	0.237	0.323	0.171	0.208				
N	10100	1344	8300	796	10100	1344	8300	796

与劳动力转移部分的分析相同，我们不仅关心培训对于平均收入的影响，而且关心其对于整个收入分布的影响。同样的，我们利用了无条件分位回归（RIF Regression）考察了培训对于不同分位点的影响（见图9－14）。对于非贫困地区的样本，培训对于收入分布的大部分位置都有正的显著的影响，而且这种影响随着收入分位点的提高而提高。例外出现在较低的收入位置：在20%的收入分位点以下，培训对于收入的影响接近于零甚至为负，但是均不显著。贫困地区所表现的规律相同：培训对于收入分布的高分位点影响大而且显著。在较低的收入分位点，尽管其影响仍然为正，但是总体来看影响小于高分位点，而且不显著。

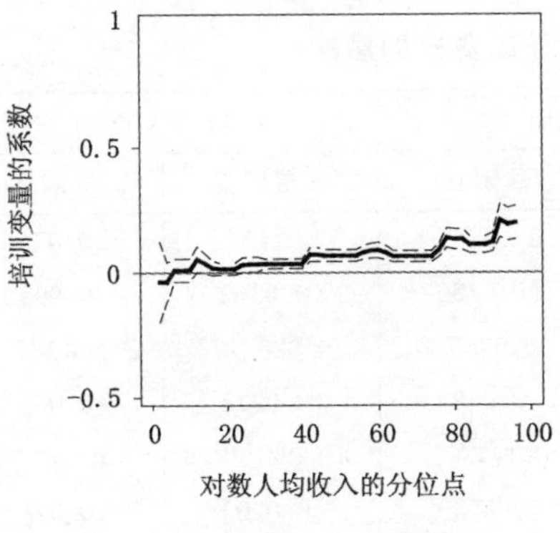

左图：非贫困地区样本

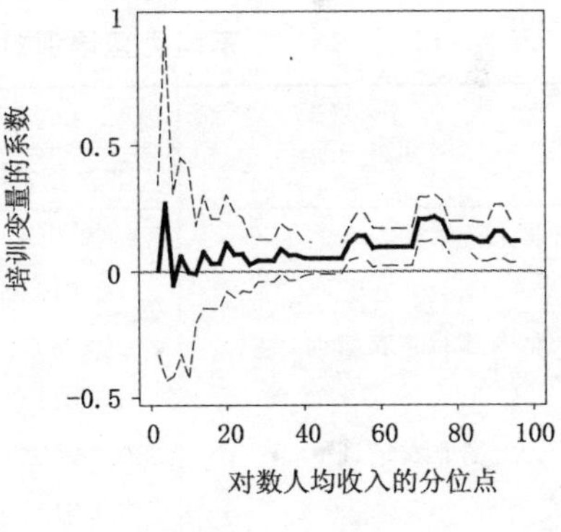

右图：贫困地区样本

图 9－14　培训对不同分位点的影响

总的来看，培训对于家庭收入有着积极的影响。对于提高非农就业或外出务工者的收入起到了显著的作用。但是这种作用更集中地体现在较高的收入水平上。

在针对农村居民的培训中，培训的种类也有很多。接下来我们将培训分为农业生产培训、企业内部的非农培训、社会上的非农培训以及其他培训，并考察他们对于家庭人均收入以及工资收入的影响（结果见表9－14）。我们首先看培训对于家庭人均收入的影响。不同类型的培训对于贫困地区和非贫困地区的影响也不相同。对于非贫困地区，农业生产培训对于家庭人均收入并没有显著的影响；相比之下，各种类型的非农培训对提高家庭的人均收入有着显著的影响。但是对于贫困县，农业生产培训使得农民工人均纯收入提高了11%，社会上的非农培训使得农民的人均收入增加15%左右，此外，企业内的非农培训以及“其他培训”对收入也有正的影响，但是影响的程度要小于前两者。如果我们以工资水平作为因变量，在非贫困地区，农业生产培训对应显著低的工资水平，这主要反映了非贫困地区农业生产部门相对低的收入水平；其他类型的培训则显著提升了工资水平。在贫困地区，农业生产培训对工资水平没有影响；同样，其他类型的培训在很大程度上提高了工资水平。表9－14的结果表明，不同类型的培训对于提高贫困地区的收入水平都有显著的作用。值得一提的是，尽管农业生产培训在非贫困地区的作用有限，但它在贫困地区还发挥着重要的作用。

表9－14　　不同类型培训对收入（工资）的影响

因变量＝	Ln（人均纯收入）		Ln（工资）	
	非贫困县	贫困县	非贫困县	贫困县
农业生产培训	－0.018	0.108**	－0.112***	0.024
	(0.018)	(0.045)	(0.036)	(0.097)
企业内部的非农培训	0.059***	0.085*	0.080***	0.124*
	(0.017)	(0.048)	(0.021)	(0.069)
社会上的非农培训	0.068***	0.147***	0.090***	0.143*
	(0.016)	(0.052)	(0.020)	(0.078)
其他培训	0.080***	0.065	0.075**	0.594***
	(0.028)	(0.125)	(0.037)	(0.208)
R－squared	0.372	0.290	0.174	0.212
N	17203	2165	8300	796

注：我们还控制了省份虚拟变量和县内的人均纯收入。

（四）结论

本章利用2007年的农村家户调查数据，考察了劳动力输出、培训及其减贫效果。我们发现劳动力输出和培训对于减少农村地区的贫困起到了积极的作用。这主要表现为以下几个方面。

1. 农村中劳动力输出的数量占到了农村劳动力的23%左右。贫困县略低，为21%左右。在贫困地区的外出户中，贫困家庭的比例低于无外出务工的家庭户。

2. 贫困地区的家庭中，每增加一个外出务工者使得家庭的人均收入增加2%—4%。但是，劳动力外出就业对于降低贫困发生的概率只起到了很微弱的作用。劳动力外出对整个收入分配的影响主要集中中等收入家庭收入水平的提高，对于低收入水平和较高收入水平的影响较小。

3. 外出务工者汇款数量的增加对于提高家庭的各项消费起到了显著的积极作用。在贫困地区，汇款数量增加10%，会使得家庭人均总消费提高1.5%。汇款对于家庭在文化教育方面的支出影响尤其明显。汇款增加10%，会使家庭在这方面的支出提高6%。

4. 贫困地区外出劳动力数量增加使得本地非农就业机会增加。

5. 培训使得贫困地区劳动力外出的概率提高了10%左右。培训同时也使得劳动力在本地从事非农劳动的概率增加。

6. 平均来看家庭中户主如果接受培训的话，会使得家庭人均收入增加3%—7%左右，它使得贫困地区的家庭成为贫困户（低收入标准）的概率降低6%左右。培训使得来自贫困地区的从事非农就业（含外出就业）的劳动者收入提高了10%—17%。其对于来自非贫困地区的劳动力的影响为不足10%。

7. 与非贫困地区不同，贫困地区的农业技能培训和非农培训对于提高农户的收入水平都起到了显著作用。

同时我们也发现一些现象，值得引起政策制定者的注意。

1. 与来自非贫困地区的务工者相比，贫困地区的务工者教育水平偏低。他们更多地集中在对技能要求较低（自然收入也较低）的行业（如采矿、建筑等行业）。

2. 尽管劳动力输出可以提高整个贫困地区的收入水平和消费水平，

但是处于贫困地区收入分布底端的家庭从中获益较小。我们发现贫困家庭有人外出的概率要低于中等收入家庭。外出者主要是具有初中文化、20—30岁的男性；而教育水平更低者、年龄较大者以及女性外出就业的概率较低。而后者显然更多地集中在贫困地区整个收入分布的底部。

3. 除了较低的技能水平是制约劳动力外出的因素外，贫困地区的公共服务水平以及基础设施落后也是重要的制约因素。我们发现家庭中老人数量和儿童数量对劳动力外出有着显著的负面影响。而那些地处边远山区、与城市距离较远的劳动力外出的概率也偏低。

4. 城镇劳动力市场上仍存在对农村务工者的歧视。尽管收入方面存在歧视的证据已经不明显，但是务工者在享有各种社会保险以及公共服务方面仍然受到很严重的歧视。90%左右的外出务工者没有社会保险。

5. 贫困地区的培训参与率为13%，仅为非贫困地区的一半左右。给定教育水平或年龄组，贫困地区参与培训的比例都要显著低于非贫困地区。

6. 与劳动力输出类似，贫困地区的低技能水平者参与培训的概率显著低于高技能者。其中小学以下教育水平者参与培训的比例不足5%。此外还有证据表明，那些没有参加培训（培训概率较低者），很可能是那些从培训中得到的潜在收益最大者。

总之，从整体的角度看，劳动力输出和培训项目在帮助贫困地区摆脱贫困方面起到了良好的效果。但是还有很多方面还需要进一步改进，特别是在通过这两方面的政策帮助极端贫困人口方面。

1. 提高贫困地区的人力资本水平。尤其要保证九年制义务教育的贯彻实施。对于那些年龄较大、教育水平较低者应该采取一些特殊的方式来提高他们的识字能力和文化水平。

2. 进一步加强政府、中介机构的作用，使其成为农户和市场之间的桥梁。降低农户外出过程中在信息搜集等方面所面临的成本。

3. 在农村地区建立健全的社会保障体系。

4. 最大程度上消除城镇地区对外来务工者的歧视。特别在为其提供社会保险和公共服务方面。公共服务方面，应该尤其强调为务工者子女提供平等的教育机会。

5. 在培训的机制上创新，使得低技能水平者能在培训中受益。这就需要在培训的内容、组织形式上有所创新；并且进一步细化培训的目标。应该充分考虑低技能者识字能力低、文化水平不高的特点，要使得培训的内容有吸引力、易于接受。应该特别针对那些不参加培训难以提高工资收入的村民，如年纪大一些、文化程度低的普通村民予以更多的关注和帮助，吸引和动员这部分村民参加职业技能培训。

十、农村低保政策的扶贫效果评估

（一）引言

近年来，中国政府加大了农村社会保障制度的建设力度。原有的五保供养政策、受灾群众救助制度、优抚等政策的执行力度得到进一步加强，而农村医疗救助、新型农村合作医疗制度、农村最低生活保障制度已经初步建立，新型农村社会养老保险制度则正处于筹划阶段。农村社会保障制度的逐渐完善，为农村居民提供了安全网，在很大程度上保障了农村居民的基本生活，缓解了农村贫困。在农村社会保障项目中，与扶贫最为密切的是最低生活保障制度，因此它的扶贫效果需要加以认真的评估。这正是本章的主要任务。

表 10－1　　农村低保制度的最新进展

	覆盖省份	低保对象（万户）	低保对象（万人）	低保覆盖率（%）	人均低保标准（元/月）	人均补差（元/月）
2004 年	8	236	488	0.64	—	—
2005 年	13	406	825	1.11	—	—
2006 年	23	772	1593	2.16	—	35
2007 年	31	1609	3566	4.90	70	39
2008 年	31	1982	4306	5.97	82	50
2009 年	31	2190	4580			

资料来源：历年《民政事业发展统计报告》，http：//cws. mca. gov. cn/article/tjbg/。

进入新世纪以来，特别是 2005 年以来，农村低保制度得到了快速发展。民政部的汇总数据表明，低保对象从 2004 年的 488 万人迅速增加到了2008年的4306万人，低保户同期增加了1746户。2004年只有8个省份实行了农村低保制度，而到2007年则实现了全国范围内（不包括港澳台）的全覆盖。与低保对象的绝对增长相对应，低保覆盖率也得到了迅猛增长。2004年低保对象占全部农村居民的比例仅为0.64%，而在2008年则达到了5.97%。表10－1还提供了农村低保制度的低保标准及补差金额等信息。可以看到，农村低保标准还处于相对较低的水平，2008年农村人均低保标准为82元①，低于同期的官方贫困线（1196元/年）。尽管人均补差呈现出逐渐递增的趋势，但绝对金额仍然不高，2008年的人均补差为50元/月。

表10－1提供了农村低保制度的发展脉络和概览。而对农村低保制度的减贫效果进行评估，则需要了解低保对象的确定、低保制度的瞄准效率、每一低保对象的收入及其所得到的低保补贴等信息。我们利用了2008年农村贫困监测数据，对农村低保制度的减贫效果进行了评估。本节的分析表明，低保制度在一定程度上缓解了农村的总体贫困状况。对低保户而言，低保补贴缓解贫困的作用更为明显。由于低保补贴并不一定能使低保户摆脱贫困状态，因此低保制度对贫困深度的缓解作用要大于对贫困发生率的缓解幅度。

低保制度的减贫效果在很大程度上依赖于低保的覆盖面、低保补贴的强度以及瞄准效率。低保的覆盖面和低保补贴的强度在很大程度上受到低保标准的影响，而政府财力是重要的约束条件。与任何政府转移支付一样，低保制度也存在着瞄准偏差问题，存在着“弃真”和“纳伪”两种误差。本报告估计了农村低保制度的瞄准偏差幅度，认为农村低保制度的瞄准效率相对较高，但还存在进一步改进的余地。本节也在县级层面上分析了低保制度的减贫效果的影响因素，发现低保覆盖面的扩大以及低保补贴的提高能够促进减贫幅度的进一步提高。瞄准误差也影响着低保制度减贫效果。

（二）数据和描述性统计

本报告使用的数据来自2008年农村贫困监测调查。这一调查是国家

① 2008年城市人均低保标准为205元（民政部，2009）。

统计局在592个国家扶贫工作重点县实施的，包括了53270户、228403个人。该调查提供了低保的有关信息，同时也提供了家庭特征、地域特征、收入等其他信息，从而为本节的分析提供了可靠的数据支持。在2008年扶贫重点县的数据中，有3835户低保户、16636位低保对象。扶贫重点县低保覆盖率为7.28%，高于全国农村平均水平。扶贫重点县较高的低保覆盖率可以从两个方面得到解释。一方面，扶贫重点县的贫困状况通常较为严重，从而在特定的低保标准下，扶贫重点县比非重点县有更多的农村居民符合享受低保的条件，这反映了需要效应（needs effect）。另一方面，由于中央财政对扶贫重点县的倾斜，扶贫重点县比贫困程度相当的非重点县拥有更多的扶贫资金，因而在财政上能够支持较高的低保覆盖率，这反映了资源效应（resources effect）。①

表 10－2　　低保户和非低保户的人均收入差异（元）

	低保户	非低保户	差异
家庭人均纯收入	2226	2618	392 ***
工资性收入	575	905	330 ***
经营性收入	1279	1469	190 ***
财产性收入	34	42	8 ***
转移性收入	338	202	－136 ***
其中：低保补助	137	0	－137 ***
观测值	16636	211767	

注：***、**、* 分别表示系数在1%、5%、10%的水平上统计显著。下同。

表10－2报告了低保户和非低保户的人均纯收入及其分项收入。很明显，非低保户的家庭人均纯收入要高于低保户，两者的差异达到了392元，这一差异在统计上也是高度显著的。从分项收入看，非低保户的工资性收入要远高于低保户。实际上，低保户和非低保户在工资性收入上的差距，构成了两者在家庭人均纯收入的差异的84.18%。换一个角度看，工资性收入在低保户的人均纯收入中的比重为25.83%，而非低保户的这一

① Ravallion（2009）定义了需要效应和资源效应，但他并未考虑中央财政的转移支付，因此，他认为需要效应和资源效应的作用方向是相反的。

比重达到了34.57%。非低保户的经营性收入也要高于低保户，但低保户和非低保户在财产性收入方面的差异并不大。

与我们的预期相一致，非低保户的转移性收入要低于低保户。而低保户享有的低保补助为年人均137元，这也要高于全国农村的平均低保补差水平。由于转移性收入除了低保补助以外，还包括亲友赠送、救济、赔款收入等组成部分，因此低保补助并不是导致低保户和非低保户在转移性收入上的差异的全部原因。

表10－3　　　　低保户和非低保户的特征差异

	低保户	非低保户	差异
家庭人口规模	4.34	4.28	－0.05***
劳动力占家庭人口的比例	0.66	0.72	0.06***
劳动力中			
小学或小学以下比例	0.60	0.44	－0.16***
初中文化程度比例	0.32	0.45	0.13***
高中或高中以上比例	0.06	0.10	0.05***
房屋类型			
砖木	0.37	0.47	0.10***
竹草屋	0.02	0.01	－0.02***
土坯屋	0.24	0.20	－0.04***
钢筋混凝土	0.09	0.16	0.08***
其他	0.28	0.15	－0.13***
观测值	3835	49435	

低保户和非低保户也存在着较大的特征差异。表10－3显示，低保户的家庭人口规模要大于非低保户，但劳动力的比例则要低于非低保户。从劳动力的文化程度看，非低保户的劳动力要比低保户拥有更多的人力资本。在低保户的全部劳动力中，小学或小学文化程度以上者占了60%，而低保户的这一比例为44%。初中文化程度者以及高中或高中以上文化程度者在低保户劳动力中的比例分别为32%和6%，而在非低保户中则分别达到了45%和10%。从房屋类型看，非低保户居住在砖木和钢筋混凝土结构住房的比例要高于低保户。

（三）获得最低生活保障的概率

根据制度规定，低保线（最低生活保障标准）是决定农村居民是否有资格获得低保补贴的标准。如果家庭人均收入低于当地的低保线，那么农村居民就可以成为低保对象。[①]然而，由于农村居民的收入核定存在一定的困难，因此低保管理部门所收集的居民收入信息可能存在一定的误差。[②]尽管农村低保的制度设计充分强调了基层组织的信息优势，并纳入了能够发挥群众监督优势的公示模式，但单凭收入来认定低保对象，仍然会存在一定的缺陷。因此，家庭财产、劳动力状况等其他相关指标通常也在认定低保对象时得到了考虑（国务院，2007）。

由于收入并不是核定低保对象的惟一标准，本节于是综合考虑了住房状况、劳动力状况、当地低保制度执行情况等因素，使用 probit 模型估计了农村家庭成为低保对象的概率。[③] 表 10 - 4 报告了 probit 模型的估计结果。正如人们所预期的，家庭人均收入越低，成为低保对象的可能性越大，反之亦然。家庭人均收入每增加 1000 元，成为低保对象的概率就会低 5 个百分点。健康状况是成为低保户的又一个重要因素。身体不健康不仅会影响到家庭的劳动供给，还会给家庭带来支出负担，从而会增加成为低保对象的概率，估计结果也证实了这一点。

家庭人口中劳动力的比例越低，需要供养的人员比例就越高。因此，劳动力占全家人口的比例是成为低保户的又一个决定因素，即这一比例越高，成为低保户的可能性越低。而劳动力文化程度提高会降低成为低保户的可能性。我们估计结果显示，初中文化程度者以及高中或高中以上文化

① 在实际操作中，还出现了“保人不保户”的情形（张时飞和唐钧，2007）。也就是说，在一个家庭中，可以出现低保对象和非低保对象共存的现象。

② Chen 等（2006）还讨论了使用收入变量在识别低保对象时的其他偏差。他们指出，在利用住户调查数据研究低保项目的瞄准误差时，研究者使用的调查数据所得到的收入状况并不是低保对象申请低保时的收入状况。此外，低保申请者可能会存在故意低报其收入的倾向，以便得到低保。最后，由于农村居民收入的较大波动性，当期收入可能与长期收入存在着较大的差异（Whalley 和 Yue，2009）。因此，选择何种收入指标作为判断标准就成了一个问题。

③ 模型中的家庭人均收入是扣除低保补贴后计算的人均收入。需要指出的是，这一收入变量可能存在内生性（endogeneity）问题。然而，本节所使用的数据很难找到影响家庭人均收入但不影响成为低保对象概率的工具变量，因此，本节没有对收入变量进行处理。

程度者在全家劳动力的比重越高，家庭成为低保户的概率也就越低。住房作为资产的重要表现形式，对是否成为低保户有着显著影响，住房条件越差，成为低保户的可能性越大。估计模型中也加入了省份虚拟变量，结果发现绝大部分省份虚拟变量的估计系数都是统计显著的。这在一定程度上说明了横向不平等问题的存在（Ravallion，2009），两个在收入和其他家庭特征完全相同的农户，可能仅仅因所在省份不同而面临着不同的享受低保待遇的机会。

表 10－4　　　　成为低保对象的概率：probit 模型

	估计系数	边际效应	自变量均值
家庭人均收入/1000	−0.065*** (0.007)	−0.005	2.744
县低保线/1000	−0.019 (0.287)	−0.002	0.058
县低保覆盖率	3.878*** (0.078)	0.324	0.078
健康状况欠佳者占全家人口的比例	0.096*** (0.006)	0.008	0.493
劳动力占全家人口的比例	−0.126*** (0.045)	−0.011	0.715
小学或小学以下文化程度者在全家劳动力中的比例	—	—	—
初中文化程度者在全家劳动力中的比例	−0.297*** (0.029)	−0.025	0.441
高中或高中以上文化程度者在全家劳动力中的比例	−0.267*** (0.054)	−0.022	0.100
住房结构			
砖木	−0.127*** (0.027)	−0.011	0.465
竹草屋	−0.033 (0.094)	−0.003	0.007

续表

	估计系数	边际效应	自变量均值
土坯屋	—	—	—
钢筋混凝土	-0.176***	-0.013	0.159
	(0.037)		
其他	-0.015	-0.001	0.163
	(0.030)		
河北	—	—	—
山西	0.050	0.004	0.053
	(0.080)		
内蒙古	0.146*	0.014	0.038
	(0.081)		
吉林	0.336***	0.037	0.012
	(0.108)		
黑龙江	-0.265**	-0.018	0.026
	(0.125)		
安徽	0.230***	0.023	0.038
	(0.083)		
江西	0.147*	0.014	0.040
	(0.083)		
河南	0.109	0.010	0.060
	(0.083)		
湖北	0.049	0.004	0.046
	(0.082)		
湖南	0.279***	0.029	0.038
	(0.077)		
广西	0.213***	0.021	0.054
	(0.077)		
海南	0.324**	0.036	0.006
	(0.148)		
重庆	0.283***	0.030	0.030
	(0.082)		

续表

	估计系数	边际效应	自变量均值
四川	-0.182**	-0.013	0.064
	(0.081)		
贵州	0.546***	0.068	0.076
	(0.063)		
云南	0.259***	0.026	0.137
	(0.064)		
陕西	0.355***	0.039	0.067
	(0.067)		
甘肃	0.124*	0.011	0.061
	(0.071)		
青海	0.154*	0.015	0.016
	(0.093)		
宁夏	0.247***	0.025	0.014
	(0.095)		
新疆	0.466***	0.056	0.051
	(0.068)		
常数项	-1.789***		
	(0.074)		
Pseudo R^2	0.2828		
观测值	53270		

注：括号内为标准误。***、**、* 分别表示系数在1%、5%、10%的水平上统计显著。下同。

为了更加清楚地说明家庭特征对获得低保的概率的影响，表10－5利用家庭特征和probit模型的估计结果，对获得低保的概率进行了模拟计算。所选取的基准家庭为四口之家，拥有小学文化程度和初中文化程度劳动力各一名，家中还有一位健康欠佳者。该家庭居住在河北省，其住房为土坯房。家庭人均收入、县低保覆盖率、县低保线都取样本均值①。具有

① 尽管表10－4报告了边际效应，从而使我们能够推算自变量变动所导致的概率变化，但这一边际效应是在所有自变量的均值上计算得出的。而表10－5的模拟反映了特定家庭结构和特征对低保概率的影响。

这些特征的家庭的低保概率为0.474（第一列）。如果家中没有健康状况欠佳者，那么低保概率会降为0.465（第二列），成为低保户的概率下降了近1个百分点。如果家中的劳动力都为初中文化程度，那么低保概率会变为0.416（第三列），下降了近6个百分点。如果这一家庭居住在砖木房而非土坯房，成为低保户的概率会下降到0.424（第四列），下降了5个百分点。可以看到，所在省份的不同对低保概率的影响更大。在其他特征相同的情况下，黑龙江和贵州的此类家庭获得低保的概率分别为0.371（第五列）和0.685（第六列），前者比河北低10个百分点，后者比河北高21个百分点。这在一定程度上反映了不同省份在筛选低保户中采取了不同的标准。

表10－5　基于probit模型估计结果的预测概率

	1	2	3	4	5	6
家庭人均收入/1000（元）	样本均值	样本均值	样本均值	样本均值	样本均值	样本均值
县低保覆盖率	样本均值	样本均值	样本均值	样本均值	样本均值	样本均值
县低保线/1000（元）	样本均值	样本均值	样本均值	样本均值	样本均值	样本均值
劳动力占全家人口的比例	0.5	0.5	0.5	0.5	0.5	0.5
健康状况欠佳者占全家人口的比例	0.25	0	0.25	0.25	0.25	0.25
小学或小学以下文化程度者在全家劳动力中的比例	0.5	0.5	0	0.5	0.5	0.5
初中文化程度者在全家劳动力中的比例	0.5	0.5	1	0.5	0.5	0.5
高中或高中以上文化程度者在全家劳动力中的比例	0	0	0	0	0	0
住房结构	土坯屋	土坯屋	土坯屋	砖木	土坯屋	土坯屋
所在省份	河北	河北	河北	河北	黑龙江	贵州
预测概率	0.474	0.465	0.416	0.424	0.371	0.685

（四）低保的瞄准误差问题

接下来，我们分析农村低保制度的瞄准效率。估计瞄准偏差最为直接的办法，就是将家庭人均收入与当地的低保线进行比较。低保项目的弃真错误是指应保未保，也即家庭人均收入低于当地低保线，但该家庭并未享受到低保。低保项目还有可能存在纳伪错误，也即家庭人均收入高于当地低保线的家庭被纳入到低保范围，享受到低保补贴。这里，我们使用 TCG（targeting counting gap）作为低保瞄准误差的度量指标。TCG 的公式可以写成：

$$TCG = \frac{1}{N}\sum_{i=1}^{m}\sum_{j=1}^{n}\{I_{ij1}(P_{ij}=0,Y_{ij}<Z_i)+I_{ij2}(P_{ij}=1,Y_{ij}>Z_i)\} \tag{1}$$

式中 Z_i 为第 i 个县的低保线，N 为全部人口。I_{ij1}（$P_{ij}=0$，$Y_{ij}<Z_i$）为指示函数，当第 i 个县第 j 家庭的人均收入低于低保线 Z_i 但实际上为享受低保时，I_{ij1} 取 1。同理，当第 i 个县第 j 家庭的人均收入高于低保线 Z_i 但实际上并未获得低保时，I_{ij2} 取 1。可见，TCG 包括了弃真和纳伪两类误差。

前已述及，收入并不是影响获取低保概率的惟一因素。基于 probit 模型，我们可以对每一家庭都估计出其获得低保的可能性。如果将预测的低保状况视为没有瞄准误差时的理想状态，那么我们可以利用如下的公式计算低保项目的瞄准误差：

$$TCG = \frac{1}{N}\sum_{i=1}^{N}\{I_{i1}(P_i=0,\ \hat{P}_i=1)+I_{i2}(P_i=1,\ \hat{P}_i=0)\} \tag{2}$$

（2）式中，I_{i1}（$P_i=0$，$\hat{P}_i=1$）表示低保项目的弃真错误，也就是说，根据 probit 模型的估计结果，该家庭应该得到低保但实际上并未得到低保。同理，可以定义低保项目的纳伪错误 I_{i2}（$P_i=1$，$\hat{P}_i=0$）。

利用（1）式和（2）式，我们计算出了农村低保制度的瞄准误差。从表 10－6 可以看到，应用家庭人均收入，根据（1）式计算出的瞄准误差为 0.1066，其中弃真误差和纳伪误差分别为 0.0382 和 0.0684。而基于 probit 模型的估计结果，根据（2）式计算出的弃真误差、纳伪误差和总体误差分别为 0.0104、0.0549 和 0.0653。Chen 等（2006）根据家庭人均收入与低保线之间的比较，估计了中国 35 个大城市的低保项目的瞄准偏差，发现低保项目的弃真误差、纳伪误差和总体误差分别为 0.0169、0.0548、0.0771。考虑到大城市的低保管理更具效率，农村低保的瞄准误差应该说处于一个能够接受的范围①。更重要的是，对两种误差加以比较，不难看出弃真误差要大大小于纳伪误差。在基于 probit 模型的估计结果中，弃真误差仅占全部误差的 16%。这意味着农村低保项目已经基本实现了应保尽保的目标。

表 10－6　　低保制度的瞄准误差

	基于家庭人均收入	基于 probit 模型
弃真	0.0382（35.8%）	0.0104（15.9%）
纳伪	0.0684（64.2%）	0.0549（84.1%）
合计	0.1066（100%）	0.0653（100%）

（五）低保的减贫效果

本节对低保的减贫效果进行估计。为了检验结果的稳健性，本节采用了 1196 元/年和 1773 元/年两条贫困线。如果使用 1196 元/年的贫困线，可以算出，低保制度对低保对象贫困发生率的缓解幅度达到了 21.15%。如果以贫困距和加权贫困距来衡量，低保补贴的作用更为明显。如果采用 1773 元/年的贫困线，我们可以得到大致类似的结果。

表 10－7　　低保对象和非低保对象的贫困状况：FGT 指数

FGT 指数	1196 元贫困线			1773 元贫困线		
	贫困发生率	贫困距	加权贫困距	贫困发生率	贫困距	加权贫困距
低保对象						
扣除低保补贴	0.2392	0.0723	0.0357	0.4710	0.1611	0.0788
加上低保补贴	0.1886	0.0487	0.0223	0.4154	0.1278	0.0571
低保制度对贫困的缓解幅度（%）	21.15	32.64	37.54	11.80	20.67	27.54

注：第三行是由第一行的数字减去第二行的数字除以第一行的数字，再乘以 100 得到的。

① Chen 等（2006）的计算是以户为单位的，而表 10－6 的结果则是以个人为单位。由于低保户和非低保户的家庭人口规模存在差异，因此以户为单位计算瞄准效率会存在偏差。如果以户为单位并以家庭人均收入为标准，那么农村低保的弃真误差、纳伪误差和总体误差分别为 0.0356、0.0679、0.1035。

接下来，我们在县级层面上考察县均低保补贴、县低保覆盖率、低保的瞄准误差对低保减贫幅度的影响①。估计结果表明，县均低保补贴和县低保覆盖率对减贫幅度有着正的显著作用，而且其估计系数随着贫困指标对穷人偏向而递增。低保瞄准的弃真误差对贫困率的缓解幅度没有影响，但能显著加强贫困深度和加权贫困距的缓解幅度。这说明了，由于低保补贴的金额相对有限，即使低保制度包括了应保未保的人群，最终也不会对贫困发生率有显著影响。但低保补贴能够在一定程度上缓解应保未保人群的贫困深度和加权贫困距。而低保瞄准的纳伪误差对低保的减贫幅度没有影响。这意味着，低保制度所纳入的不符资格的低保对象，在收入上与某些非低保户并不存在差异，因此在控制了县均低保补贴和县低保覆盖率的情况下，低保瞄准的纳伪误差对低保的减贫幅度没有显著影响。

表 10－8　　减贫幅度的影响因素：县级层面的分析

	贫困率的缓解幅度	贫困深度的缓解幅度	加权贫困距的缓解幅度
县均低保补贴	0.080 ***	0.109 ***	0.151 **
	(0.028)	(0.036)	(0.067)
县低保覆盖率	0.409 ***	0.704 ***	1.129 ***
	(0.057)	(0.071)	(0.133)
低保瞄准的弃真误差	－0.097	－0.215 *	－0.692 ***
	(0.103)	(0.129)	(0.243)
低保瞄准的纳伪误差	－0.085	－0.071	－0.124
	(0.069)	(0.087)	(0.163)
常数项	－0.002	－0.003	－0.002
	(0.005)	(0.006)	(0.012)
Adj. R^2	0.2286	0.3658	0.2593
观测值	592	592	592

① 这里只报告了基于 1196 元/年贫困线计算的贫困缓解幅度的回归结果。瞄准误差是基于 probit 模型的估计结果计算的。

十一、宏观经济波动与金融危机对贫困地区的影响

（一）导言

进入新世纪以来，中国经济开始了新一轮高速增长，2007 年 GDP 增长率高达 11.9%。然而从 2008 年下半年开始，受国际金融危机影响，GDP 增速开始下降到 9.0%，2009 年上半年继续下降到 7.1%。这一轮宏观经济的波动是否对农村扶贫效果和贫困地区农户收入增长、贫困地区社会发展产生不利的影响，正是本章讨论的主题。

为了对金融危机给农村贫困带来的影响做深入系统的分析，我们选择了中国西南、西北和中部地区的三个省即重庆、陕西和安徽作为调查地。这三个省均为劳动力外出流动较大的省份，输出地主要是受金融危机影响较大的珠三角和长三角地区。在每个省内选择两个国家扶贫工作重点县。根据各县县情，在每个县又选择了三个乡，每个乡选择 1 个村（均为贫困村），每个村选择 30 户农户。这样，在三个省共进行了 6 个县、18 个乡、18 个村的约 540 户农户的实地调查，收集到了反映县基本情况、村基本情况和住户情况的数据。

另外，为了更深入了解国际金融危机对贫困地区劳动力外出流动的影响，课题组还对三个省劳动力主要输出地珠三角和长三角地区的企业运行状况进行了实地调查。

在实地调查的基础上，本章力求说明以下两个问题：第一，进入 21 世纪以来宏观经济呈现怎样的波动。第二，金融危机给贫困地区农户的劳动力流动、收入、消费究竟带来了怎样的影响。

（二）宏观经济波动

1. 2001 年以来的宏观经济波动。进入新世纪后，中国宏观经济从 1999 年的波谷开始进入一个新的波动周期[①]。剔除物价变动因素，2001 年、2002 年国内生产总值 GDP 的增速分别为 8.3% 和 9.1%，之后的

① 刘树成、张连成、张平：《中国经济增长与经济周期（2008）》，中国经济出版社 2008 年版。

2003 年至 2007 年，连续五年保持 GDP 增速在 11% 以上。2007 年到达本轮周期波峰的 11.9%。2008 年 GDP 增速开始下滑到 9.0%，2009 年上半年继续下降到 7.1%，国家确定 2009 年 GDP 增速的目标为 8.0%（图 11－1中的虚线部分）。

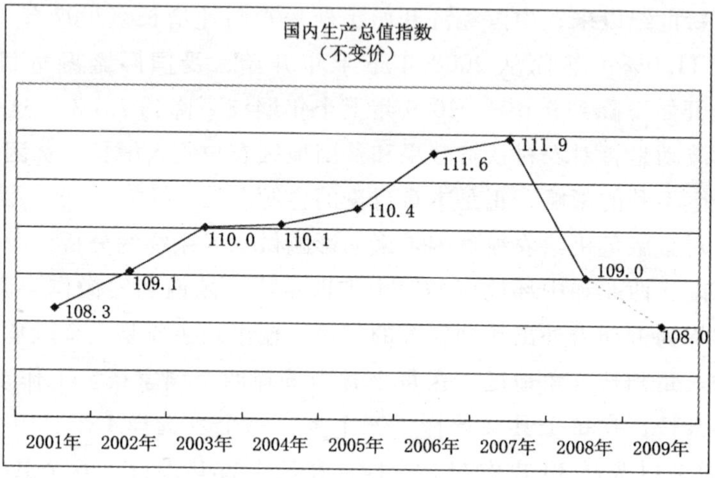

图 11－1　2001—2008 年国内生产总值波动

资料来源：中华人民共和国国家统计局：《中国统计年鉴 2008》，中国统计出版社。

然而，从 2007 年夏天，美国次贷危机开始引发多米诺骨牌效应。次贷危机发展成对全球金融市场上形成巨大冲击的国际金融风暴。对包括中国在内的各个国家和地区的金融、生产、消费以及人们对未来经济发展的信心造成严重的冲击，并直接影响了各国实体经济的发展。

在国际金融危机影响下，我国宏观经济受到一定影响。自 2007 年 GDP 增速达到本轮经济波动周期的波峰之后，2008 年开始下滑，特别到 2008 年第四季国际金融危机的全面爆发，GDP 增速由第三季度的 9.0% 快速下降到 6.8%，一个季度之内下降了 2.2 个百分点。2009 年第一季度继续下降到 6.1%，直到 2009 年的第二季度 GDP 增速有所回升到 7.9%（表 11－1）。可以说 GDP 增速的急速下降是近一年来中国宏观经济波动的主要特征。

表 11－1 国际金融危机下中国宏观经济的变动

季度	国内生产总值指数%（不变价）
2008 年 1 季度	110.6
2008 年 2 季度	110.1
2008 年 3 季度	109.0
2008 年 4 季度	106.8
2009 年 1 季度	106.1
2009 年 2 季度	107.9

资料来源：国家统计局网站（http：//www.stats.gov.cn/tjsj/jidusj/）/统计数据/季度数据。

2. 金融危机带来的直接后果。从 2008 年 10 月开始，我国出口增幅明显下降。11 月、12 月甚至出现多年少见的－2.2%和－2.8%的负增长①。2009 年上半年，出口继续负增长，为－21.8%②。出口贸易的下滑，直接影响到我国相关领域的实体经济。仅就制造业来看，随着国外订单的减少，对我国珠三角和长三角③许多劳动力密集型的制造、加工出口企业来说，在本来就因为生产成本上升和人民币升值等造成的利润空间减少的情况下，出口订单的减少对他们来说更是雪上加霜。于是，很多企业纷纷破产倒闭，造成了大量劳动力失业特别是农民工的失业。例如，我们实地调查显示，受订单减少的影响，东莞市自 2008 年二季度开始，用工需求量下降，一季度需求量为 28.5 万/人·年，而四季度仅为 10.9 万人，下降了 61.75%。另外，订单的减少使大多数企业减少了工作时间，从而导致很多企业员工特别是农民工工资下降。据东莞市劳动部门统计，2008 年下半年，普通工人的工资由原来平均 1500 元/月，下降到 1200 元/月，下降了约 20%。

① 北京大学中国国民经济核算与经济增长研究中心：《全球衰退下的中国经济可持续增长——中国经济增长报告 2009》，中国发展出版社 2009 年版。

② 国务院新闻办公室："2009 年上半年国民经济运行情况发布会"，http：//finance.QQ.com，2009 年 7 月 16 日。

③ 本节的长三角是指以上海为龙头，江苏、浙江为两翼的经济圈。珠三角是指以广东的广州和深圳为核心的经济圈。

（三）国际金融危机对农村贫困的影响

1. 金融危机对农村贫困影响途径的探讨。从理论上讲，金融危机对贫困和弱势群体的不利影响主要通过以下途径来传导：第一，国际金融危机势必造成国际市场工业消费品需求的减少。这对出口依存度较大的中国经济来说，出口需求的大幅下降以及国内订单减少必然会导致中低端消费品生产企业用工减少，从而造成大量失业人口。而这些出口企业或接受出口订单的国内企业多为劳动密集型企业，吸纳了为数庞大的农业剩余劳动力，特别是来自贫困地区的劳动力。他们的失业将直接影响其家庭的就业收入。

第二，国际金融危机势必造成国际市场对农产品的有效需求减少，会造成农产品过剩，从而导致农产品价格下降，使农户农业收入下降。尽管随着中国经济的发展和产业结构的变化，非农就业收入的比例在不断上升，但农村贫困家庭的最重要收入来源依然是农业，而且越是贫困户对农业收入的依赖性越高。

2. 金融危机对贫困地区影响的实证研究。结合上述两个途径的探讨，本节将从以下五个方面对金融危机给贫困地区的影响展开实证研究：第一，金融危机下劳动力外出就业及就业收入的变化；第二，金融危机下本地非农就业及收入的变化；第三，金融危机下农业生产及农业收入的变化；第四，金融危机下农户家庭总收入和日常消费方面的变化。

调查样本简介。实地调查地区为重庆、陕西和安徽省共 6 个县、18 个乡镇、18 个村，有效农户样本为 544 户。县基本情况调查主要采用座谈式调查，村基本情况和农户调查主要采用问卷式调查。为了保证调查质量，村基本情况基本上是对村书记、村长等进行调查。农户问卷绝大部分上是对户主或配偶进行调查。

18 个样本村大部分都在山区或丘陵地区。其中深山区、山区有 7 个，高原有 5 个，丘陵 3 个，平原 3 个。平均每个村 579 户农户，村人口平均 2303 人，每户平均 4 人。距离乡镇政府平均为 6.72 公里，距县政府距离平均为 23.31 公里。距火车站距离平均为 43.83 公里。三个省中陕西的 6 个村无论是距乡、县政府所在地及火车站或长途汽车站的距离都为最远

（表 11－2）。从交通条件来看，18 个村到县区政府所在地和最近的火车站或长途汽车站基本上通公共汽车。

表 11－2　　样本村基本情况

	单位	平均	安徽	重庆	陕西
样本村数	合计	18	6	6	6
村户数	户	579	910	690	138
村人口	人	2303	3734	2558	616
到乡镇政府距离	公里	6.72	7.17	4.58	8.42
到县区政府所在地	公里	23.31	24.67	11.17	26.33
到最近的火车站或长途汽车站	公里	43.83	18.00	56.17	57.33

3. 金融危机下贫困地区劳动力外出就业及就业收入的变化。

劳动力及劳动力流动状况。从总体看，18 个样本村劳动力人口平均为 1123 人，占人口比例为 48.76%。2008 年外乡就业超过 1 个月的总人数为 568 人，占劳动力比例为 50.58%，而 2009 年下降到 462 人，占劳动力比例 41.14%。外出就业劳动力 2009 年比 2008 年村平均减少 106 人，约减少 18.66%（表 11－3）。可见，2008 年全面爆发的金融危机对我国贫困地区劳动力的外出造成了明显的影响。

表 11－3　　样本村劳动力及流动状况

内容	单位	平均	其中		
			安徽	重庆	陕西
2009 年村劳动力总数	人	1123	1946	1119	303
劳动力占人口比例	%	48.76	52.12	43.74	49.27
2008 年劳动力外出就业总人数	人	568	1063	558	83
占劳动力比例	%	50.58	54.63	49.87	27.36
2009 年劳动力外出就业总人数	人	462	859	452	77
占劳动力比例	%	41.14	44.12	40.35	25.22

续表

内容	单位	平均	其中		
			安徽	重庆	陕西
2009 年比 2008 年外出就业劳动力减少比例	%	18.66	19.20	19.09	7.23

注：2009 年到外乡务工经商超过 1 个月的总人数统计，各省样本村的截止日期略有不同，安徽省样本村统计的截止日期基本上是 2009 年春节或 3 月份。2008 年到外乡务工经商超过 1 个月的总人数统计截止日期一般在 2008 年 9 月份。

从各省看，安徽外出就业劳动力减少最多，减少了将近 19.20%，外出就业劳动力占劳动力比例比 2008 年下降约 10 个百分点。其次是重庆，减少了 19.09%，外出就业劳动力占劳动力比例比 2008 年下降约 9 个百分点。陕西省样本村本来外出就业劳动力就比前两个省少，2009 年比 2008 年外出就业劳动力减少 7.23%，外出就业劳动力占劳动力比例比 2008 年下降约 2 个百分点（表 11－3）。可以说，金融危机给我国贫困地区劳动力流动带来了明显的影响，而且不同地区影响也各不相同。这种差别与他们外出打工劳动力的地区分布是相关的。

外出就业劳动力的目的地。如果将外出就业劳动力的目的地按本省和外省进一步分类，可以发现，安徽和重庆样本村的外出就业劳动力基本上是到外省，到外省的劳动力占外出就业劳动力比例，安徽和重庆分别在 80% 和 70% 以上。而陕西样本村外出就业劳动力基本上是在本省之内。

从变化来看，2009 年到外省就业的劳动力比 2008 年有所减少，安徽样本村减少得最多，村平均减少 168 人，其次是重庆，村平均减少 60 人，陕西变化不大，村平均仅减少 1 人。

表 11－4　　跨省外出就业劳动力比例

	单位	2008 年			2009 年		
		安徽	重庆	陕西	安徽	重庆	陕西
村平均外出就业劳动力总数	人	1063	558	83	859	452	77
其中：跨省外出就业劳动力	人	914	416	7	746	356	6
跨省占外出就业劳动力比例	%	85.93	74.59	8.43	86.84	78.85	7.41

将外出就业劳动力的外省目的地进一步分类可以发现，2008 年，安徽 6 个样本村到外省就业的劳动力有 61.97% 的人选则到长三角的上海、江苏、浙江和辽宁务工经商。其中 96.47% 的人在长三角（表 11－5）。重庆样本村到外省就业的劳动力有 66.84% 的人选择去是广东、浙江、安徽、福建和广西，有 21% 左右的人选择去长三角和珠三角（表 11－6）。陕西样本村到外省就业的劳动力有 58.82% 的人选择去珠三角的广东和山西务工经商。其中，去广东、山西的各占一半（表 11－7）。

2009 年跨省外出就业的劳动力去向及人员比例有所变动。安徽省样本村农户选择外省第一主要去处虽然没有变化，但总体人数有较大幅度的下降，特别是去长三角的人数由 2008 年的 546 人减少到 468 人，减少了 78 人，减少 14.28%。重庆样本村农户 2009 年则完全放弃了 2008 年的第一主要打工地广东和广西，由山西和四川取而代之。重庆样本村第一主要去处的总体人数也由 2008 年的 278 人减少到 239 人，减少了 39 人，约减少 14.03%。去浙江的劳动力人数也由 40 人减少到 30 人。陕西样本村的变化不大。劳动力选择跨省第一主要去处仍然是广东和山西，但去广东的劳动力人数由 2008 年的 5 人下降到 3 人，去山西的劳动力人数没变。

表 11－5　安徽村平均跨省外出就业劳动力的第一去处及人员变化

	2008 年				2009 年				2009—2008 年
	占跨省外出就业劳动力比例（%）	去处	人数（人）	比例（%）	占跨省外出就业劳动力比例（%）	去处	人数（人）	比例（%）	人数（人）
第一主要去处	61.97%	上海、江苏、浙江	546	96.47	65.29%	上海、江苏、浙江	468	96.06	－78
		辽宁	20	3.53		辽宁	19	3.94	－1
合计			566	100			487	100	－79

表 11-6　重庆村平均跨省外出就业劳动力的第一去处及人员变化

	2008 年				2009 年				2009—2008 年
	占跨省外出就业劳动力比例（%）	去处	人数（人）	比例（%）	占跨省外出就业劳动力比例（%）	去处	人数（人）	比例（%）	人数（人）
第一主要去处	66.84	广东	20	7.19	67.13	广东	0	0	-20
		浙江	40	14.38		浙江	30	12.55	-10
		安徽	60	21.64		安徽	60	25.10	0
		福建	44	15.82		福建	46	19.25	2
		广西	114	40.98		广西	0	0	-114
		山西	0	0.00		山西	40	16.74	40
		四川	0	0.00		四川	63	26.36	63
合计			278.2	100			239	100	-39

表 11-7　陕西村平均跨省外出就业劳动力的第一去处及人员变化

	2008 年				2009 年				2009—2008 年
	占跨省外出就业劳动力比例（%）	去处	人数（人）	比例（%）	占跨省外出就业劳动力比例（%）	去处	人数（人）	比例（%）	人数（人）
第一主要去处	58.52	广东	5	50	50	广东	2	28.57	-3
		山西	5	50		山西	5	71.43	0
合计			10	100			7	100	-3

上述分析表明，中西部贫困地区外出就业劳动力选择到长三角和珠三角就业的劳动力越多，2009 年比 2008 年跨省外出就业劳动力数量就减少越多。另外，在跨省外出就业总体人数减少的同时，打工的目的地也在调整，由原来的珠三角、长三角地区转向内陆地区。

外出就业劳动力从事的行业。实地调查在每个样本村外出就业劳动力第一个主要去处（省和具体城市）中，要求指出在该地从事最多的行业。

统计所有样本村（由于2个村没有该信息，故最终有效样本村为16个）这些行业出现的频率，得到以下排序结果：即2008年工业（制造业）是外出就业劳动力从事最多的行业，其次是建筑业、服务业、运输业和商业。而2009年有些变化，即外出就业劳动力从事最多的行业由工业（制造业）变为建筑业，工业（制造业）变为第二位。第三位、第四位和第五位没有变化（表11－8）。

表11－8　外出就业劳动力从事的行业

2008年		2009年	
行业	排序	行业	排序
工业（制造业）	1	建筑业	1
建筑业	2	工业（制造业）	2
服务业	3	服务业	3
运输业	4	运输业	4
商业	5	商业	5

受金融危机影响返乡后没有再外出就业的劳动力状况。应当说，国际金融危机对农村劳动力外出就业的影响体现在两个方面，一是直接影响，即农民工失业而返乡；二是间接影响，即经济形势恶化影响到有外出就业意向的劳动力的外出行为。

截至2009年3月，18个样本村返乡后没有再外出就业的劳动力平均每个村155人，占2009年村平均外出就业劳动力总数的31.06%。其中，安徽有26.39%的外出就业劳动力返乡后没有再外出，重庆最多，有48.67%的外出就业劳动力返乡后没有再外出，陕西最少，只有3.89%的外出就业劳动力返乡后没有再外出。之后，一些返乡劳动力又陆陆续续地外出。从农户调查的结果看，截至2009年7月，2008年外出就业的劳动力中，只有10%的劳动力返乡后没有再外出。

留下来的劳动力具有怎样的特征是我们关心的问题之一。通过对农户的实地调查①可以发现以下五个特点：第一，年龄偏大。与 2009 年仍然外出就业的劳动力相比，年龄平均偏大 6 岁。第二，文化程度偏低。与 2009 年仍然外出就业的劳动力相比，文盲比例高 7.24 个百分点，而初中程度的比例低 6.81 个百分比。反映出人力资本水平较低的群体在金融危机影响下更为脆弱。第三，已婚比例偏高。与 2009 年仍然外出就业的劳动力相比，已婚家庭的劳动力选择返乡的比例更高，后者比前者高出 21.93 个百分点。同时未婚劳动力少 20.76 个百分比。反映出已婚家庭的劳动力比未婚家庭劳动力在金融危机影响下更多比例的人选择回家。第四，在返乡没有再外出的劳动力中，更多比例的人从事制造业和采掘业，与 2009 年仍然外出就业的劳动力相比，返乡后不再外出的劳动力中制造业和采掘业的比例分别高出 12.03 个和 7.5 个百分点。第五，收入更低。与 2009 年仍然外出就业的劳动力相比，2008 年收入要低 1216 元，约低 11%。调查中了解到那些就业经历少、没有工作经验、从事技术含量低的普通工种的人收入较低，对金融危机的影响更为敏感（表 11－9）。

表 11－9　　外出就业劳动力的主要特征

	2008 年外出就业、2009 年仍然外出就业的劳动力	2008 年外出，2009 年因金融危机返乡且没再外出就业的劳动力
劳动力数量（人）	428	61
男性	303（79%）	45（74%）
年龄（岁）	30	36
文化程度（%）		
小学及以下	37.38	44.62
初中	53.07	46.26
高中或中专	7.91	7.84
大专及以上	1.64	1.28

① 农户样本中，在 2008 年外出就业的 611 名劳动力中，截至 2009 年 7 月调查时 516 人继续外出就业，95 人没有再外出就业。其中有 61 人因金融危机影响，有 34 人因家庭等原因没有外出就业。

续表

	2008年外出就业、2009年仍然外出就业的劳动力	2008年外出，2009年因金融危机返乡且没再外出就业的劳动力
婚姻状况（%）		
已婚	61.68	83.61
离婚	0.93	0
丧偶	0.23	0
未婚	37.15	16.39
健康状况		
健康	96.26	95.08
慢性病	2.34	3.28
残疾	0.93	1.64
其他	0.47	0
2008年行业分布（%）		
教师	2.80	0
采掘业	2.34	9.84
制造业	35.51	47.54
建筑业	28.04	21.31
运输业	4.91	3.28
商业	4.91	6.56
服务业	16.59	9.84
农林牧渔业	0.70	0
其他	3.97	1.64
2008年工资收入（元）	10562	9346

留下来的劳动力在做什么也是我们所关心的问题。通过对18个样本村的调查可以发现，在本地务工和务农是他们的主要选择。其中，每个样本村选择本地务工（71人）的比例略高于务农人数。选择在本地务工的占45.88%，选择务农的占44.52%。值得关注的是：第一，这些留下来的劳动力在家务农，失去了打工收入，势必会影响家庭收入。第二，这些留下来的劳动力在家乡进行创业的人很少，只有3人，仅占留下来的

1.9%（表11－10）。

表11－10　截至2009年3月返乡后没有再外出就业的村劳动力动向

	平均	安徽	重庆	陕西
（A）2009年村平均外出就业劳动力总数（人）	499	859	452	77
（B）截至2009年3月返乡且不外出劳动力（人）	155	226	220	3
B/A比例（%）	31.06	26.39	48.67	3.89
其中：闲置在家（人）	7	0	21	0
务农（人）	69	90	111	3
本地务工（人）	71	121	84	0
自己创业（人）	3	6	2	0
其他（人）	4	10	2	0

外出就业收入的变化。从外出就业工资收入变化来看，2008年外出就业、2009年仍然外出就业的劳动力在2008年和2009年的收入变化并不像想象的那么大。2009年的月收入仅比2008年减少2.85%（表11－11）。这一结果似乎表明金融危机对那些仍旧能够外出就业劳动力的收入并没有很大的影响。从各省情况看，安徽外出就业劳动力收入减少幅度相对大一些，减少3.89%。陕西外出就业劳动力的月收入2009年比2008年减少1.72%。可能的解释是由于安徽和重庆两个省的外出就业劳动力多去受金融危机影响较大的长三角和珠三角，而陕西外出就业劳动力基本上在本省就业，所以安徽重庆外出就业收入减少较多，陕西外出就业收入受影响较小。

表11－11　外出就业的工资收入变化

	样本量（人）	2008年月收入（元）	2009年上半年月收入（元）	变化（%）
2008年外出就业、2009年仍然外出就业的劳动力	360	887	862	－2.85
其中：安徽	128	956	919	－3.89
重庆	115	905	881	－2.65
陕西	117	795	782	－1.72

4. 金融危机下贫困地区劳动力本地非农就业及收入变化。本文的本地非农就业是指在本村或本乡从事的挣工资活动和非农自营活动。需要解释的是，本文的非农自营活动是指自己当雇主、自负盈亏从事一切非农经营的活动。

本地挣工资活动及收入。农户样本中2008年在本地从事挣工资活动、2009年仍然在本地从事挣工资活动的人共124人，其中安徽75人、重庆31人、陕西18人。从活动类型来看，无论是2008年还是2009年从事本地挣工资的劳动力人数在活动类型排序上没有变化。人员比例最多的前三位活动是建筑业、服务业和乡村干部（表11－12）。

表11－12　本地挣工资活动类型排序

2008年		2009年	
类型	排序	类型	排序
建筑业	1	建筑业	1
服务业	2	服务业	2
乡村干部	3	乡村干部	3
教师	4	教师	4
农林牧渔业	5	农林牧渔业	5
采掘业	6	运输业	6
运输业	7	采掘业	7
其他	8	其他	8
工业（制造业）	9	工业（制造业）	9
商业	10	商业	10

分析本地挣工资活动的收入：第一，将表11－11与表11－13进行比较，考察本地挣工资与外出就业收入的不同，发现二者有些差距，即在本地从事挣工资的收入比外出就业收入要低一些。2008年本地挣工资收入为8458元，而外出就业收入平均为10649元，前者比后者低约20%。从各省的情况看，安徽本地从事挣工资的收入与外出就业收入相差最小，前者比后者低8.60%，重庆要低43.5%，而陕西则低58.08%。

另外，即使受到金融危机的影响，2009年的外出就业挣工资收入也比2008年本地挣工资收入高约22%。由此可以理解，在金融危机的冲击下．外出就业对农民工仍然具有较强的吸引力，2009 年春节后，大部分农村劳动力仍然陆陆续续选择外出就业。

第二，考察他们 2008—2009 年在本地（本村或本乡）从事挣工资的变化发现，总体来看在本地挣工资的收入也略有下降，而且下降的幅度要比外出就业收入下降幅度略大一些。2009 年预测年收入比 2008 年下降 3.84%。其中安徽下降最多，为 5.63%，其次是重庆 4.75%，陕西在本地从事挣工资的劳动力收入略有提高，为 0.47%（表 11－13）。

为什么本地挣工资收入下降的幅度要比外出就业收入下降幅度略大一些，可能的解释是，本地挣工资活动地点是本村或本乡镇的范围之内，挣工资活动的机会肯定要少于外出到相对发达地区如长三角、珠三角等地区。当受到金融危机影响一部分企业不景气或倒闭时，本地挣工资的劳动力往往没有更多的机会马上寻找其他的就业机会来维持一定的收入。

表 11－13　　本地挣工资收入

	样本量（人）	2008 年月收入（元）	2009 年上半年月收入（元）	变化（%）
2008 年本地就业、2009 年仍然本地就业的劳动力	124	705	678	－3.84
其中：安徽	75	874	825	－5.63
重庆	31	511	487	－4.75
陕西	18	333	394	0.47

分析本地从事挣工资的劳动力收入下降的原因，有以下两点：第一，金融危机的直接影响。在一些样本村中很多就业于外向型企业或为外向型企业提供加工品的企业的劳动力，在金融危机影响下不景气甚至倒闭，造成这些劳动力的收入下降①。除此之外，受金融危机直接影响的还有本地的建筑业、采掘业如煤矿、服务业等也均有程度不同的影响。

第二，间接影响。由于金融危机影响，外出就业劳动力返乡后，一部

① 例如，安徽省潜山县黄铺镇云峰村有一个羊毛衫加工厂，主要从浙江的外贸厂商来料加工，然后由浙江的外贸厂商出口。在全村 825 户农户中有 110 人左右在该工厂就业。但 2008 年下半年开始订单逐渐减少，2009 年 6 月，由 110 人减少到 60 人。这 60 人的工资也由原来的每月平均 1000 元左右下降到 500 元。

分在本地寻找就业机会。截至 2009 年 3 月，样本村因金融危机外出劳动力返乡后从事本地挣工资活动的劳动力平均增加了 10% 左右。这无形中挤占了本地挣工资的机会，增加了本地的就业竞争压力，也会造成本地工资水平的下降。

非农自营活动及收入。在 544 户农户样本中，2008 年在本地从事非农自营活动、2009 年仍然在本地从事非农自营活动的农户共 34 户。调查中让农户们对最近一年和前一年非农自营活动收入的变化进行主观评价，给出五个选项，即大幅增加、小幅增加、持平、小幅下降和大幅下降。34 户农户中，有 49% 的农户选择了小幅下降，24% 的农户选择了大幅下降。15% 的农户选择持平。而收入增加的农户只有 12%（图 11－2）。总体来看，大部分农户（占 73%）认为最近一年在本地从事非农自营活动的收入是下降的。

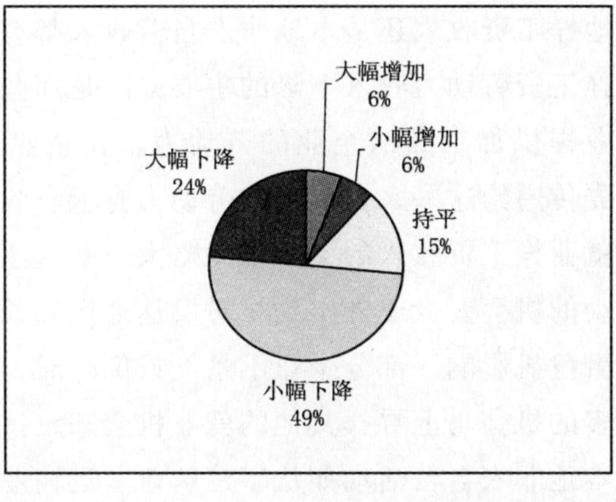

图 11－2　农户对非农自营活动收入变化的主观评价

分析收入下降的原因，如图 11－3 所示，首先，认为产品或服务在市场上不好卖、市场不景气是大多数农户（占 55%）的共识。例如，位于安徽省潜山县天柱山镇的茶庄村，村里很多农户主要从事天柱山景区旅游服务工作。从事农家乐、卖旅游产品或但当导游等工作。最近一年来，天柱山景区的游客数量虽然没有减少，但在景区内的消费额明显下降，如住宿时间变短、餐费标准下降、邀请导游及购买旅游纪念品的人减少等等。应该说这些现象与金融危机密切相关。其次是产品或服务的价格下降（占 10%）、原材料成本上升（占 7%）和其他原因（占 28%）。

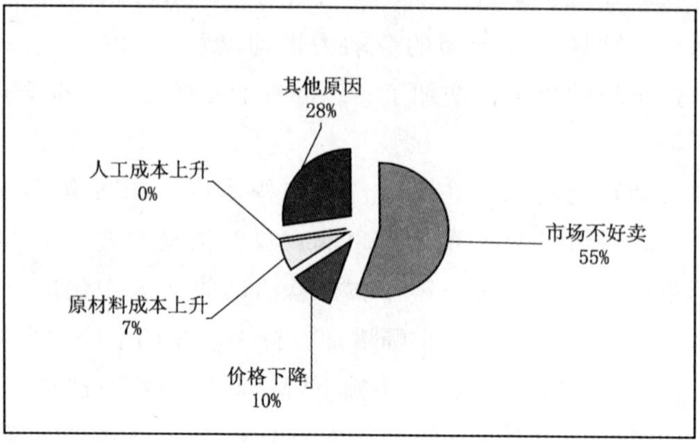

图 11 - 3　收入下降的主要原因

总体来看，金融危机对贫困地区劳动力的本地非农就业也产生了一定影响。无论是本地挣工资收入还是本地非农自营收入都有所下降，但下降幅度有限。本地挣工资劳动力收入下降的主要原因是那些就业于外向型企业或为外向型企业提供加工品的企业的劳动力，在企业受金融危机影响时，其影响会最先传递给这些来自农村的劳动力身上。收入下降幅度虽然不大，但比外出就业挣工资收入的下降幅度略大一些。主要因为在本村或本乡镇挣工资活动的机会要少于外出到相对发达地区如长三角、珠三角等地区。当受到金融危机影响一部分企业不景气或倒闭时，本地挣工资的劳动力往往没有更多的机会马上寻找其他的就业机会来维持一定的收入。

另外，多数本地非农自营活动如从事建筑业、运输业、商业和服务业领域的非农自营收入近一年来呈现小幅下降。主要因为在金融危机影响下，人们的收入和消费随之变化，从而使得市场上的产品或各种服务的销售受到影响。

5. 金融危机下贫困地区农业生产及农业收入的变化。

农业收入变化。农业收入主要包括种植业收入和养殖业收入。总体来看，18 个样本村有 504 户农户从事农业种植业，其中有 61.31% 的农户反映 2009 年比 2008 年种植业收入下降，也就是说约 2/3 的农户农业种植业收入下降。其中重庆样本村农户所占比例最高，达 84.48%，其次是陕西占 55.37%、安徽占 41.83%。

从养殖业收入的变化来看，18 个样本村 280 户有养殖业的农户中，有 43.93% 的农户反映 2009 年比 2008 年收入下降，这一比例虽然低于种植业收入下降的农户比例，但与养殖业收入增加（15.71%）和持平（40.36%）的农户比例相比，也是最高的。在养殖业收入下降的农户中，重庆样本农户所占比例最高达 54.11%，其次是安徽占 36.54%，陕西占 30.49%（表 11－14）。

表 11－14　　　　农业收入变化（%）

	户数比例	平均	安徽	重庆	陕西
种植业收入（504 户）	认为增加	10.32	7.19	4.02	19.21
	认为持平	28.37	50.98	11.49	25.42
	认为下降	61.31	41.83	84.48	55.37
	其中：认为下降原因主要是 2009 年收成差	81.64	67.19	97.24	67.71
养殖业收入（280 户）	认为增加	15.71	19.23	4.79	32.93
	认为持平	40.36	44.23	41.1	36.59
	认为下降	43.93	36.54	54.11	30.49

分析种植业和养殖业收入下降的原因，发现主要有以下几点值得关注：第一，对种植业来说，自然灾害如干旱、冰雹、病虫害等因素的影响，与金融危机没有什么关系。在农户问卷中，我们要求农户们针对 2007—2009 年各年的年成，在好、一般和差三个选项中进行选择，统计结果表明，平均 81.64% 的农户认为是因为 2009 年的年成差所致，特别是重庆，在农业种植业收入下降的农户有 97.24% 的农户认为是 2009 年的年成差造成的。安徽和陕西的农户这一比例分别为 67.19% 和 67.71%（表 11－14）。

第二，除了自然条件变化会给农业收入带来负面影响之外，农产品价格变动也可能对农民收入产生重要影响。这也是我们在分析金融危机对贫困地区农民收入产生影响时的一个重要思路：即金融危机可能会通过农产品价格下降对农民的收入产生影响。

调查结果表明（表 11－15），总体来看，种植业中主要品种的价格并没有像我们预想的那样受金融危机影响呈现下降趋势，相反，粮食作物小麦、玉米和水稻分别上涨4.08%、2.12%和2.75%。土豆和油菜籽也有较大涨幅。从各地情况来看，不同地区，不同农产品的价格涨跌不一。作为粮食主产地的安徽，粮食价格无论是小麦、玉米还是水稻价格2009年均比2008年有所提高，分别提高17.94%、13.14%和14.29%。另外，土豆和油菜籽价格也有10%以上的提高。但重庆的粮食作物无论是小麦、玉米还是水稻价格2009年均比2008年均为下降，另外土豆和油菜籽价格也下降，油菜籽下降幅度高达33.67%。陕西农民种植的玉米价格2009年比2008年略有下降，降幅0.98%，但土豆价格提高5%。

值得关注的是种植业中以出口产品或出口产品原料为主导农业的地区在金融危机下损失较大。在陕西以苹果为主导农业的农户因苹果出口或苹果饮料出口受到金融危机的影响，2008年（2009年苹果还未成熟）苹果价格比2007年平均下降了16.67%，给苹果农户的农业收入造成严重损失。在陕西省宜川县云岩镇皮头村了解到，如果苹果（10年果龄）按亩产4000斤来算，价格由2007年的1.8元/斤下降到2008年的1.5元/斤，每亩收入将损失1200元。如果每户农户平均5亩苹果园，那么每户一年就损失6000元。

表11－15　　2008—2009年农产品价格变化幅度（%）

		平均	安徽	重庆	陕西
种植业	小麦	4.08	17.94	－4.38	—
	玉米	2.12	13.14	－7.17	－0.98
	水稻	2.75	14.29	－6.73	—
	土豆	21.41	19.05	－8.56	5.00
	油菜籽	6.36	11.28	－33.67	—
	苹果*	—	—	—	－16.67
养殖业	桑蚕*	—	－14.28	—	—
	生猪	－32.82	－28.08	－44.79	－26.88
	羊	－5.59	1.11	－10.23	－13.08
	鸡	－4.56	－0.92	－3.12	－6.47

养殖业中桑蚕、生猪、羊和鸡的价格2009年比2008年均为下降。价格下降的原因多种多样，其中，也有因金融危机影响产生的价格下降。在

安徽调查时了解到，一些以养桑蚕为主导的农户，因为受国际丝绸价格下降以及我国蚕丝品出口不畅的影响，蚕丝价格下跌14.28%，从而导致这些农户的农业养殖业收入缩水。例如安徽省潜山县槎水镇后冲村，全村697户农户大部分从事桑蚕养殖业。2008年（2009年未收茧）每斤蚕茧由2007年的9.8元下降到8.4元，而且还卖不出去。平均每户养蚕农户收入减少30%左右。受此打击，导致2009年农户生产积极性下降，生产量大幅减少50%左右。

另外，随着我国生猪市场价格的大幅波动，2009年，生猪价格一路下滑。三个省的生猪价格下降幅度平均高达32.82%。这给广大贫困地区农户的养殖业收入直接带来负面影响，也是我们在实地调查中听到农户反映最多、最普遍的问题。

第三，农业生产资料价格变化也是影响农民农业收入的重要影响因素，它会造成农民因农业生产成本上升从而导致农业收入利润的减少。调查结果显示，总体来看，农业生产资料中农户用量最大的化肥三个省平均下降8.15%，碳铵也下降5.41%。这些化肥的降价将给农户收入增加带来积极影响。但复合肥价格上涨9.55%。从种子的情况看，2009年涨价的种子多于降价的种子，不过因为种子用量较小，对农户农业收入不会造成太大影响。

对生猪养殖来说，仔猪价格下降明显，三个省平均下降41.37%，其中重庆下降幅度最大为60.47%。这将有利于生猪养殖成本的降低。但预混饲料价格平均涨幅9.59%，会加大生猪养殖的成本。不过在中西部贫困地区农户自家生猪养殖用预混饲料较少，因此它的涨价对农户生猪养殖收入影响有限（表11-16）。

表11-16　2008—2009年农业生产资料价格变化幅度（%）

		平均	安徽	重庆	陕西
种子	小麦种子	-8.61	-16.41	8.08	—
	玉米种子	12.47	13.89	11.11	18.18
	水稻种子	3.65	11.27	-4.55	—
	土豆种子	12.55	—	12.55	—
	油菜种子	-0.32	0.00	-0.32	—

续表

		平均	安徽	重庆	陕西
化肥	尿素	-8.15	-8.35	-6.89	-9.38
	复合肥	9.55	4.35	9.65	-8.00
	碳铵	-5.41	-8.41	8.46	-18.32
其他	塑料薄膜	6.19	-2.10	12.07	-0.81
	仔猪	-41.37	-42.80	-60.47	-39.72
	预混饲料	9.59	0.63	4.31	11.03

6. 金融危机对贫困地区农户收入及消费的影响。在544户农户中，有543户农户回答了关于2009年家庭总收入的预期。在543户农户中，有69.8%的农户预期2009年家庭总收入是下降的。只有11.79%的农户预期家庭收入是增加的，另外18.42%的农户预期家庭收入持平。由于这一结果是农户自己的主观判断，因而无法定量描述其下降或增加的程度，但至少反映了农户对2009年收入的悲观情绪。

表11-17　　　　农户家庭总收入变化（%）

	农户比例	平均	安徽	重庆	陕西
总收入	增加	11.79	13.19	7.18	15
	持平	18.42	23.08	8.84	23.33
	下降	69.8	63.74	83.98	61.67

* 回答该问题的农户数为543户。

分析农户的日常消费变化，发现：认为2009年与2008年日常消费持平的农户基本上占大多数。认为小幅消减或大幅消减的农户只占小部分。例如，食品消费中，认为与2008年持平的农户占52.22%，比认为增加（31.67%）、小幅消减（10.56%）、大幅消减（5.56%）的农户所占比例都高。同理，在衣着支出、居住支出、家庭设备支出、医疗卫生、文化教育支出方面都是这种趋势。这一结果显示，大多数农户的日常消费没有什么变化。或者说从金融危机的影响面来说，大部分贫困地区农户的日常生活没有受到影响。

表 11－18　　农户日常消费变化（%）

	农户比例	平均	安徽	重庆	陕西
食品消费	增加	22.51	21.43	14.44	31.67
	持平	55.72	57.69	57.22	52.22
	小幅消减	18.63	18.68	26.67	10.56
	大幅消减	3.14	2.2	1.67	5.56
其中肉蛋奶等高价值食品	增加	13.95	18.34	9.36	14.2
	持平	62.4	59.17	63.16	64.77
	小幅消减	19.57	18.34	23.98	16.48
	大幅消减	4.07	4.14	3.51	4.55
衣着支出	增加	12.57	15.43	7.69	14.61
	持平	69.35	64.81	71.6	71.35
	小幅消减	14.93	16.05	18.34	10.67
	大幅消减	3.14	3.7	2.37	3.37
居住支出	增加	20.3	22.22	14.61	24.02
	持平	71.69	72.78	69.1	73.18
	小幅消减	7.08	5	13.48	2.79
	大幅消减	0.93		2.81	0
家庭设备支出	增加	18.2	18.79	12.74	22.47
	持平	70.2	72.73	75.16	63.48
	小幅消减	8	7.27	6.37	10.11
	大幅消减	3.6	1.21	5.73	3.93
医疗卫生支出	增加	30.99	25.93	35.67	31.11
	持平	54.19	66.67	45.61	51.11
	小幅消减	9.94	6.17	16.37	7.22
	大幅消减	4.87	1.23	2.34	10.56
文化教育支出	增加	41.99	27.43	47.9	53.75
	持平	47.44	62.83	41.18	35
	小幅消减	7.69	8.85	9.24	3.75
	大幅消减	2.88	0.88	1.68	7.5

（四）结论与政策建议

1. 金融危机给我国贫困地区劳动力外出就业带来了明显的负面影响。首先，贫困地区外出就业劳动力人数明显减少。截至 2009 年 3 月，18 个样本村外出就业劳动力比 2008 年减少将近 20%。第二，外出就业劳动力选择到长三角和珠三角就业的越多，2009 年比 2008 年外出就业劳动力数量就减少得越多。第三，外出就业目的地的调整。一部分劳动力由原来的珠三角、长三角地区转向内陆地区。

2. 外出就业的劳动力工资收入下降幅度有限。2009 年的外出就业劳动力月收入仅比 2008 年减少 2.85%。

3. 截至 2009 年 3 月，约 1/3 的外出就业劳动力因受金融危机影响返乡后没有选择外出。截止 7 月，大约只剩 10% 的返乡劳动力没有外出。这些留下来的劳动力的特征是：年龄偏大；文化程度偏低；已婚比例高；更多人从事制造业和采掘业；收入更低。

4. 金融危机也导致了本地工资水平的下降，而且下降幅度超过了在外就业的工资收入。其主要原因是返乡农民工带来了当地就业压力增加，加上就业机会有限，导致了当地工资水平的更大幅度下降。

本地非农自营活动如从事建筑业、运输业、商业和服务业领域的非农自营收入近一年来呈现小幅下降。主要因为在金融危机影响下，人们的收入和消费随之变化，从而使得市场上的产品或各种服务的销售受到影响。

5. 农业收入无论是种植业收入还是养殖业收入也有所下降，主要原因：一是受自然灾害的影响，二是金融危机下那些与出口相关的农产品价格下降的影响以及国内市场价格的波动的影响。三是投入品价格变化影响。

6. 金融危机下，农户的生活消费没有受到明显影响，但对 2009 年家庭总收入增长持悲观态度。将近 70% 的农户认为 2009 年的收入是下降的。反映了农户对 2009 年收入的悲观情绪。

基于本文的分析成果，提出以下政策建议：第一，从长期来看，外出就业仍然是大多数农村劳动力的选择。而且工业（制造业）、建筑业、服务业等行业仍然是农村劳动力转移的主要吸纳池。因此，政府应积极在这些领域创造更多的就业岗位，并且加快户籍制度改革和农地产权制度改革步伐，促进农村劳动力向城市的转移。第二，积极鼓励农村劳动力的本地非农就业，特别是鼓励具有创业精神的农村劳动力在本地创业。第三，在确保粮食价格稳定的基础上，还要给那些以出口产品或出口产品原料生产为主导的农户以适当补贴，以帮助他们尽快调整主导农业产品，平滑地渡过金融危机阶段。第四，加强农业生产基础设施建设，努力改善贫困地区农业生产靠天吃饭的局面。